Legende für Karte:

(1) *Am 13. 11. 1941 Flugzeugträger «Ark Royal» versenkt.*
(2) *Am 11. 8. 1942 Flugzeugträger «Eagle» versenkt.*
(3) *Am 27. 11. 1942 Selbstversenkung der französischen Flotte in Toulon.*
(4) *Die Große Syrte, Schauplatz der Kämpfe der Großkampfschiffe.*
(5) *Am 1. 2. 1943 Minenkreuzer «Welshman» versenkt.*
(6) *Am 11. 3. 1942 Kreuzer «Naiad» versenkt.*
(7) *Am 16. 6. 1942 Kreuzer «Hermione» versenkt.*
(8) *Am 25. 11. 1941 Schlachtschiff «Barham» versenkt.*
(9) *Am 14. 12. 1941 Kreuzer «Galathea» versenkt.*
(10/11) *Am 18./19. 12. 1941 Schlachtschiffe «Queen Elizabeth» und «Valiant» versenkt.*
(12) *Am 30. 6. 1942 U-Boot-Mutterschiff «Medway» versenkt.*

Karl Alman

U-BOOT KRIEG im Mittelmeer

Karl Alman

U-BOOT KRIEG im Mittelmeer

Graue Wölfe in blauer See

Die Bildvorlagen stellten zur Verfügung:
A. Grimm · Süddeutscher Verlag-Bildarchiv · Ullstein-Bilderdienst ·
Weitere Fotos aus Privatbesitz

Lizenzausgabe 1985 für
Manfred Pawlak Verlagsgesellschaft mbH, Herrsching

ISBN 3-88199-240-5

INHALTSVERZEICHNIS

ANHANG

VORWORT

«Mare nostro» nannte Mussolini das Mittelmeer. Als Italien im Juni 1940 in den Krieg eintrat, gab es keine Absprache mit Deutschland zu gemeinsamem Handeln. Einen klaren Operationsplan ließ Italien nicht erkennen; es glaubte wohl den Krieg bereits gewonnen und genügte sich mit einem Angriff an der Alpenfront, wo im Sinne der Forderung «mare nostro» eigentlich nichts zu gewinnen war.

Größere Operationen zur See waren von der italienischen Marine nicht zu fordern. Zwar hatte Mussolini den Bau einer modernen Flotte in Angriff nehmen lassen, aber sie war personell und materiell noch nicht einsatzbereit. Es fehlte wohl auch an klaren Vorstellungen für ihren Einsatz. Anders stand es mit der starken italienischen Luftwaffe, die, gestützt auf zahlreiche günstig gelegene Flugplätze, ein achtunggebietender Faktor war.

Merkwürdig, daß Hitler nach Beendigung des Frankreich-Feldzuges nicht die strategisch wichtige Forderung Mussolinis nach Besetzung Tunesiens in die Waffenstillstandsbedingungen aufnahm, nicht minder merkwürdig, daß er den Kampf gegen England praktisch auf den noch schwachen Tonnage- und Luftkrieg beschränkte und die Vorstellungen des Großadmirals Raeder im September 1940 über die Möglichkeiten, die der Mittelmeerraum bot, zwar zustimmend zur Kenntnis nahm, aber nichts veranlaßte.

Erst schwere Rückschläge in der Cyrenaika und Mussolinis mißlungener Griechenland-Feldzug, der den Briten gestattete, sich in Griechenland und auf Kreta festzusetzen, zwangen 1941 Deutschland zu handeln.

Aber warum wurde nicht der Versuch unternommen, Malta zu nehmen? Malta entschied nach dem Urteil des Generalfeldmarschalls Kesselring das Schicksal des Afrikakrieges.

Malta steht auch im Mittelpunkt dieses Buches, das in der Literatur über den Zweiten Weltkrieg insofern eine Lücke schließt, als der Seekrieg der Marine im Mittelmeer bisher noch keine zusammengefaßte Darstellung gefunden hat.

Das Buch erhebt keinen Anspruch darauf, ein Geschichtsbuch zu sein, das Schlußfolgerungen zieht. Nicht, was hätte geschehen können, sondern was geschah, nicht Möglichkeiten, sondern Tatsachen werden geschildert. Hier wird den tapferen Männern, die im Mittelmeer kämpften, ein

Denkmal gesetzt, zumal auch denen, die einen gefährlichen und aufreibenden Dienst verrichteten, ohne sich besonders hervortun zu können, Männern, die bislang ungenannt blieben.

Daß deutsche U-Boote und Schnellboote im Mittelmeer Erfolge errangen, wurde durch manche Sondermeldung des Oberkommandos der Wehrmacht bekannt und ist auch heute wohl noch in Erinnerung. Aber wer hat außerhalb der Kriegsmarine eine Vorstellung von den Anforderungen, die an die Minenräumflottillen gestellt wurden, an die Besatzungen der Landeflottillen, der Sicherungsdivisionen, die unter schwersten Bedingungen die Truppen samt Ausrüstungen und Gerät von Sizilien, Sardinien und Korsika, von Kreta und den Inseln der Ägäis übersetzten, von den Besatzungen der Transporter und ihrer Bordflak, die drei Jahre den Transport und Nachschub des Afrikakorps' unter bitteren Verlusten durch See- und Luftangriffe schafften? Sie alle kämpften bis zum völligen Aufbrauch ihrer Kräfte und Mittel. Dreimal verlor die 9. Torpedobootsflottille in der Ägäis bis zum letzten Boot ihren Bestand und wurde mit italienischen «Beutebooten» neu formiert. Ähnlich erging es der 1. und 2. Geleitflottille und der 10. Torpedobootsflottille im Tyrrhenischen Meer und in der Adria.

Das alles hat der Verfasser übersichtlich und bewegend gestaltet. Auch den Leistungen italienischer Einheiten wird die Darstellung gerecht. Fesselnd und erregend ist die Schilderung des Einsatzes der «Torpedoreiter» des italienischen Fregattenkapitäns Fürst Borghese, die in die Höhle des Löwen, den scharf bewachten Hafen von Alexandria, eindrangen und die Schlachtschiffe «Queen Elizabeth» und «Valiant» außer Gefecht setzten.

Darf ich am Schluß des Vorwortes noch sagen, daß ich das Buch mit starker innerer Bewegung gelesen habe, das so viele Erinnerungen wachruft im Gedenken an die unvergessenen, lieben Kameraden, die ihre Treue mit dem Tode besiegelten, und in Dankbarkeit an alle die tapferen Männer, deren Tage hier geschildert werden.

Kreisch
Vizeadmiral a. D.
s. Z. Führer der Uboote im
Mittelmeer 1942/43

Lüneburg, den 8. XII. 1966

1. TEIL

DIE VORGESCHICHTE

bis zum Einsatz der ersten deutschen U-Boote

Das Mittelmeer ist im Laufe der Geschichte immer wieder Schauplatz blutiger Auseinandersetzungen seiner Anrainer gewesen. Im 18. Jahrhundert trat Großbritannien als seebeherrschende Macht in diesem Raum auf. Doch erst mit dem Bau des Suezkanals wurde es für das britische Imperium lebenswichtig, daß seine Verbindungen durch das Mittelmeer zu den persischen Ölquellen, nach Indien und dem Fernen Osten nicht gestört wurden.

England sicherte den Weg durch das Mittelmeer durch die Stützpunkte Gibraltar, Malta, Zypern und Alexandria und durch eine starke Flotte.

Ungeachtet dessen, baute auch Mussolini eine stattliche Flotte und erklärte das Mittelmeer zum «Mare nostrum» der Italiener. Doch als Italien am 10. Juni 1940 in den Krieg Hitlers gegen Großbritannien und Frankreich eintrat, zeigte es sich, daß die italienische Flotte – trotz des frühzeitigen Ausscheidens der Franzosen – nicht in der Lage war, diesen Anspruch Mussolinis zu verwirklichen.

Die italienische Seekriegsleitung machte auch keine Anstrengungen, die Seeherrschaft im Mittelmeer für Italien zu sichern. Sie beschränkte sich darauf, ihre Flotte als drohenden Faktor («Fleet in being»), der gegnerische Kräfte band, zu erhalten und jeder Entscheidungsschlacht, die von den Briten mehrfach gesucht wurde, aus dem Wege zu gehen.

Selbst die Hauptaufgabe der italienischen Flotte in einem Krieg mit England, der Schutz der Seeverbindungen zum nordafrikanischen Kolonialreich, wurde nicht bewältigt. Denn auf diesem Verbindungsweg – dort, wo sich die britische mit der italienischen Lebenslinie schnitt – lag Malta, die britische Seefestung, der unversenkbare Flugzeugträger, von dem aus Großbritannien das mittlere Mittelmeer während fast des ganzen Zweiten Weltkrieges – mit Ausnahme weniger Monate, über die berichtet wird – beherrschte.

Aber nicht nur die italienische Hochseeflotte versagte, auch Mussolinis vielgepriesene U-Boot-Waffe, die mit 120 Booten zu Kriegsbeginn recht stark erschien, vermochte sich nicht eindrucksvoll in Szene zu setzen. Es zeigte sich kurioserweise, daß die Bootstypen für die speziellen Verhältnisse im Mittelmeer wenig geeignet waren. Auch sie vermochten nicht, die britische Seeherrschaft in diesem Raum zu gefährden.

Im Kriegsplan der britischen Admiralität, der schon 1938 entworfen und von der britischen Regierung am 30. Januar 1939 genehmigt worden war, wurde die Sicherung der atlantischen Seewege als Aufgabe Nummer eins bezeichnet. Aber bereits an zweiter Stelle rangierte das Mittelmeer.

Auch wenn die Benutzung des Seeweges durch das Mittelmeer infolge der starken See- und Luftstreitkräfte Italiens nicht mehr möglich sein würde, war England nach diesem Kriegsplan (der mit Deutschland und Italien als Gegnern rechnete) fest entschlossen, die Zufahrten zum Mittelmeer – die Straße von Gibraltar im Westen und das Rote Meer mit dem Suezkanal im Osten – mit allen Mitteln zu verteidigen. Der Besitz dieser beiden Zugänge war auch für die Sicherheit des Nord-Süd-Schiffahrtsweges im Atlantik von hoher Bedeutung. Darüber hinaus besaßen beide Punkte entscheidenden Wert für eine Blockade gegen Italien.

Bereits im Frühjahr 1940 – also noch vor Italiens Kriegseintritt – ließ England seinen Schiffsverkehr nicht mehr durch das Mittelmeer laufen, sondern schickte die Handelsschiffe um das Kap der Guten Hoffnung.

Frankreichs Niederlage im Juni 1940 ließ die französische Flotte aus dem britischen Verteidigungsblock im Mittelmeer ausscheiden, was für die englische Flotte von großem Nachteil war.

Die englische Admiralität wollte daraufhin das östliche Mittelmeer räumen und die dort stationierten Seestreitkräfte bei Gibraltar konzentrieren, weil es ihr unmöglich schien, nach dem Verlust der verbündeten französischen Flotte das östliche Mittelmeer allein weiter unter Kontrolle zu behalten.

In dieser kritischen Situation griff Winston Churchill ein. Er verhinderte die Durchführung dieses Beschlusses, weil er als Folge einer Räumung des Ostmittelmeeres den Verlust von Malta und Ägypten befürchtete.

Mit dem Kriegseintritt Italiens hätte nunmehr auch eine gemeinsame deutsch-italienische strategische Konzeption für den Kampf im Mittelmeer erarbeitet werden müssen; doch deutscherseits geschah vorerst nichts.

Italien hätte für die Festigung und den Ausbau seiner Position in Nordafrika zunächst Malta ausschalten oder nehmen müssen. Diese kleine

Insel war die ärgste Bedrohung der italienischen Nachschubwege nach Afrika.

Doch dieses naheliegende strategische Ziel zu verfolgen, fühlte sich die italienische Wehrmachtführung nicht stark genug.

Zu Lande, in Nordafrika, waren die italienischen Streitkräfte unter Marschall Graziani, aus Libyen antretend, am 13. September 1940 zur Offensive gegen Ägypten vorgestoßen. Doch bereits in Sidi Barrani hielt der Marschall seine Truppen an, um diese Stadt zu einem Stützpunkt auszubauen, aus dem er sich dann zum Suezkanal vorkämpfen wollte.

Wenig später ließ Mussolini seine in Albanien stehende Streitmacht gegen Griechenland antreten. Es gelang den Griechen, den italienischen Angriff zum Stehen zu bringen. Churchill ließ englische Truppen in Griechenland landen, was in der Folge die deutsche Führung zum Eingreifen zwang.

Admiral Cunningham, der Oberbefehlshaber der britischen Seestreitkräfte im Mittelmeer, eröffnete die von nun an nicht mehr endenden Kämpfe im Mittelmeer im August 1940. Aus Alexandria auslaufend, dampfte die Flotte mit dem Schlachtschiff «Warspite», dem Flugzeugträger «Eagle», dem Schlachtschiff «Malaya» sowie mit Kreuzern und Zerstörern in Richtung italienische Südküste.

Drei Tage nach dem Auslaufen dieser Flotte wurde Admiral Cunningham die italienische Flotte in Sicht gemeldet. Sie bestand aus zwei Schlachtschiffen und sieben Kreuzern, gedeckt durch eine Anzahl Zerstörer.

Doch die italienische Flotte wich einem Zusammenstoß aus und drehte in der Nacht ab. Es blieb einem englischen U-Boot vorbehalten, dem Gegner den ersten schweren Verlust beizubringen. Durch einen Zweierfächer torpedierte es einen italienischen Kreuzer.

Als die italienische Flotte dann in Tarent (11./12. Dezember 1940) und bei Kap Matapan (28. März 1941)* schwere Verluste durch die Briten hinnehmen mußte, bekam sie einen Schock, von dem sie sich so recht nicht mehr erholte.

Schon im September 1940 war Großadmiral Raeder, der Oberbefehlshaber der Kriegsmarine, aufgrund mehrerer Denkschriften der Seekriegs-

---

* Bei einem britischen Trägerangriff auf Tarent wurden drei italienische Schlachtschiffe außer Gefecht gesetzt. In der Seeschlacht bei Kap Matapan verloren die Italiener drei Kreuzer und zwei Zerstörer. Ein Schlachtschiff wurde schwer beschädigt.

leitung bei Hitler dafür eingetreten, den Schwerpunkt der deutschen Kriegführung ins Mittelmeer zu verlegen.

Das Ziel müsse sein, die Länder des Nahen Ostens in die Hand der Achsenstreitkräfte zu bekommen. So könnten Heer und Luftwaffe, zusammen mit der italienischen Wehrmacht, ihren Teil am Kampf gegen den Hauptgegner – England – beitragen.

Was Raeder nicht anbieten konnte, war eine Beteiligung der deutschen Kriegsmarine mit U-Booten an diesem Einsatz. Die Aufgabe der deutschen Seestreitkräfte lag für den Großadmiral auf dem Hauptkriegsschauplatz – dem Atlantik.

Am 9. Dezember 1940 traten die Truppen General Wavells mit der 7. Panzerdivision und der 4. Indischen Division in der Cyrenaika zur Gegenoffensive an. Eine australische Division kam später hinzu.

Sidi Barrani wurde den Italienern entrissen. Sollum fiel am 16. Dezember in britische Hand. Bardia ging verloren, Tobruk wurde eingeschlossen. Am 21. Januar 1941 begann der britische Angriff auf Tobruk. Auch diese Stadt fiel binnen 24 Stunden. Derna wurde am 30. Januar 1941 genommen. Und am 7. Februar meldete der britische Heeresbericht:

«Bengasi ist in unserer Hand!»

Die italienischen Streitkräfte liefen Gefahr, völlig aus Nordafrika hinausgedrängt zu werden. Zehn italienische Divisionen waren bereits zerschlagen. Die Engländer hatten 130 000 Gefangene gemacht. 1200 Kilometer waren die drei britischen Divisionen nach Westen vorgestoßen.

In dieser Situation nahm Mussolini Hitlers Hilfsangebot an.

In der Führerweisung Nr. 22 begründete Hitler dieses Hilfsangebot am 11. Januar 1941:

«Die Lage im Mittelmeer erfordert aus strategischen, politischen und psychologischen Gründen deutsche Hilfeleistung. Tripolitanien muß behauptet werden.»

Die 5. leichte Division wurde im Februar nach Nordafrika entsandt. Ihr sollte die 15. Panzerdivision folgen.

Am 6. Februar 1941 übertrug Feldmarschall von Brauchitsch dem damaligen Generalleutnant Erwin Rommel den Oberbefehl über das Deutsche Afrikakorps.

Am 19. März 1941 wurde Rommel im Führerhauptquartier darauf «vergattert», vorerst keinen entscheidenden Schlag gegen die Briten in Nordafrika zu führen. Erst nach dem Eintreffen der 15. PD in Nordafrika – gegen Ende Mai – könne er einen begrenzten Angriff im Raume Agedabia führen.

Aber Rommel griff schon in der Nacht zum 31. März an. Marsa el Brega – das Tor zur Cyrenaika – fiel im ersten Ansturm. Agedabia wurde am 2. April genommen. Der Vorstoß des DAK durch die Cyrenaika im April 1941 festigte Rommels Ruf als draufgängerischer und erfolgreicher General.

Bereits am 11. April griffen Rommels Streitkräfte Tobruk an. Doch sein Plan, die Festung im Handstreich zu nehmen, scheiterte. Tobruk wurde schließlich – nach mehreren vergeblichen Anläufen – umgangen. Bardia fiel, Sollum wurde hart umkämpft. Der englische Gegenangriff – die «Operation Battleaxe» – scheiterte nach 72 Stunden erbitterten Kampfes, in dem es um ganz Nordafrika ging. Über 100 britische Panzer gingen in diesen 72 Stunden verloren. Winston Churchill schrieb in seinen Memoiren zu diesem Entscheidungstage:

«Am 17. Juni ging alles in die Brüche!»

Die Engländer aber wußten, wo der schwache Punkt der Rommelschen Offensive lag: im Nachschub über das Mittelmeer.

Schon am 10. Januar 1941 hatte die britische Admiralität nach Malta gefunkt:

«Stoppt alle Versorgungstransporte von Italien nach Tripolis!»

Dieser Befehl galt Captain G. W. G. Simpson, der an diesem 10. Januar 1941 seine Amtsgeschäfte als Chef der 10. Malta-U-Boots-Flottille aufnahm. Aber zu diesem Zeitpunkt hatte «Shrimp» Simpson nicht ein einziges U-Boot in Malta zur Verfügung. Lediglich in Alexandria befand sich eine Flottille großer U-Boote der Patrouillen-Klasse.

Luftangriffe auf die italienischen Versorgungsrouten nach Tripolis hatten bis dahin mit den geringen auf Malta stationierten Luftstreitkräften keine großen Resultate erbracht. So kam es zu dem Entschluß, eine U-Boots-Flottille – es handelte sich um die kleinen U-Boote der U-Klasse – aus der Nordsee abzuziehen und nach Malta zu verlegen, um sie gegen die Geleitzugrouten der Italiener operieren zu lassen.

Diese U-Boote fügten den italienisch-deutschen Versorgungsgeleiten bald schwere Verluste zu. Auch Flugzeuge und Überwasserstreitkräfte griffen in diesen Kampf ein.

Den Auftakt machte das U-Boot «Upright» unter Leutnant zur See E. D. Norman. Am 25. Februar versenkte es den italienischen Kreuzer «Diaz», der ein Großgeleit Neapel–Tripolis begleitete. Später waren zwanzig Boote bei der 10. Malta-U-Boots-Flottille im Einsatz*.

---

* Siehe Anhang: Die 10. U-Flottille in Malta (S. 296)

Vom 25. April bis zum 1. Mai versenkte «Upholder» unter dem erfolgreichsten englischen U-Boots-Kommandanten, Korvettenkapitän M. D. Wanklyn, bei der Insel Kerkennah aus deutsch-italienischen Nachschubgeleiten drei Schiffe mit zusammen 15 410 BRT.

Wenige Tage vorher hatte «Urge» unter Korvettenkapitän Tomkinson den italienischen Tanker «Franco Martelli» (10 535 BRT) versenkt.

Am 24. Mai war wieder «Upholder» erfolgreich. Durch seine Torpedos ging der italienische Passagierdampfer «Conte Rosso» zehn Seemeilen vor Syracus unter. Von den 2500 eingeschifften Soldaten wurden 1680 Mann gerettet. Die übrigen ertranken.

So ging es Schlag auf Schlag.

Den Höhepunkt dieser englischen Offensive bildete der Angriff der «Unique» unter Leutnant zur See Collett und abermals der «Upholder» unter Wanklyn auf einen am 18. September 1941 auslaufenden italienischen Großgeleitzug nach Tripolis mit den Truppentransportern «Marco Polo» (12 172 BRT), «Esperia» (11 398 BRT), «Neptunia» (19 475 BRT) und «Oceania» (19 507 BRT). Dieser Geleitzug wurde von vier Zerstörern und einem Torpedoboot gesichert, zu dem am 19. September weitere vier Zerstörer stießen.

«Upholder» versenkte nördlich Tripolis die Dampferriesen «Neptunia» und «Oceania», während «Unique» mit drei Torpedos, nur elf Seemeilen vom gleichen Hafen entfernt, die «Esperia» versenkte.

«Unbeaten» (Leutnant zur See Woodward), das die beiden anderen Boote herangeführt hatte, ging leer aus.

Die italienischen Zerstörer verhinderten die Versenkung der «Vulcania». Es gelang ihnen darüber hinaus in einer großartigen, mit letztem Einsatz geführten Rettungsaktion, 6500 eingeschiffte Soldaten zu retten. Doch 384 Soldaten fanden den Tod.

Als von Juli 1941 an die monatlichen Verluste der für die Versorgung der Afrikafront eingesetzten italienischen und deutschen Tonnage bis auf 70 Prozent anstiegen und der Nachschub für Rommel nicht mehr ausreichte, war die Existenz des Afrikakorps gefährdet. Das Schwinden der italienischen Seestreitkräfte im Mittelmeer begann sich nunmehr auch auf die Lage in Tobruk auszuwirken. Daher forderte General Rommel dringend deutsche U-Boote an, um die von ihm belagerte Festung von der Seeseite her einzuschließen und die Briten an der Versorgung Tobruks auf dem Seewege von Ägypten her zu hindern.

Jede Verstärkung Tobruks bedeutete eine Gefahr für den Rücken der deutschen Sollumfront und damit für den Besitz der ganzen Cyrenaika.

Nunmehr griff Hitler ein und befahl die Entsendung deutscher U-Boote ins Mittelmeer.

Ende September 1941 liefen die ersten sechs Atlantik-U-Boote durch die Straße von Gibraltar. Sie kamen unangefochten durch.

Im gleichen Monat wurde in Salamis die 23. U-Flottille aufgestellt. Erster Flottillenchef wurde Kapitänleutnant Frauenheim. Ende Oktober 1941 wurde die 29. U-Flottille in La Spezia und Pola gebildet. Chef dieser Flottille wurde Korvettenkapitän der Reserve Becker. Beide U-Flottillen wurden dem Marinekommando Italien unterstellt.

Dem Einsatz der deutschen U-Boote im Mittelmeer lagen folgende, von Vizeadmiral a. D. Leo Kreisch später festgehaltene Überlegungen zu Grunde*:

«Der Schwerpunkt des U-Boot-Einsatzes lag zunächst im östlichen Mittelmeer. Die Aufgabe: Angriff auf den von Port Said und Alexandria nach Bengasi und Tobruk laufenden feindlichen Seenachschub.

Ferner galten als lohnende Angriffsobjekte: Zur Versorgung Maltas eingesetzte Geleitzüge; der Küstenverkehr nach den Häfen Syriens und Cyperns sowie feindliche Einheiten, die den eigenen Nachschub bedrohen oder von See her in die Erdkämpfe eingreifen konnten.

Auch in Minenunternehmungen gegen Port Said und gegen die Häfen an der syrischen Küste sowie in der Abwehr von feindlichen Operationen gegen italienische Stützpunkte wurden dem U-Boot angemessene Aufgaben gesehen.

Durch das westliche Mittelmeer lief nur selten feindlicher Nachschubverkehr. Eine alliierte Landung in Nordafrika erschien 1941 noch wenig wahrscheinlich. So kam im westlichen Mittelmeer als mögliche Aufgabe der deutschen U-Boote lediglich die Abwehr etwaiger Feindoperationen gegen italienische Stützpunkte in Frage.»

Salamis wurde darum als erster deutscher U-Boots-Stützpunkt gewählt, weil er sich in deutscher Hand befand und demzufolge schnell herrichten ließ. Ferner lag er günstig zum Haupteinsatzgebiet. Von Nachteil waren seine geringe Leistungsfähigkeit und schwierige Nachschubverhältnisse.

Die italienische Marine stellte in großzügiger Weise Pola und La Spezia zur Verfügung. Beide Häfen waren als U-Boots-Stützpunkte sehr gut geeignet.

---

* siehe Kreisch, Leo: «Vom Einsatz deutscher U-Boote im Mittelmeer»

Als erster «mit Wahrung der Geschäfte beauftragter Führer der U-Boote-Mittelmeer» ging Korvettenkapitän Viktor Oehrn Anfang November 1941 zur Führungsstelle nach Rom. Gleichzeitig wurde er deren 1. Admiralstabsoffizier.

Zunächst wurde die Befehlsstelle im italienischen Marineministerium in Rom untergebracht. Das hatte den Vorteil der unmittelbaren Verbindung mit deutschen und italienischen Führungsstellen. Nachteilig war, daß die einzelnen Stützpunkte von Rom aus nur auf zeitraubenden Wegen erreicht werden konnten. Um kurzfristig nach Salamis zu gelangen, mußte zum Beispiel immer wieder die italienische Zivilfluglinie «Ala Littoria» in Anspruch genommen werden. Die deutsche und italienische Luftwaffe halfen aus, wo sie konnten.

Ungefähr zehn Kilometer nördlich von Rom wurde in der baumlosen Campagna eine Funkstation errichtet. Diesen Platz bestimmten funktechnische Überlegungen.

Anfang November gingen vier weitere U-Boote ins Mittelmeer. Die deutsche Seekriegsleitung kam zu dem Schluß, daß 26 U-Boote im Mittelmeer erforderlich seien. Die Überlegungen, die zu dieser Zahl führten, wurden durch verschiedene Faktoren bestimmt, unter denen die Einschätzung der operativen Dringlichkeit sowie die Aufnahmefähigkeit der im Mittelmeer zur Verfügung stehenden Stützpunkte entscheidend waren.

Die Zahl von 26 U-Booten bedeutete, daß durchschnittlich acht bis neun Boote am Feind standen. Die Erfahrung im Einsatz von U-Booten hatte gezeigt, daß jeweils ein Drittel der Boote zur Instandsetzung im Stützpunkt, ein weiteres Drittel auf dem An- oder Rückmarsch zum oder vom Operationsgebiet und nur ein Drittel am Feind ist.

Da sich die vorhandenen Boote des Typs VII-C* in bezug auf Aktionsradius, Handlichkeit, Tauchzeiten, Seeausdauer und Geschwindigkeit am besten zum Einsatz im Mittelmeer eigneten und der Aktionsradius auch einen Marsch von deutschen Häfen aus durch die Straße von Gibraltar zu den Mittelmeerstützpunkten gestattete, wurden zunächst nur Boote dieses Typs dorthin entsandt.

Mit ihrer Ankunft in den neuen Stützpunkten begann der sieg- und verlustreiche Einsatz der Deutschen Kriegsmarine im Mittelmeer.

---

* Siehe Anhang: Technische Daten des U-Bootes VII-C (S. 297)

2. TEIL

DURCHBRUCH INS MITTELMEER

Die Neumondnacht in den letzten Septembertagen des Jahres 1941 war dunkel. Wolken wurden vom leichten Wind über den Himmel geschoben. Es ging eine leichte Dünung, und U 81, das mit fünf weiteren Booten ins Mittelmeer gehen sollte, lief in Marschfahrt auf die Enge von Gibraltar zu.

Kapitänleutnant Fritz Guggenberger, einer der U-Boots-Fahrer aus der Crew 34*, stand in der Zentrale am Kartentisch. Sein Obersteuermann hatte die Seekarte der Straße von Gibraltar ausgebreitet.

«Wir müßten aus Südwesten kommen und dann im Überwassermarsch durchbrechen, Herr Kaleunt!»

«Das wäre wohl am schnellsten», gab der Kommandant zu, «aber die allgemeine Anweisung lautet anders.»

«Ja, mit aufgeladener Batterie 30 Seemeilen westlich der Straße tauchen und im Unterwassermarsch auf fünfzig Meter Tiefe bis 30 Seemeilen ostwärts der Enge laufen. Es ist auf dieser Tiefe unter normalen Verhältnissen mit einem Strom von zwei Seemeilen stündlich in Fahrtrichtung zu rechnen.»

«Gut gelernt, Obersteuermann! – Aber wir werden doch versuchen, ob es nicht über Wasser geht. Dann sind wir in einem Drittel der Zeit durch.»

«Wenn wir am Ausgangspunkt sind, läuft gerade Flut und schiebt uns 'rein!»

U 81 glitt in gleichmäßiger Fahrt weiter und erreichte die Ausgangsposition zum Durchbruch.

Friedrich Guggenberger enterte auf den Turm. Der II. WO** deutete nach Backbord voraus.

«Kleiner Dampfer, Herr Kaleunt!»

---

* Crew ist in der Marine der Jahrgang. Crew 34 heißt also: dieser Offizier ist 1934 in die Marine eingetreten

** II. Wachoffizier

«Wahrscheinlich ein Spanier, weil er sich so dicht unter die Küste klemmt.»

U 81 lief nun mit «Beide Halbe Fahrt» weiter. Unter den Füßen des Kommandanten vibrierte das Boot.

«Obersteuermann an Kommandant. – Zeit zur Kursänderung.»

«Auf achtzig Grad gehen!» befahl Guggenberger.

An Backbord tauchten die Felsen der spanischen Südküste aus der Dunkelheit auf. An Steuerbord lagen die Berge des schwarzen Kontinents Afrika. Enger wurde die Straße. An Steuerbord kamen Leuchtfeuer in Sicht.

«Der Hafen von Tanger», sagte der Kommandant beiläufig, und die angespannte Haltung des steuerbordachteren Ausgucks lockerte sich.

«Backbord voraus ein Dampfer. Fährt abgeblendet.»

«Steuerbord zehn!» kam die sofortige Reaktion des Kommandanten, und langsam schor U 81 aus der Nähe dieses Dampfers heraus, ehe es wieder auf den alten Kurs zurückgelegt wurde.

Das Leuchtfeuer von Tarifa sandte einen Strahl gleißenden Lichtes über den Himmel. Jedesmal, wenn der wandernde Lichtstrahl das Boot erreichte, kamen sich Brückenwächter und Kommandant nackt vor.

«Das schiebt ja mächtig, Herr Kaleunt», wisperte der II. WO.

Guggenberger nickte. Nun befand sich Kap Tarifa, auch Punta Marroqui genannt, an Backbord querab. Das war also die Südspitze Europas, ging es dem Matrosen-Obergefreiten Jöhngens durch den Kopf, der als backbordachterer Ausguck auf dem Turm des Bootes stand und die See absuchte, wobei er immer wieder die Augen zusammenkneifen mußte, wenn das Licht des Leuchtfeuers zu ihm herumgewandert war.

«Sollen wir uns nicht lieber unter Wasser verholen, Herr Kaleunt?»

Denselben Gedanken hatte auch Guggenberger bereits gehabt, doch dann schüttelte er den Kopf.

«Wir bleiben oben! Hier trägt der britische Löwe ein falsches Gebiß.»

Dieser Satz vom falschen Gebiß des britischen Löwens bei Gibraltar bewahrheitete sich jedoch nur noch bei den beiden folgenden Durchbrüchen deutscher U-Boote ins Mittelmeer. Dann aber waren die Engländer, die die Straße vorerst nicht sehr streng bewacht hatten, aufgewacht.

«Hundertprozentiger Ausguck!»

Schon wich das Land zurück, und die Bucht von Gibraltar weitete sich nach Backbord hin. Der gigantische Felsen der Festung Gibraltar mit seinen 425 Metern Höhe und einer Breite bis zu 1200 Metern war schon ein gewaltiger Brocken. Schwarz zeichneten sich Fels und Festungswerke gegen den etwas helleren Himmel ab. Nichts regte sich an Land.

«Lichter an Steuerbord voraus!»

Guggenberger richtete sein Nachtglas auf die angegebene Stelle.

«Das sind beleuchtete Boote. Daneben weitere Boote. Es sieht so aus, als hätten sie eine Sperre quer über die Straße gezogen.»

«Wenn sie nur nicht mit Trossen untereinander verbunden sind, Herr Kaleunt!»

«Backbord zehn! – Mittschiffs! – Recht so!»

Genau in die Lücke zwischen zwei Booten hielt U 81 hinein. Näher und näher kamen die Lichter, standen schließlich an Steuerbord und Backbord querab. Wenn jetzt Trossen im Weg wären, müßten sie das Boot packen. Alle warteten auf das Knirschen, mit dem der Bug die Trossen erfassen und zersägen würde; aber nichts dergleichen geschah. Alles blieb ruhig. Das Boot hatte die Bewacherreihe passiert.

Die Straße wurde breiter. Das Land wich schnell zurück.

«Schatten voraus!» meldete der Bootsmannsmaat der Wache.

«Sind zwei Zerstörer, die aufeinander zu laufen, Herr Kaleunt!»

«Beide kleine Fahrt!»

Die Geschwindigkeit von U 81 verringerte sich. Als das Boot auf ungefähr 1000 Meter herangekommen war, drehten die Zerstörer und liefen nach Norden und Süden ab. Größer wurde der Zwischenraum, und mit wieder hochgehender Geschwindigkeit lief das U-Boot hindurch und erreichte das freie Wasser des Mittelmeeres. Mit Einfall der Morgendämmerung ging U 81 auf Haustiefe 50 Meter und lief in sparsamem Unterwassermarsch weiter.

Als das Boot wenige Tage darauf in Salamis festmachte, wurde Fritz Guggenberger dort bereits von Oberleutnant zur See von Tiesenhausen begrüßt, der es mit U 331 als erster geschafft hatte und am 2. Oktober in Salamis eingelaufen war.

Von Tiesenhausens Boot war nicht so ungeschoren davongekommen wie U 81. Es war unmittelbar nach dem Durchbruch von britischen Panzerfähren beschossen worden. Zum Glück hatten die Granaten nur die Außenhaut des Bootes an einigen Stellen durchschlagen.

Admiral Förste, der Gruppenbefehlshaber-Süd, begrüßte Kommandant und Besatzung im neuen Stützpunkt. Damit gehörten diese ersten Boote zur 23. U-Flottille, die von Kapitänleutnant Frauenheim geführt wurde.

In kurzen Abständen trafen nacheinander noch U 75 (Kapitänleutnant Ringelmann), U 97 (Kapitänleutnant Heilmann), U 79 (Kapitänleutnant

Kaufmann) und U 205 (Kapitänleutnant Reschke) in Salamis ein. Keines der ersten sechs ins Mittelmeer entsandten Boote war verlorengegangen.

Wenige Tage später liefen diese sechs U-Boote zur ersten Mittelmeer-Feindfahrt aus.

Vor der nordafrikanischen Küste, zwischen Alexandria und Tobruk, versenkte U 331 einige Nachschubleichter des Gegners. Auch U 75 kam auf zwei Leichter zum Schuß, die unmittelbar nach den Treffern auseinanderbrachen. U 97 torpedierte zwei kleinere Frachter, und U 79 sichtete am 15. Oktober 1941 einen Küstensegler.

Fahlgrün leuchtete die erste Helle des Morgens, als Kapitänleutnant Wolfgang Kaufmann aus dem Schlaf gerissen wurde:

«Kommandant auf die Brücke!»

Kaufmann griff nach seiner Mütze und stülpte sie sich im Laufen über den Schädel.

«Aufwärts!» rief er, als er die Leiter in der Zentrale erreichte, und kletterte auch schon empor. Er nickte dem Rudergänger im Turm zu und schwang sich auf die Brücke.

«Was ist los?»

«Schatten voraus, Herr Kaleunt! Küstenmotorsegler und kleineres Geleitfahrzeug.»

Kaufmann richtete sein Fernglas auf die angegebene Stelle. Er sah die beiden Fahrzeuge.

«Magere Braten, aber als Auftakt doch ganz ordentlich. – Ich übernehme. Wir setzen uns vor und greifen dann unter Wasser an.»

Eine Ruderkorrektur ließ U 79 herumgehen, und mit AK* der beiden Diesel stampfte das Boot nun durch die fast glatte See. Eine halbe Stunde später hatte es eine günstige vorliche Position erreicht.

«Auf Tauchstationen!»

Das Boot verschwand von der Oberfläche der See und wurde vom LI** in Sehrohrtiefe eingependelt. Hinter dem Angriffsrohr hockte der Kommandant und ließ den «Spargel» ausfahren. Er erkannte den Segler und gleich darauf auch das Geleitfahrzeug.

«Rohr I und II klar zum Unterwasserschuß!»

Preßluft füllte die Ausstoßpatronen, die beiden Rohre wurden bewässert, die Mündungsklappen aufgedreht. Wolfgang Kaufmann visierte die Gegner an, die inzwischen schon sehr nahe herangekommen waren.

---

* Äußerste Kraft

** Leitender Ingenieur

«Fahrzeuge passieren in ungefähr 500 Metern das Boot.»

Die Schußwerte wurden durch den Torpedorechner gejagt. Gleichzeitig damit stellten die «Mixer» im Bugraum diese Werte an den beiden Torpedos ein.

«Stehen gut im Visier.»

«Hartlage!» meldete der Zielgeber bereits.

Aber noch ließ Kaufmann die beiden Ziele weiter einwandern. Wenn die beiden Aale nur nicht die mit geringem Tiefgang laufenden Fahrzeuge untersteuerten.

«Rohr I – lllos!»

Das Boot hob sich leicht an. Zentralemaat Lechner flutete die Ausgleichtanks.

«Torpedo läuft!» kam die Meldung aus dem Bugraum.

«Rohr zwo – lllos!»

Der Mixer im Bugraum schlug zur Sicherheit noch auf die Handabzugstaste; für den Fall, daß die Elektrik versagte. Auch dieser Torpedo lief.

In diesem Augenblick tauchten Kriegsschiffsmasten über der Kimm auf, und als die beiden Torpedos mit hohen Sprengsäulen an den Zielen detonierten, sah Kaufmann bereits die Aufbauten eines Zerstörers, der genau auf das Sehrohr zulief.

«Beide Aale Treffer. Motorsegler ist in der Mitte durchgebrochen. – Das Geleitfahrzeug hat gestoppt. – Wasserbomben-Explosionen!»

Eine Minute später war auch das Geleitfahrzeug gesunken, und während der Zerstörer zur Untergangsstelle abdrehte, lief U 79 mit Backbordruder in einem großen Bogen nach Norden.

Wie sich später herausstellte, hatte das Boot neben dem Segler noch das britische Kanonenboot «Gnat» versenkt. «Gnat» war das erste, wenn auch – mit 625 Tonnen – nur kleine Kriegsschiff, das England im Mittelmeer verlor.

Doch bald sollte es zu den ersten Paukenschlägen im Mittelmeer kommen. Und wenn die Engländer bis dahin noch nicht um ihre Flotte gebangt hatten, so würden sie es nach diesen beiden Paukenschlägen um so mehr tun.

U 81 VERSENKT DIE «ARK ROYAL»

«Herr Admiral, die italienische Luftaufklärung meldet um 15.00 Uhr Verband, bestehend aus Schlachtschiff, zwei Flugzeugträgern, Kreuzern und Zerstörern in Quadrat CH 9148, Kurs West.»

«Danke, Daublebsky!»

Admiral Dönitz erhob sich aus seinem Sessel und ging ins Lagezimmer. Der 2. Admiralstabsoffizier folgte dem Befehlshaber der U-Boote. Der Abschnitt Mittelmeer interessierte Dönitz besonders. Der BdU wandte sich dem Asto zu:

«Daublebsky, Funkspruch an U 81 und U 205: Beide Boote sollen gemeinsam das Seegebiet bei Kap Degarta besetzen. Feindlicher Kriegsschiffsverband in Quadrat CH 9148 mit Westkurs.»

Italienische Seeaufklärer hatten an jenem 12. November 1941 die in Gibraltar stationierte «Force K» (Vizeadmiral Sommerville) gesichtet, die am 10. November mit dem Schlachtschiff «Malaya», den Flugzeugträgern «Ark Royal» und «Argus», dem Leichten Kreuzer «Hermione» und sieben Zerstörern ins westliche Mittelmeer ausgelaufen war, um 37 Jagdflugzeuge und sieben Bomber nach Malta zu starten. Als die italienischen Maschinen den Verband sichteten, befand sich dieser schon auf dem Rückmarsch nach Gibraltar.

Als der FT-Spruch des BdU die beiden Boote U 81 (Guggenberger) und U 205 (Reschke) erreichte, war die italienische Standortmeldung bereits fünf Stunden alt. Beide Kommandanten gingen an die Arbeit. Zunächst galt es folgende Überlegungen anzustellen: Wo konnte die «Force K» jetzt stehen? Wollte sie nach Gibraltar zurückkehren?

Fritz Guggenberger beschloß, sich auf Lauerstellung zu legen.

Auch U 205 unter Kapitänleutnant Reschke hatte nach der Quadratangabe des BdU eine gut vorliche Stellung zum Kriegsschiffs-Konvoi.

Der Kommandant ließ das Boot in kurzen Schlägen auf und ab stehen. Die Nacht zum 13. November verging in fieberhafter Suche nach den Kriegsschiffen.

An Bord dieses Bootes knisterte die aufgestaute Erregung. Wenn es ihnen gelänge, den Verband zu erwischen und ein paar Aale auf eines der dicken Plätteisen loszumachen! Nicht auszudenken, was dann los sein würde.

Es war am anderen Morgen, ein Freitag, dazu der 13. November 1941, als der Wachhabende Offizier den Alarmruf «Kommandant auf die Brücke!» durch den Rudergänger und Zentralemaaten weitergeben ließ.

Franz-Georg Reschke enterte auf. Der Bootsmannsmaat der Wache deutete auf leichte Rauchfahnen, die sich über dem östlichen Horizont erhoben.

«Das ist der Verband, Herr Kaleunt!»

«Abwarten. Wollen mal sehen, was da gleich über die Kimm kommen wird.»

«Das sind Kriegsschiffsmasten, Herr Kaleunt!» meldete der Bootsmannsmaat der Wache ein paar Minuten darauf. Reschke blickte auf seine Uhr.

«Kommandant an Funkraum, FT an BdU: feindlicher Kriegsschiffsverband um 05.06 Uhr in Sicht.»

Die Meldung ging hinaus, erreichte auch U 81, das weiter herausgesetzt stand, aber sofort andrehte, um heranzuschließen.

«Auf Tauchstationen!» befahl Reschke.

U 205 ging auf Sehrohrtiefe hinunter. Das Sehrohr wurde ausgefahren, und der Kommandant versuchte, die höher und höher herauskommenden Einheiten zu klassifizieren. Ruderkorrekturen brachten das Boot in den nächsten zwei Stunden dicht an den Konvoi heran.

«Wir schießen Zweierfächer auf den vorderen Flugzeugträger. – Ein!» befahl Reschke, als er sah, wie einer der Zerstörer aus dem Verband herausschor und nun auf das Boot zulief. Surrend fuhr der Motor das Sehrohr ein. Wieder glitt das Boot leicht herum.

«Schraubengeräusche näherkommend!» meldete der Horchraum.

Eine Minute später wanderten sie bereits wieder aus. Der Zerstörer hatte gedreht und dampfte zum Konvoi zurück. Reschke warf noch einen schnellen Blick durch das wieder ausgefahrene Sehrohr.

«Fächer aus Rohr I und II – lllos!»

Das Boot drohte durchzubrechen. Der Spargel kam hoch aus der See heraus, endlich rauschte das Wasser in die Ausgleichstanks.

«Rohr III – Schuß auf Zerstörer!»

Über den Daumen gepeilt, ließ der Kommandant diesen Torpedo schießen.

Als das Sehrohr ausgefahren wurde, sah Reschke, daß ein zweiter Zerstörer einen Zack einlegte, der ihn genau auf das U-Boot zuführte.

«Ein! – Auf achtzig Meter gehen!»

Das Boot kippte an, bekam schnell mehr Vorlastigkeit, als der LI «zehn Mann Bugraum!» befahl.

Mit hart Steuerbord-Ruder drehte das Boot weg und wurde auf 190 Grad eingesteuert.

«Zeit ist um!»

«Schraubengeräusche näherkommend!»

Zwei Torpedodetonationen dröhnten durch das Boot, und gleich darauf eine dritte Einzeldetonation.

«Alle drei Torpedos Treffer. Wahrscheinlich einen Flugzeugträger und den Zerstörer getroffen.»

Dröhnend rasselten auf einmal die Schraubengeräusche über das Boot hinweg.

«Hart Steuerbord!»

Wieder beschrieb U 205 einen engen Kreis.

Zwei einzelne Wasserbomben krachten nahe beim Boot auseinander. Schlagartig erlosch das Licht. Die Notbeleuchtung sprang an.

Irgendwo war ein Wasserstandsglas zerklirrt. Wasser spritzte ins Boot. Aber Sekunden später war dieser Wassereinbruch gestoppt.

«Schraubengeräusche auswandernd!»

«Auf 120 Meter gehen!»

Der LI gab die Befehle weiter. Die beiden Tiefenrudergänger führten sie sofort aus. Tiefer sackte das Boot. Im schmalen Korridor zwischen dem Bugraum und der Zentrale standen zwei Männer mit gespreizten Beinen, wie an einem Abhang. Die weiß gestrichenen Verschlußkappen der Torpedorohre leuchteten durch das offene Schott zu ihnen herüber. Im Oberfeldwebelraum schepperte das ins Rutschen gekommene Geschirr zu Boden.

Ein Poltern und Gurgeln wurde vernehmbar, dann erfolgte die schmetternde Explosion der nächsten Wasserbombe. Von diesem Zeitpunkt an fielen sie dicht an dicht. Das Mahlen der Zerstörerschrauben war nun auch ohne Horchgerät zu vernehmen.

«Frage Ausfälle?» kam die Stimme des Kommandanten wenig später.

«Keine Ausfälle!»

Mit einem Schlage entspannten sich die Gesichter. Die Zerstörer entfernten sich.

Als aber U 205 gegen Nachmittag auftauchen wollte, wurde es wenig Sekunden, nachdem es die Wasseroberfläche durchbrochen hatte, von einem Flugzeug gesichtet und wieder unter Wasser gedrückt. Eine Bombe krepierte hundert Meter achteraus im Kielwasser.

«Wenn wir richtig mitgekoppelt haben, dann müßten wir in der nächsten halben Stunde den Verband sehen, Obersteuermann. – Ich gehe auf die Brücke!» Fritz Guggenberger enterte zum Turm auf.

«Nichts zu sehen?»

«Nichts, Herr Kaleunt!»

Zehn Minuten vergingen.

«Flugzeuge, Steuerbord querab!»

Mit einem leisen Fluch drehte sich der Kommandant um.

«Alarm! – Schnelltauchen!»

Die Alarmglocke schrillte durch das Boot. Der Wettlauf um wichtige Sekunden begann – Sekunden, die über Tod oder Leben entschieden.

«Diesel tauchklar!» schrie der Dieselobermaschinist durch den Dunst. Die Abgasklappen wurden eingeschliffen. Sie verursachten ein unbeschreibliches Geräusch, das irgendwie an eine Fliegersirene erinnerte. Schon landeten die abenternden Brückenwächter in der Zentrale. Der Kommandant schloß das schwere Turmluk.

«Fluuuten!»

Die Entlüftungshebel wurden gerissen. Pfeifend entwich die Luft aus den Tauchzellen. Brausend drang die See hinein.

«Auf fünfzig Meter gehen!»

Am Tiefenmesser verfolgte der LI das Fallen des Bootes. 10 Meter – 20 – 30 – 35 zeigte die Nadel an. Jetzt erst krachte es an Backbord. Die Bombe war eingehauen.

«Boot ist auf 50 Meter eingesteuert!»

«Danke, LI, das war ausgezeichnet!»

Eine halbe Stunde später tauchte das Boot wieder auf und – wurde von einem Zerstörer erneut unter Wasser gedrückt. Beim nächsten Auftauchen gegen 13.40 Uhr waren es wieder Flugzeuge, die den Kommandanten veranlaßten, das Boot mit Alarmtauchen unter Wasser zu bringen. Aber diese Maschinen warfen nicht.

«Haben uns wahrscheinlich nicht gesehen. – Auftauchen!»

Genau um 14.10 Uhr sichtete der steuerbordachtere Ausguck eine neue Maschine aus Osten. Eine Minute später war das Boot auf Sehrohrtiefe eingesteuert.

«Wir bleiben unten. Der Kriegsschiffsverband müßte gegen 15.00 Uhr in unserem Quadrat stehen.»

Sparsam machte der Kommandant vom Sehrohr Gebrauch. Um 14.15 Uhr wurden weitere Maschinen gesichtet.

«Scheint die Luftsicherung des Verbandes zu sein.»

Fünf Minuten später sah Guggenberger den bleistiftdicken Gefechtsmast eines Schlachtschiffes über der Kimm auftauchen. Der Funkmaat aus dem Horchraum meldete die Schraubengeräusche vieler schwerer Schiffsmaschinen; sie trieben dem lauernden Hai die Beute zu.

In den nächsten Minuten war es dem Kommandanten, als sehe er eine Fata Morgana. Nacheinander erkannte er die drei avisierten großen Kriegsschiffe. Und der Verband hielt genau auf U 81 zu.

«Drei große Kriegsschiffe, darunter ein Schlachtschiff!» berichtete er der Besatzung.

«Auf Gefechtsstationen! – Boot greift den Verband an. – Alle Rohre klar zum Unterwasserschuß!»

Näher und näher kamen das Schlachtschiff und die beiden Träger. Insgesamt zählte Guggenberger sechs Zerstörer, die diese großen Einheiten als Nahsicherung umgaben und scharf nach Gegnern Ausschau hielten. Hohe Schnauzbärte gischteten an den Zerstörern empor.

«Ein!» befahl Guggenberger, während schon alle Vorbereitungen zum Torpedoschuß bis auf die letzten Einstellungen getroffen waren.

«Wir schießen Viererfächer auf Schlachtschiff und vorderen Flugzeugträger.»

«Rohre sind klar!»

«Aus!» Abermals korrigierte der Kommandant die Schußunterlagen. Die Feuerleitanlage übertrug die errechneten Werte auf die Torpedos.

Gewaltig wie ein Gebirge aus Stahl wanderte der Bug des Schlachtschiffes in die Zieloptik des Angriffsrohres hinein. Da war auch der eine Flugzeugträger. Auch er wurde anvisiert. Noch etwas! Nein, noch nicht schießen! Noch eine letzte Korrektur, und wieder das Einfahren und Herausstecken des «Auges».

«Viererfächer – Illos!»

Im Abstand von jeweils eineinhalb Sekunden verließen alle vier Torpedos die Rohre. Die Preßluft wölkte in den Bugraum hinein, und obwohl der Zentralemaat sofort die Hebel der Ausgleichstanks gerissen hatte, ging das Boot durch den enormen Gewichtsverlust vorn hoch. Der LI rief dem Tiefenrudergänger seine Befehle zu. Aber schon verringerte sich die Wassertiefe: 13 Meter, 12,5 Meter.

«Zehn Mann Bugraum!»

Durch die Zentrale rannten die Männer nach vorn. Das Boot stand auf einmal; die Achterlastigkeit war gestoppt, und plötzlich sackte es nach unten weg.

«Auf 100 Meter gehen und . . .»

«Rumms! – Rumms! – Rumms!» krachten drei Torpedodetonationen.

Noch immer waren die zehn Männer im Bugraum. Mit großer Vorlastigkeit jagte das Boot in die Tiefe. Von Zerstörerschrauben war noch nichts zu hören. Auf 100 Meter fing der LI das Boot ab.

«Wie oft hat es geknallt?» fragte Guggenberger, der in die Zentrale abgeentert war.

«Dreimal, Herr Kaleunt.»

«Drei Treffer!» bestätigte der Obersteuermann.

«Einen Treffer hat das Schlachtschiff bestimmt abbekommen. Was mit den beiden anderen Treffern ist, das ist noch ungewiß.»

Der Funkmaat hatte inzwischen seinen Platz hinter dem Gruppenhorchgerät eingenommen. Er meldete Zerstörer, die an den typischen Schraubengeräuschen zu erkennen waren. Es waren mehrere, die nach allen Richtungen liefen und das U-Boot suchten, das hier mitten in den Kriegsschiffsverband eingebrochen war und zwei Schiffe getroffen hatte.

«Zerstörer, Backbord querab! Er kommt in Lage Null!»

«Rabamm! – Rabamm! – Rabamm!»

Das Boot schüttelte sich.

«Schleichfahrt! – Backbord zehn!»

Alle Maschinen, die nicht unbedingt benötigt wurden, waren ausgeschaltet, als U 81 jetzt versuchte, sich davonzuschleichen.

Auf einmal war das Jicheln der schnell rotierenden Zerstörerschrauben mit bloßem Ohr zu vernehmen.

«Zerstörer querab. Schnell näher kommend!»

Nun liefen aber zwei Zerstörer aus verschiedenen Richtungen auf das Boot zu. Und durch das Rotieren der Schrauben, durch das Pinken der plötzlich auftreffenden Asdic-Strahlen vernahmen alle die Abschüsse der Wabosalven.

Fritz Guggenberger sah im Geiste Dutzende von Wasserbomben, die genau über dem Boot geworfen wurden. Sie ließen nur eine Alternative zu:

«Beide dreimal AK!»

U 81 ging auf Höchstfahrt. Das waren zwar auch nur acht Knoten – mehr gaben die E-Maschinen nicht her –, doch brachte es sie Meter um Meter aus der unmittelbaren Gefahr heraus. Wie lange brauchten die

Wabos, um das Boot, hier in einhundert Meter Tiefe, zu erreichen? Wie viele Sekunden blieben dem Boot noch?»

Die ersten Detonationen lagen, mit flacher Einstellung geworfen, über dem Boot; die nächsten zwar tiefer, aber weiter nach achtern herausgesetzt.

Dennoch zerklirrten Glühbirnen und Wasserstandsgläser. Eine Abgasklappe machte Wasser. Die Hauptbeleuchtung fiel aus.

Aber bald wurden alle Stationen wieder klargemeldet. Drei Stunden lang gelang es den Zerstörern immer wieder, dicht an das Boot heranzukommen. Dann verloren sie es. U 81 schüttelte seine Gegner ab. Die nächsten Wasserbomben lagen drei Seemeilen achteraus. Insgesamt hatten die Zerstörer 132 Wasserbomben geworfen.

In den frühen Morgenstunden des 14. November ging zuerst ein Funkspruch von U 205 beim BdU ein. Das Boot meldete drei Torpedotreffer auf einen Flugzeugträger und einen Zerstörer. Eine Stunde später meldete sich auch U 81, und sein Funkmaat tastete durch:

«Viererfächer auf Schlachtschiffe ‹Malaya› und ‹Ark Royal›. Ein Treffer Schlachtschiff wahrscheinlich. Zwei weitere Treffer Ziel ungewiß.»*

Ungefähr zur gleichen Zeit sank der Flugzeugträger «Ark Royal» nur 25 Seemeilen ostwärts von Gibraltar.

Das Schlachtschiff «Malaya» aber mußte schwer beschädigt nach Gibraltar eingeschleppt werden. Es war von einem Torpedo unter dem vorderen Turm getroffen worden.

Während der Dauer des gesamten Krieges kam die «Malaya» nicht mehr zum Einsatz.

Die erst 1939 in Dienst gestellte «Ark Royal» hatte eine Wasserverdrängung von 22 600 Tonnen. Die insgesamt 2000 Mann Besatzung wurden von Captain Maund geführt.

Durch Funkspruch des BdU erfuhr auch die Besatzung von U 81, daß sie diesen Flugzeugträger versenkt hatte, von dem aus wenige Monate zuvor die Flugzeuge aufgestiegen waren, die das deutsche Schlachtschiff «Bismarck» gestellt und den verhängnisvollen Torpedotreffer in die Ruderanlage erzielt hatten.

Am 10. Dezember 1941 erhielt Kapitänleutnant Guggenberger das Ritterkreuz des Eisernen Kreuzes.

---

* siehe Kriegstagebuch des BdU vom 1. 2. 1940 bis 1. 1. 1942

Am 15. November faßte der BdU die Boote U 81, U 205, U 431 und U 565 zur «Gruppe Arnauld» zusammen und stellte ihr wegen vermutlich verstärkter britischer U-Jagd frei, sich bis zwei Grad Ost abzusetzen. Stützpunkt dieser Boote wurde erstmalig La Spezia. Damit unterstanden sie der 29. U-Flottille, deren Stützpunkte La Spezia und Pola waren. Chef dieser Flottille war Korvettenkapitän Becker.

In der Zeit vom 16. bis 20. November wurde eine dritte Welle von weiteren sechs U-Booten ins Mittelmeer entsandt. Sie wurden – je nach ihrem Auslaufen – bis Ende November in den italienischen Stützpunkten erwartet.

Die Entsendung dieser dritten Welle war von der SKL* angeordnet worden. Als Begründung wurde dazu angegeben (siehe KTB** des BdU):

«1. In Nordafrika hat eine Offensive der Engländer an der ganzen Front eingesetzt.

2. Nach Agenten- und B-Meldungen sollen westlich und ostwärts Gibraltar je ein Boot versenkt sein.
Um welche Boote es sich dabei handelt, ist vorläufig unbestimmt.
Zur fraglichen Zeit am 17. November haben bei Gibraltar vielleicht noch U 433 und U 565, weiter ostwärts von Gibraltar U 81 und U 205 gestanden.
Westlich Gibraltar könnte der Verlust bei einem angeblich vor der portugiesischen Küste beobachteten Geleitzugangriff entstanden sein, über den Meldungen von Booten noch nicht vorliegen.»

Soweit die Niederschrift des KTB des Befehlshabers der U-Boote.

Die Vermutungen, die der BdU insgeheim gehabt hatte, bestätigten sich wenig später. U 433 unter Kapitänleutnant Hans Ey war am frühen Morgen des 17. November südlich von Malaga durch die britische Korvette «Marigold» versenkt worden. Der Kommandant und ein Teil der Besatzung wurden von der «Marigold» aufgefischt und gerieten in Gefangenschaft.

Damit war das erste für den Mittelmeer-Kriegsschauplatz bestimmte U-Boot vernichtet worden.

Der am 22. November von der SKL gegebene Befehl über den Sondereinsatz Mittelmeer machte eine Umgruppierung aller einsatzfähigen Boote erforderlich. U 431 und U 375 erhielten Befehl, mit Marschfahrt das Quadrat CG 89 anzusteuern. U 431 erhielt Befehl, nach Passieren Gibral-

---

* SKL = Seekriegsleitung

** KTB = Kriegstagebuch

tars seinen Marsch nach Osten fortzusetzen. U 205 sollte in Messina Brennstoff ergänzen, falls dies unbedingt notwendig würde. Für U 81 wurde am 23. November ebenfalls eine Versorgung in Messina vorgesehen, falls eine solche ohne Verzögerung möglich sei. Nach Passieren Messinas sollte das Boot vorübergehend der 23. U-Flottille unterstellt werden. Vom Chef der 23. U-Flottille erhielten daraufhin U 205 und U 565 (Kapitänleutnant Jebsen) ein neues Operationsgebiet in CP 4771 bis zur afrikanischen Küste, mit Schwerpunkt in 7160 bis 7190 und 7130 bzw. CO 6993, mit Schwerpunkt in 93-20-50-80.

U 331 VERSENKT DIE «BARHAM»

Inzwischen war U 331 von Salamis aus zu einer neuen Feindfahrt ausgelaufen. Das Boot hatte einen Nebenauftrag erhalten. Und zwar sollte es am Abend des 17. November 1941 einen Kommandotrupp des Sonderverbandes «Lehrregiment Brandenburg» unter der Führung von Leutnant Kiefer bei Ras Gibeisa, an der afrikanischen Küste ostwärts Marsa Matruk, an Land setzen. Der Kommandotrupp hatte die Aufgabe, die feindliche Bahnlinie entlang der Küste an mehreren Stellen zu sprengen.

Der Kommandotrupp wurde am 17. November ausgesetzt. Da er noch in der gleichen Nacht zurückkommen sollte, blieb Oberleutnant z. See von Tiesenhausen die ganze Nacht auf der Brücke seines Bootes. Aber der Trupp kam nicht zurück.

Mit Tagesanbruch lief das Boot ab, legte sich auf Grund und kehrte in der folgenden Nacht wieder in die Bucht von Ras Gibeisa zurück. Aber die «Brandenburger» erschienen nicht. Sie waren in Gefangenschaft geraten.

Von Tiesenhausen marschierte nun Richtung Tobruk, um seinen Auftrag «Störung – wenn möglich Unterbindung – des feindlichen Nachschubverkehrs über See nach Tobruk» durchzuführen.

Bis zum Morgengrauen des 25. November wurde von U 331 kein einziges Schiff gesichtet. Dann aber, das Boot stand getaucht etwa nördlich Bardia unter der Küste, meldete der Funkgast in aller Frühe aus dem Horchschapp:

«Horchpeilung aus Norden, Herr Oberleutnant!»

Sofort ließ Tiesenhausen sein Boot auf Sehrohrtiefe gehen. Nichts war vom Gegner zu entdecken. U 331 kehrte an die Wasseroberfläche zurück und – wurde mit Alarmtauchen von einem Flugzeug wieder unter Wasser gedrückt.

Nun ließ der Kommandant sein Boot im Unterwassermarsch auf die Horchpeilung zulaufen. Bis zur Mittagszeit war die Horchpeilung langsam nach Nordosten ausgewandert.

Tiesenhausen mußte nun versuchen, im Überwassermarsch heranzuschließen. Er ließ auftauchen. Das Boot klotzte mit Marschfahrt hinter dem Geleitzug her nach Nordosten. Um 14.30 Uhr meldete der I. WO Rauchsäulen Steuerbord voraus. Zehn Minuten später kamen Zerstörermasten in Sicht. Entfernung etwa zwölf Seemeilen. Als einzelne dünne Nadeln standen sie über der Kimm.

«Größerer Schiffsverband mit Zerstörer-Nahsicherung. In der Mitte scheinen ein paar große Plätteisen zu liegen. Der Verband marschiert nach Süden.»

U 331 klotzte dem Verband mit AK entgegen. Plötzlich zackte dieser jedoch weg und steuerte Ostkurs.

«Der läuft uns weg, Herr Oberleutnant!» meldete der Obersteuermann, der nach oben gekommen war, um Kurs und Fahrt des Gegners zu errechnen.

«Flugzeug, etwa drei Seemeilen achteraus!»

Für den Kommandanten war dies eine schwierige Situation. Tauchte er, so war der Großverband mit Sicherheit weg. Blieb er oben und das Flugzeug hatte ihn gesehen, dann würden sehr bald sie selber weg sein.

«Wir bleiben oben!» entschied er sich, als er sah, daß die Maschine nicht auf das Boot einschwenkte, sondern in der alten Richtung weiterflog.

«Da! Der Verband geht wieder auf Gegenkurs und kommt jetzt genau auf uns zu, Herr Oberleutnant!»

«Ich sehe es. Wir bleiben noch etwas oben, ehe wir tauchen.»

«Ist ein Kriegsschiffsverband, Herr Oberleutnant. Jetzt sieht man es ganz genau.»

«Wenn wir auch so ein Schwein hätten wie Guggenberger!»

«Auf Tauchstation, ehe man uns bemerkt!»

U 331 verholte sich unter Wasser.

«Auf Gefechtsstationen!»

In Sehrohrtiefe eingesteuert, lief das Boot nun unter Wasser weiter. Der Feindverband kam stetig näher, wie von Tiesenhausen durch ständiges Ausfahren des Sehrohrs und immer neue Rundblicke erkennen konnte.

«Verband besteht aus drei Schlachtschiffen und acht Zerstörern!» berichtete er der Besatzung, die in der spannungsgeladenen Atmosphäre des Bootes «blind» auf ihren Stationen stand.

Es war genau 16.00 Uhr, als feststand, daß sie den Verband vor die Rohre bekommen würden.

«Horchraum besetzen!» befahl Tiesenhausen.

Von nun an wurde aus dem Horchraum laufend zum Turm gemeldet.

«Aus!»

Das Sehrohr wurde ausgefahren. Der Kommandant sah, wie an den Rahen der Schlachtschiffe Signalflaggen geheißt wurden. Dann erkannte er zwei Zerstörer, die sich an der Backbordseite des Verbandes vorsetzten und nun in Dwarsstaffel, mit etwa 500 Meter Abstand zueinander, weiterliefen.

Wenn das Boot in eine sichere Angriffsposition gelangen wollte, dann mußte er es zwischen den beiden Zerstörern hindurchsteuern, ging es Tiesenhausen durch den Kopf. Er drehte das Sehrohr etwas und konzentrierte sich auf die beiden Zerstörer. Kleinste Ruderkorrekturen brachten U 331 genau in die Mitte zwischen beide Boote.

«Sehrohr ein!» befahl er.

«So, Walther, jetzt müssen wir sehen, wie wir nach den Meldungen des Horchschapps zwischen den Zerstörern durchrutschen.»

Obersteuermann Walther nickte. Der Blick des Kommandanten wanderte zum Befehlsübermittler für die Feuerleitanlage. Er lächelte ihm beruhigend zu. Dann erfaßte sein Blick den Gefechtsrudergänger, der den Kompaß beobachtete.

«Steuerbord fünf – Mittschiffs – recht so!» befahl der Kommandant, als der Horchraum den an Backbord stehenden Zerstörer, näher kommend, meldete.

Dann waren die beiden Zerstörer auf gleicher Höhe und eine Minute darauf schon hinter dem Boot, das noch immer auf die Schlachtschiffe zu hielt.

«Sehrohr aus!»

Surrend fuhr der Elektromotor das Sehrohr in die Höhe. Von Tiesenhausen überzeugte sich durch einen schnellen Blick nach achtern, daß die beiden Zerstörer, die in ungefähr 250 Meter Abstand an U 331 vorbeigelaufen waren, nichts gemerkt hatten und ihren Kurs fortsetzten.

Ein Pedaldruck trieb den Sattelsitz um die Zielsäule herum. Jetzt hatte er andere Ziele anzupeilen. Von nun an galt seine ganze Aufmerksamkeit den drei Schlachtschiffen, die er als ungeheuerliche Kolosse im Sehrohrausblick erkannte.

Unbeirrt durchzogen diese stählernen Riesen die See und ließen weiße Schaumkronen auf der nur leicht bewegten Oberfläche tanzen.

«Wir greifen an!»

Mit Hartruderlage versuchte der Kommandant, das Boot dicht an das vorderste Schlachtschiff heranzudrehen. Aber dieses Manöver war für das vorderste Schlachtschiff zu spät gekommen, die Gegnerfahrt war zu groß.

«Sehrohr aus!»

Nach dem ersten schnellen Blick sah von Tiesenhausen, wie eben der zweite Stahlriese näher kam. Diesen mußten sie treffen. Das Boot ging nach einer abermaligen Ruderkorrektur näher heran. Schnell kam das Schlachtschiff auf. Die Werte wurden durchgegeben. Obersteuermann Walther bediente die Rechenmaschine, die pausenlos die Schußwerte ausspuckte. Alle vier Rohre waren zum Fächerschuß klargemacht worden. Diesmal wollte Tiesenhausen die gesamte Chargierung anlegen. Aber noch war es nicht soweit. Noch bestand für den Riesen eine geringe Chance, zu entkommen.

Ein erneuter schneller, nur Sekunden dauernder Überblick. Das Boot stand genau querab zum Gegner. Ungeheuer groß, niemals zu verfehlen, wanderte das Schlachtschiff durch die Zieloptik.

«Viererfächer – lllos!»

In genau vorgesehenen Abständen flitzten die vier Torpedos aus den Rohren. Preßluft blies, Wasser rauschte in die Ausgleichtanks.

Das Sehrohr weiter nach achtern drehend, sah Tiesenhausen, wie eben das dritte Schlachtschiff in das Blickfeld kam und genau auf das U-Boot zuhielt.

«LI! Auf fünfzig Meter gehen!»

Aber anstatt den hart nach unten gelegten Tiefenrudern zu folgen, wurde U 331 plötzlich nach oben gedrückt.

«Boot mit Oberkante Turm durch!» meldete der LI aus der Zentrale zum Turm.

«Turm räumen!» rief Tiesenhausen, denn jeden Augenblick konnte der Bug des Schlachtschiffes den Turm zersägen. Er hatte gesehen, wie nahe das Schlachtschiff bereits herangekommen war und daß nur noch eine Ramming folgen konnte, wenn das Schlachtschiff auch nur etwas mitgedreht hatte. Auf jeden Fall hatte der Gegner das Boot bestimmt gesehen.

Obersteuermann Walther warf als letzter seine Unterlagen in die Zentrale, enterte ab und schloß das Luk zwischen Zentrale und Turm. Wenn das Schlachtschiff nur den Turm rammte, dann hatten sie noch eine Chance.

Alles dies war binnen weniger Sekunden vor sich gegangen. Schraubengeräusche waren sehr laut wahrnehmbar. Und dann dröhnten nacheinander drei dumpfe Trefferdetonationen und zweieinhalb Sekunden darauf eine vierte.

«Vier Treffer, Herr Oberleutnant!»

Aber Tiesenhausen hörte diesen Ruf überhaupt nicht. Er starrte noch immer auf das Tiefenmanometer, das sich nicht rührte, und wartete auf den Rammstoß des dritten Schlachtschiffes, der aber nicht erfolgte. Aber dann schlug der Zeiger endlich aus. Das Boot fiel.

Der Zeiger des Tiefenmanometers rotierte weiter. Fünfzig Meter gingen durch. 60 – 70 – 80 Meter. Dann stand die Nadel wieder still. Aber das Boot konnte nicht so abrupt stehenbleiben. Da war etwas faul! Tiesenhausen entsann sich eines ähnlichen Falles, den er als I. WO auf Korths Boot – U 93 – erlebt hatte.

«Frage: Vorderes Tiefenmanometer?»

Jetzt erst schaltete der Gast, und Sekunden später meldete er:

«Endstellung!»

Der Zeiger des Zentralmanometers drehte sich nun weiter und pendelte sich erst auf 266 Meter ein.

So tief hatte bis zu diesem Zeitpunkt noch kein anderes deutsches Boot gestanden. Die Stimme des Kommandanten durchbrach die Stille. Sie klang ruhig und fest.

«Na schön! Wir werden sehen, ob die Röhre das aushält. Bringen Sie das Boot auf 250 Meter!»

Mit Schleichfahrt lief U 331 ab.

«Hier unten kann uns keiner!» sagte der Zentralemaat in die Stille hinein.

Und dann kamen Schritte über den Gang. Die wuchtige Gestalt von Dieselobermaschinist Köchy schwang sich durch das Kugelschott.

«Haben wir den Zerstörer getroffen?» fragte er ahnungslos.

«Nee, Köchy!» belehrte Walther den Kameraden. «Das war kein Zerstörer, das war ein Schlachtschiff, und wir haben ihm aus 375 Meter Entfernung einen Viererfächer verpuhlt.»

Der Obermaschinist starrte alle nacheinander ungläubig an.

«Sie werden sich an den Gedanken gewöhnen müssen, Köchy!» schloß der Kommandant die Diskussion mit einem leichten Lächeln.

Wasserbomben wurden geworfen. Sie knallten weitab und hoch, sehr hoch über dem Boot auseinander.

Um 21.00 Uhr wurde kurz nach dem Auftauchen über FT die Torpedierung eines Schlachtschiffes gemeldet. Daß er das Schlachtschiff versenkt hatte, wußte von Tiesenhausen noch nicht, und darum meldete er auch nur eine Torpedierung.

Im KTB des Befehlshabers der U-Boote steht unter dem 26. November folgender kurzer Satz:

«Erfolgsmeldung: U 331 hat im östlichen Mittelmeer ein Schlachtschiff torpediert. Ein neuer schöner Erfolg.»

Insgesamt – das wurde später festgestellt – war U 331 mit dem Turm fast 45 Sekunden über Wasser gewesen. Zeit genug für den stählernen Berg des Schlachtschiffes, das Boot zu rammen oder mit Artillerie zu vernichten.

Was war nun aber auf der Feindseite geschehen? Warum hatte die «Valiant» – sie war das dritte Schlachtschiff – das U-Boot nicht einfach überlaufen und in der Mitte durchgeschnitten?

Die Flaggensignale, die von Tiesenhausen kurz vor seinem Angriff gesehen hatte, hatten eine Formationsänderung des Gesamtverbandes eingeleitet. Die drei Schlachtschiffe «Queen Elizabeth», «Barham» und «Valiant», die in Kiellinie liefen, drehten auf dieses Signal hin nach Backbord zur Staffel.

In diesem Augenblick trafen die Torpedos von U 331 die «Barham». Die am Schluß laufende «Valiant» sichtete Sekunden später den U-Boots-Turm, «nur 130 Yards entfernt, 7 Grad an Steuerbord».

Sofort ließ der Kommandant der «Valiant» hart Steuerbord drehen und mit den Maschinen auf AK heraufgehen, um das feindliche U-Boot zu rammen. Gleichzeitig damit ließ er aus den leichten Maschinenwaffen das Feuer eröffnen.

Doch U 331 stand so dicht an der Bordwand des hoch emporragenden Schlachschiffes, daß dessen Waffen nicht tief genug gesenkt werden konnten. Die Geschosse gingen sämtlich über den Turm des U-Bootes hinweg.

Da die «Valiant» sich beim Sichten des U-Bootes in der Backborddrehung befunden hatte, dauerte es entscheidende Sekunden, ehe das Schlachtschiff den Dreh nach Steuerbord aufnahm. Der Kommandant der «Valiant» berichtete:

«Nur 35 Yards neben unserer Bordwand schnitten Turm und Sehrohr des U-Bootes – genau 45 Sekunden, nachdem wir es zum erstenmal gesichtet hatten – wieder unter. Wir hatten den Angreifer um Haaresbreite verfehlt.»

In diesen entscheidenden Sekunden mußte die «Valiant» dann auch noch mit hart Backbordruder abermals herumgehen, weil sie sonst genau in die schwergetroffene «Barham» hineingelaufen wäre.

Es waren nur drci Torpedos gewesen, die das Schlachtschiff getroffen hatten. Einer dieser drei Aale hatte dabei eine der Munitionskammern der «Barham» getroffen und eine vierte Explosion ausgelöst.

Gewaltige Munitionsdetonationen rissen den 31 000 Tonnen großen Riesen auseinander. Genau 4 Minuten 45 Sekunden nach den Treffern war das Schlachtschiff auf 32° 34′ Nord / 26° 24′ Ost gesunken. Obwohl die anderen Einheiten in der Nähe waren, verloren 862 britische Seeleute ihr Leben.

Ein winziges deutsches U-Boot hatte den weithin hallenden Paukenschlag im Mittelmeer ausgelöst. Mit diesem Dreierfächer durfte U 331 den Ruhm für sich in Anspruch nehmen, als einziges U-Boot ein britisches Schlachtschiff auf freier See versenkt zu haben.

Die Engländer dementierten den Verlust der «Barham». Erst zwei Monate später gaben sie ihn zu. Was hatte sie dazu bewogen, mit allen Schlachtschiffen auszulaufen?

Admiral Cunningham war mit seiner Hauptflotte am 24. November aus Alexandria ausgelaufen, weil er den auf Malta stationierten leichten Schiffen bei ihrer Suche nach den am 21. November gemeldeten italienischen Nachschubgeleiten Rückhalt geben wollte.

Tatsächlich waren auch am 20. und 22. November zwei italienische Truppentransporter für Afrika ausgelaufen. Sie wurden durch eine starke Sicherungsgruppe geleitet, die von den schweren Kreuzern «Gorizia», «Trieste», «Trento» und sieben Zerstörern und Torpedobooten gebildet wurde.

Beim Marsch durch die Messinastraße erreichten noch die drei leichten Kreuzer «Luigi di Savoia», «Duca degli Abbruzzi» und «Giuseppe Garibaldi» die Deckungsgruppe. Je zwei weitere Transporter, die aus Tarent und Brindisi ausliefen, stießen zum Konvoi. Als Brennstofftransporter kam der leichte Kreuzer «Luigi Cadorna» hinzu.

Diese starke Gruppe konnte von Malta aus nicht mit Seestreitkräften angegriffen werden. Aber britische Flugzeuge griffen in der Nacht zum 22. November von der Insel aus an und beschädigten die «Trieste» durch Lufttorpedotreffer so stark, daß sie nur mit Mühe nach Messina zurückkehren konnte.

Vor Syrakus gelang es dem britischen U-Boot «Utmost» (Korvettenkapitän R. D. Cayley), den leichten Kreuzer «Duca degli Abbruzzi» zu torpedieren.

Diese starken Deckungskräfte der Italiener veranlaßten Admiral Cunningham zum Auslaufen mit seiner Hauptstreitmacht.

Nun waren noch zwei britische Schlachtschiffe übrig; aber auch sie sollten noch vor Jahresschluß durch einen tollkühnen italienischen Handstreich ausgeschaltet werden.

Am 26. November 1941 schrieb der BdU unter «Allgemeines zur Mittelmeerlage» in das amtliche KTB:

«Den Schwerpunkt der U-Boots-Tätigkeit im Mittelmeer sehe ich immer noch im Osten. Sowohl der britische Nachschub über See für die Afrikafront wie auch die britischen Angriffe auf die eigenen Zufuhren nach Afrika können von entscheidendem Einfluß auf die Randlage sein. Beide bieten für U-Boote vermutlich günstige Angriffsziele. Die Nachrichten über englische Angriffsabsichten auf Oran und Algier scheinen mir dagegen weniger wahrscheinlich. Daß ein laufender Zufuhrstrom von Gibraltar und Malta nach Osten geht, ist ebenfalls nicht erwiesen. Hinzu kommt, daß durch den Verlust von ‹Ark Royal› und ‹Malaya› die Gibraltarstreitkräfte stark geschwächt sind. Zur Zeit kann von großen Schiffen nur ‹Argus› fahrbereit sein, so daß größere Operationen wenig wahrscheinlich sind.

Ich schlage daher der SKL vor, zwei weitere Boote, U 95 und U 557, vom westlichen ins östliche Mittelmeer zu schicken und eine vorübergehende Schwächung der U-Boots-Zahlen im westlichen Mittelmeer in Kauf zu nehmen.»

Einen Tag später hatte die SKL bereits die Entsendung von zwei U-Booten aus dem westlichen ins östliche Mittelmeer abgelehnt. Die SKL sah die Angriffsabsichten auf Oran und Algier als sehr ernst an.

Am 27. November ordnete die SKL darüber hinaus folgendes an:

«Das östliche Mittelmeer ist mit 10, das westliche mit 15 Booten laufend zu besetzen. Das Seegebiet westlich Gibraltar ist mit weiteren 15 Booten im Operationsgebiet zu besetzen.»

Dies bedeutete, daß laufend je 15 U-Boote westlich und östlich der Straße von Gibraltar stehen sollten. Dazu kamen die 10 Boote im östlichen Mittelmeer. Bis zum Erreichen dieser Zahlen sollte ein entsprechendes Verhältnis aufrechterhalten werden.

Zu dem Zeitpunkt, da dieser Befehl von der SKL erteilt wurde, standen folgende U-Boote im Operationsgebiet:

Im östlichen Mittelmeer: 7 Boote.

U 81 (Kapitänleutnant Guggenberger)
U 205 (Kapitänleutnant Reschke)
U 331 (Oberleutnant z. See von Tiesenhausen)
U 559 (Kapitänleutnant Heidtmann)
U 565 (Kapitänleutnant Jebsen)
U 431 (Kapitänleutnant Dommes)
U 79 (Kapitänleutnant Kaufmann).

Im westlichen Mittelmeer: 4 Boote (3 weitere Boote sollten hinzukommen:

U 95 (Kapitänleutnant Schreiber; am 28. November südwestlich Almeria durch holländisches U-Boot O 21 versenkt).
U 562 (Kapitänleutnant Hamm)
U 557 (Kapitänleutnant Paulsen)
U 652 (Oberleutnant z. See Fraatz).

Hinzukommen sollten:

U 90 (Kapitänleutnant Oldörp)
U 96 (Kapitänleutnant Lehmann-Willenbrock)
U 558 (Kapitänleutnant Krech)
(Diese drei Boote gelangten nicht ins Mittelmeer.)

Westlich Gibraltar standen:

U 332 (Oberleutnant z. See Hüttemann)
U 375 (Kapitänleutnant Koenenkamp)
U 372 (Kapitänleutnant Neumann)
U 453 (Kapitänleutnant Frhr. von Schlippenbach)
U 67 (Kapitänleutnant Müller-Stöckheim).

Es wurde vom BdU vorgesehen, das östliche Mittelmeer mit den am 29. November auslaufenden U 206, U 71 und U 563 zu verstärken. Für das Gibraltargebiet sollten dann noch fünf Boote der Gruppe «Steuben», die zur Zeit auf einen Geleitzug im Azorengebiet operierten, abgestellt werden.

So befanden sich zu Ende November 1941 von den 16 ins Mittelmeer entsandten U-Booten 14 im neuen Kampfgebiet. Zwei waren verlorengegangen. Und zwar war U 433 von der britischen Korvette «Marigold» versenkt worden, während U 95 im Kampf U-Boot gegen U-Boot den kürzeren gezogen hatte. Der Kommandant von U 95, Kapitänleutnant Schreiber, wurde mit einem Teil der Besatzung gerettet.

Die strategischen Auswirkungen der beiden großen U-Boots-Erfolge im November waren gewaltig. Einen Monat später – zeitlich überaus glücklich mit diesen Erfolgen zusammenfallend – veränderte das kühne und erfolgreiche Unternehmen italienischer Torpedoreiter gegen Alexandria das Schwergewicht endgültig und sicherte den Achsen-Seestreitkräften schlagartig – wenn auch nur für sechs Monate – die Seeherrschaft in beiden Hälften des Mittelmeeres.

DAS ENDE DER «FORCE K»

Beginnend mit dem 6. Dezember 1941, gingen weitere deutsche U-Boote ins Mittelmeer. Zuerst vier Boote, die sich teilweise auf der ersten Feindfahrt befanden. Dennoch entschloß sich der BdU dazu, sie durch die Straße von Gibraltar zu schicken.

So erhielten die am 4. Dezember ausgelaufenen U 208 (Oberleutnant Schlieper) und U 568 (Kapitänleutnant Preuß) Weisung, mit schneller Marschfahrt Gebiet CO anzusteuern*.

U 372 (Kapitänleutnant Neumann) und U 375 (Kapitänleutnant Koenenkamp), die bisher westlich von Gibraltar standen, erhielten neue Angriffsräume östlich Gibraltar bis CH 76 rechte Kante. Absetzen bei starker Abwehr nach Osten wurde den Booten freigestellt.

Einen Tag später wurden drei weitere Boote für das östliche Mittelmeer abgestellt. Und zwar U 652 (Oberleutnant Fraatz), U 573 (Kapitänleutnant Heinsohn) und U 374 (Oberleutnant z. See von Fischel). Diese drei Boote erhielten gleichfalls Weisung, Quadrat CO anzusteuern. Brennstoffergänzung für diese Boote war in Messina vorgesehen.

U 453 (Kapitänleutnant Frhr. von Schlippenbach), bisher ebenfalls westlich Gibraltar stehend, erhielt als Angriffsraum das Gebiet ostwärts Gibraltar zugewiesen, nach Vorgang von U 372 und U 375.

Am 8. Dezember ging die operative Führung der U-Boote im westlichen Mittelmeer an den stellvertretenden FdU Italien, Korvettenkapitän Oehrn, über. Trennungslinie war die Straße von Gibraltar. Im östlichen Mittelmeer behielt vorläufig die 23. U-Flottille die Führung.

An diesem Tage wurde U 95 mehrfach aufgefordert, sich zu melden. Noch wußte der BdU nichts davon, daß das Boot bereits am 28. November durch ein holländisches U-Boot versenkt worden war. Der BdU schrieb in sein KTB:

«Es muß damit gerechnet werden, daß das Boot wahrscheinlich in der Gibraltarstraße vernichtet wurde.

---

* siehe KTB des BdU vom 6. Dezember 1941

Erfolgsmeldungen: keine!»

Neben den genannten Booten liefen bis zum 23. Dezember noch U 74 (Kapitänleutnant Kentrat), U 77 (Kapitänleutnant Schonder), U 432 (Kapitänleutnant Schultze), U 83 (Kapitänleutnant Krauss), U 577 (Kapitänleutnant Schauenburg) und U 202 (Kapitänleutnant Linder) mit Einsatzziel Mittelmeer aus.

Doch diesmal hatte der britische Löwe kein falsches Gebiß mehr. U 208 wurde am 11. Dezember noch westlich der Straße von Gibraltar durch die britische Korvette «Bluebelle» vernichtet. Kein Mann der Besatzung wurde gerettet.

U 432 wurde durch eine Fliegerbombe schwer beschädigt und mußte umkehren. U 451 (Kapitänleutnant Hoffmann) erhiet unmittelbar vor Tanger am 21. Dezember einen Bombentreffer durch britische Flugzeuge und sank so schnell, daß nur ein einziger Mann der Besatzung gerettet werden konnte.

U 202 wurde ebenfalls von Flugzeugen des am 14. November gesunkenen Trägers «Ark Royal» – die nun in Gibraltar stationiert waren – beschädigt und mußte den Rückmarsch antreten.

U 206, das bereits Ende November ins Mittelmeer gehen sollte, wurde am 30. November beim Auslaufen aus der Biskaya von Flugzeugen gesichtet, bebombt und ging mit der gesamten Besatzung unter.

U 71, U 558 und U 563 mußten ebenfalls wegen Motorschadens und wegen Bombenschäden durch Flugzeuge vorzeitig umkehren.

Am 11. Dezember meldeten U 568 und U 374, daß sie die Straße von Gibraltar passiert hätten. Sie wurden damit operativ dem FdU Italien unterstellt. Der BdU gab am 11. Dezember seine Ansichten zur Lage der SKL in folgendem Sinne bekannt:

«1. Hauptaufgabe ist die Erhöhung der U-Boots-Zahlen im Gebiet Tobruk–Alexandria.

2. Im Raum Gibraltar sehe ich die Hauptaufgabe im Angriff auf HG- und OG-Geleitzüge, da mir eine englische Operation in Oran und Algier wenig wahrscheinlich erscheint.

3. Die Boote des Typs IX* sind für die Verwendung im Mittelmeer und im Gibraltarraum wenig geeignet, denn sie sind leichter zu orten als Typ VII**, komplizierter und daher weniger standfest gegen Wasserbombenverfolgung und tiefensteuermäßig schwieriger

* Wasserverdrängung 1153 m³ (getaucht)

** 750 m³ bzw. 850 m³

als diese. Ihr Hauptvorteil – größerer Brennstoffvorrat – kommt dagegen im Mittelmeer und im Gibraltarraum nicht zum Tragen.»

Wenige Tage später, am 18. Dezember, berichtet das KTB über die Lage im Mittelmeer:

«Bei Betrachtung der augenblicklichen U-Boots-Lage im Mittelmeer und der noch beabsichtigten Verstärkung der U-Boots-Zahlen muß klar erkannt werden, daß sich der größte Teil der erfahrenen Kommandanten und Besatzungen der deutschen U-Boots-Waffe im Mittelmeer befindet beziehungsweise nach dorthin marschieren muß.

Über die Gibraltarenge, Gibraltarpassage, bin ich folgender Ansicht:

1. Gibraltar-Passage ist nach Versenkung der ‹Ark Royal› durch Verstärkung der Bewacherlinie und insbesondere durch weit nach Osten und Westen reichende Luftüberwachung, die auch nachts fliegt, schwieriger geworden.

Durch letztere ist die Unterwasserpassage wegen der Länge der zu überbrückenden Strecke erschwert.

Bei Vollmond ist Über- und Unterwasserpassage unmöglich gemacht. Gibraltar passiert haben 19 Boote (bis 18. Dezember), davon 11 nach Versenkung der ‹Ark Royal›.

Bei der Durchfahrt gingen drei Boote verloren, drei Boote wurden durch Fliegerbomben beschädigt und mußten den Rückmarsch nach Westfrankreich antreten.

2. Die Gibraltarpassage nach Westen ist wesentlich schwieriger, da gegen den Strom. Wenn nach Beendigung der Operationen der Boote im Mittelmeer diese in den Atlantik zurückkehren sollen, wird eine erheblich stärkere Überwachung bei Gibraltar wahrscheinlich sein. Größere Verluste sind die voraussichtliche Folge.

3. Der Einsatz der U-Boote im Mittelmeer ist zur Zeit unumgänglich notwendig; er birgt jedoch auch die Gefahr in sich, daß die U-Boote sich dort für die Zwecke der Atlantikschlacht eines Tages in einer Mausefalle befinden. Die Lösung dieser Frage muß jedoch der weiteren Entwicklung vorbehalten bleiben.»

Der Befehl der 1. SKL 2042/41, Chefsache über den U-Boots-Einsatz Mittelmeer, wurde am 20. Dezember von dem BdU wie folgt beantwortet:

«In Durchführung dieses Befehls und im Hinblick auf die Einsatzmöglichkeit neuer U-Boote und neuer Kommandanten bzw. großer Boote ist folgender Einsatz beabsichtigt:

Ins Mittelmeer entsandt werden nach dem Vollmond U 83, U 451, U 202, U 133 und U 577. Mit diesen befinden sich dann 25 Boote im Mittelmeer. Zur Neumondsperiode, Mitte Januar, werden fünf weitere Boote entsandt. Im Februar folgen abermals vier Boote. Wegen dieser Streuung wird auf die im Fernschreiben Deutsches Marinekommando Italien 8193/41 Gekados gemeldete Werftkapazität im Mittelmeer Bezug genommen. Diese Werftkapazität beträgt bis 15. Januar 13 Boote.

Bis Februar 15 Boote, später 20 Boote. Damit ist der leistungsfähigste Teil der U-Boots-Waffe im Mittelmeer.»

In den ersten Sommermonaten des Jahres 1941 war nur ein geringer Prozentsatz der deutsch-italienischen Versorgungstonnage versenkt worden, doch im August 1941 gelang es den britischen See- und Luftstreitkräften, 33 Prozent des nach Nordafrika laufenden Nachschubs zu vernichten. Im Oktober waren es 63 Prozent, und der November erreichte mit 70 Prozent einen Höchststand. Damit war es für die Panzergruppe Afrika unmöglich geworden, frei zu operieren, weil ihr Brennstoff und Munition fehlten.

Diese hohe Versenkungsquote verdankten die Engländer im wesentlichen der Kampfkraft der Insel Malta. Bis zum Mai 1941 war es ihnen gelungen, die Insel langsam zu verstärken und auch noch (ab Januar 1941) eine U-Boots-Flottille dorthin zu verlegen, die verhältnismäßig rasch auf die Zahl von 20 Booten aufgestockt wurde. Malta wurde zum waffenstarrenden Stützpunkt gegen die Achsen-Geleitzüge und erreichte bis November 1941 ein Maximum an Kampfstärke.

Gibraltar war noch stärker ausgebaut. Um die von dort drohende Gefahr auszuschalten, unternahm das italienische U-Boot «Scirè» unter Korvettenkapitän Fürst Borghese schon am 20. September 1941 einen Angriff auf Gibraltar. Das U-Boot drang in die Bucht von Gibraltar ein und setzte drei Torpedoreiter-Teams mit ihren «Maiali» aus, die auf der Reede und im Kriegshafen einen Frachter von 2444 BRT und den Marinetanker «Denby Dale» (8145 BRT) versenkten und das Motorschiff «Durham» (10 893 BRT) torpedierten. Damit machten zum erstenmal die italienischen Kleinkampfverbände von sich reden.

Im Oktober holten die Engländer zum Gegenschlag aus. Das U-Boot «Rorqual» (LtCdr. Napier) hatte in der Bucht von Athen eine Minensperre gelegt. Am 20. Oktober sanken auf dieser Sperre die italienischen Torpedoboote «Aldebaran» und «Atair».

Aus einem afrikasteuernden Geleitzug versenkte in der Nacht zum 2. November 1941 das Malta-U-Boot «Utmost» (LtCdr. Cayley) die italienischen Dampfer «Marigola» (5996 BRT) und «Balilla» (2469 BRT).

Die am 21. Oktober 1941 in Malta eingetroffene «Force K» unter W. G. Agnew lief in der Nacht zum 9. November 1941 aus Malta aus. Es waren die kleinen Kreuzer «Aurora» und «Penelope», ferner die Zerstörer «Lively» und «Lance». Sie sichteten in den frühen Morgenstunden des 9. November einen italienischen Großkonvoi, der aus sieben Handelsschiffen bestand und von sechs Zerstörern begleitet wurde. Als weitere Sicherung standen die Schweren Kreuzer «Trento» und «Trieste» in der Nähe.

Es kam zu einem harten Nachtgefecht. Alle sieben Handelsschiffe, fünf Frachter und zwei Tanker, mit zusammen 39 787 BRT, wurden versenkt. Binnen fünf Minuten waren die mit Kurs auf Libyen laufenden Dampfer von der Wasseroberfläche verschwunden. Die Hilferufe der Schiffbrüchigen hallten über die See. Hohe Flammensäulen, Explosionen und dicke Rauchwolken, unter denen nur noch Trümmer schwammen, boten ein Bild der Trostlosigkeit.

Die beiden Kreuzer «Trento» und «Trieste» und ihre vier Zerstörer drehten ab und verließen den Konvoi. Die sechs Geleitzerstörer blieben allein zurück. – Der Geleitzerstörer «Fulmine» erhielt so schwere Artillerietreffer von den Kreuzern «Aurora» und «Penelope», daß er sank.

Während der Bergungsarbeiten erhielt der italienische Zerstörer «Libecci», der Überlebende an Bord nahm, einen Torpedotreffer.

Das schwer beschädigte Boot wurde von dem Zerstörer «Euro» in Schlepp genommen. Aber zwei Stunden später war die «Libeccio» nicht mehr zu halten. Die Trossen wurden gekappt, und der Zerstörer sank. Auch die vier übrigen Zerstörer wurden schwer beschädigt.

Dieselbe Kampfgruppe K unter Captain Agnew stieß am Nachmittag des 24. November auf die Dampfer «Maritza» und «Procida», die im Geleit zweier Torpedoboote mit Truppen und Material an Bord nach Afrika liefen.

Kreuzer «Penelope» eröffnete um 15.45 Uhr das Feuer. Eine halbe Stunde standen die beiden Torpedoboote im Gefecht, dann liefen sie schwer beschädigt ab. Um 16.30 Uhr sahen die Engländer, wie der erste Dampfer und zehn Minuten später der zweite unter gewaltigen Explosionen in die Luft flogen.

Von den Besatzungen und den eingeschifften Soldaten wurde nie wieder etwas gehört.

Ihren größten Erfolg erzielte diese «Force K» am 1. Dezember 1941. Um 3.00 Uhr sichtete sie den Dampfer «Adriatico». Die «Aurora» eröffnete das Feuer mit einer Warnsalve und gab der Besatzung des Dampfers fünfzehn Minuten Zeit, in die Boote zu gehen. Als aber die «Adriatico» das Feuer eröffnete, wurde sie in Brand geschossen und explodierte um 4.00 Uhr.

Die «Adriatico» war am 29. November mit einer Ladung von 2300 Fässern Benzin aus Argostoli ausgelaufen.

Die «Force K» lief in südlicher Richtung weiter und stieß auf den Tanker «Mantovani» (10 400 BRT) und den Zerstörer «Da Moro». Gegen 18.00 Uhr wurden diese beiden Einheiten 60 Meilen vor Tripolis gestellt. Der Zerstörer «Da Moro» explodierte sieben Minuten nach Feuereröffnung. Die «Mantovani», die eine Ladung von je 3000 Tonnen Benzin, Schweröl und Flugzeugbenzin geladen hatte, flog nach vielen Treffern um 20.00 Uhr mit einer zweihundert Meter hohen Explosionswolke in die Luft.

Nunmehr wurden deutscherseits die ersten Teile des II. Fliegerkorps nach Sizilien verlegt, und die Italiener entschlossen sich, Großgeleite wieder mit der gesamten Flotte zu decken.

Am 9. Dezember versenkte das U-Boot «Porpoise» das mit 2000 Gefangenen – überwiegend Engländern – besetzte Motorschiff «Sebastian Venier» (6311 BRT), das von Bengasi ausgelaufen und nach Neapel bestimmt war. Das italienische Lazarettschiff «Arno» begann trotz schwerer See mit den Bergungsarbeiten. In einer sowohl seemännischen als auch menschlichen Höchstleistung gelang es der Besatzung der «Arno» trotz der U-Boots-Gefahr 1800 schiffbrüchige Gegner zu retten.

Am gleichen Tage versenkte das britische U-Boot «Talisman» (LtCdr. Willmott) südlich Kap Matapan (Südspitze des Peloponnes) das italienische Motorschiff «Calitea» (4013 BRT).

Aus Palermo liefen an diesem Tage die Kreuzer «Alberico di Barbiano» und «Alberto di Giussano» mit dem Torpedoboot «Cigno» als Benzintransporter aus. Als die drei Fahrzeuge kurz nach Passieren von Cap Bon (Nordostspitze von Tunesien) von der britischen Luftaufklärung erfaßt wurden und für sie die Gefahr bestand, in einen Bomberangriff zu geraten, drehten die Schiffe und traten den Rückmarsch an. Ein Zufall wurde diesen Einheiten zum Verhängnis.

Drei britische und ein holländischer Zerstörer, die sich auf dem Marsch von Gibraltar nach Alexandria befanden, faßten den Verband auf. Captain Stockes, der sich als Verbandsführer auf dem Zerstörer «Sikh» befand, befahl den Angriff. Mit «Legion», «Maori» und dem Niederländer «Isaac Sweers» eröffneten sie das Feuer und versenkten beide italienischen Kreuzer. Nur das Torpedoboot «Cigno» entkam, nachdem es noch 500 Schiffbrüchige gerettet hatte.

Konteradmiral Toscano und 900 Männer der Besatzung beider Kreuzer fielen.

Nunmehr waren die Italiener endgütig entschlossen – und nach den großen Erfolgen der deutschen U-Boote dazu angestachelt –, ihre Großkampfschiffe einzusetzen. Als am 13. Dezember fünf schwer beladene Dampfer nach Afrika ausliefen, erhielten sie acht Zerstörer als Nahsicherung und das Schlachtschiff «Caio Duilio», zwei Kreuzer und drei Zerstörer als Fernsicherung. Als Deckungsgruppe gingen ferner die Schlachtschiffe «Littorio» und «Vittorio Veneto» mit vier Zerstörern in See.

Es kam zum «Ersten Seegefecht in der Syrte*»

Beim Verlassen der Messinastraße erhielt das Schlachtschiff «Vittorio Veneto» einen Torpedotreffer unter dem achteren Turm. Es konnte jedoch mit zwanzig Knoten Fahrt nach Tarent weiterlaufen. Die «Vittorio Veneto» war von dem Malta-U-Boot «Urge» (Korvettenkapitän Tomkinson) torpediert worden. Das war am 14. Dezember. Als das 15. Kreuzergeschwader – genannt «The Fighting Fifteenth» – unter Konteradmiral Vian, das mit Kreuzern und Zerstörern nach Alexandria unterwegs war, am 17. Dezember auf diesen italienischen Flottenverband stieß, griff Vian an.

Admiral Jachino, der italienische Kampfgruppenführer, hatte kurz vorher eine Flugzeugmeldung über das Auslaufen der «Force K» aus Malta erhalten. Die «Force K» sollte jedoch lediglich den Nachschubtransporter «Breconshire» aufnehmen. Nach kurzer Gefechtsberührung ließ Admiral Jachino abdrehen, weil es zu dunkel wurde. Der Geleitzug erreichte seinen Zielhafen. Aus diesem 15. Kreuzergeschwader schoß dann U 557 (Kptlt. Paulsen) vor Alexandrien die «Galatea» heraus.

Dem Malta-U-Boot «Upright» (Leutnant zur See Norman) gelang es am 13. Dezember, im Golf von Tarent aus einem Zubringer-Geleitzug das Motorschiff «Filzi» (6836 BRT) und den Dampfer «Carlo del Greco» zu versenken. Mit diesen Schiffen gingen abermals Panzer und Treibstoff verloren.

---

* Als «Große» und «Kleine Syrte» bezeichnet man die Bucht zwischen Tunis und der Cyrenaika

Die «Breconshire» wurde von der «Force K» nach Malta geleitet. Die Einheiten des Kampfverbandes liefen sofort wieder aus Malta aus, da offenbar eine Gelegenheit gegeben war, die italienische Flotte zu treffen und den Kampf aufzunehmen.

In den frühen Morgenstunden des 19. Dezember lief dieses Geschwader mit drei Kreuzern und vier Zerstörern im Seeraum von Tripolis auf eine von italienischen Kreuzern gelegte Minensperre.

Der Kreuzer «Neptune» erhielt vier Minentreffer. Binnen einer Minute war er mit der gesamten Besatzung von der Wasseroberfläche verschwunden. Nur ein Mann konnte wenig später aufgefischt werden.

Die «Aurora», Captain Agnews Flaggschiff, wurde durch zwei Minentreffer so schwer beschädigt, daß sie nur mit Mühe Malta erreichte. Auch «Penelope» wurde beschädigt. Der Zerstörer «Kandahar», der ebenfalls mehrere Minentreffer erhalten hatte, verlor sein Heck. Er blieb mit starker Schlagseite gestoppt liegen. Nach Übernahme der Reste der Besatzung wurde er durch Torpedotreffer der eigenen Zerstörer versenkt.

Damit war binnen weniger Stunden das Schicksal der «Force K» – die so große Erfolge erzielt hatte – entschieden. Sie hatte aufgehört zu existieren. Der Kampf gegen die deutsch-italienischen Geleitzüge mußte nun allein von den U-Booten der 10. Malta-U-Flottille und von der RAF fortgeführt werden.

U 557 stand schon einige Zeit im östlichen Mittelmeer. Das Boot war aus dem Stützpunkt Salamis ausgelaufen und hatte das Seegebiet vor Alexandria, neben Tobruk einer der Brennpunkte, als Einsatzraum erhalten. Vergebens suchte das Boot nach Objekten, die einen Torpedoschuß lohnten. Am 14. Dezember war es soweit. Kapitänleutnant Paulsen wurde am späten Nachmittag auf die Brücke gerufen. Aus Richtung Malta war der Gefechtsmast eines Kreuzers in Sicht gekommen. Dann wurden mehrere Zerstörer erkannt. Ein ganzer Kriegschiffsverband.

«Boot greift Kreuzer an!» befahl der Kommandant.

Mit Einfall der Dämmerung war der Kreuzer nahe an U 557 herangekommen und schickte sich an, in den Hafen von Alexandria einzulaufen.

Paulsen schoß einen Dreierfächer. Alle drei Torpedos trafen, und die «Galatea» sank schnell. Ihr Verlust folgte dem der «Ark Royal» und «Barham» und war ein weiterer schwerer Schlag für die britischen Seestreitkräfte im Mittelmeer. Weitere schwere Verluste standen der englischen Flotte noch bevor; von See her und auch aus der Luft.

U 557 meldete den Erfolg und erhielt Rückmarschbefehl nach Salamis.

Es lief mit schneller Fahrt nordwärts und stand am 16. Dezember westlich von Kreta. Hier wurde das Boot von dem auslaufenden italienischen Torpedoboot «Orione» bei Nacht als Feind angesehen und gerammt.

Der Druckkörper von U 557 muß sofort weit aufgerissen gewesen sein, denn wie ein Stein sank das Boot, und kein einziger Mann der Besatzung konnte gerettet werden.

Sofort setzte eine peinlich genau durchgeführte Untersuchung des Falles ein. Diese Untersuchung ergab schließlich, daß alle an dem Unglück beteiligten Dienststellen, nämlich drei italienische und vier deutsche Stellen, den erlassenen Richtlinien getreu verfahren hatten. Und doch konnte keiner der Beteiligten – einschließlich des Torpedobootes und des U-Bootes – für sich in Anspruch nehmen, von jeder Schuld frei zu sein.

Vizeadmiral Kreisch schreibt darüber:

«Die Summierung jeweils geringfügiger Unterlassungen und Abweichungen, von denen jede – für sich betrachtet – bedeutungslos war, hatte im Endergebnis zu einem harten Schicksalsschlag geführt: dem Verlust eines Bootes und einer vorzüglichen Besatzung.

Rückblickend muß man es als eine besonders gnädige Fügung betrachten, daß bei den sich während zweier Jahre täglich vollziehenden ineinandergreifenden Handlungen und den damit gegebenen Reibungsmöglichkeiten nicht mehr passierte. Ich gedenke hier gern der taktvollen und klugen Unterstützung durch die italienischen Verbindungsoffiziere, den Fregattenkapitän Conte di Gropello und den Korvettenkapitän Polina. Sie waren gute Kameraden und haben niemals Öl ins Feuer, nur auf bewegte Wogen gegossen.»

ITALIENISCHE FROSCHMÄNNER IM HAFEN VON ALEXANDRIA

Am 3. Dezember 1941 lief das U-Boot «Scirè» unter dem inzwischen zum Fregattenkapitän beförderten Fürsten Valerio Borghese aus La Spezia aus. An Bord befanden sich drei Torpedoreiter-Teams: Oberleutnant z. See Luigi Durand de la Penne mit seinem zweiten Mann, Obermaat Emilio Bianché; Kapitänleutnant (Ing.) Antonio Marceglia mit Spartaco Schergat; und Schiffsartillerieoffizier Vincenzo Martellotta mit dem Obermaaten Mario Marino. Sie hatten drei ihrer «Maiali-Schweine» an Bord – Torpedos mit einem abschraubbaren Sprengkopf –, und ihr Ziel war der englische Kriegshafen von Alexandria.

Am 9. Dezember erreichte das Boot Porto Lago auf der Insel Leros. Von hier aus lief die «Scirè» am Morgen des 14. Dezember in Richtung Süden aus und befand sich am Abend des 17. Dezember in See zwischen der Insel und Alexandria. Da Fregattenkapitän Borghese nicht wußte, ob die englische Flotte im Hafen war, setzte er einen Funkspruch an Supermarina ab:

«Verschiebe die Aktion von der Nacht des 17./18. auf die Nacht des 18./19. Dezember.»

Am gleichen Abend befand sich Fregattenkapitän Ernesto Forza, der Chef der Decima Flottiglia MAS, der die Torpedoreiter unterstanden, in Athen, um die Luftüberwachung Alexandrias für die Torpedoreiter zu führen und zu koordinieren.

Die Luftaufklärung hatte ihm soeben gemeldet, daß im Kriegshafen von Alexandria zwei Schlachtschiffe lägen. Er gab diese Meldung über FT sofort an die «Scirè» weiter, was zur Folge hatte, daß Borghese sich doch für eine sofortige Aktion entschloß.

Den ganzen 18. Dezember lief die «Scirè» Richtung Alexandria und erreichte am Abend dieses Tages um 18.40 Uhr den Ausgangspunkt, nur 1,3 sm vor dem Hafen. Angesichts des Leuchtfeuers der Hafenmole ging das Boot auf Tiefe und legte sich auf Grund.

Die drei Gruppen Torpedoreiter wurden noch einmal eingewiesen. Ein Zerstörer lief über das Boot hinweg, ohne es jedoch auszumachen.

Daß der Gegner mit einem Angriff rechnete, war durch einen Funkspruch des Admirals Cunningham an die ihm unterstellten Verbände vom 18. Dezember bestätigt worden. Darin hieß es, daß möglicherweise mit einem Angriff auf Alexandria mit Lufttorpedos, von mittleren Kriegsschiffen oder durch Torpedoreiter zu rechnen sei.

Gegen 21.00 Uhr tauchte das U-Boot auf, setzte die Kampfschwimmer mit ihren «Schweinen» ab und nahm Kurs auf die offene See. Diese «Schweine» genannten, sechseinhalb Meter langen Torpedos mit einem Durchmesser von ungefähr fünfzig Zentimetern hatten einen eigenen Antrieb. Sie verfügten über einen mit Sprengstoff gefüllten Gefechtskopf, der durch einen Mechanismus ausgeklinkt werden konnte. Der Sprengkopf war 300 kg schwer.

In ihren Gummianzügen mit Gummikappen und Tauchmasken sahen die sechs Männer aus wie Wesen von einem anderen Stern.

Mit drei Knoten Fahrt näherten sie sich den gut einen Meter hoch aus dem Wasser ragenden Stahlnetzen der Hafenabsperrung, die ein unüberwindliches Hindernis für sie waren. Doch an einer Stelle war diese Sperre für die soeben einlaufenden Zerstörer Admiral Vians geöffnet worden. Zwischen den Zerstörern liefen die drei «Schweine» in den Kriegshafen hinein.

Mit bewunderungswürdiger Kühnheit nahmen es die Piloten in Kauf, von den Zerstörern erkannt, angegriffen und getötet zu werden. Das hielt sie nicht davon ab, ihre einmalige Chance zu nutzen.

Mehrfach kamen die Zerstörer bis auf fünfzig Meter an die Torpedoreiter heran. Die drei Teams verloren sich schließlich aus den Augen, aber das machte nichts, denn alle drei hatten ihre Ziele zugewiesen bekommen und konnten unabhängig voneinander operieren.

Kapitänleutnant de la Penne sah an Backbord den gewaltigen Schatten des Schlachtschiffs «Queen Elizabeth». An Steuerbord gegenüber, direkt am Kai, lag der Motortanker «Sagona» (7554 BRT). Am Tanker längsseits festgemacht, der Zerstörer «Jervis». Direkt voraus konnten er und Bianchi auch ihr Ziel – das britische Schlachtschiff «Valiant» – erkennen. Der Stahlgigant lag völlig abgeblendet.

Dicht beim Schlachtschiff angekommen, ließ sich de la Penne von dem Torpedo heruntergleiten und schwamm auf das Schiff zu. Er stieß gegen das Stahlnetz, das den Schiffskörper schützte, und tauchte daran ein Stück hinunter. Er bemerkte keine Sprengkörper im Netz. Dann schwamm er zu Bianchi zurück, mit dem er durch eine Leine verbunden war, damit sie einander nicht verloren.

Zentimeterweise holten sie den Torpedo an das Netz heran, dann warfen sie sich vorn und achtern auf die Netzoberkante. Das Netz sackte weg, und der Torpedo glitt hinüber. Sie befanden sich nun – getaucht – dicht an der Steuerbord-Bordwand des Schlachtschiffs und suchten die günstigste Stelle für die Sprengladung aus: unterhalb des vorderen Turmes.

Nun wollte de la Penne noch einmal hinauf, um die Lage zu beobachten. Er schwamm – sich abermals über das Stahlnetz schwingend – ein Stück von der «Valiant» fort und kehrte – durch die Leine dazu imstande – wenig später über das Netz zu dem auf Grund liegenden Torpedo zurück.

Obermaat Bianchi war verschwunden. Seine Leine war um den Griff geschlungen. De la Penne suchte die nähere Umgebung ab – nichts!

Er versuchte nun, den Torpedo allein wieder zu starten – vergebens. Die Schraube war in den Hafenschlick eingesunken. Nun löste er den Gefechtskopf und schleppte ihn unter den Rumpf der «Valiant». Er lag dort nur eineinhalb Meter unter dem Kiel und genau unter dem vorderen Gefechtsturm. Der Zeitzünder war eingestellt.

De la Penne schwamm nach oben. Als er durchkam, platschte das Wasser. Plötzlich wurde ein Scheinwerfer eingeschaltet. Der Strahl erfaßte ihn. Kugeln peitschten ins Wasser, und de la Penne schwamm zu einer der Ankerbojen hinüber und – stieß auf Bianchi. Der Obermaat war durch sein streikendes Atemgerät zum Auftauchen gezwungen worden und hatte hier Zuflucht gesucht. Bianchi und de la Penne wurden von einem bald darauf zu Wasser gelassenen Boot aufgenommen und an Bord des Schlachtschiffs «Valiant» gebracht. Hier zeigten sie ihre Wehrpässe, schwiegen aber dem sie befragenden Ersten Offizier gegenüber. Erst wenige Minuten vor der Explosion sagte de la Penne, daß das Schiff binnen kurzem in die Luft fliegen würde.

Zur gleichen Zeit wie dieses Team hatte auch die Gruppe Martellotta-Marino ihren Sprengkopf an dem schwedischen Tanker angebracht und war anschließend an Land gegangen. Hier wurden sie entdeckt und festgenommen.

Marceglia und Schergat, deren Ziel die «Queen Elizabeth» war, leisteten ebenfalls ganze Arbeit. Sie schwammen nachher an Land und machten sich auf den Weg nach Alexandria. Hier hatten sie die Adresse eines Agenten, der sie aufnehmen sollte. Sie wurden von der Wache des U-Bootes «Rosetta», das am letzten Kai lag, angehalten. Erkannt wurden sie, als sie eine in Ägypten unbekannte englische Fünfpfundnote vorwiesen.

Um sechs Uhr stieg bei dem Tanker «Sagona» eine gewaltige dumpfgrollende Explosionsflamme gen Himmel. Der Flottentanker war schwer getroffen und sank schnell. Der bei ihm längsseits liegende Zerstörer «Jervis» wurde ebenfalls beschädigt.

Zwanzig Minuten später ging die Gigantenfaust der 300-Kilo-Ladung unter dem vorderen Turm der «Valiant» hoch. Der Boden unter den Füßen der Männer bebte. Der Schiffskörper wurde wie von einer Riesenfaust hochgehoben und legte sich dann – zurückfallend – gleich auf die Seite und begann zu sinken. Da das Wasser im Hafen flach war, dauerte es nur eine halbe Minute, bis das Schlachtschiff den Grund berührte und so starke Schlagseite bekam, daß es fast zu kentern drohte. Doch es hielt sich.

Abermals vier Minuten später ging die dritte Sprengladung unter dem vorderen Flaggenmast der «Queen Elizabeth» hoch. Ein dumpfes starkes Krachen war weithin vernehmbar. Auch dieses Schlachtschiff sank sofort auf den Grund, schaute mit seinen Aufbauten aber über die Wasseroberfläche hinaus.

Als der 19. Dezember 1941 heraufzog und die Sonne eben über den Horizont auftauchte, ereigneten sich drei weitere Explosionen: Die drei Trägertorpedos hatten sich mit vorher eingestellten Zündladungen selber gesprengt.

Der Kriegshafen von Alexandria bot ein Bild des Schreckens. Mit aufgerissenen Leibern lagen beide Schlachtschiffe auf Grund. Eine Reihe von Zerstörern legte sich vor die gesunkenen Einheiten, um den Hafenbenutzern dieses Bild zu verbergen.

Einen Tag nach diesem großartigen Erfolg sandte Supermarina (Befehlshaber der U-Boote) einen FT-Spruch an die «Scirè»:

«Luftaufnahmen der Fernaufklärer haben ergeben, daß zwei Schlachtschiffe schwer getroffen wurden.»

Ein Einsatz war zu Ende gegangen, der das Schwergewicht des Mittelmeerkampfes verschob. Von nun an standen den Briten in Alexandria (von einer Reihe von Zerstörern abgesehen) nur noch die drei leichten Kreuzer des 15. Kreuzergeschwaders, «Naiad», «Euryalus» und «Dido», und der Flakkreuzer «Carlisle» zur Verfügung. In Malta befanden sich noch die Kreuzer «Penelope» und «Ajax». Diese Einheiten waren viel zu schwach, um sich gegen die noch einsatzbereiten vier italienischen Schlachtschiffe, die drei schweren und drei leichten Kreuzer, die Vielzahl der Zerstörer und die deutsch-italienischen U-Boots-Streitkräfte behaupten zu können.

Hinzu kam, daß bis Ende Dezember das gesamte II. Fliegerkorps auf Sizilien eingetroffen war und nun mit dem intensiven Bombardement von Malta begann, um die Insel sturmreif zu machen.

Geben wir Donald McIntyre das Wort. Er schreibt:*

«Diese sechs tapferen und findigen Männer schalteten auf einen Streich Cunninghams Schlachtgeschwader aus. Dies zu einer Zeit, da ein Ersatz nicht verfügbar war, denn nur wenige Tage vorher hatten die Japaner das Schlachtschiff ‹Prince of Wales› und den Schlachtkreuzer ‹Repulse› versenkt.»

Diese beiden Schiffe waren durch japanische Flugzeuge an der Ostküste Malayas vernichtet worden. Die britische Flottenführung hatte ihnen keinen Flugzeugträger zum Schutz beigeben können – eine Auswirkung des Verlustes der «Arc Royal» im Mittelmeer.

Dieser neuerliche Paukenschlag im Mittelmeer löste in England Bestürzung und in Italien und Deutschland Jubel aus.

---

* in: «The Battle for the Mediterranean»

34 DEUTSCHE U-BOOTE INS MITTELMEER

Auch die deutschen Mittelmeer-U-Boote hatten im letzten Dezemberdrittel noch einige Erfolge zu verzeichnen. So gelang es U 573 am 21. Dezember, ostwärts Gibraltar einen von mehreren Zerstörern gesicherten 8000-Tonner durch Zweierfächer zu versenken. U 559 versenkte einen Tag darauf einen Dampfer und torpedierte einen zweiten.

U 568 versenkte einen Zerstörer.

Unter dem 30. Dezember steht folgende Notiz im KTB des BdU:

«Nachdem am 16. Tag nach Auslaufen von U 451 keine Gibraltarpassiermeldung eingegangen ist, muß mit dem Verlust dieses Bootes gerechnet werden.»

Und als Gekados-Chefsache 783 meldete der BdU an die Seekriegsleitung:

«1. Mit SKL-Chefsache 2024 ist der Einsatz von gleichzeitig 10 U-Booten im östlichen Mittelmeer und 15 gleichzeitig westlich und ostwärts Gibraltarstraße befohlen worden. Das bedeutet die Entsendung von zirka 34 Booten in das Mittelmeer.

2. Zur Zeit befinden sich 23 Boote im Mittelmeer. Es müssen demnach also noch 11 Boote ins Mittelmeer entsandt werden. Diese Zahl ist höher als die vom BdU BNR Gekados Chefsache 763 gemeldete, da inzwischen Verluste eingetreten sind und mit 1. SKL Nr. 2047 Gekados Chefsache befohlen wurde, entstandene Verluste aufzufüllen.

3. Bisher hat die Passage der Gibraltarstraße nach der ‹Ark-Royal›-Versenkung 31 Prozent Ausfälle gekostet. Von 24 Booten, die nach der Versenkung der ‹Ark Royal› ins Mittelmeer entsandt wurden, sind 4 in der Gibraltarstraße verlorengegangen, 4 mit Bombenschäden umgekehrt und nur 16 ins Mittelmeer eingedrungen.

Die Entsendung von 11 weiteren Booten ins Mittelmeer bedeutet also die Bereitstellung von 17 Booten, da mit dem Verlust oder der Beschädigung von 5 bis 6 Booten in der Gibraltarstraße zu rechnen ist.

4. Ebenso bedeutet der befohlene Einsatz von 7 U-Booten westlich der Gibraltarstraße gleichzeitig eine Bereitstellung von 10 Booten, da in der Neumondperiode in diesem sehr stark überwachten Raum mit Verlusten

gerechnet werden muß. Es ist daher zu prüfen, ob der militärische Wert des Einsatzes im Mittelmeer und um Gibraltar und die U-Boots-Aussichten dort diesen hohen Verlust aufwiegen.

a) U-Boots-Einsatz im östlichen Mittelmeer hat bisher entlastend auf den Afrikakrieg gewirkt. Gelingt es, dort noch ein schweres Schiff zu versenken, wird die eigene Transportsicherheit nach Afrika wesentlich verbessert sein. U-Boots-Abwehr in diesem Raum ist bisher sehr schwach, andererseits starker Feindverkehr. Aus diesen Gründen U-Boots-Einsatz im östlichen Mittelmeer richtig. Erfolge vorhanden. Verluste bisher gering.

b) Im Raum beiderseits Gibraltar starke Abwehr. Flieger auch bei Nacht und zu jeder Mondzeit. Feindverkehr nach Osten bisher gering. Beim Passieren der von SKL vermuteten militärischen Transporter oder Ziele, zu deren Bekämpfung die Aufstellung im Gibraltarraum erfolgt ist, ist besonders starke Abwehr sicher. Erfolgsaussichten gering, sehr schwierig und nur mit starken Verlusten zu erkämpfen.

5. . . .

6. Der befohlene Einsatz von gleichzeitig 15 U-Booten ist für den Gibraltarraum nicht ökonomisch. BdU hält Vorschlag des BdU-Gekados 736 Chefsache Aufstellung von je zwei bis drei Booten westlich und östlich der Gibraltarstraße mit gelegentlichen Vorstößen zur Straße hin für richtig. Er schlägt daher folgendes vor:

7. a) Entsendung von zwei bis drei weiteren Booten ins Mittelmeer, womit die Entsendung von U-Booten in diesen Kampfraum vorläufig abgeschlossen ist. Mit Rückkehr dieser Boote in den Atlantik rechnet der BdU in absehbarer Zeit nicht.

b) Aufstellung von gleichzeitig nur drei Booten westlich Gibraltar.

8. Der Vorschlag zu 7. kommt der Wiederaufnahme der Atlantikkriegsführung zugute. Auch aus diesem Grunde dürfen nach Ansicht des BdU nicht Kräfte im Gibraltarraum gebunden werden, da diese Bindung unökonomisch ist und nicht höhere Bootszahlen ins Mittelmeer hineingeschickt werden sollten, als unbedingt notwendig ist, da mit diesen Zahlen bester U-Boots-Kommandanten und -besatzungen für die Atlantikschlacht nicht mehr zu rechnen ist.

9. Um Entscheidung wird gebeten, damit der BdU mit den jetzt klarwerdenden Booten entsprechend disponieren kann.»

Ende Dezember übernahm Kapitän zur See Leo Karl Kreisch als Führer der U-Boote Italien die Führung von Korvettenkapitän Oehrn, der als erster Admiralstabsoffizier bei ihm blieb.

Der neue FdU Italien, der am 27. Januar 1942 in der Befehlsstelle nördlich Rom eintraf, war von Hause aus Torpedospezialist. Er war vorwiegend bei der Torpedobootswaffe und als Admiralstabsoffizier im Flottenstab, ferner im Kieler Stationskommando tätig gewesen. Sein Kommandowimpel hatte auf den Kreuzern «Nürnberg» und «Lützow» geweht.

Am 13. Juni 1941 war die «Lützow» auf der Höhe von Bergen von einem englischen Flugzeugtorpedo getroffen worden. Dies war für Kommandant und Besatzung um so schmerzlicher gewesen, als der Kreuzer gerade auf Kreuzerkrieg in den Südatlantik gehen wollte.

Während der Reparaturzeit der «Lützow» hatte Kapitän z. See Kreisch ein Kommando als Chef des Marinelehrkommandos in Rumänien und gleichzeitig als Chef des Stabes der rumänischen Flotte erhalten. Diese Kommandos erwiesen nach seinen Worten «ihren Wert als eine gediegene Vorschule für einen Koalitions-Kriegsschauplatz».

Dem FdU Italien stand ein nur verhältnismäßig kleiner Stab zur Verfügung. Und zwar sah die Stellenbesetzungsliste folgendermaßen aus:

«Führer der Unterseeboote Italien» (FdU Italien). Ab August 1943: «Führer der Unterseeboote Mittelmeer» (FdU Mittelmeer).
Dienststelle: Rom. Ab August 1943: Toulon/Aix en Provence.

FdU: Korvettenkapitän Oehrn (mWdGb)	11. 41 – 2. 42
Kapitän z. See (später Konteradmiral) Kreisch	2. 42 – 1. 44
Kapitän z. See Hartmann	1. 44 – 9. 44
Adjutant: Oberleutnant MA Tegtmeyer	
1. Admiralstabsoffizier:	
Korvettenkapitän Oehrn	11. 41 – 5. 42
Korvettenkapitän Schewe	5. 42 – 9. 44
2. Admiralstabsoffizier:	
Korvettenkapitän Schewe	11. 41 – 4. 42
Kapitänleutnant Wallas	12. 42 – 9. 44
Verbandsingenieure:	
Kapitänleutnant (Ing.) Dipl.-Ing. Gottwald	2. 43 – 2. 44
Kapitänleutnant (Ing.) Zschetzsching	2. 44 – 7. 44

Verband-Verwaltungsingenieur und Richter (nicht offiziell besetzt).
Nachrichtenoffizier:
Oberleutnant z. See Becker

23. Unterseeboots-Flottille:
(Aufgestellt September 1941. Mai 1942 in die 29. Unterseeboots-Flottille aufgegangen)
Stützpunkt: Salamis
Flottillenchef: Korvettenkapitän Frauenheim
29. Unterseeboots-Flottille:
(Aufgestellt Dezember 1941, aufgelöst September 1944)
Stützpunkte:
La Spezia (bis August 1943 Hauptstützpunkt)
Toulon (ab August 1943 Hauptstützpunkt)
Pola, Marseille, Salamis
Flottillenchefs:

Korvettenkapitän Becker (Franz)	12. 41 – 5. 42
Korvettenkapitän Frauenheim	5. 42 – 7. 43
Korvettenkapitän Jahn (Gunter)	8. 43 – 9. 44

Alle Offiziere des Stabes und die Flottillenchefs waren erfahrene, hochausgezeichnete U-Boots-Kommandanten. In Korvettenkapitän Oehrn stand Kapitän z. See Kreisch ein erfahrener und wertvoller Ratgeber zur Seite, den er auf tragische Weise verlor.

Und zwar hatte der FdU Italien ihn eingangs Juni 1942 bei der großen Afrikaoffensive Rommels dem Stab des Befehlshabers des deutschen Marinekommandos für Afrika zugeteilt.

Anfang Juli fuhr Korvettenkapitän Oehrn hinter den deutschen Linien auf dem Weg zu Rommel einem englischen Kommandotrupp in die Arme. Er geriet schwer verwundet in englische Gefangenschaft.

Korvettenkapitän Schewe, der bis zum Weggang Oehrns 2. Admiralstabsoffizier war und jetzt zum I Asto aufrückte, war bereits am 23. Mai 1941 mit dem Ritterkreuz ausgezeichnet worden. In ihm hatte Konteradmiral Kreisch einen stets zuverlässigen und fachkundigen Mitarbeiter zur Seite.

Besondere Verdienste in der Anleitung der Kommandanten, der Wiederherstellung der Kampfkraft von Booten und Besatzungen und in den schwierigen Verwaltungsfragen erwarben sich die Flottillenchefs, die Korvettenkapitäne Frauenheim und Jahn. Sie hatten sich vorher als U-Boots-Kommandanten einen Namen gemacht und waren beide Ritterkreuzträger.

Korvettenkapitän Becker, der die 29. U-Flottille führte, war ein U-Boots-Offizier des 1. Weltkrieges. Er kannte das Mittelmeer und hatte dort Versenkungserfolge erzielt. Seine vorzüglichen italienischen Sprachkenntnisse ermöglichten es ihm, ein gutes Verhältnis zu den italienischen U-Boots-Kameraden und auch zu den Werftarbeitern herzustellen.

Becker wurde im Mai 1942 Verbindungsoffizier zur Supermarina. So lernte er fast alle italienischen U-Boots-Kommandanten kennen und konnte ein kameradschaftliches Klima schaffen.

Dies war die Lage Ende 1941 im Mittelmeer. Und bereits jetzt nach kurzer Fahrzeit zeigte sich den Kommandanten der deutschen U-Boote, daß das Mittelmeer infolge der zahlreichen Bewacher und der regen Lufttätigkeit ein schwieriger Kampfplatz war, auf dem jeder Erfolg hart erkämpft werden mußte.

DEUTSCHE SCHNELLBOOTE VOR MALTA UND TOBRUK

Vom ersten Auftauchen deutscher U-Boote im Mittelmeer bis zum Einsatz weiterer Kleinkampfeinheiten der Kriegsmarine sollte es nicht mehr lange dauern.

Schon im November 1941 wurde die 3. Schnellbootsflottille aus ihrem Einsatzraum im Finnischen Meerbusen herausgelöst und in einem beschwerlichen Fluß- und Kanaltransport über den Rhein, den Rhein-Rhône-Kanal und die Rhône ins Mittelmeer verlegt. Im Januar/Februar 1942 trafen die Boote dieser Flottille in ihren Einsatzhäfen La Spezia, Gaeta, Augusta und Porto Empedocle ein.

Flottillenchef war Korvettenkapitän Kemnade, der diese Flottille am 15. Mai 1940 in Kiel aufgestellt hatte. Bis zum Abtransport in das Mittelmeer hatte er bereits mit seinen Booten an der holländischen Küste, am Kanal und im Finnbusen im Einsatz gestanden.

Alle Boote mußten nach dem Einlaufen in ihre neuen Stützpunkte grundüberholt werden.

Bereits am 14./15. Februar liefen die ersten Boote zur Bekämpfung eines von Alexandria nach Tobruk laufenden britischen Geleitzuges aus. Hierbei entstanden an allen Booten Schäden. So platzten und brachen zum Beispiel die Vorschiffs-Scheuerleisten ab. Dies geschah jedoch nicht durch Seeschlag, sondern durch das Arbeiten des Bootskörpers. Die Boote mußten abermals zur Überholung in die Werft gegeben werden.

Ende Februar waren sechs Boote einsatzbereit.

Die Schnellboote unterstanden zunächst dem Führer der Torpedoboote. Erst am 20. April 1942 wurde die Dienststelle eines «Führers der Schnellboote» geschaffen. FdS war vom April 1942 bis Kriegsende Kapitän z. See und Kommodore Rudolf Petersen.

Korvettenkapitän Kemnade erkannte bereits während der ersten kleinen Einsätze die Schwierigkeiten, die das Mittelmeer der Schnellbootsfahrt entgegenstellte. Er berichtete am 28. Februar 1942:

«Die Hafenbelegung von La Valetta (Malta) mit Handelsschiffen ist in den letzten vierzehn Tagen fast unverändert gewesen. Sie betrug immer nur ein bis zwei Dampfer. Hieraus schließe ich, daß auch in der Sizilienstraße seit Januar kein Nachschubverkehr stattfand. Da seit dem 19. Januar kein Geleitzug mehr nach Malta eingelaufen ist, kann die Zufuhr zu diesem Stützpunkt nur unwesentlich gewesen sein. Die Wetterlage war während der zweiten Februarhälfte ausgesprochen schlecht, so daß die Flottille kaum Einsätze fahren konnte.

Ich halte es im Hinblick auf die noch durchzuführenden Minenunternehmungen und sonstigen Einsätze für zweckmäßig, die Flottille nur bei gemeldeten Geleitzügen oder Einzeldampfern in der Sizilienstraße anzusetzen, um Bootskörper und Maschinen zu schonen.

Auffallend stark war wieder der Nachschubverkehr Alexandria–Tobruk.

Besprechung über Einsatz der Flottille von der Sudabucht (Kreta) aus, mit Absprung nach Brennstoffergänzung auf Ankerplatz bei der Halbinsel ‹Phönix› (an der Südküste Kretas), hat beim Marinebefehlshaber Italien in Rom am 18. Februar stattgefunden.»

Der Einsatz der Schnellboote aus ihren sizilianischen und dann nordafrikanischen Häfen im Frühjahr 1942 war zuerst bescheiden, steigerte sich aber nach Eingang des nötigen Nachschubs sehr rasch. Mit dem Vorstoß des Afrikakorps auf die Gazalastellung wurde der Hafen Derna als neuer Einsatzhafen frei. Aber auch von ihrem Stützpunkt Augusta (nördlich von Syrakus) liefen die Boote immer wieder zu Minenunternehmungen nach Malta und zur Störung des britischen Nachschubverkehrs nach dem eingeschlossenen Tobruk aus. Darüber hinaus wurden Minenunternehmungen bis Alexandria durchgeführt und Torpedoeinsätze gegen Malta gefahren.

Am 19. April 1942 liefen die Boote S 63, S 54, S 56, S 33, S 34, S 31 und S 58 aus. Wegen Motorenschadens mußte S 34 um 20.18 Uhr nach Augusta zurückkehren. Die übrigen legten eine Minensperre vor La Valetta.

Im Einsatz vor Malta am 17. Mai 1942 erhielt S 34 im Kampf mit feindlichen Seestreitkräften einen Artillerievolltreffer in die Abteilung IV Steuerbord und blieb bewegungsunfähig liegen.

Im Feuer des Gegners lief S 59 zur Hilfeleistung heran und übernahm die Besatzung. Durch Sprengpatronen wurde das beschädigte Boot versenkt. Die drei übrigen Boote dieses Einsatzes, S 59, S 58 und S 35, liefen unbeschädigt in Augusta ein.

Nach S 31, das bereits eine Woche vorher nahe La Valetta auf eine Mine gelaufen und gesunken war, erlitt die Flottille damit ihren zweiten Bootsverlust.

Nach der Überführung einer Bootsgruppe nach Derna erhielt Korvettenkapitän Kemnade vom Befehlshaber des Führungsstabes Nordafrika den ersten Einsatzbefehl.

Unter Führung des Flottillenchefs liefen vier Schnellboote am 3. Juni um 18.30 Uhr von Derna aus, um einen Erkundungsvorstoß in das Seegebiet vor der feindlichen Küste zwischen 23.30 und 24.40 Grad Ost zu unternehmen. Ihre Aufgabe lautete:

«Feststellung feindlichen Nachschubverkehrs und Angriff auf alle diesem Zweck dienenden Einheiten. Günstige Gelegenheiten zur Vernichtung von Bewacherstreitkräften sind auszunutzen. Auf dem Rückmarsch muß Länge von Ras el Tin spätestens um 05.00 Uhr nach Westen überschritten sein. Eigenes U-Boot stand bisher östlich 24 Grad 26 Minuten und hat Befehl, weiter nach Osten auszuweichen.»

Korvettenkapitän Kemnade beabsichtigte, das Seegebiet westlich und ostwärts Tobruk in Sichtweite der Küste mit Bootsabständen von 4 sm aufzuklären.

Mit S 54 als Führerboot, S 57, S 30 und S 58 lief der Flottillenchef aus. Das Führerboot stand am südlichsten.

Oberleutnant zur See Schmidt stand vorn auf der mit Eisenblech ausgeschlagenen Brücke von S 54 und suchte durch sein lichtstarkes Nachtglas die See und immer wieder auch die an Steuerbord gut sichtbare Küste ab. Das Schnellboot lief mit Kurs Ost 15 Knoten. Ein paar Sterne standen am Himmel. Leise bullerten die drei Daimler-Benz-Maschinen, die das 32,8 Meter lange und 82 Tonnen schwere Boot durch die See trieben.

«Sofort Meldung, wenn etwas in Sicht kommt!» befahl er, ging die Stufen des Niederganges hinunter und verschwand im Steuerstand.

Der Posten Ausguck und die Nummer Eins, die Brückenwache gingen, blieben zurück.

Oberleutnant zur See Schmidt ging zum Flottillenchef hinein. Vielleicht hatte der etwas für ihn? Der Ruderstand, der nach vorn und zu beiden Seiten aus Glas bestand und so dem Rudergänger freien Ausblick verschaffte, lag geschützt. Mit der Brücke war der etwas tieferliegende Ruderstand durch zwei schräg nach unten gehende Klappfenster verbunden.

Der Rudergänger beugte sich über den Kompaß. Er korrigierte den Kurs, und leise schnurrte das Ruder. Dabei horchte er mit einem Ohr auf das eben beginnende Gespräch zwischen Kommandanten und Flottillenchef.

Als er wieder aufblickte, sah er, wie der Posten Ausguck nach vorn deutete. Fast im gleichen Augenblick meldete er: «Schatten Steuerbord voraus, Herr Bootsmann!»

Die Nummer Eins drehte sich um, klopfte kurz an das kleine Fenster, hinter dem er den Kopf des Kommandanten erkannte.

Das Fenster wurde aufgestoßen. Oberleutnant Schmidt reckte seinen Schädel hindurch.

«Was ist los, Nummer Eins?»

«Schatten in Kompaßpeilung 120 Grad, Herr Oberleutnant!»

Mit wenigen Schritten kam der Oberleutnant den kleinen Niedergang herauf und setzte das Fernglas an die Augen.

Korvettenkapitän Kemnade folgte ihm auf dem Fuße.

«Schatten, Herr Kapitän!»

«Auf 24 Meilen gehen. Auf Schatten zuhalten. UK-Befehl an S 57: Heranschließen!»

Der Funkgast an der Eigenverständigung hantierte an seinen Schaltern. Dann erklang seine Stimme:

«Flo-Chef an K S 57: Heranschließen!»

Der Befehl wurde umgehend von S 57 bestätigt.

Mit 24 Knoten Fahrt jagte S 54 durch die See. Nur langsam kam der Schatten näher.

«Muß ein Zerstörer sein, Herr Kapitän!»

«Steuert 90 Grad!» meldete der Bootsmann.

«UK-Befehl an alle: ‹Feind steuert 90 Grad. Wahrscheinlich Zerstörer.›»

Der Befehl wurde durchgesagt, und von den anderen Booten kamen die Bestätigungen.

«Holen Sie nach Süden aus, zum Vorsetzen, Schmidt!»

Mit 26 Knoten drehte das Boot nach Steuerbord und jagte nach Süden. Der Bootsmann erkannte dann, daß es sich bei dem Fahrzeug um einen schnellen Dampfer von 5000 bis 6000 BRT handelte.

«Wir setzen zum Angriff an!»

Die Nummer Eins arbeitete bereits am Zielgerät.

«Rohre fertigmachen!» schallte sein Befehl über die Brücke.

Die Rohrdeckel vorn öffneten sich. Der Druck der Preßluft wurde eingetrimmt. Das Boot war klar zum Schuß.

Da entdeckte der Ausguck einen weiteren Schatten.

«Zerstörer Steuerbord voraus!» rief er gellend.

«Alarrrm!»

«Befehl an alle: ‹Ein Dampfer, ein Zerstörer auf Ostkurs voraus; mittlere bis hohe Fahrt, Standort Riese (Tobruk-Ansteuerungstonne) in 57 Grad, 4,5 sm.›»

Als gegen 23.30 Uhr der Mond im Osten aus der See emporstieg, drehte der Zerstörer mit geringer Fahrt auf Südkurs. Der Dampfer behielt seinen östlichen Kurs bei.

«An Torpedowaffe: Beide Rohre klar!»

Die Nummer Eins preßte die Stirn gegen die Optik. Der Dampfer wanderte ins Visier.

«Lage neunzig*, Nummer Eins. Ich drehe zu.»

Der Navigationsgast war bereits aus seinem Schapp herausgekommen. In jeder Hand hielt er eine Stoppuhr.

«Achtung!»

«Backbordrohr — lllos! Steuerbordrohr — lllos!»

Beide Torpedos liefen, gingen aber vorn am Dampfer vorbei, der — wie sie erst jetzt entdeckten — inzwischen fast gestoppt lag.

In diesem Augenblick meldete der Ausguck einen zweiten Zerstörer achteraus vom Dampfer.

«Das ist ein großer Zerstörer, Herr Kapitän. Zwei Schornsteine!»

«UK-Befehl an alle: ‹Ein zweiter Zerstörer achteraus vom Dampfer!›»

Der BÜ gab diesen Befehl durch, und nacheinander bestätigten die anderen Boote.

«Nachladen!»

In Fahrt die beiden Rohre nachzuladen, war kein Kinderspiel, aber die Männer hatten dies oft genug geübt, und so klappte es auch diesmal sehr schnell.

«Beide Rohre sind nachgeladen!» meldete der Torpedomaat.

«Boot greift wieder an. Auf Dampfer zielen!»

Mit knapp 10 Knoten Fahrt schob sich S 54 an den Dampfer heran, der inzwischen wieder mehr Fahrt aufgenommen hatte.

Die Nummer Eins sah den Dampfer in das mattrot schimmernde Fadenkreuz des Zielapparates einlaufen. Abermals kamen die Befehle

---

* Lage 90 heißt: Der Gegner liegt quer zur Schußrichtung

zum Schuß. Ein Schlag mit nachfolgendem kurzen grellen Zischen. Der erste Aal jagte durch die Luft, platschte ein paar Meter weiter vorn ins Wasser.

«Torpedo läuft!»

«Steuerbordrohr – lllos!»

Die Nummer Eins drückte auf eine Taste des Zielapparates, als unten auch schon der Handabzug niedergeschlagen wurde.

«Zehn! – Zwanzig!» meldete der Navigationsgast und meinte die vertickenden Sekunden, die beide Aale unterwegs waren.

«Entfernung war höchstens 700, Herr Kapitän!»

«Torpedos gehen vorn vorbei, Herr Kapitän!»

«UK-Befehl an alle: ‹S 54 hat sich verschossen!›»

Innerlich fluchend, aber nach außen hin gelassen wie immer, gab der Flottillenchef diesen Befehl durch.

«Wir müssen abdrehen, Schmidt! Damit wir bei dem herrlichen Mondlicht nicht von dem achteraus stehenden Zerstörer gesehen werden!»

«Steuerbord zwanzig!»

Das Ruder schnarrte, und S 54 glitt langsam herum.

«Wir machen Fühlungshalter und führen die anderen Boote heran.»

«Durch die UK-Verständigung gelang das Heranführen.

Der vor dem Dampfer laufende Zerstörer steuerte jetzt wieder auf Ostkurs. Drei Minuten später meldete der BÜ:

«K S 57 an Flo-Chef: Greife an!»

«Einzelschuß auf achteraus stehenden Dampfer!» meldete der BÜ zwei Minuten darauf. Und kurze Zeit später:

«K S 58 an Flo-Chef: Doppelfehlschuß auf Dampfer!»

«K S 57 an Flo-Chef: Greife achteraus stehenden Zerstörer mit Einzelschuß an!»

Die beiden Ferngläser des Kommandanten und des Flottillenchefs richteten sich auf den hinteren Zerstörer.

Auf einmal hörten sie ein dumpfes Krachen. Dann sahen sie, wie am achteren Zerstörer eine schwarze Detonationssäule emporsprang, und mitten aus dieser Säule schossen Flammen hervor. Auch aus dem Achterschiff des Zerstörers stoben Flammen. Dicke Funkenschwaden flatterten in die Höhe. Zwei, drei Munitionsexplosionen dröhnten durch die Nacht.

«Vorn laufender Zerstörer dreht über Nord auf West zur Detonationsstelle, Herr Kapitän!»

«UK-Befehl an alle: ‹Zerstörer erst nach Rettungsaktion angreifen. Dampfer geht vor!›»

Die Boote bestätigten, und S 54 lief zwischen dem Geleit und der Küste weiter, um Fühlung zu halten und etwa abgekommene Boote heranzuführen. Um Mitternacht hatte auch das letzte Boot den Geleitzug gefunden.

Inzwischen war der Zerstörer gesunken.

Nach Mitternacht schossen S 57 und S 30 je einen Einzelfehlschuß auf den Dampfer. Auch S 58 meldete einen Einzelfehlschuß. S 30, das ein Rohr nachgeladen hatte, schoß einen Zweierfächer. Resultat: Doppelfehlschuß. Dann jagte das Boot auch noch seinen letzten Aal vorbei.

Es war für Korvettenkapitän Kemnade eine Tortur, immer wieder neue Meldungen über Fehlschüsse zu hören. Insgesamt verschossen die beteiligten Boote 15 Torpedos, und nur ein einziger davon traf und versenkte den Zerstörer.

Als die Boote zum letztenmal angriffen, schoß der Dampfer laufend grüne Leuchtraketen. Einer der Zerstörer erkannte S 57, drehte auf das Boot zu und eröffnete das Feuer mit Leuchtgranaten. Die Nacht wurde durchzuckt von den lichtarmen Abschüssen, den grellblitzenden Flugbahnen und dem grünen Leuchtgranatenlicht.

«Rückmarsch antreten!» befahl der Flottillenchef.

Alle Boote liefen wohlbehalten in Derna ein. Der Kurzbericht von Korvettenkapitän Kemnade zu dieser Unternehmung lautete*:

«Flottille im Aufklärungsstreifen 3 sm Bootsabstand nach Osten. Erster Schatten 22.30 Uhr gesichtet. Ab 23.00 Uhr und 0.00 Uhr haben alle Boote Fühlung. Warum bei 15 Torpedoschüssen nur ein Treffer erzielt wurde, ist dadurch zu erklären, daß erstens auf zwei Booten Bedienungsfehler beim Losmachen der Torpedos aufgetreten sind und zweitens der Dampfer nach Mondaufgang die Boote auf 1500 m erkennen und Abwehrmanöver einleiten konnte. – gez. Kemnade.»

Am nächsten Abend, dem 4. Juni 1942, liefen abermals S 54, S 57, S 30 und S 58 um 18.30 Uhr aus Derna aus. Der Auftrag lautete diesmal:

«Torpedoeinsatz im Gebiet um Tobruk und Ras Azzaz.»

Da nach der Luftaufklärung des 4. Juni der in der vorhergegangenen Nacht angegriffene Dampfer nach Tobruk eingelaufen war, entschloß sich Korvettenkapitän Kemnade, bis zur Hafeneinfahrt vorzustoßen und gegebenenfalls den in der Bucht liegenden Dampfer anzugreifen.

---

* siehe: KTB der 3. Schnellbootsflottille

Als sie sich dem Hafenbereich näherten, sahen die Männer auf der Brücke des Führerbootes, daß an der Südseite des Hafens ein grünes Licht leuchtete. Mitten in der Hafeneinfahrt lag eine weiß blinkende Tonne.

«Alle kleine Fahrt – 5 Meilen. – Neuer Kurs 285 Grad!» befahl der Kommandant von S 54.

Das Boot glitt gehorsam unter dem Ruderdruck herum und steuerte die Hafeneinfahrt an. Korvettenkapitän Kemnade schaute auf die Uhr. Es war 23.02 Uhr.

«Schatten Nordufer der Bucht!»

«Schatten auf dem Südufer der Bucht!» meldete der Posten Ausguck unmittelbar nachdem die Nummer Eins die erste Sichtmeldung gegeben hatte.

«Das sind Dampfer, Herr Kapitän.»

«Wir greifen beide mit je einem Torpedo an!» entschied der Flottillenchef. «Näher herangehen.»

Langsam glitt S 54 in den Hafenbereich hinein. Die See war fast glatt. Kein Zerstörer war zu sehen. Dann fielen die beiden Schüsse im Abstand von zwei Minuten. Aber nur einer der Torpedos detonierte. Im Dunkel der Nacht wölbte sich aus dem einen Dampfer ein Rauch- und Flammendom empor. Dann war es wieder ruhig.

Alles ging sicher wie immer. S 54 drehte ab, kam in einem Kreisbogen wieder in Angriffsposition, und um 23.27 Uhr und 23.29 Uhr jagten die beiden nächsten Torpedos, vom Druck der Preßluft getrieben, aus den Rohren, klatschten ein paar Meter weiter vorn auf die See und liefen – genau an der Blasenbahn zu erkennen – auf die beiden Schatten zu. Dreizehn Sekunden nach dem Abschuß des zweiten Torpedos detonierte der erste (nach 2 Minuten, 13 Sekunden Laufzeit). Der zweite nach genau 2 Minuten Laufzeit.

«Wassersäule! Schwarze Rauchwolke, Herr Kapitän!»

«Keine Ziele mehr im Hafen?»

«Nichts in Sicht!»

«Kein Objekt für Aale!» meldeten die übrigen Boote.

«Abdrehen! Von der Küste absetzen. Geschwindigkeit 9 Knoten.»

Die vier Boote liefen nach Norden. Zwei Dampfer waren torpediert worden. Später stellte es sich heraus, daß sie gesunken waren.

NACHTGEFECHT

Nach diesen ersten Erfolgen der 3. Schnellbootsflottille kam dann der große Schlag. Am Abend des 15. Juni wurde die Flottille gegen einen von Alexandria nach Malta laufenden Geleitzug angesetzt. Es handelte sich um den Konvoi «Vigorous», der unter dem Befehl von Admiral Vian am 13. Juni Alexandria verlassen hatte. Zu diesem Konvoi gehörten sieben Kreuzer und 17 Zerstörer. Sie sollten zwei Gruppen Handelsschiffe, die aus Haifa und Port Said kamen, in Höhe Tobruk aufnehmen und nach Malta geleiten.

Dieser Geleitzug wurde von der deutschen Luftaufklärung am 14. Juni erfaßt und angegriffen. Zwei Handelsschiffe wurden versenkt, zwei weitere in Brand geworfen und beschädigt.

Am Abend des 14. Juni erhielt Admiral Vian die Meldung, daß das Gros der italienischen Kriegsflotte aus Tarent ausgelaufen sei, darunter zwei Schlachtschiffe und vier Kreuzer. Diese Einheiten steuerten nach Süden. Am frühen Morgen des 15. Juni erhielt Admiral Vian von Admiral Harwood – der Admiral Cunningham als Oberbefehlshaber Mittelmeer abgelöst hatte – den Befehl, umzukehren. Fünf Stunden darauf wurde dieser Befehl widerrufen, und der aus vielen Schiffen bestehende Konvoi lief nun wieder Richtung Malta.

Als neue Luftaufklärung ergab, daß die italienische Flotte nur noch 150 sm entfernt war, wurde der Konvoi abermals auf Gegenkurs nach Osten gedreht. So liefen die Dampfer und Kriegsschiffe lange Zeit hin und her – dies in einem Gebiet, das von den britischen Seeleuten die «Bomben-Allee» genannt wurde.

Zur gleichen Zeit bewegte sich ein weiterer Großkonvoi aus Gibraltar nach Malta, dessen Codebezeichnung «Harpoon» war; doch darüber später.

Am 15. Juni um 18.00 Uhr wurde die 3. Schnellbootsflottille auf den Geleitzug «Vigorous» angesetzt, der zu dieser Zeit noch immer von Stukas und Ju 88 angegriffen wurde und aus allen Rohren seiner Fla-Waffen feuerte.

Mit sechs Booten lief die bisher größte S-Boot-Streitmacht aus. Um 19.00 Uhr teilte Korvettenkapitän Kemnade seine Flottille in zwei Gruppen zu je drei Booten auf.

Oberleutnant zur See Siegfried Wuppermann, Kommandant von S 56, sichtete den Verband als erster. Um 20.03 Uhr ließ er einen KR-Funkspruch an den Flottillenchef tasten:

«Alarm Quadrat 5267. Bitte keine Leuchtbomben!»

Die deutschen Flugzeuge warfen nämlich Leuchtbomben ab, um Licht für ihre Bombenangriffe zu haben; ohne jedoch daran zu denken, daß dieses Licht auch die S-Boote anstrahlte und dem Gegner verriet.

Die Boote der ersten Gruppe bekamen vorübergehend Fühlung mit den Handelsschiffen. Aber die zweite Gruppe, deren Boote der Flottillenchef teilweise bis zu zehn Seemeilen auseinander operieren ließ, fand die Handelsschiffe nicht. Dann aber sichtete das Führerboot den Konvoi und gab über UK-Verständigung durch:

«KR von Chef. Ala Quadrat 5257. Feind steuert 260 Grad. Fahrt 14 Knoten. – Halte Fühlung im Kielwasser.»

Alle sechs Boote liefen nun mit hoher Fahrt auf westlichen und östlichen Kursen hin und her und versuchten, an die Handelsschiffe heranzukommen. Doch immer wieder wurden die Boote durch Leuchtbomben angestrahlt, von den Zerstörern erkannt und eingekesselt, gejagt, beschossen und nach verschiedenen Richtungen abgedrängt. Dabei geschah es, daß die Boote der zweiten Gruppe mehrmals außer UKW-Reichweite kamen. Ein Boot hatte plötzlich Verbindung mit Booten der ersten Gruppe.

Um 00.15 Uhr ließ S 54, das Führerboot, das den Feind aufgefaßt hatte, über Funk alle Boote verständigen:

«Quadrat 5182 obere Kante Mitte. Halte Fühlung an Zerstörer, Kurs Nordwest, mittlere Fahrt.»

Korvettenkapitän Kemnade tat dies in der Hoffnung, Boote, die kein Ziel erkannt hatten, mit ansetzen zu können.

Gegen 01.25 Uhr erhielt S 59 vom Flottillenchef Schußerlaubnis auf zwei Zerstörer, die nach der Meldung des Bootes in günstiger Position standen. Wenig später hatte auch S 54 Fühlung an einem Zerstörer der Jervis-Klasse und versuchte, zum Schuß zu kommen.

Die von S 59 geschossenen Torpedos gingen vorbei.

Um 01.39 Uhr ließ der Flottillenchef einen UK-Spruch durchgeben:

«Flo-Chef an S 56 und S 59: Vorstoßen ab 01.40 Uhr von Quadrat 5156 bis 5183. Kurs 300 Grad, 26 Knoten.»

Wenige Sekunden nach 02.00 Uhr schoß S 58 beide Torpedos auf einen Zerstörer. Beide vorbei.

Dann aber erkannte Oberleutnant z. See Wuppermann den Feind, und was nun geschah, das berichtete er folgendermaßen:

«PO 249 Quadrat CO 5192 RKO. Habe Gegner im Visier. Bin sicher, daß es ein Kreuzer ist. Feind steuert 150 Grad und läuft 15 Knoten. Meine Lage ist jetzt 40 Grad. Entfernung 1000 Meter. Der Kreuzer paßt nur noch zur Hälfte ins Fernglas. Der hinter mir stehende Zerstörer ist durch mein Kielwasser durchgeschoren und steht nun Steuerbord achteraus von mir. Entfernung etwa 500 Meter. Der in der Sicherung vorn stehende Zerstörer steht jetzt Steuerbord voraus vor dem Kreuzer, etwa 800 Meter von mir entfernt. Ich lasse auf den Kreuzer zu drehen und will im Zudrehen um 02.50 Uhr schießen. Erst kurz vorher ist genügend Ausstoßluft auf den Preßluftflaschen.

Bei meiner nochmaligen Frage, ob die Torpedoanlage klar ist, stelle ich fest, daß der Backborddeckel nicht richtig geöffnet ist. Ich gebe Befehl, auf rechtweisend 40 Grad zu gehen und Unterwasserauspuff.

Im selben Augenblick, nachdem ich vorher noch den viereckigen großen Gefechtsturm und davor zwei oder drei Türme mit jeweils Zwillings- oder Drillingsrohren und davor die hochaufragende Kreuzerback und den Bug, der etwa mit Lage 40 bis 50 auf mich zu lag, erkannte, ging auf dem Kreuzer der Scheinwerfer vom vorderen Mast an, und ich lag genau in seinem Lichtkegel. Bin selbst vollkommen geblendet. Dann erkannte ich aber, wie der Backborddeckel sich ganz öffnete, und befahl:

‹Backbord fünnef! – Beide Rohre fertig!›

Und kurz vor dem Eindrehen meines Stevens in den Scheinwerfer machte ich den Steuerbordtorpedo los. Den Backbordtorpedo löste ich kurz darauf genau in den Scheinwerfer hinein. Beide Aale wurden also von mir über den Daumen losgemacht, weil die Nummer I am Zielgerät nichts mehr erkennen konnte, da sie sich genau im Zentrum des starken Scheinwerferlichtkegels befand.

Die eingestellte Lage war 60. Fahrt 15 Knoten. Geschätzte Entfernung kurz vor dem Schuß zwischen 500 und 700 Meter.

Nach Lösen des Backbordtorpedos erfaßte mich ein zweiter Scheinwerfer, wahrscheinlich vom achteren Mast des Kreuzers. Nun lag ich genau im Blickpunkt beider Scheinwerfer, und alle Männer auf der Brücke waren geblendet. Ich befahl:

‹Hart Steuerbord! Backbordmaschine Große Fahrt voraus. Mitte Halbe Fahrt voraus. Steuerbordmaschine stop!›

So kam das Boot am schnellsten herum. Mit einem Blick nach achtern erkannte ich, daß der hinter mir stehende Zerstörer beinahe bis auf 100 Meter heran war. Sein Steven und seine Brücke waren auch noch vom Scheinwerferlicht des Kreuzers angestrahlt.

Im selben Augenblick eröffnete dieser Zerstörer das Feuer mit leichten Flawaffen.

02.50 Uhr 34 Sekunden:

Beide Scheinwerfer erlöschen schlagartig. Steuerbordtorpedo hat im Vorschiff getroffen. Dort geht Munition hoch. Es sieht wie ein Feuerwerk aus.

Gleichzeitig ging ein schwerer Stoß durch unser Boot. Ein dumpfer Knall war zu hören. Wenige Sekunden darauf eine zweite starke Detonation, und wo bisher noch das Mittelschiff des Kreuzers zu sehen gewesen war, blaffte eine schwarze Qualmwolke mit einer grauen, noch höheren Dampfwolke blitzschnell aus dem Mittelschiff heraus.

‹Treffer in den Maschinen- oder Kesselräumen!› rief meine Nummer I.

Noch immer peitschten die Fla-Waffen des Zerstörers, aber nun ging ich auf 180 Grad und ließ alle Maschinen AK laufen. Mit 33 Knoten Fahrt jagte ich zur Seite und beobachtete im Ablaufen nach achteraus mehrere Sekunden lang den getroffenen Kreuzer. Eine Qualmwolke hüllte alles ein und ließ nichts mehr genau erkennen. Die Explosionen, mit denen im Vorschiff die Munition hochging, verstummten.

Nun mußte ich wieder meine ganze Aufmerksamkeit den beiden Zerstörern widmen, zwischen denen ich ja stand.

Mein Ausguck beobachtete weiterhin die Qualmwolke und meldete, daß sie langsam kleiner würde und daß der Kreuzerbug nicht mehr herausgekommen sei.

Um 02.52 Uhr: Der Backbord achteraus stehende Zerstörer eröffnet wieder das Feuer aus seinen Fla-Waffen. Der an der Backbordseite des Kreuzers stehende Zerstörer setzt Seitenlaternen und läßt mehrere kurze Töne aus seiner Sirene erschallen. Ich beginne zu nebeln. Aber noch liegt das Feuer des Zerstörers gut, schlägt jedoch zum Glück vor und hinter dem Boot in die See ein. Dann frißt es sich am Ende der Nebelwand fest.

Kurz darauf, ich stehe nun beinahe Steuerbord quer von dem vorderen Jervis-Zerstörer, als dieser jetzt zu dem achtern von mir stehenden und in den Nebel schießenden Zerstörer hinübermorst, weil dessen Feuer dicht beim morsenden Zerstörer in die See hieb. Sofort wurde das Feuer eingestellt, und ich ließ den Nebel abstellen, um ihn später abermals anzustellen. Dann ließ ich eine Wasserbombe werfen, um ihn zu täuschen.

Es war inzwischen 02.53 Uhr geworden. Noch immer stehe ich genau zwischen den beiden Zerstörern. Mein Kurs ist 220 Grad, Fahrt 33 Knoten. Die Zerstörer laufen schätzungsweise 28 Meilen.

Der Steuerbord achtern stehende Zerstörer ist inzwischen langsam in mein Kielwasser eingeschoren und eröffnet erneut das Feuer aus leichten und mittleren Waffen. Der Zerstörer an Backbord dreht langsam weiter nach Backbord ein. Der mich verfolgende Zerstörer folgt genau im Kielwasser und bleibt uns bis 03.20 Uhr auf den Fersen. Er schießt aber nicht mehr planmäßig und scheint mein Kielwasser zu verlieren, weil ich mehrere Zickzackkurse steuere.

In dieser Siutation trifft ein FT-Spruch vom Chef ein:

‹Auf nach Osten laufende Zerstörer achten!›

Um 03.23 Uhr laufe ich Kurs 180 Grad und 30 Knoten. Der Zerstörer ist außer Sicht. Ich will Rückmarsch nach Derna antreten, erhalte UK-Fühlung mit S 58, das sich ebenfalls absetzt, nachdem es bereits längere Zeit Fühlung am Verband verloren hat.

Ein FT-KR-Spruch des Chefs geht ein:

‹Standort melden!›

Um zu ermöglichen, daß die eigene Luftwaffe bei Tage Genaues feststellen kann, setze ich folgenden Funkspruch ab:

‹02.51 Uhr ein Kreuzer, fünf Zerstörer CO 5168, Kurs 100 Grad, Fahrt 15 Knoten. Doppeltreffer auf Kreuzer. S 56, Wuppermann, Kommandant.› »

Es war der Kreuzer «Newcastle», der hier versenkt worden war.

Ein weiterer Erfolg war den S-Booten beschieden. S 55 unter Oberleutnant zur See Weber torpedierte den Zerstörer «Hasty».

Der Zerstörer konnte zwar nach dem Treffer seine Fahrt zunächst mit sechs Meilen fortsetzen, mußte jedoch eine Stunde später von der Besatzung verlassen werden und sank dann ebenfalls.

Korvettenkapitän Kemnade schrieb in seiner Stellungnahme zu dieser Unternehmung:

«1. Die Aufnahme der Fühlung am Geleitzug nach Standortmeldung der Luftwaffe verlief bei laufender Meldung der Flugzeugfühlunghalter über dem Geleitzug planmäßig und ohne Schwierigkeiten. Jedes Boot der Flottille erkannte den Standort des Geleitzuges ab 18.30 Uhr an den bis zur Dunkelheit beobachteten Flak-Sprengpunkten über dem von der Luftwaffe unaufhörlich angegriffenen Geleitzug.

Meine Absicht, die Boote S 56, S 36, S 59 im Süden Fühlung gewinnen zu lassen, wurde dadurch vereitelt, daß erstens der Gegner während der

Abenddämmerung längere Zeit südwestlichen Kurs gesteuert haben muß und zweitens diese Boote nach Sichten der feindlichen Sicherung um 19.25 Uhr anstatt nach Südwesten nach Nordwesten abliefen und Fühlung an den Zerstörern behielten. Diese Tatsache hat sich jedoch für den Verlauf der Operation nicht als nachteilig erwiesen.

2. Daß die Boote S 56, S 59 und S 36 an den Zerstörern und nicht an den Dampfern Fühlung halten und angreifen konnten, war zwangsläufig bedingt durch das Leuchtbombenwerfen der deutschen Luftwaffe. Ich selbst stand von 20.27 Uhr an mit drei Booten im Kielwasser des achteraus vom Geleitzug stehenden Zerstörers, von dem die letzten drei Dampfer beobachtet wurden. Da ich durch die Leuchtbombenwürfe von den Zerstörern erkannt und gejagt wurde, verlor ich um 23.09 Uhr die Fühlung.

Einem Boot der Flottille gelang es noch während des Leuchtbombenwerfens, durch den Sicherungsgürtel durchzustoßen und zum Angriff auf die Dampfer anzusetzen.

Der Uhrzeitbefehl für den gleichzeitigen Angriff aller Boote konnte so lange nicht gegeben werden, wie noch Leuchtbomben am Himmel standen.

Als S 56 und S 59 um 21.24 Uhr meldeten, daß sie durch Zerstörerjagd und Leuchtbomben Feindverband verloren hätten, wurden sie durch Angabe von Peilungen wieder herangeführt.

3. Da das Leuchtbombenwerfen trotz mehrerer KR-Sprüche nicht eingestellt wurde und überdies die Nacht kurz war, gelang es den übrigen vier Booten der Flottille nicht mehr, bis 03.00 Uhr wieder Anschluß an den Geleitzug zu gewinnen.

Die Leistung des Kommandanten S 56, Oberleutnant z. S. Wuppermann, verdient besondere Anerkennung. Es ist das erstemal im Kriege, daß sich einem Schnellboot ein Kreuzer als Ziel bot. Es ist nur der Kaltblütigkeit und dem Draufgängertum des Kommandanten zu verdanken, daß das Boot den Gegner unter den vorliegenden Verhältnissen erfolgreich angreifen konnte.

Die Luftaufklärung des nächsten Tages meldete ein ausgedehntes Trümmerfeld mit zahlreichen Wrackteilen und großen Ölflecken in der Nähe der Versenkungsposition, so daß mit dem Untergang dieses Kreuzers gerechnet werden kann.

An Bord, den 17. Juni 1942, gez. Kemnade.»

Damit hatten auch die Schnellboote Einsatzbereitschaft und Angriffsgeist bewiesen. Minenaufgaben folgten. Die Boote liefen aus den Häfen der afrikanischen Küste nach Alexandria. Sie erlebten Nachtgefechte mit überlegenen Gegnern und Einsätze bei schwerer See und Windstärken bis 5, die den Booten hart zusetzten. Vor allem aber liefen diese wenigen Boote immer wieder Richtung Malta aus. Vor La Valetta warfen sie in laufenden Einsätzen Minen bis dicht vor die Einfahrt. Mehrere Schiffe gingen auf diesen Minen verloren.

Korvettenkapitän Kemnade erhielt am 23. Juli 1942 das Ritterkreuz.

In der Operation «Pedestal» lief zwischen dem 10. bis 15. August wieder ein vielfach angegriffener großer Nachschubkonvoi der Engländer nach Malta. Zu seiner Bekämpfung wurden nach Absprache mit «Supermarina» auch deutsche U-Boote eingesetzt*. Außerdem waren wieder einige Boote der 3. S-Flottille beteiligt. Gemeinsam mit den italienischen Schnellbooten MS 16, MS 22 und MS 31 griffen auch S 30 unter Oberleutnant z. S. Weber, S 31 unter Oberleutnant z. S. Brauns und S 59 unter Oberleutnant z. S. Müller an. Dazu MAS 554 (Oberleutnant Calcagno) und MAS 557 (Leutnant Cafiero).

Die Transporter «Rochester Castle», «Santa Elisa», «Almeria», «Lykes» und «Wairangi» wurden torpediert. Die drei letzten Dampfer sanken sofort.

S 30 und S 31 waren mit je einem Dampfer an der Versenkung beteiligt. S 59 hatte keinen Erfolg.

Im November 1942 folgten der 3. Schnellbootflottille die Boote der 7. Schnellbootflottille über den Rhein, den Rhein-Rhône-Kanal und die Rhône ins Mittelmeer.

Korvettenkapitän Hans Trummer hatte diese Flottille aufgestellt und ausgebildet. Er blieb ihr Chef bis Juli 1944.

Als diese Boote ins Mittelmeer kamen, wurde aus den beiden Flottillen die 1. Schnellbootsdivision gebildet. Im September 1943 kam dann noch die 21. Schnellbootsflottille hinzu, die über Friedrichshafen im Bahntransport nach Italien verlegt worden war**.

---

* siehe Kapitel: U-Boots-Einsatz und Versenkungserfolge der U-Boots-Waffe im Jahre 1942.

** Siehe Kapitel: Der Einsatz der 1. Schnellbootsdivision (S. 276)

DIE 6. RÄUMBOOTSFLOTTILLE IM MITTELMEER

Als weitere Verstärkung der wenigen deutschen Kleinkampfeinheiten wurde Ende November 1941 die 6. Räumbootsflottille aus Cuxhaven Richtung Mittelmeer in Marsch gesetzt. Diese Flottille war im August 1941 aus vier Booten der 2. und vier Booten der 3. Räumbootsflottille zusammengestellt worden. Der Flottillenstab kam teilweise von der 3. Räumbootsflottille und wurde zum anderen Teil zur neu zusammengestellten Flottille kommandiert. Zur Flottille gehörten:

Flottillenchef: Korvettenkapitän Peter Reischauer
Marinestabsarzt Dr. med. Austen
Oberassistenzarzt Graeper (gefallen)
Flo.-Ing. Oberleutnant (Ing.) Eigenbrod
2. Flo.-Ing. Leutnant (Ing.) d. Res. Heinz Schulz
3. Flo.-Ing. Leutnant (Ing.) Altmann
Sperrwaffenoffizier Leutnant zur See Ossenbrügge
(später Leutnant zur See Pfannmöller)
VO Oberleutnant (V) Karl-Heinz Bohle
2. VO Leutnant (V) Harald Epperlein
Kommandanten:
Oberleutnant zur See Merks
Oberleutnant zur See Hermann Horlitz
Leutnant zur See d. Res. Karl Rimella (gefallen)
Leutnant zur See Peter Gerhard
Oberleutnant zur See Fred Anders
Leutnant zur See Hartmut Diederichs
Leutnant zur See Leo Wimmer-Lamquet
Oberleutnant zur See Voigt
Obersteuermann Kautz (gefallen)
Obersteuermann Drescher

Von Cuxhaven aus gingen die Boote R 9 bis R 16 in Richtung Rotterdam in See. Es waren dies alte Boote der Baujahre 1927 bis 1930. Einer ihrer Vorteile war – nach Meinung des Flottillenchefs –, daß es Schraubenboote waren und daß alle mit MWM-Motoren (Motorenwerke Mannheim) ausgerüstet waren.

Ursprünglich sollte die Flottille aus anderen Booten zusammengestellt werden, die alle verschiedene Motorentypen hatten. Diese Anordnung wurde auf Hinweis des Flottillenchefs geändert. Ihre Bewaffnung bestand aus jeweils zwei Zweizentimeter-Fla-MW und mehreren MG.

Die Boote, die nur 60 Tonnen groß waren und 18 Mann Besatzung hatten, besaßen keine Panzerung. Das erklärt die erheblichen Verluste, die sie bei Fliegerangriffen erlitten.

Von Rotterdam aus liefen die schwarz gemalten und als Flugsicherungsboote getarnten Boote – die Besatzungen ebenfalls zur Tarnung in Zivil – rheinaufwärts. Durch den Rhein-Rhône-Kanal ging es in die Doubs, von dort weiter zur Saône.

Schon auf dem Rhein-Rhône-Kanal waren viele Schleusen zu überwinden. Diese Hindernisse mehrten sich auf den Flüssen Frankreichs. Insgesamt waren es 160 Schleusen, die passiert wurden. Teilweise waren diese Schleusen so schmal, daß die Scheuerleisten der 4,4 Meter breiten Boote abgehobelt werden mußten.

Daß es dennoch auf dem Wege zum Mittelmeer keine größeren Havarien gab, gilt als ein Zeichen der vorzüglichen Seemannschaft der einzelnen Kommandanten und Besatzungen. Allerdings wurde nur am Tage gefahren. Einmal gab es eine kurze Grundberührung; ein Ruder wurde verbogen. Dieses Boot wurde in Mannheim repariert.

In Chalon-sur-Saône mußte eine Zwangspause von sieben Wochen eingelegt werden, weil die Rhône zuwenig Wasser führte. Daß sich dies nachteilig auf die Stimmung der Besatzung ausgewirkt hätte, kann nicht gesagt werden, denn in diese Zeit fiel das Weihnachtsfest.

Nach insgesamt vierzehn Tagen reiner Fahrzeit erreichten alle Boote das Mittelmeer. Sie liefen nach La Spezia, wo sie in der dortigen Werft überholt wurden.

Vierzehn Tage darauf traten die Boote von La Spezia aus den Weg nach Süden an. Es ging immer dicht unter der Küste entlang. Von den acht Booten der Flottille liefen allein sieben bei Castel Volturno in dichtem Nebel auf Grund. Alle Boote kamen wieder frei, jedoch hatte sich R 13 Schrauben und Ruder verbogen. Dieses Boot wurde von italienischen Schleppern nach Neapel in die Werft gebracht.

Der weitere Weg der Flottille führte über Sizilien und die kleinen Inseln Pantelleria und Lampedusa nach Tripolis. Hier sollte die 6. Räumbootsflottille ihren Stützpunkt finden. Stützpunktoffizier in Tripolis war zuerst Oberleutnant zur See Roscher, später Oberleutnant zur See d. Res. Langhof.

Mit dem vichyfreundlichen Kapitänleutnant der Marineflieger Le Berre als französischem Verbindungsoffizier, der die Boote bei der Überführung durch Frankreich begleitete, hatte die Flottille einen freundlichen und hilfsbereiten Ratgeber zur Seite.

Die in Chalon-sur-Saône und auf der Rhône auf jedem Boot befindlichen französischen Offiziere und Lotsen verhielten sich mehr oder weniger unfreundlich, blieben jedoch korrekt.

Die Boote fuhren die ersten kleineren Geleitfahrten vor der afrikanischen Küste und verlegten bereits nach kurzer Zeit, ungefähr Mitte März, nach Bengasi.

Von Bengasi aus gingen die Boote laufend mit Geleiten für das Deutsche Afrikakorps nach Osten in See.

Als das DAK um die Wüstenfestung Tobruk kämpfte, stand die gesamte Flottille um den Hafen herum verteilt und drang in den frühen Morgenstunden des 22. Juni auch von See her in Tobruk ein, wo immer noch vereinzelt gekämpft wurde.

Auch im Hafen wurde noch geschossen. Die Boote erbeuteten mehrere britische Fahrzeuge, die eben in See gehen wollten, und machten eine Anzahl Gefangene.

Am 14. September erbeuteten Boote der Flottille vor Tobruk das britische Schnellboot MTB 314.

Dieses Boot gehörte zu den achtzehn britischen Schnellbooten, die mit zwei Zerstörern an der Operation «Agreement» beteiligt waren.

Diese Operation galt Hafen und Festung Tobruk. Sie war vom britischen Oberbefehlshaber Mittelmeer, Admiral Harwood, in Zusammenarbeit mit den beiden britischen Oberbefehlshabern von Luft und Heer ausgearbeitet worden. Tobruk sollte von Land (unter Führung von Oberst Haselden) und von See her im Handstreich genommen werden.

Die achtzehn Schnellboote fuhren nach einem Stichwort auf die Hafeneinfahrt zu, wo ein Mann sie einleuchten sollte. Doch dieser Mann hatte seinen Scheinwerfer verloren, und so fanden nur zwei Boote den Weg in den Hafen. Die beiden ebenfalls beteiligten Zerstörer «Sikh» und «Zulu», die ein 650 Mann starkes Marinekorps an Bord hatten, liefen nun ebenfalls auf die Hafeneinfahrt zu, um das Korps zu landen und anschließend Schiffs- und Küstenziele anzugreifen.

Die erste Welle kam teilweise an Land. Dann gab es Alarm. Ein deutsches Funkmeßgerät hatte die Kriegsschiffe aufgefaßt. Der Zerstörer

«Sikh» wurde in Brand geschossen. «Zulu» lief zur Hilfeleistung herbei. Aber die Trosse, mit der «Sikh» abgeschleppt wurde, wurde von einer 8,8-cm-Granate durchschlagen.

«Zulu» wurde von italienischer und deutscher Flak zusammengeschossen und sank. «Sikh» sank ebenfalls. Ein Teil der Besatzung wurde später aufgefischt.

Der Flakkreuzer «Coventry» wurde von deutschen Bombern versenkt. Ein italienischer Jäger griff drei angreifende Schnellboote im Tiefflug an und versenkte sie. MTB 314 aber lief auf Grund, und als die Räumboote ausliefen, um im Wasser schwimmende Schiffbrüchige aufzunehmen, kaperten sie das Boot, ehe es von der eigenen Besatzung versenkt werden konnte.

Dieses Boot wurde später als RA 10 unter deutscher Kriegsflagge in Dienst gestellt. Es bildete eine Verstärkung für die Flottille, denn es war ein völlig neues, erst 1941 gebautes Boot, das mit seinen 55 Tonnen eine Geschwindigkeit von 40 Knoten erreichte. Es war mit einem Vierlings-MG und zwei Torpedorohren ausgerüstet.

Im Verlauf der Kämpfe in Nordafrika wurde die 3. Räumbootsflottille im Sommer 1942 immer weiter nach Osten verlegt. Schließlich befand sich ihr Stützpunkt in Marsa Matruk. Dort wartete die Flottille auf die Eroberung des Niltals und Unterägyptens, um als erste von See aus nach Alexandria einzulaufen.

Immer wieder wurden die Begleit- und Räumfahrten durch Fliegerangriffe gestört.

Bei dem Geleit des Dampfers «Sturla» durch R 11 zum Beispiel geriet dieses kleine Geleit in einen Angriff, der von einem britischen Kreuzer und fünf Zerstörern auf Marsa-Matruk geführt wurde.

Der vor der Hafeneinfahrt auf und ab stehende Dampfer «Sturla» wurde mit wenigen genau sitzenden Salven versenkt. R 11 entkam, sich einnebelnd, in den Hafen und war gerettet.
Die Besatzung der «Sturla» wurde von der 3. S-Flottille gerettet.

In den Novembertagen machten alle Räumboote den Rückzug nach Westen mit. Sämtliches Material wurde mitgeführt. Keines der Boote ging verloren. So endete der Einsatz der R-Boote im Jahre 1942 mit einem Rückzug. Aus der durch den deutschen Vorstoß nach Osten genährten Hoffnung, Alexandria von See her zu nehmen, war nichts geworden.

DIE UNVERWÜSTLICHE «HERMES»

Nach dem Ende des Balkanfeldzuges wurde im Dock von Salamis im Mai 1941 der in England erbaute griechische Zerstörer «Basileos Georgios I.» erbeutet. Dieser Zerstörer wurde so schnell wie möglich instand gesetzt, mit ausgebildetem Personal bemannt und am 21. März 1942 als Zerstörer «ZG 3 – Hermes» in Dienst gestellt.

Damit hatte die Kriegsmarine ihr erstes größeres Kriegsschiff im Mittelmeer. Erster Kommandant der «Hermes» war Kapitän zur See Johannesson; ihm folgte Fregattenkapitän Kurt Rechel.

Dieser Zerstörer fuhr unter einem glücklichen Stern. Er wurde zunächst im östlichen Mittelmeer eingesetzt. In zahlreichen Geleiten in der engeren Ägäis – und vor allem nach der Eroberung Kretas von dieser Insel in Richtung Tobruk – hat er sich als Geleitführer hervorragend bewährt. Trotz vieler feindlicher Luftangriffe bei Geleiten nach Afrika und reger feindlicher U-Boots-Tätigkeit in der Ägäis ist kein einziges der von ihm geleiteten Schiffe verlorengegangen.

Während eines Geleites nach den Dardanellen ortete er das britische U-Boot «Triton». Durch geschicktes Manövrieren und gute Einweisungen konnte die «Hermes» einen U-Jäger ansetzen, der das englische U-Boot versenkte.

Besonders hervorzuhebende Einsätze der «Hermes» waren im Sommer 1942 die vom 2. bis 3. Juli dauernden Minenunternehmungen in der Ägäis mit dem Minenschiff «Bulgaria».

Vom 18. bis 20. August 1942 galt es, das beschädigte U-Boot U 83 (Kapitänleutnant Kraus) 120 Seemeilen südostwärts Kreta aufzunehmen und nach Salamis zu geleiten. «Hermes» übernahm diese Aufgabe und brachte das Boot sicher zurück.

Einen Kampf auf Biegen und Brechen lieferte «Hermes», als sie vom 22. bis 24. September 1942 den Benzintanker «Rondine» von der Sudabucht auf Kreta nach Tobruk geleitete.

Der Tanker hatte unterwegs mehrere Maschinenstörungen. Zweimal fiel die gesamte Maschinenanlage aus. Doch «Hermes», die mit dem italienischen Torpedoboot «Orso» dieses Geleit führte, brach das Unternehmen trotz zahlreicher Fliegerangriffe und Bombenwürfe nicht ab und brachte den Tanker sicher nach Tobruk.

Das vom 9. bis 11. Oktober währende Minenunternehmen südlich Kreta mit einigen Minenschiffen wurde ebenfalls von «Hermes» geführt.

In den ersten Novembertagen geleitete «Hermes» die Dampfer «Col di Lana», «Mualdi» und den Tanker «Portofino» von Piräus nach Bengasi. Neben «Hermes» waren noch die italienischen Zerstörer «Frecchia», «Folgore» und die drei Torpedoboote «Ardito», «Uragano» und «Lupo» als Geleitsicherung abgeteilt. Der Konvoi kam sicher in Bengasi an.

Ende März 1943 wurde «Hermes» nach Italien in Marsch gesetzt, um zu Geleitaufgaben in Richtung Tunesien sowie für Minenoperationen eingesetzt zu werden.

Vom 19. bis 20. April führte «Hermes» allein ein Minenunternehmen in der Straße von Sizilien durch. Einen Tag darauf – der Zerstörer befand sich bereits auf dem Rückmarsch – sichtete er das englische U-Boot «Splendid» (LtCdr. I. L. McGeoch). Mit AK lief «Hermes» auf die Stelle zu, dabei aus ihren vier 12,7-cm-Geschützen feuernd.

Die «Splendid» erhielt schwere Treffer im Druckkörper und sank schnell.

Nun bewies die Besatzung der «Hermes» die große Bruderschaft auf See: Nachdem «Splendid» gesunken war, fischte «Hermes» die 32 Männer der Besatzung aus der See und rettete ihnen damit das Leben.

Vier Tage später – am 24. April – geleitete «Hermes» bereits wieder einen Truppentransport nach Tunis. Neben ihr waren noch die italienischen Zerstörer «Pancaldo» und «Pigafetta» beteiligt.

Abermals wurde auch dieses Geleit aus Malta angegriffen. Bomber und Jagdbomber erzielten Treffer auf dem Zerstörer «Pigafetta». Der genau schießenden Luftabwehr von «Hermes» gelang es, zwei Maschinen in Brand zu schießen. Auch dieser Konvoi kam heil durch.

Am 29. April lief «Hermes» neuerlich zu einem Truppentransport von Italien nach Tunis. Wieder war «Pancaldo» dabei. Bereits in der Straße von Sizilien wurden beide Zerstörer zum erstenmal von Bombern angegriffen, die von Malta kamen. Dieser erste Angriff blieb jedoch erfolglos. Am anderen Morgen – der Geleitzug war bereits vor Kap Bon angelangt – griffen Bomber und Jagdbomber in mehreren Wellen an. Der Zerstörer «Pancaldo» erhielt schwere Bombentreffer. An Bord der «Hermes» konnte man erkennen, wie auf dem Kameradenboot Munition hochging und gewaltige Löcher in den Bootskörper riß.

Binnen weniger Minuten war «Pancaldo» gesunken.

Alle Fla-Waffen der «Hermes» – vier Dreisieben-Flakgeschütze und vier Zweizentimeter-Fla-MW – erwiderten das Feuer der nach den Bombern im Tiefflug angreifenden Jagdbomber. Beim Bomberangriff war bereits eine Maschine durch Volltreffer der «Hermes»-Geschütze in der Luft auseinandergerissen. Nun stürzten drei weitere Angreifer als brennende Fackeln in die See.

Dann erhielt auch «Hermes» einen Bombennahtreffer in die Maschinenanlage. Beide Kraftwerke fielen aus, und abermals griffen Jagdbomberschwärme das in der See treibende Schiff an.

Während in den Maschinenräumen alles fieberhaft bei der Arbeit war, um den Zerstörer wieder in Fahrt zu bekommen, schossen alle Waffen. Selbst die 12,7-cm-Geschütze feuerten.

Jabos wurden getroffen, stürzten brennend ab und explodierten beim Aufschlag. Insgesamt wurden außer dem einen Bomber neun Jabos abgeschossen.

Die Besatzung der «Hermes» hatte bestes deutsches Soldatentum in schwerer Lage bewiesen.

Es gelang, die Maschine wieder klarzubekommen und den Hafen von La Goulette zu erreichen.

Da der Zerstörer nicht wieder einsatzbereit war, mußte er am 7. Mai 1943, als die Gefahr bestand, daß er durch einen überraschenden Vorstoß der Alliierten in Feindeshand fiel, gesprengt werden. Ein Jahr hatte dieser Zerstörer im Einsatz gestanden und in vielen Unternehmungen seinen Ruhm begründet. Fregattenkapitän Rechel erhielt am 8. Mai 1943 das Ritterkreuz.

DIE ZWEITE SCHLACHT IN DER SYRTE

Zu Beginn des Jahres 1942 stand die Luftflotte 2 mit dem II. und X. Fliegerkorps unter der Führung von Feldmarschall Kesselring, der bereits am 28. November 1941 zum Oberbefehlshaber Süd ernannt worden war, im Mittelmeerraum mit starken Fliegerkräften im Einsatz. Ziel der Angriffe der deutschen Flugzeuge war in erster Linie Malta, dann erst die durch Luftaufklärung und Agentenberichte in See gemeldeten feindlichen Konvois.

Dadurch war das Gleichgewicht der Kräfte in der Luft wiederhergestellt, und nach den Einsätzen der deutschen und italienischen U-Boote und der Torpedoreiter im November und Dezember 1941 war der Gegner auch zur See so stark dezimiert, daß nunmehr die Versorgung der deutsch-italienischen Truppen in Afrika reibungslos vor sich gehen konnte. Es gelangten auch tatsächlich so viel Nachschubgüter nach Nordafrika, daß das Deutsche Afrikakorps am 21. Januar 1942 zu einer neuerlichen Offensive nach Osten antreten konnte. Sehr schnell stießen die Kampfverbände vor, besetzten Derna und Bengasi und erreichten die Gazala-Linie.

Während noch im Dezember 1941 von den insgesamt dreißig nach Afrika ausgelaufenen Transportern acht mit 38 757 BRT versenkt wurden, gingen im Januar 1942 von fünfunddreißig Schiffen mit 173 952 BRT nur ganze zwei mit 18 839 BRT verloren.

Eines der im Januar versenkten Schiffe war das Kühlschiff «Perla», das am 5. Januar 1942 gegen 14.30 Uhr von Tripolis in Richtung Trapani ausgelaufen war. Es wurde in den frühen Morgenstunden des 7. Januar von einem U-Boot der 10. Malta-Flottille aufgefaßt und durch einen Torpedofächer versenkt. Am 23. Januar traf es den früheren italienischen Überseedampfer «Victoria», der als Truppentransporter bereits oftmals nach Afrika und zurück gelaufen war. An Bord des Truppentransporters befanden sich 1500 Mann Truppen und Kriegsmaterial für die Front. Am Abend des 23. Januar hatte der Konvoi noch eine Luftsicherung durch neun Ju 88 erhalten. Die ersten Luftangriffe auf die «Victoria» begannen gegen 16.15 Uhr. Die geworfenen Bomben detonierten nahe beim Dampfer, der mit drei weiteren Handelsschiffen einen von Kreuzern geschützten Konvoi bildete.

Mit Sonnenuntergang griffen erstmals englische Torpedoflugzeuge des Typs «Beaufort» an. Sie durchstießen das Abwehrfeuer und warfen ihre Torpedos, von denen einer die «Victoria» mittschiffs an Steuerbord traf. Das Schiff blieb gestoppt liegen.

Die eingeschifften Soldaten versuchten, mittels der Rettungsboote an Bord der Begleitzerstörer zu gelangen.

Als nächste griffen zwei «Albacores» der 826. Squadron an. In einer dieser Maschinen saß der Squadronchef Lieutenant-Commander J. W. S. Corbett. Pilot der zweiten Maschine war Lieutenant H. M. Ellis.

Die Maschine des Commanders wurde abgeschossen, aber Lieutenant Ellis kam zum Wurf. Sein Torpedo traf und ließ die «Victoria» sinken.

Die «Victoria», die «Perle der italienischen Handelsflotte», wie Graf Ciano dieses Schiff bezeichnete, war nicht mehr.

Im Monat Januar 1942 flog das X. Fliegerkorps von Sizilien aus insgesamt 262 Angriffe gegen Malta, davon 73 bei Nacht. Es verging kein Tag, an dem Malta nicht angegriffen wurde, und nur in acht Nächten blieb die Insel in diesem Monat vom Fliegeralarm verschont. Aber noch war der Höhepunkt der Luftoffensive gegen Malta nicht erreicht.

Von den dreiunddreißig im Monat Februar nach Afrika entsandten Handelsschiffen gingen drei mit insgesamt 15 942 BRT verloren.

In der Nähe von Punta Alice wurde der Tanker «Lucania» von einem U-Boot der Malta-Flottille versenkt. Der schnelle Tanker wollte im Alleingang versuchen, nach Tripolis zu gelangen, und sank angesichts der kalabrischen Berge.

Ein eigenartiger Zwischenfall ereignete sich bei der Versenkung des Dampfers «Ariosto».

Das Schiff war am 13. Februar gegen 17.40 Uhr im Geleit eines Zerstörers von Tripolis ausgelaufen, um nach Trapani zu gehen.

Bei Antonio Trizzino lesen wir über diesen Konvoi*:

«Das Schiff hielt sich außer Sichtweite der Küste auf hoher See und hatte bereits einen Teil seines Weges zurückgelegt. Doch am 14. Februar gegen 12.30 Uhr erhielt der Kommandant des begleitenden Zerstörers vom Admiralstab den Befehl, längs der Küste des Golfs von Hammamet zu fahren. ‹Befehl ist Befehl›, berichtete der Kommandant später, und so wurde die ‹Ariosto› angewiesen, an die Küste heranzufahren. Auf diesem

* Siehe Trizzino, Antonio: «Die verratene Flotte»

Wege stieß sie auf ein dort in Lauerstellung liegendes englisches Unterseeboot, das die ‹Ariosto› versenkte. Trotz der Nähe der Küste und ungeachtet der Rettungsmaßnahmen durch die Begleitfahrzeuge kamen 198 Menschen ums Leben.»

An solchen und ähnlichen Zwischenfällen ist die Geschichte der Afrikakonvois reich, ohne daß jemals geklärt wurde, ob diese Zwischenfälle Zufall oder Verrat waren.

Es ist aber falsch zu sagen, daß die englischen U-Boote nur durch Verrat zu ihren Erfolgen gekommen seien. Richtig ist vielmehr, daß diese Boote jede Seeroute von Afrika nach Sizilien und dem italienischen Festland belauerten und auf diesen Zwangswechseln ihr Wild erwarteten.

So erging es auch der «Tembien» böse, als sie am 27. Februar 1942 in Begleitung eines Zerstörers von Tripolis auslief, um nach Palermo zu gehen. Nur zwanzig Meilen vor Tripolis wurde der Dampfer von einem englischen U-Boot versenkt, das sich in günstige Ausgangsposition gebracht hatte und seine Chance nutzte.

Im März wurden von siebenunddreißig Transportern nur zwei mit zusammen 8729 BRT versenkt. Dafür kam es zwischen dem 14. und 18. März zu einem Duell zwischen italienischen und englischen U-Booten, in welchem die Engländer Sieger blieben. Die drei Malta-U-Boote «Ultimatum», «Unbeaten» und «Upholder» versenkten im mittleren Mittelmeer die drei italienischen U-Boote «Ammiraglio Millo», «Guglielmotti» und «Tricheco».

Das war ein schwerer Schlag für die italienische U-Boots-Waffe. Nur zwei Tage darauf mußte die italienische Marine in der zweiten Schlacht in der Syrte abermals hohe Verluste hinnehmen.

Und zwar lief das 15. britische Kreuzergeschwader unter Admiral Vian am 20. März 1942 von Alexandria aus, um vier schnelle Transporter zu geleiten, die, bis unter die Lukendeckel beladen, für Malta bestimmt waren. Aus Tobruk und von Malta (hier die «Force K») liefen Kriegsschiffseinheiten diesem Konvoi entgegen und verstärkten die Bewacherstreitkräfte auf vier Leichte Kreuzer und 16 Zerstörer.

Vians Konvoi wurde am 21. März von dem U-Boot «Platino» entdeckt. Um Mitternacht des 22. März lief aus Tarent das Schlachtschiff «Littorio» unter der Führung von Admiral Jachino mit vier Zerstörern aus. Zu ihnen stießen aus Messina die Schweren Kreuzer «Gorizia» und «Trento» und der Leichte Kreuzer «Bande Nere» mit vier Zerstörern.

Dieser starke Flottenverband wurde bald darauf von einem englischen U-Boot gesichtet und gemeldet.

Admiral Vian teilte seinen Konvoi in sechs Gruppen, um den Feind zu verwirren und auseinanderzuziehen.

Gegen 14.30 Uhr wurden die ersten italienischen Einheiten von dem Kreuzer «Euryalus» gesichtet.

Die Italiener hatten den Gegner schon viel eher erkannt, denn um 12.37 Uhr war von der «Gorizia» ein Flugzeug katapultiert worden, das den englischen Konvoi sichtete.

Admiral Vian griff den Gegner mit der «Cleopatra» und der «Euryalus» an, und um 13.35 Uhr eröffnete die Gruppe «Gorizia» aus 21 000 Meter Entfernung das Feuer auf die beiden englischen Einheiten. Als sich der Abstand auf 18 000 Meter verringert hatte, erwiderten die englischen Kreuzer das Feuer mit ihren zehn Geschützen des Kalibers 13,2 cm.

Um 15.10 Uhr schloß die Gruppe «Littorio» heran. Gegen 16.43 Uhr eröffnete die «Littorio» aus 17 500 Meter Distanz das Feuer und setzte mit den ersten Salven einen Feindzerstörer außer Gefecht. Die «Cleopatra» wurde ebenfalls getroffen. Sie zog sich hinter einen Nebelschleier zurück. Mehrere weitere Zerstörer wurden beschädigt. Um 18.45 Uhr wurde der Kampf abgebrochen.

Auf italienischer Seite gingen die beiden Zerstörer «Lanciere» und «Scirocco» verloren. Vier Tage später wurden noch sieben Schiffbrüchige der «Lanciere» und zwei der «Scirocco» aufgefischt.

Das Gefecht hatte die Engländer zur Kursänderung nach Süden gezwungen. Dadurch waren die Schiffe auch am kommenden Tag noch in See. Dies gab deutschen Bombern die Möglichkeit, den Verband bei Tageslicht anzugreifen. Sie versenkten ein Schiff 20 Meilen vor dem rettenden Hafen. Und die berühmte «Breconshire» wurde so schwer getroffen, daß sie auf Strand gesetzt werden mußte.

Die beiden übrigen Schiffe wurden im Hafen von Malta durch die deutsche Luftwaffe versenkt.

Von den 26 000 Tonnen Versorgungsgütern, die für Malta bestimmt waren, erreichten nur 5000 Tonnen das Ziel.

Am 1. April verließ Admiral Cunningham den Mittelmeer-Kampfraum. Er wurde in den nächsten Wochen von Vizeadmiral H. D. Pridham-Wippell, seinem Stellvertreter, ersetzt. Am 20. Mai 1942 traf Admiral Sir Henry Harwood in Alexandria ein, um die britischen Mittelmeerstreitkräfte als neuer Oberbefehlshaber zu übernehmen.

Am 1. April 1942, dem Tage der Verabschiedung von Admiral Cunningham, gelang es dem Malta-U-Boot «Urge», nahe der Insel Stromboli den Leichten italienischen Kreuzer «Bande Nere» zu versenken.

MALTA IM BRENNPUNKT

Einen Tag darauf eröffneten die deutsch-italienischen Luftstreitkräfte die große Luftoffensive gegen Malta. Ziel dieser Offensive war es, die U-Boots-Stützpunkte, die Hafenanlagen und Flugfelder der Insel zu vernichten und so im mittleren Mittelmeer endgültig die Oberhand zu gewinnen. Dies war schon in einer OKW-Weisung vom 29. Oktober 1941 gefordert worden. In den Besprechungen und Beratungen der Achsen-Streitkräfte spielte auch das «Unternehmen Herkules» – die Wegnahme von Malta – eine große Rolle. Aber man entschied sich schließlich dahingehend, daß zunächst die «Panzerarmee Afrika» Ende Mai angreifen, Tobruk erobern und bis zur ägyptischen Grenze vorstoßen sollte. Erst dann – Mitte Juni oder spätestens in der Zeit des Juli-Vollmondes – sollte «Herkules» starten.

Das II. Fliegerkorps (General der Flieger Loerzer) griff nun im Verein mit italienischen Verbänden Malta pausenlos an. Durch diese Angriffe, die Mitte April ihren Höhepunkt erreichten, wurden in Malta unter anderem auch die britischen Zerstörer «Lance», «Gallant» und «Kingston», das Minensuchboot «Abingdom», die U-Boote «P 36», «Pandora» und «Glavkos» (letzteres ein griechisches U-Boot), der Marinetanker «Plumleaf» (5916 BRT) sowie mehrere kleinere Fahrzeuge versenkt.

Der Kreuzer «Penelope» wurde schwer beschädigt und am 10. April nach Gibraltar geschleppt. Das getaucht liegende U-Boot «Unbeaten» wurde ebenfalls so schwer beschädigt, daß es zur Reparatur nach Gibraltar gehen mußte.

Das polnische U-Boot «Sokol» – der 10. Malta-Flotte zugeteilt – wurde ebenfalls schwer beschädigt. Am 13. April lief es «mit 200 Löchern in der Außenhaut» nach Gibraltar.

Einen Tag darauf, am 14. April, erlitt die 10. Malta-Flottille einen ihrer schwersten Schläge. Bei dem Versuch, im Seeraum vor Tripolis einen italienischen Geleitzug anzugreifen, wurde das erfolgreichste englische U-Boot*, die «Upholder» unter Viktoriakreuzträger Wanklyn,

---

* siehe Anhang: Versenkungserfolge der Malta-U-Boote (S. 302)

während der 25. Feindfahrt von dem italienischen U-Boot «Pegaso» aufgefaßt und durch Torpedoschuß versenkt. Kein Mann der Besatzung der «Upholder» kam mit dem Leben davon.

Eine große Hoffnung für die Engländer war, daß der amerikanische Flugzeugträger «Wasp» 46 Spitfires nach Malta bringen würde. Am 20. April trafen diese Maschinen auf Malta ein. Drei Tage später war der Großteil davon durch die Angriffe des II. Fliegerkorps auf die Flugplätze und Flugzeughallen zerstört oder beschädigt, und die Zahl der einsatzbereiten Jäger war auf sechs gesunken.

Hinzu kam, daß die 3. Schnellbootsflottille den Hafen La Valetta und die Buchten vor Malta gründlich verminte.

Auf eine dieser Minen lief am 27. April das U-Boot «Urge», als es auf dem Wege nach Alexandria ausgelaufen war. Bis zum 10. Mai hatte das letzte U-Boot der 10. Flottille Malta verlassen.

Am 9. Mai flogen insgesamt 60 neue Spitfires von den Flugdecks der «Wasp» und der «Eagle» nach Malta. Einen Tag später meldete Feldmarschall Kesselring, daß Malta neutralisiert sei.

Von April bis einschließlich Juli 1942 gingen von 241 Schiffen für Afrika nur 11 Schiffe verloren.

Von den 64 Transportern, die im August 1942 nach Afrika ausliefen, gingen bereits wieder 11 mit 59 972 BRT unter.

Während der Operation «Pedestal» kam es zu wechselvollen Kämpfen, an denen auch deutsche U-Boote mit großem Erfolg teilnahmen*.

Es waren überwiegend aus Alexandria – und dann auch wieder von Malta – auslaufende U-Boote, die die italienischen und deutschen Transporter vernichteten. So gelang es der «Porpoise» – nach Legen einer Minensperre, auf der das italienische Torpedoboot «Cantore» sank – am 14. und 15. August die Transporter «Ogaden» und «Lerici» mit insgesamt 10 623 BRT zu versenken.

Das U-Boot «United» versenkte zwei Tage darauf den italienischen Transporter «Rosolino Pilo» (8326 BRT), und am selben Tage stand «Safari» unter Fregattenkapitän Bryant vor Sardinien und versenkte zwei Schiffe mit 5075 BRT.

Der Transporter «Manfredo Campiero» (5463 BRT), der sich auf der Fahrt von Griechenland nach Tobruk befand, wurde am 27. August vom U-Boot «Umbra» (Kapitänleutnant Maydon) versenkt. Den Schluß der Versenkungen im August durch britische U-Boote machte das Boot

---

* siehe: U-Boots-Einsatz 1942

«Rorqual» unter Korvettenkapitän Napier, das bei Korfu einen italienischen Konvoi auffaßte, angriff und den Transporter «Monstella» (5311 BRT) versenkte.

Von September bis Dezember 1942 sanken jeden Monat acht und neun Schiffe in wechselnder Reihenfolge. So ging gerade in einer kritischen Zeit, da sich die Panzerarmee Afrika im Kampf um die Alamein-Stellung befand, viel wertvolle Ladung verloren.

Britischen Torpedofliegern passierte dann das Mißgeschick, daß sie in der Nacht zum 10. September 1942 das italienische Lazarettschiff «Arno» (8024) BRT) versenkten.

Die drei U-Boote «Unbending» (Stanley), «Unbroken» (Mars) und «Safari» (Bryant) schossen aus einem weiteren Geleitzug bei Lampione den Zerstörer «Da Verazzano» und zwei Transporter mit zusammen 9856 BRT heraus.

Bereits Mitte Juli wurden die ersten U-Boote der 10. Flottille wieder nach Malta zurückverlegt. Bis Mitte August war die Zahl der Flugzeuge auf der Insel auf 250 erhöht worden. Darunter befand sich eine Reihe schwerer Bomber.

Beides trug mit dazu bei, daß die Schiffsverluste der Achse wieder anstiegen. Der stählerne Würgegriff um Malta war gesprengt worden.

Unmittelbar nach Verlust der Schlacht von Alamein, als die geschlagenen deutsch-italienischen Verbände nach Westen zurückströmten, lief in Nordwestafrika das «Unternehmen Torch» an.

Schon als Montgomery am 23. Oktober mit der 8. Armee bei Alamein zur Gegenoffensive antrat, waren die Geleitzüge aus den Häfen der Britischen Inseln in See gegangen. Kurs dieser Schiffe war die Straße von Gibraltar. In den ersten Morgenstunden des 8. November begannen die anglo-amerikanischen Landungen in den Häfen Casablanca, Oran und Algier.

Hauptquartier der «Allied Expeditionary Forces» war Gibraltar.

Während die «Western Task Force» an der Westküste Marokkos, mit Hauptziel Casablanca landete, wurde der «Center Task Force» der Raum Oran zugewiesen.

Die «Eastern Task Force» hingegen landete im Raume Algier. Es kam hierbei zu Kämpfen französischer Streitkräfte gegen die Alliierten. So leisteten vor allem im Raume Casablanca und Oran französische Küstenbatterien, Flottenverbände und Teile von Armee-Einheiten Widerstand. Vor Casablanca gingen ein Kreuzer, sechs Zerstörer und sieben U-Boote verloren. Vor Oran waren es vier Zerstörer, ein Aviso und zwei U-Boote.

Lediglich in Algier unterblieb der Widerstand, weil sich zum Zeitpunkt der alliierten Landungen der Oberbefehlshaber der französischen Streitkräfte, Admiral Darlan, dort befand. Bis zum 10. Oktober erreichte Admiral Darlan, daß alle französischen Truppen den Kampf gegen die Anglo-Amerikaner einstellten.

Bei den Kämpfen kam es zu dramatischen und entsetzlichen Massakern.

Nach einer Besprechung mit Feldmarschall Kesselring schrieb General Cavallero, der Chef des Comando Supremo, in sein Tagebuch:

«Unser Eingreifen in Tunesien ist das einzige Mittel, um Tripolitanien noch zu retten.»

Deutsche U-Boote wurden auf diese Schiffsmassierungen angesetzt (siehe U-Boots-Einsätze 1942). Sie konnten zwar Erfolge erzielen, waren aber nicht in der Lage, diese gewaltige Streitmacht aufzuhalten.

Bereits am 17. November 1942 lief wieder ein Geleitzug aus Alexandria zur Versorgung von Malta aus. Alle vier Handelsschiffe erreichten die Insel. Das 15. Kreuzergeschwader, jetzt von Konteradmiral Power geführt, machte im Hafen von Malta fest und war von nun an ein kampfkräftiger Rückhalt für die 10. U-Boots-Flottille.

Als das Jahr 1942 zu Ende ging, befanden sich die strategisch wichtigen Seewege im Mittelmeer wieder in englischer Hand. Die Lage im Mittelmeerraum hatte sich entscheidend geändert. Die Waage senkte sich zugunsten der Alliierten.

DER U-BOOTS-EINSATZ IM JAHRE 1942

Erfolge – Verluste bis 30. Juni 1942

Die Zahl der im Mittelmeer operierenden deutschen U-Boote bezifferte sich Anfang 1942 auf 21 Boote. Von den bis zum Jahresende 1941 ins Mittelmeer verlegten 26 U-Booten waren fünf verlorengegangen.

Die Aufgabe dieser U-Boote lautete im ersten Halbjahr 1942 vorwiegend: Angriff auf den von Suez und Alexandria laufenden Nachschubverkehr längs der afrikanischen und syrischen Küste. Vor allem im Seegebiet zwischen Suezkanal und Tobruk.

Dies besagt, daß die U-Boote hauptsächlich im östlichen Mittelmeer operierten. Einzelne Boote wurden jedoch auch ins westliche Mittelmeer entsandt, da mit der Versorgung Maltas auch von Westen her zu rechnen war. Torpedoeinsätze und Minenlegen – letzteres nur im östlichen Mittelmeer – wechselten einander ab. Jeder dieser Einsätze war äußerst gefährlich und oftmals verlustreich.

Die Häufigkeit ruhigen Wetters und glatter See, die das Mittelmeer für den Touristenverkehr so anziehend macht, ist den U-Booten sehr abträglich; denn sie erleichtert dem Gegner das Orten und die Verfolgung des U-Bootes.

Den Booten hingegen wurde dadurch jeder Angriff erschwert. Um so höher sind die Erfolge deutscher U-Boote im Mittelmeer zu werten.

Die Verluste des Jahres 1942 begannen bereits am 9. Januar. An diesem Tage wurde U 577 unter Kapitänleutnant Herbert Schauenburg, nordwestlich Marsa Matruk stehend, überraschend von Fliegern angegriffen und durch Bombenvolltreffer versenkt. Kein Mann der Besatzung kam mit dem Leben davon.

Drei Tage später kam es zu einem U-Boots-Duell ostwärts Catania zwischen U 374 (Oblt. zur See Unno von Fischel) und dem Malta-U-Boot «Unbeaten» (Woodward). U 374 wurde durch Torpedofächer versenkt.

Somit begann der Januar mit zwei Verlusten.

Nur einige kleine Transportschiffe wurden in diesem Monat versenkt. Es waren meistenteils Schiffe von 1500 bis 2000 BRT. Ihre Größe wurde durch die Hafenverhältnisse, insbesondere die von Tobruk, diktiert. Tobruk war der wichtigste Nachschubhafen für die 8. Armee in Afrika.

Kapitän zur See Kreisch hatte schon einmal – um diesen Hafen endgültig auszuschalten – eine enge Aufstellung von U-Booten in diesem Seegebiet vorgesehen.

Die den einzelnen Booten zugewiesenen Operationsgebiete liefen naturgemäß zum Hafen Tobruk hin spitz aus.

«In der zeichnerischen Darstellung», sagte Vizeadmiral Kreisch später*, «sah das einer Torte im Anschnitt peinlich ähnlich. Wir im Stabe hatten jedenfalls diese Vorstellung. Welch Gleichklang der Seelen! Hunderte von Meilen von uns getrennt, nannten die Kommandanten in ihren Kriegstagebüchern die befohlene Aufstellung mit ruhiger Selbstverständlichkeit die ‹Tobruk-Torte›.

Das wurde bei uns ein taktischer Begriff, der dann später, vor Algier oder Oran angewandt, wortreiche Erklärungen ersparte.»

Am gleichen Tage, da U 374 versenkt wurde, stieß U 73 unter Kapitänleutnant Rosenbaum vor Tobruk auf den britischen Zerstörer «Kimberley». Der Kommandant, Angehöriger der Crew 32, einer der «Oldtimer» der U-Boots-Fahrt, der als Kommandant auf dem Einbaum U 2 seit Kriegsbeginn dabei war und seit September 1940 U 73 führte, griff sofort an. Der erste Torpedo traf die «Kimberley». Die auf dem Heck liegenden Wasserbomben rissen dem Zerstörer das Heck weg. Dennoch konnte er nach Alexandria eingeschleppt werden.

Die SSS-Rufe des Zerstörers riefen binnen weniger Minuten zwei der Bomber herbei, die ständig über See im Raume Tobruk patrouillierten.

Die aus der tief im Westen stehenden Sonne kommende erste Maschine wurde so spät gesehen, daß das U-Boot nicht mehr rechtzeitig wegtauchen konnte.

Die Bomben rissen das Achterschiff auf. Das Boot sackte durch, konnte gehalten und dann wieder emporgebracht werden. Als alle Meldungen beim Kommandanten eingelaufen waren, schien für Rosenbaum das Ende seines Bootes gekommen, denn nichts anderes hieß es, wenn im Mittelmeer ein Boot tauchunklar war. Und U 73 *war* tauchunklar.

Kapitänleutnant Rosenbaum ließ auf Heimatkurs Richtung La Spezia gehen. Die ganze Nacht klotzte das Boot mit AK durch die See. Der

---

* siehe Kreisch, Leo: a. a. O.

Morgen des 13. Januar 1942 zog herauf. War dies ein Omen? Der Dreizehnte!

Aber es geschah nichts. Wohl wurden mehrfach Flugzeuge gesichtet, aber keines sichtete seinerseits das U-Boot. Und so lief U 73 weiter.

Es erreichte ein paar Tage darauf unangemeldet – denn auch das FT-Gerät war ausgefallen – La Spezia und schlich mit tief im Wasser hängendem Achterschiff in den Hafen.

Längst schon aufgegeben, war das Boot dennoch entkommen. Nun ging es an die zeitraubende, Monate währende Reparatur. Alles, was an Bord war, mußte ersetzt werden, sogar die beiden Dieselmotoren.

Aber dieses Boot, das gerade noch einmal davongekommen war, sollte noch im selben Jahr von sich reden machen.

Am 10. März 1942 hatte die deutsche U-Boots-Waffe wieder einen großen Tag.

Admiral Vian war einen Tag vorher aus Alexandria ausgelaufen. Zwei weitere Leichte Kreuzer und neun Zerstörer gehörten zu seiner Kampfgruppe, dem 15. Kreuzer-Geschwader. Zum erstenmal wehte die Flagge des Befehlshabers auf der «Cleopatra», welche die «Naiad» als Flaggschiff abgelöst hatte.

Am Nachmittag des 11. März sichtete der II. WO von U 565, das zu diesem Zeitpunkt nordostwärts Sollum stand, den feindlichen Verband.

«Kommandant auf die Brücke!»

Oberleutnant zur See Jebsen, der sich gerade in der Zentrale aufgehalten hatte, enterte in den Turm und von dort auf die Brücke.

«Was ist los?» fragte er.

«Rauchsäulen und die ersten Gefechtsmasten über der Kimm, Backbord querab.»

Das U-Boot, das mit Südkurs auf die afrikanische Küste zuhielt, lief mit sparsamer Marschfahrt.

Der Kommandant beobachtete die Rauchsäulen und die Gefechtsmasten, die innerhalb einer Minute noch besser herauskamen.

«Kriegsschiffsverband auf Westkurs.»

«Wahrscheinlich aus Alexandria, Herr Oberleutnant!»

«Sieht so aus!»

Höher wuchsen die Aufbauten aus der See. Ein Ruderkommando ließ U 565 auf Südostkurs herumgehen.

«Auf Tauchstationen!»

Die Brückenwächter enterten in den Turm, von hier aus in die Zentrale ab. Jebsen drehte das Turmluk dicht.

«Luk ist zu!»

Der LI ließ fluten. Leicht vorlastig ging das Boot nach unten und wurde vom LI auf Sehrorhrtiefe eingependelt.

«Boot hängt im Sehrohr!»

Im Sattelsitz hockend, versuchte der Kommandant etwas zu erkennen. Da waren die Aufbauten der Kriegsschiffe! Dann sah er zwei Zerstörer, nach Backbord und Steuerbord von den dicken Rauchsäulen herausgesetzt, über der Kimm auftauchen. Sie liefen mit mittlerer Fahrt, ungefähr 20 Knoten.

«Zwei Zerstörer in Sicht! Wahrscheinlich die vordere Sicherung. – Auf Gefechtsstationen! – Rohr I bis IV klar zum Unterwasserschuß!»

Der an Backbordseite des Verbandes laufende Zerstörer drehte plötzlich genau auf U 565 zu. Der Kommandant ließ mit Steuerbord zehn nach Südosten wegdrehen. Als der Zerstörer wieder zurückzackte, ging das Boot ebenfalls mit.

Auf einmal zackte der gesamte Verband nach Norden weg.

«Beide AK!»

Mit Höchstfahrt lief U 565 hinterher, und als dann der Verband nach einer halben Stunde schulmäßig wieder zurückdrehte, erkannte Jebsen, daß dies nur ein Routinezack gewesen war und daß der Verband immer noch Generalkurs West steuerte.

«Sehen Sie mal durch, Becker!»

Jebsen ließ seinen I. WO durch das Sehrohr blicken. Dann übernahm er wieder die Führung.

«Das sind Kreuzer, Herr Oberleutnant!»

«Ja, drei Kreuzer und ein Rudel Zerstörer. Die wollen wahrscheinlich wieder die Versorgung für die Truppen des DAK unterbinden.»

«Achtung, Torpedowaffe. Rohr I bis III fertig zum Fächerschuß!»

Die bezeichneten Rohre wurden gewässert. Die Schußwerte liefen in der Rechenanlage zusammen, hinter der der Obersteuermann in der Enge des Turmes saß. Der Zielgeber meldete Hartlage. Aber noch war die Entfernung zu groß.

«Wenn er nur nicht wegzackt, Herr Oberleutnant!»

«Sie haben eben erst einen Routinezack beendet, Becker.»

«Dann sollten wir schießen!»

Riesig, trotz der Entfernung die gesamte Zieloptik ausfüllend, stand der Kreuzer im Visier. Alle Schußunterlagen waren eingestellt.

«Fächer – lllos!»

Im Zweisekundenabstand jagten die Torpedos los. Preßluft zischte. Das Boot wollte nach oben ausbrechen. Der Zentralemaat flutete die Ausgleichstanks, und das Boot kam wieder in Trimm.

«Torpedos laufen!» meldete der Torpedomaat aus dem Bugraum.

«Aus!» ließ der Kommandant eine Minute später das unmittelbar nach dem Schuß eingefahrene Sehrohr wieder ausfahren. Surrend glitt es empor, und Jebsen überzeugte sich, daß der Verband noch immer mit Westkurs lief.

Schon wurde die Sicht schlechter. Die Dämmerung fiel ein.

«Zeit ist um!» meldete der Obersteuermann nach einem Blick auf die Stoppuhr.

In diesem Augenblick sah der Kommandant, wie mittschiffs am Kreuzer eine Einschlagpinie emporstieg, und noch ehe er dies berichten konnte, sprang die zweite Treffersäule empor. Flammen stoben gen Himmel.

«Doppeltreffer auf Kreuzer!»

Die Explosionen drangen an die Ohren der Männer. Gedämpft flackerte Jubel auf.

«Ruhe im Boot!»

Jebsen sah, wie der Kreuzer stoppte und die Zerstörer auseinanderliefen. Einer schoß Leuchtgranaten.

«Kreuzer bekommt starke Schlagseite, liegt jetzt gestoppt.»

Einer der dahinter laufenden Zerstörer kam nur mit Hartruderlage von dem Kreuzer frei.

Dann erkannte Jebsen einen Zerstörer, der direkt auf ihn zudrehte, und auf einmal hörten sie alle das Pinken der Asdicortung.

«Hart Steuerbord! – Mittschiffs! – Auf 120 Meter gehen!»

In der Drehung nach Süden ging U 565 in die Tiefe.

«Zerstörerschrauben Backbord querab; auswandernd!»

Die ersten Wasserbomben fielen und wurden vom Zentralemaaten auf einer kleinen Tafel «aufgemalt».

Der LI hielt den Blick auf das Tiefenmanometer gerichtet. Achtzig Meter gingen durch, als abermals Zerstörerschrauben zu hören waren und wiederum das Pinken der Ortung erklang.

Eine zweite Wabo-Serie explodierte ungefähr hundertfünfzig Meter querab. Die Druckwelle traf das Boot und warf es um zwanzig Grad aus dem Kurs. Der Gefechtsrudergänger korrigierte.

Die Geräusche der Ortung verstummten.

«Boot steht auf 120 Meter!»

«Schleichfahrt!»

U 565 glitt mit kleinster Fahrtstufe nach Süden.

Als der Horchraum erneut Zerstörerschrauben meldete, ließ Jebsen das Boot nach Osten abdrehen und auf 180 Meter gehen.

Hinter dem Boot, aber bereits über eine Meile entfernt, krachten Wasserbomben. Und dann dröhnten gewaltige Explosionen durch die eingefallene Nacht, und der Mann am Horchgerät meldete:

«Sinkgeräusche!»

Der Kommandant eilte ins Horchschapp, stülpte sich den zweiten Kopfhörer über und vernahm nun auch das Bersten und Krachen der von der See eingedrückten Planken, dann eine Unterwasser-Kesselexplosion und schließlich ein Gurgeln und Schlürfen.

«Feindlicher Kreuzer ist gesunken!»

U 565 kam frei und lief nach einigen Tagen des Suchens nach neuer Beute zum Stützpunkt zurück. Es hatte den Kreuzer «Naiad» des 15. Kreuzergeschwaders versenkt.

Drei Tage nach diesem großen Erfolg lief U 133, das aus Salamis kam, auf eine vor dem Hafen liegende eigene Minensperre. Die Detonation riß das Boot weit auf, und binnen weniger Sekungen sackte es weg. Niemandem von der Besatzung gelang es, dem stählernen Sarg zu entkommen.

Am 26. März faßte Oberleutnant zur See Fraatz mit U 652 vor Sidi Barrani einen der vielen britischen Kleinkonvois auf. Es handelte sich um den Zerstörer «Jaguar», der den Marinetanker «Slavol» nach Tobruk geleitete.

Der erste Torpedo traf die «Jaguar», die binnen weniger Minuten sank. Ein weiterer Treffer ließ den Tanker (2623 BRT) sinken.

Zwei Tage vorher hatte dasselbe Boot einen britischen U-Jagdverband, der aus der 5. Zerstörerflottille bestand, aufgefaßt. Dieser Verband war als Sicherung der englischen Einheiten eingesetzt, die in der zweiten Schlacht in der Syrte auf die italienischen Streitkräfte stießen.

Das Boot wurde von diesem Verband gejagt. Es gelang ihm schließlich, auf einen der Zerstörer zum Schuß zu kommen. Der Zerstörer – es handelte sich um die «Heytrop» – sank binnen einer Minute. Das deutsche U-Boot konnte sich auf große Tiefe in Sicherheit bringen.

Am 2. Mai wurde ein deutsches U-Boot vernichtet, das vorher auf mehreren Feindfahrten unter Kapitänleutnant Kentrat im Atlantikkampf eingesetzt war. Mit U 74 war Eitel-Friedrich Kentrat am 14. Dezember gleichzeitig mit U 77 (Kapitänleutnant Schonder) ins Mittelmeer befohlen worden. Beide waren am Abend jenes 14. Dezember in der Verfolgung des HG 76 begriffen, als sie vom BdU Befehl erhielten, ins Mittelmeer zu gehen und den Konvoi den anderen Booten zu überlassen.

Trotz verstärkter Überwachung war es Kentrat gelungen, die Straße von Gibraltar im Unterwassermarsch zu passieren. Am 22. Dezember war sein Boot in La Spezia eingelaufen. Dort erhielt Kentrat das ihm bereits am 3. Dezember verliehene Ritterkreuz.

Die erste Feindfahrt im Mittelmeer führte das Boot vor Alexandria. Nach langen Wochen ergebnislosen Auf- und Abstehens mußte U 74 dann ohne Erfolg nach La Spezia zurücklaufen. Hier gab Kapitänleutnant Kentrat sein Boot an Oberleutnant zur See Karl Friedrich ab.

Das Boot befand sich auf seiner ersten Feindfahrt unter dem neuen Kommandanten, als es am 2. Mai 1942 im westlichen Mittelmeer von Flugzeugen des britischen Geschwaders 202 aufgefaßt, gebombt und unter Wasser gedrückt wurde. Den Flugzeugen gelang es, zwei britische Zerstörer heranzurufen.

Die «Wishart» und «Wrestler» orteten das Boot und versenkten es durch Wasserbomben. Es entstand Totalverlust; kein Mann der Besatzung konnte gerettet werden.

Nur zwei Tage vorher war U 573, das ebenfalls ins westliche Mittelmeer entsandt worden war, nordwestlich Algier durch britische Flugzeuge schwer gebombt worden. Das Boot war tauchunklar. Kapitänleutnant Heinson lief in Cartagena (Spanien) ein, um es so dem Zugriff der Bomber zu entziehen. Hier wurden Boot und Besatzung am 1. Mai 1942 interniert.

Die Internierten kehrten später nach Deutschland zurück. Das Boot wurde 1943 an Spanien verkauft und von den Spaniern als «G 7» in Dienst gestellt.

Ungefähr einen Monat darauf passierte U 652 das gleiche Mißgeschick. Das Boot wurde im östlichen Mittelmeer vor Sollum durch Fliegerbomben so stark beschädigt, daß es tauchunklar war.

Funksprüche des Bootes erreichten das in der Nähe stehende U 81, das Kurs auf das schwer havarierte Boot nahm und es versenkte. Die Besatzung und sein Kommandant, Kapitänleutnant Fraatz, wurden an Bord genommen.

Bis dahin hatte U 652 einen Großtransporter, einen Zerstörer und drei Schiffe mit zusammen 10 775 BRT versenkt.

U 81 war bereits im ersten Maidrittel zur Feindfahrt ausgelaufen. Diese führte in das Operationsgebiet vor der syrischen Küste. Am 18. Mai gegen 23.00 Uhr beschoß das Boot die Ölraffinerien und den Hafen von Haifa mit 100 Schuß seiner 8,8-cm-Bordkanone. Brände flackerten empor und erhellten die Nacht. Aus der Raffinerie stiegen riesige Flammendome in den Himmel empor und zeigten die Wirksamkeit dieser Beschießung an.

Als das Boot ablief, um zu freier Jagd Richtung Alexandria zurückzulaufen, blieb eine Stätte der Verwüstung zurück. Wenig später lief es dann zur Hilfeleistung auf U 652 zu und konnte die Besatzung heil heimbringen.

Zehn Tage später wurde U 568 unter Kapitänleutnant Joachim Preuß nordostwärts von Tobruk von einer britischen U-Jagdgruppe entdeckt und verfolgt. Nicht weniger als 15 Stunden wurde das Boot von den britischen Zerstörern «Hero», «Hurworth» und «Elridge» gejagt. Hundert Wasserbomben wurden geworfen. Das Boot erlitt schwere Schäden. Und dann erhielt es einen direkten Treffer einer mit größter Tiefe eingestellten Wabo-Serie. Trümmer kamen zur Wasseroberfläche empor und zeigten den Jägern, daß ihr Wild unter Wasser tödlich getroffen worden war. Mit dem Boot ging die gesamte Besatzung unter.

So hielten sich Erfolge und Verluste die Waage. Die Verluste, die eintraten, wurden von den spärlich neu ins Mittelmeer entsandten Booten wieder ausgeglichen.

Am 12. Juni versenkte U 77 unter dem auf Großsegelschiffen gefahrenen Kommandanten, Kapitänleutnant Hein Schonder, vor Sollum den britischen Zerstörer «Grove». Wenige Tage später gelang wiederum U 205 ein großer Erfolg.

ZWEI GELEITZÜGE FÜR MALTA

In den ersten Junitagen sammelten sich die in Alexandria stationierten Kriegsschiffs-Einheiten, um einen Konvoi von elf Nachschubdampfern nach Malta durchzubringen.

Gleichzeitig rüstete sich auch die in Gibraltar stationierte Kampfgruppe H, die einen aus sechs Dampfern bestehenden Konvoi nach Malta geleiten sollte.

Diese Doppelunternehmung sollte die Achsen-Streitkräfte zersplittern und bot demzufolge eine größere Chance, heil durchzukommen.

Der Konvoi «Harpoon» aus Gibraltar lief am 12. Juni ins Mittelmeer und erreichte die Straße von Sizilien, ohne mehr als nur ein Schiff zu verlieren. Es war die «Tanimbar», die von italienischen Maschinen versenkt wurde, welche aus Südsardinien aufgestiegen waren. Der Kreuzer «Liverpool» der Geleitsicherung wurde beschädigt.

Als die Hauptsicherung am Abend des 14. Juni um 21.30 Uhr zurücklief, griff ein aus Palermo auslaufendes italienisches Geschwader den Konvoi an. Zwei Dampfer sanken. Ein dritter war schwer getroffen und mußte wenig später selbst versenkt werden.

Die Zerstörer «Bedouin» und «Cairo» wurden getroffen. «Bedouin» sank, «Cairo» wurde beschädigt. Der italienische Zerstörer «Vivaldi» wurde ebenfalls getroffen. Stukas, die am Morgen des 15. gegen 7.00 Uhr angriffen, versenkten den Zerstörer «Cant» und schlugen die «Kentucky» kampfunfähig. Zwei unbeschädigte Schiffe – die «Troilus» und der Dampfer «Orari» – erreichten Malta.

Dem Konvoi «Vigorous» erging es noch schlimmer. Er wurde von zwei der italienischen Schlachtschiffe, mehreren Kreuzern und Zerstörern angegriffen. Dieser Konvoi lief ein paarmal – durch entgegengesetzte Befehle dazu gezwungen – im gefährlichen Gebiet der «Bomben-Allee» hin und her.

So erhielt U 205 (Kapitänleutnant Reschke), das vor der Küste im Raume Tobruk stand, am Nachmittag des 15. Juni die Chance, heranzuschließen.

U 205 lief mit großer Marschfahrt nach Norden. Es war am Nachmittag des 15. Juni, und aus dem Funkschapp wurden laufend Sichtmeldungen der Flugzeuge übermittelt. Der Kommandant befand sich auf der Brücke, als im Nordwesten dumpfe Explosionen aufbrandeten.

«Fliegerbomben, Herr Kaleunt!» bemerkte der I. WO.

«Dort raken die Bomber und Stukas am Geleitzug.»

«Hört sich sehr nahe an, Herr Kaleunt. Eigentlich kann das doch nur der Fall sein, wenn ...»

«Wenn der Verband umgekehrt ist!» ergänzte Reschke und lächelte dabei.

So war es auch. Um 9.40 Uhr hatte Admiral Vian seinen Verband wieder auf Ostkurs gehen lassen. Mit jeder Schraubenumdrehung liefen die Fahrzeuge nun näher an U 205 heran. Hatten sie noch zur Zeit der Kehrtwendung knapp 100 Seemeilen westlich Kreta gestanden, so befanden sie sich am Nachmittag des 15. Juni südlich Kreta.

«Scharf Ausguck halten, Männer!»

Dieser Aufforderung hätte es nicht bedurft, denn alle Brückenwächter starrten auf die See. Jeder suchte seinen Sektor ab.

Es war 18.06 Uhr, als abermals schwere Bombendetonationen zu den Brückenwächtern herüberdrangen.

Es waren Bomben deutscher Flugzeuge, die den australischen Zerstörer «Nestor» außer Gefecht setzten.

«Steuerbord voraus Rauchsäulen!»

Die Meldung elektrisierte jeden einzelnen Mann. Sie pflanzte sich von Station zu Station fort. Das Glas vor die Augen gepreßt, suchte Reschke die Kimm ab.

«Zerstörermasten!»

«Das ist der Feger, Herr Kaleunt.»

«Auf Tauchstationen!»

Das Boot glitt auf Sehrohrtiefe hinunter. Einige Minuten später sichtete Reschke den ersten Zerstörer. Dann einen Kreuzer und schließlich noch einen. Die Dämmerung fiel ein, und der Kommandant ließ wieder auftauchen, um den Verband nicht zu verlieren.

Es wurde finster. Die Schatten der Kriegsschiffe waren inzwischen sehr groß geworden.

«Auf Gefechtsstationen! Wir greifen den Kreuzer an.»

Für die Männer auf dem Turm begannen bange und zugleich auch erregende Minuten. Es galt, sich an das Edelwild heranzupirschen, um des Treffers sicher zu sein.

Der Kreuzer war nun gut zu erkennen. Aber nichts von Leben war an Bord des Kriegsschiffes zu sehen. Alles war verdunkelt.

Reschke gab seine Befehle, die vom Gefechtsrudergänger wiederholt und ausgeführt wurden. Fahrtstufe und Kurs wechselten. Das Boot kam näher heran. Mitternacht war vorüber. Die neue Wache war aufgezogen. Es ging auf 1.00 Uhr zu, und noch immer stand das Boot nicht so günstig, daß sich ein Schuß gelohnt hätte.

«Wir gehen noch näher 'ran!» entschied der Kommandant.

Die UZO* war bereits auf die vorn auf dem Turm stehende Zielsäule aufgesetzt worden. Durch diese Zielsäule war sie mit der Rechenanlage im Turm verbunden. Hinter der UZO stand der I. WO als Torpedooffizier. Unten in der Zentrale wurde mitgekoppelt.

«Torpedowaffe: Rohr I bis III klar zum Überwasserschuß!»

Die Ausstoßrohre wurden bewässert. Die Mündungsklappen geöffnet.

«Frage Wassertiefe?»

Ganz kurz mußte gelotet werden, trotz der damit verbundenen Gefahr, daß der Gegner dies erhorchen konnte. Man mußte wissen, wieviel Wasser sich unter dem Kiel befand, wenn es in den Keller ging.

«Zerstörer! Zackt auf uns zu!»

«Bereithalten zum Einsteigen!»

Jeder Mann auf dem Turm war gespannte Aufmerksamkeit.

«Wenn er noch ein paar hundert Meter näher kommt, müssen wir tauchen, Kerr Kaleunt!» wisperte der Bootsmannsmaat der Wache.

«Zackt weg!» kam die befreiende Meldung des II. WO.

Drei Zerstörer waren zu erkennen. Und in der Mitte der wuchtige Schatten des Kreuzers. Der Kreuzer wanderte ins Fadenkreuz, das in der Nacht mit grünem Schimmer phosphoreszierte.

«Kommen Sie auf den vorderen Mast und Mitte Brücke ab, I. WO.»

«Hartlage! – Hartlage!»

Der Kreuzer füllte jetzt die gesamte Zieloptik aus.

«Fächer – lllos!»

Drei Torpedos liefen zum Gegner hinüber, der auf einmal in ein phantastisches Meeresleuchten hineinlief. Reschke starrte zu ihm hinüber, bis ihn der Ruf des Backbordachteren Ausgucks von diesem Anblick losriß.

---

* Zieloptik

«Zerstörer Backbord querab! – Noch einer!»

Im Umwenden sah der Kommandant die beiden schnellen Fahrzeuge mit AK durch die See pflügen, genau auf das Boot zu.

«Alarrrm!»

Nacheinander glitten die Männer von der Brücke herunter, rutschten aus dem Turm in die Zentrale; dicht hintereinander, die Stiefel des Obermannes fast auf dem Kopf des Untermannes.

Und während Reschke noch am Deckel des Turmluks hing und es dichtdrehte, erklang auch schon die Stimme des LI:

«Fünnef – vier – drei – zwo!»

Die See schoß in die Tauchtanks.

«Zehn Mann Bugraum!»

Getrappel der Füße. Stark vorlastig glitt das Boot hinunter. Zwei detonierende Wasserbomben zeigten an, daß es höchste Zeit wurde. Zehn Sekunden später krachten drei weitere Wabos mit tiefer Einstellung. Das Boot schien noch an Fahrt zu gewinnen.

«Zeit ist um!» meldete der Obersteuermann, der seine Stoppuhr nicht aus den Augen gelassen hatte.

Und auf einmal dröhnten zwei dumpfe Explosionen.

«Torpedotreffer!» sagte der Torpedomaat lakonisch. Er hatte ein Ohr dafür. Er hörte sie aus Dutzenden anderer Detonationen heraus.

«Zwei Aale haben getroffen, Herr Kaleunt!»

Reschke hörte nicht. Er horchte nach oben, wo die Schraubengeräusche – jetzt mit bloßem Ohr wahrnehmbar – lauter wurden.

«Hart Steuerbord!»

Das Boot drehte im Tiefergehen und – entging dem nächsten Wabo-Fächer.

«Auf 120 Meter einpendeln!»

Mit Schleichfahrt lief U 205 nach Nordosten. Fünf Minuten lang ging alles gut, dann meldete der Horchraum abermals Schraubengeräusche von Zerstörern. Dann fielen wieder Wasserbomben; viele, dicht hintereinander. Schließlich lief ein Zerstörer direkt über das Boot weg. Würde er werfen? Nein, er warf nicht! Noch einmal war alles gutgegangen. Der Zerstörer lief ab.

Minuten vergingen. Plötzlich war ein Knacken zu vernehmen. Draußen an der Bordwand erklang es. Dazwischen ein Poltern und Rumoren Dann – wie MG-Garben – kurze, berstende Laute.

«Sinkgeräusche!» meldete der Funkmaat aus dem Horchraum.

Südostwärts von Kreta ließen die um 1.15 Uhr geschossenen Torpedos von U 205 den Kreuzer «Hermione» um 1.27 Uhr für immer in die Tiefe gehen.

Zwei Torpedos hatten gewaltige Löcher in die Flanke des Kreuzers gerissen. Der Konvoi «Vigorous» hatte ein weiteres Schiff verloren. Donald MacIntyre sagte abschließend darüber*:

«So endete eine verzweifelte, tapfere Episode der Schlacht im Mittelmeer. Von 17 Versorgungsschiffen trafen nur zwei mit 15 000 Tonnen Ladung in Malta ein. Dies wurde erreicht durch einen hohen Preis an Schiffen, Flugzeugen und Leben.»

---

* In: «The Battle for the Mediterranean»

U 83 VOR AFRIKAS KÜSTE

Eines der Boote, das sich im Mittelmeer im Jahre 1942 oftmals im Einsatz befand, war U 83 unter Kapitänleutnant Hans Werner Kraus. Der Morsename des Bootes fehlte nie sehr lange im Funkverkehr der Mittelmeerfront.

Als dieses Boot im Frühjahr 1942 zur dritten Feindfahrt auslief, erhielt Kapitänleutnant Kraus vom Flottillenchef keinen Einsatzbefehl.

«Den bekommen Sie nach dem Auslaufen durch Funkspruch», erklärte Korvettenkapitän Frauenheim dem Kommandanten.

Von Salamis aus ging es im Zweitagemarsch durch die Ägäis. Das Prüfungstauchen, Einschießen der Artillerie und einige Probealarme, zum Eingewöhnen der neu an Bord gekommenen Soldaten, verkürzten diese Zeit.

Das Boot passierte Kreta. Als es in der Dämmerung am dritten Morgen tauchte, wurden Wabo-Detonationen gehört. Das war der Willkommensgruß der Front, von dem sie nicht wußten, ob er einem der eigenen oder einem Feind-Boot gegolten hatte.

Lassen wir an dieser Stelle Kapitänleutnant Kraus über jene Feindfahrt berichten*:

«Gegen zehn Uhr tauche ich auf. Die Sonne steht nun hoch genug und blendet nicht mehr. Die Zeit morgens nach Sonnenaufgang und abends vor Sonnenuntergang ist für die im Überwassermarsch laufenden U-Boote die gefährlichste. Der Ausguck im Sonnensektor wird durch Sonne und Wasserspiegelung so geblendet, daß er trotz Brille und Blendglas nichts sehen kann. Unsere Gegner aus der Luft wissen das leider nur zu gut.

Über FT geben wir Standortmeldung. Kurze Zeit später bekomme ich den Einsatzbefehl. Es ist ein ‹Offiziersfunkspruch› (nur vom Offizier zu entschlüsseln). Drei Fortsetzungen lang.

Das Boot erhält die Aufgabe, in der übernächsten Nacht einen deutschen Geleitzug zu einem genau bestimmten Punkt an der afrikanischen

---

* siehe Kraus, Hans Werner: «U-Boots-Krieg im Mittelmeer», i. Ms.

Küste im Golf von Bomba, hinter der englischen Front, zu führen und eine sodann durchzuführende Landungsoperation im Rücken der Engländer durch Artilleriefeuer zu decken. Die Landungsflotte soll aus einem guten Dutzend Panzerfähren und einigen Räum- und Schnellbooten bestehen. Sie soll am Abend des folgenden Tages aus Derna auslaufen und um 23.00 Uhr am Treffpunkt, etwa fünf Meilen von der Landungsstelle entfernt, stehen.

Panzer und Artillerie sollen einen Brückenkopf zur Unterstützung eines von Rommel geplanten Frontalangriffes in Richtung Tobruk bilden.

Ich bin entsetzt. Wir mit unseren eineinhalb Kanonen sollen die Artilleriedeckung für eine Landungsoperation übernehmen!

Die Nacht ist dunkel, die See ruhig bis auf eine ganz leichte Dünung. Hinter uns ist das Kielwasser noch weit als leuchtender hellgrüner Strich zu sehen. Unsere beiden Diesel hämmern ihr gleichmäßiges Lied, sie treiben das Boot bei vollen Umdrehungen der afrikanischen Küste entgegen. Kurz nach der Wachablösung um 4.00 Uhr am anderen Morgen läßt mich der Obersteuermann wecken:

‹An Kommandant! Morgendämmerung beginnt!›

Die Meldung ist noch nicht ganz durch, da bin ich schon oben. Im Osten kann man eben einen helleren Schimmer ahnen. Langsam verfärbt sich der Himmel. Schon ist im Dunst die Küste zu sehen. Wir ‹schießen› schnell noch einige Sterne, denn ein genauer Standort ist wichtig für unser Vorhaben. Dann stoppen die Diesel. Die E-Maschinen springen nach einigen Sekunden an.

‹Unterdeck ist tauchklar!› meldete der LI. Bald darauf zeugen nur noch ein paar Strudel und Luftbläschen davon, daß hier ein U-Boot gestanden hat.

Das Boot wird eingesteuert. Jetzt schicke ich die Männer in die Kojen. Nur die Tiefenruderbefehle des LI sind noch halblaut zu hören. Mit dem Funker suche ich am Horchgerät Millimeter um Millimeter der Skala nach einer Geräuschpeilung ab. Nichts ist zu hören.

Durch das Sehrohr peile ich einige markante Punkte der Küste an. Wir stehen an der richtigen Stelle. Hin und wieder bemerke ich Mündungsfeuer von Geschützen. Rauchpilze steigen empor. Höchstens zehn bis fünfzehn Kilometer westlich von uns befindet sich die Front.

Als ich mich wenig später wieder ans Sehrohr setze, sehe ich eine Menge Staubfahnen, die sich schnurgerade auf die Küste zu bewegen. Genau auf den Platz, den ich heute nacht für die Landung vorgesehen habe. Lastwagen, ZgKW mit Geschützen tauchen auf, verschwinden hinter den Dünen und bleiben dort stehen.

Der Engländer bringt hier also Truppen und Artillerie in Stellung. Das heißt: unser Vorhaben ist bekannt. Verrat? Ich spüre plötzlich eisige Kälte in meinem Turm. Und wir können nichts tun. Wir müssen warten, bis es dunkel geworden ist.

Ich lege mich eine Stunde hin, als wir Kurs auf den Treffpunkt nehmen. Der I. WO nimmt ab und zu einen Rundblick durch das Sehrohr. Die Sonne geht unter. Nun sind Himmel, Meer und Wüste eine einzige Symphonie in Rot, die schnell verblaßt. Die Dämmerung fällt ein.

Um 22.00 Uhr sind wir am Treffpunkt. Im Sehrohr ist bei stockdunkler Nacht nichts mehr zu sehen. Alles ist auf Gefechtsstationen. Immer wieder suche ich den nördlichen Sektor ab. Nichts! Es geht auf 23.00 Uhr. Ich beabsichtige eben, aufzutauchen, als eine schwache Peilung im Nordosten gehorcht wird. Schnellaufende Schrauben. Die Nerven sind bis zum Zerreißen gespannt. Ich mache deutlich zwei Fahrzeuge aus, die genau auf uns zukommen. Eigentlich sind mir die Schraubengeräusche für Schnell- oder Räumboote zu stark.

Wenn es nur nicht so dunkel wäre. Jetzt kann ich die Schatten ausmachen. Für Schnellboote sind sie zu hoch. Vielleicht Italiener?

Da schiebt sich eben der eine Schatten in den Lichtreflex eines größeren Sternes. Die Silhouette ist deutlich zu erkennen. Mir stockt der Atem. Es sind zwei englische Geleit-Kanonenboote. Sie sind pünktlich am Treffpunkt. Jetzt gehen sie mit der Fahrt herunter und dampfen Zickzack auf und ab.

Soll ich sie angreifen? Bei dem geringen Tiefgang der Boote wäre ein Treffer fraglich. Ich lasse für alle Fälle die Bugrohre klarmachen.

Mit Schleichfahrt laufen wir weiter nach Norden. Ich will versuchen, so schnell wie möglich aufzutauchen und die Landungsgruppe durch Funk zu warnen.

Um Mitternacht sind die beiden Kanonenboote noch eben in Sicht. Vom Landungsverband keine Spur!

‹Klar zum Auftauchen!›

Ich lasse alle Lampen im Boot löschen, damit sich die Augen schon unten an die Dunkelheit gewöhnen.

‹Anblasen!›

Zischend und polternd fährt die Druckluft in die Tauchzellen. Das Boot steigt an die Oberfläche. Im Turmluk stürzt mir eine anständige Pütz Wasser entgegen, dann stehe ich oben.

Kurs Nordwest steuernd, versuchen wir, den Landungsverband zu treffen. Der Mond geht auf. Wir gehen auf Höchstfahrt. Die Kanonenboote hinter uns sind verschwunden. Im Mondlicht sehen wir noch drei englische Schnellboote mit hoher Bugsee in östlicher Richtung ablaufen. Die haben anscheinend auch hier draußen gewartet.

Der Warnfunkspruch wird abgesetzt. Die Antwort läßt nicht lange auf sich warten. Wir atmen erleichtert auf. Der Landungsplan ist fallengelassen worden, da mit Sicherheit angenommen wurde, daß der Feind über unsere Absicht unterrichtet war.»

Soweit der Bericht des Kommandanten. U 83 erhielt nunmehr freies Manöver im Seegebiet vor der afrikanischen Küste. Schon am nächsten Morgen wurden ostwärts Tobruk Mastspitzen gesichtet. Das Boot ging auf Sehrohrtiefe hinunter. Ein kleiner Flak-Kreuzer kam in Sicht. Die Rohre wurden klargemacht. Hinter dem Westkurs steuernden Flak-Kreuzer tauchte ein großes Schiff mit zwei Schornsteinen auf.

«Anscheinend ein Truppentransporter!» berichtete der Kommandant seinem I. WO, der neben ihm im Turm stand.

«Backbord und Steuerbord des Truppentransporters jeweils ein Zerstörer. – Auch achtern einer.»

«Welchen nehmen wir, Herr Kaleunt?»

«Den dicken. Ist ein ziemlich fetter Brocken. Schätze, zehn- bis zwölftausend Tonnen.»

Schnelle Fahrt machend, kamen die Einheiten rasch näher. U 83 ging auf Angriffskurs. Der Kreuzer passierte das Boot.

«Rohre bewässern! – Mündungsklappen auf!»

Fahrt, Lage und Entfernung wurden vom Kommandanten durchgegeben.

«Tiefeneinstellung vier Meter. – Frage Bugrohre klar?»

«Torpedowaffe ist klar!» kam die Antwort.

«Fächer fertig! – Fächer – lllos!»

«Zum Teufel! Was ist los?» schrie der Kommandant in die Zentrale hinunter. Kein Schuß war gefallen. Schnell wanderte der große Dampfer aus.

«Torpedorohre unklar!» kam die Meldung aus dem Bugraum. «Mündungsklappen waren nicht rechtzeitig geöffnet!»

Dann fiel doch noch der Viererfächer. Die Schußwerte mußten eigentlich noch stimmen, denn das Torpedoziel- und -rechengerät arbeitete automatisch mit den einmal eingestellten Unterlagen weiter, wenn das Ziel laufend im Fadenkreuz gehalten wurde.

Allerdings stand der Dampfer nun in ziemlich spitzer Lage, was die Trefferaussichten verringerte.

Der Geleitzug kam außer Sicht. Kapitänleutnant Kraus verließ den Turm und kaufte sich den Torpedomixer. Das Donnerwetter war Wochen später noch Gespräch in den U-Boots-Unterkünften. Was war eigentlich geschehen?

Wegen einer Verklemmung ließen sich die Mündungsklappen nur schwer öffnen. Aber weil der Torpedomaat nicht mit einer so schnellen Schußabgabe rechnete, hatte er klargemeldet; in der Hoffnung, daß bis zum Schußbefehl die Klappen auf sein würden.

Der I. WO als verantwortlicher Offizier erhielt einen Verweis. Es war die erste Disziplinarstrafe, die Kapitänleutnant Kraus an Bord verhängte; es sollte auch die einzige bleiben.

Die vier Torpedos waren umsonst geschossen worden.

Bereits in der kommenden Nacht wurde abermals ein Geleitzug gesichtet, der mit Westkurs dicht unter der Küste bei Sidi Barrani lief. Das Boot setzte sich in der Sollum-Bucht weit vor. Als es hell wurde, zählte der Kommandant allein vierzehn Bewacher, Korvetten und bewaffnete Fischdampfer, und nur zwei kleine Dampfer. U 83 sackte in den Pulk hinein. Sparsam wurde vom Sehrohr Gebrauch gemacht. Hin und wieder duckte sich der Kommandant unwillkürlich, wenn ein Bewacher dicht über dem Boot hinwegrauschte. Zum Glück schien keiner ein Ortungsgerät an Bord zu haben.

Einer der beiden Dampfer wurde anvisiert. Der Einzelschuß lief an ihm vorbei und traf die dahinter überlappend laufende Korvette. Mit lautem Getöse flog die Korvette in die Luft. Ihre Munition und die am Heck bereitliegenden Wasserbomben rissen sie binnen weniger Sekunden in Stücke.

«Auf 120 Meter gehen!»

Das Boot stieß stark vorlastig hinunter und lief nach Norden ab. Im Horchgerät war ein tolles Getöse zu vernehmen. Oben lief anscheinend alles durcheinander. Die ersten Wabos fielen. Bis gegen Mittag wurde U 83 verfolgt, ehe es gelang, den Gegner abzuschütteln.

In den folgenden Tagen kam nur ein hellerleuchtetes Lazarettschiff in Sicht. Am Nachmittag dieses Tages stieß U 83 auf U 81 unter Kapitänleutnant Guggenberger. Nach kurzem Erfahrungsaustausch mit der Flüstertüte von Turm zu Turm verabredeten die Kommandanten, in den nächsten Tagen zusammen zu operieren.

Bald gab Guggenberger die erste Sichtmeldung:

«Geleitzug auf Ostkurs!»

Der genaue Standort folgte, und U 81 gab weiter Fühlungshaltermeldung. Aber im schlechten Wetter mit steifem Westwind und Regenböen bekam U 83 keine Fühlung. Erst gegen Mitternacht kam das Boot doch noch heran. Der Konvoi bestand aus vier großen Dampfern und sechs bis acht Zerstörern. Durch Peilzeichen schlossen weitere U-Boote heran. Es sah so aus, als sollte es eine Rudelschlacht im Mittelmeer geben.

Ein Dampfer wurde von einem der Boote im ersten Anlauf versenkt. Als auch U 83 angreifen wollte, lief einer der Zerstörer mit AK auf das Boot zu. Kraus ging mit Alarmtauchen in den Keller. Die ersten beiden Wabos detonierten dicht hinter dem Boot. Es gab nur Glasschäden. Zwanzig Minuten später tauchte Kraus wieder auf und stieß nach. Doch U 83 wurde ebenso wie die anderen Boote von den Zerstörern abgedrängt.

Einige Tage später sichtete Kraus einen Konvoi auf Westkurs. In der Nacht stieß U 83 von achtern in den Konvoi hinein. Kraus ließ einen Zweierfächer auf einen der Dampfer und einen weiteren auf einen Zerstörer der Jervis-Klasse schießen. Dann drehte U 83 mit AK nach achtern ab, wo noch immer die Lücke im Konvoi klaffte.

Kurz nacheinander bliesen beim Dampfer wie auch am Zerstörer die Torpedodetonationen empor. Dann dröhnten die Detonationen zu den Männern hinüber. Es klang wie gewaltige Hammerschläge. Über beiden Schiffen stand ein schwarzer Rauchpilz.

Das Sinken der beiden getroffenen Fahrzeuge konnte jedoch nicht mehr beobachtet werden, denn alle Zerstörer warfen Wabos und schossen Leuchtgranaten.

Ein Aufklärer meldete am Morgen einen mit Schlagseite liegenden Dampfer, dabei zwei Bewacher. Mittags lagen nur noch die beiden Bewacher dort.

Nach dieser Feindfahrt und Ankunft des Bootes in Salamis erhielt die gesamte Besatzung Heimaturlaub. Im Wehrmachtsbericht dieser Tage wurde U 83 namentlich genannt.

Drei Wochen später war U 83 wieder auslaufbereit. Als Operationsgebiet wurde ihm das östliche Mittelmeer zwischen Alexandria und Tobruk zugewiesen.

Gleich in der ersten Nacht stieß es vor Tobruk auf einen Geleitzug. Gegen die dunkle Küste war ein genaues Zielen fast unmöglich, darum schoß Kraus einen Viererfächer dorthin, wo sich mehrere Dampfer überlappten. Nach dem Fächerschuß lief das Boot mit AK nach Norden ab.

Zwei Torpedoaufschlagpinien wurden gesehen, dann die entsprechenden Detonationen gehört.

Mit einem Schlage flammten auf allen Schiffen Scheinwerfer auf. In ihrem Licht sahen die Brückenwächter eines der Geleitboote in der See versinken. Daneben lag mit starker Schlagseite ein gestoppter Dampfer. Scheinwerfer leuchteten die Untergangsstelle an, um Überlebende zu finden. Der Dampfer begann zu brennen. Dann sackte er jäh weg. Plötzlich schwenkte ein Scheinwerfer genau auf U 83 ein. Sein Lichtstrahl erfaßte den Turm und ließ ihn nicht wieder frei.

«An LI: Mit E-Maschinenzusatz fahren!»

«Frage: E-Maschinenzusatz?» wiederholte der LI.

«Ja, holen Sie alles aus den Böcken heraus, und wenn Sie sich mit dem Hintern auf die Sicherheitsventile setzen!»

Beide Diesel heulten mit bis dahin noch nicht gekannten Umdrehungen.

Die Verfolger – es waren inzwischen drei geworden – blieben langsam zurück. Anscheinend waren es Korvetten, die nicht mehr als 16 Knoten laufen konnten, während das Boot nun über 17 Knoten Fahrt machte.

Die Scheinwerfer verbissen sich in dem Auspuffnebel der Dieselmaschinen und verloren schließlich das Boot. Dann erloschen sie ganz.

Einige Nächte später wurde ein westgehender, in Richtung Tobruk laufender Konvoi gesichtet. Diesmal ließ Kraus das Boot von vorn in den Schiffspulk hineinsacken.

«Wir nehmen den Tanker. Hat schätzungsweise 8000 Tonnen. Schnell 'ran!»

Das Boot lief zum Angriff an. Ein Zweierfächer wurde geschossen. Dann kam der Befehl zur Kursänderung. Als U 83 nach Backbord drehte, tauchte plötzlich ein riesiger Schatten aus der Nacht auf. Das Boot war einem anderen großen Dampfer genau vor den Bug gelaufen.

«Alarmtauchen!»

Die einzige Rettung war, den Dampfer zu untertauchen. Das Boot wurde förmlich auf den Kopf gestellt. Gerade als der Kommandant das Luk dichtgedreht hatte, erschütterte eine gewaltige Detonation das Boot.

«Wabos?»

«Unsere Aale, Herr Kaleunt!» meldete die Nummer Eins, die den Knopf der Stoppuhr gedrückt hatte.

«Auftauchen!»

Daß dieser Entschluß richtig war, zeigte die nun beginnende Wasserbombenjagd an der Stelle, wo der Feind das Boot vermutete.

«Der Tanker brennt!»

«Ist in zwei Teile gebrochen, Herr Kaleunt!» berichteten Wachoffizier und Bootsmannsmaat der Wache nacheinander.

Kraus blickte durch sein Nachtglas zum Tanker hinüber. Das auslaufende Benzin brannte auf dem Wasser weiter und bildete einen roten flatternden Teppich. Rotglühend leuchteten die Aufbauten aus diesem schaurigen Teppich hervor. Explosionen ließen Stichflammen aufstieben, die als glitzernder Sprühregen von Milliarden brennender Benzintropfen herunterfielen.

Obwohl das Boot mindestens 4000 Meter entfernt stand, spürten alle die Hitze des Brandes.

«Die Freiwächter einzeln auf die Brücke kommen!»

Alle sollten sie dieses Bild schauerlicher Schönheit sehen. Die Zerstörer kamen nicht näher. Unbelästigt setzte sich das Boot ab.

Ein Maschinendefekt zwang das Boot dazu, sich unsichtbar zu machen. Es tauchte. Unter der Leitung des LI, Oberleutnant (Ing.) Herwig, wurde im Heckraum ein defektes Lager instand gesetzt.

Gegen Mittag tauchte U 83 auf. Der Kommandant klarierte mit dem Obersteuermann an der Karte den neuen Kurs. Als er wieder nach oben kam, stieß eben ein Flugzeug in 2000 Meter Entfernung auf das Boot herunter. Krug, einer der besten Ausgucks, hatte die Maschine nicht gesehen. Der Kommandant selbst rief:

«Alarrrm!»

Schnell ging es hinunter. Mit Hartruderlegen drehte das Boot aus dem Kurs, und die Bomben krachten dicht beim Boot auseinander.

Verdattert stand die Brückenwache in der Zentrale und erwartete das Donnerwetter des Kommandanten. Als aber Hans Werner Kraus in die von Übermüdung gezeichneten Gesichter seiner Männer blickte, da wußte er, daß jede Rüge hier unnötig und sinnlos war. Er schickte statt dessen alle in die Kojen und schaltete die Bordverständigung ein.

«An alle Stellen: Rückmarsch!»

Der Flottillenchef, Korvettenkapitän Frauenheim, hatte volles Verständnis für diese Maßnahme des Kommandanten. Er war lange genug selber Kommandant gewesen und wußte, daß eine übermüdete Brückenwache und eine unklare Maschine Zeichen höchster Gefahr bedeuteten.

Fünf Tage nach dem Einlaufen in Salamis warf U 83 bereits wieder Leinen los. Das Boot marschierte ins östliche Mittelmeer vor die Palästinaküste. Zwischen Kreta und Cypern wurden Kanonen und MG eingeschossen. Der Kurs des Bootes wies auf Port Said. Von dort sollte es entlang der Küste nach Norden gehen.

Wenig später wurde ein einzeln laufender Dampfer von etwa 1500 BRT gesichtet. Der Unterwassertorpedoschuß, aus geringer Entfernung geschossen, untersteuerte das Ziel.

Hinter dem Dampfer tauchte U 83 zum Artilleriegefecht auf.

Drei Schüsse in die Takelage des Dampfers ließen die Antenne herunterkommen. Zischend blies der Dampf ab. Die Besatzung ging in die Boote, und Kraus ließ das Feuer einstellen, bis die Boote abgelegt hatten. Dann schossen sie mit der Achtacht unterhalb der Wasserlinie Löcher in den Schiffsleib. Eine halbe Stunde später sackte der brennende Dampfer gurgelnd über das Heck in die Tiefe.

In den nächsten Nächten lag U 83 vor Haifa auf der Lauer. Hoch ragte der Karmelberg über der Stadt empor. Ein auslaufendes Schiff wurde kurz nach Mitternacht gesehen, dann folgten weitere und schließlich auch Zerstörer.

«UZO auf den Turm!»

Oberleutnant zur See Engel nahm seinen Platz hinter der Zieloptik ein.

«Den großen Dampfer, Engel!»

Der Torpedo-Offizier ließ den Gegner ins Fadenkreuz einwandern. Aus 600 Meter Entfernung fiel der Schuß. U 83 lief in großem Bogen nach vorn, um ein neues Ziel auszusuchen.

Nach 55 Sekunden sprang der Detonationspilz über dem Dampfer hoch, krachte die Explosion. Der Dampfer blieb mit dicker Qualmsäule liegen. Die Zerstörer schossen Leuchtgranaten.

«Dampfer hat gewendet, läuft mit starker Schlagseite zurück, Herr Kaleunt!» meldete wenig später der Bootsmannsmaat der Wache.

«Davor ein Bewacher!»

«Wir müssen ihm den Fangschuß geben.»

U 83 lief zum zweitenmal an. Ein Torpedo jagte dem Schiff entgegen. Wieder wurde es getroffen. Zerstörer wuchsen aus dem Dunkel heraus, als das Boot wendete. Mit Alarmtauchen ging U 83 auf Tiefe. In wilder Jagd liefen drei Zerstörer über das Boot hinweg. Unwillkürlich zogen alle die Köpfe ein. Nun müßte es eigentlich knallen. Aber es geschah nichts. Das Boot tauchte dreißig Minuten später wieder auf.

«Mit allem, was die Diesel hergeben, hinter der Mahalla her!»

Im Bugraum wurden die leergeschossenen Rohre nachgeladen. Als die Tagesdämmerung einsetzte, war das Boot noch nicht wieder herangeschlossen. Es holte weiter zur offenen See hin aus und jagte mit AK weiter. Die Mastspitzen wanderten nach achtern aus. U 83 mußte zum Angriff genügenden Vorlauf herausholen.

Vor dem Geleitzug eindrehend, ließ Kraus wieder auf Sehrohrtiefe hinuntergehen. Als die inzwischen herangekommenen Dampfer einen Zack einlegten, schoß Kraus einen Fächer auf einen Tanker. Die Schußentfernung betrug ungefähr 3000 Meter. Nur ein Torpedo ging nach langer Laufzeit mittschiffs am Tanker hoch. Ob er genügt hatte, ihn zu versenken, konnte nicht beobachtet werden, denn nun wurde das Boot von zwei Zerstörern aufgefaßt und gejagt. Damit verlor U 83 die Fühlung am Konvoi, und Kapitänleutnant Kraus ließ das Boot nach dem Auftauchen wieder nach Norden laufen.

In den folgenden Nächten lag U 83 vor Haifa auf der Lauer. Außer einigen Bewachern wurde jedoch nichts gesichtet. Das Boot marschierte weiter nach Norden, und vor Saida – dem alten Sidon – konnte es einen Frachtensegler mit der Artillerie versenken.

Nächstes Ziel war der Hafen von Beirut. Aber auch hier lief kein Schiffsverkehr. Am Tage wurde wieder ein Frachtensegler aufgefaßt. Seine Besatzung sprang über Bord und schwamm an Land, während das Buggeschütz von U 83 in Aktion trat und ihn «unter Deck schob».

Beirut und Haifa wurden zum zweitenmal angelaufen. Als auch diesmal nur Zerstörer in Sicht kamen, ließ Kraus einen Fächerschuß auf den Verband losmachen, der nichts erbrachte. Damit waren alle Torpedos verschossen.

Mit dem II. WO, Leutnant zur See Rahn, der zugleich Artillerieoffizier war, überlegte Kraus, was noch alles mit der Artillerie bewerkstelligt werden könnte. Sie kamen zu dem Entschluß, eine Fabrikanlage südlich Tripolis an der syrischen Küste anzugreifen. Gerade als das Boot in der ersten Morgendämmerung zur Beschießung auftauchen wollte, meldete der Ausguck Rauchwolken in 300 Grad.

Ein griechischer Dampfer, modern, mit 7,5-cm-Kanonen und mehrrohrigen 4-cm-Bofors bestückt, kam näher. An allen Geschützen standen Engländer in Stahlhelmen in Bereitschaft.

«Wenn wir nur noch einen Aal hätten!» sagte der Kommandant, ehe er den Befehl zum Absetzen gab.

Eine Stunde später – es war inzwischen taghell geworden – kam ein 500 BRT großer Segler aus Richtung Cypern in Sicht. Er lief nach Tripolis in Syrien. Das Boot tauchte auf, und aus zehn Kilometer Entfernung heulten Granaten zum Gegner hinüber. Die ersten drei Schüsse gingen vorbei. Der Segler setzte alles Zeug, um in den Hafen zu entkommen. Doch dann wirbelten die Treffer Holz und Eisen durch die Luft.

Auf der nur fünf Kilometer entfernten Küstenstraße hielten Lastwagen. Englische Soldaten stiegen aus, um sich das Drama durch Ferngläser anzusehen.

Der achtere Mast des Segelschiffes kam herunter. Das Vorschiff brannte, jetzt drehte es endlich in den Wind, und durch sein Fernglas sah Kraus, daß die Besatzung ins Boot ging. Einige Männer, denen es offensichtlich zu langsam ging, sprangen kopfüber in die See.

Jetzt krachte auf dem Segler Munition auseinander. Die Treibstoffladung ließ Flammendome fünfzig Meter hoch emporspringen. Ganze Schiffsteile flatterten losgerissen durch die Luft. U 83 drehte auf die offene See ab. Das Boot hatte mit diesem Segler sein 20. Fahrzeug versenkt. Vor einem Flugzeug ging es eine Stunde später in den Keller.

Als das Boot am Abend auftauchte, erhielt es den Rückmarschbefehl über Messina nach La Spezia.

Gegen Mitternacht stieß U 83 durch einen glücklichen Zufall auf eine abgeschossene deutsche Maschine. Sie übernahmen sieben Besatzungsmitglieder, während englische Flugsicherungsboote über die See flitzten und nach der Maschine suchten.

Mit zwei Brandgranaten wurde die noch schwimmende Maschine versenkt.

Zwei Tage später lief das Boot in Messina ein, wo es von PK-Berichtern und einer Musikkapelle empfangen wurde. Der italienische Admiral Pannunzio begrüßte die Besatzung. Später kam auch noch Marineminister Riccardi. Das Boot hatte im Mittelmeer dreizehn Schiffe versenkt (sieben Schiffe wurden vorher bereits im Atlantik vernichtet). Am Abend stieg der FdU Italien, Kapitän zur See Kreisch, bei U 83 ein. Dies hatte, wie der Kommandant nicht ahnen konnte, seine besondere Bewandtnis.

Kapitän zur See Kreisch – der FdU Italien – hatte für diesen tapferen und sympathischen Kommandanten das Ritterkreuz beantragt und seinen Stab angewiesen, die Bewilligung durch Funk zu übermitteln.

Geben wir an dieser Stelle Vizeadmiral Kreisch das Wort*:

«Ich wollte gerade diese Verleihung recht eindrucksvoll gestalten. Das Boot passierte auf dem Marsch nach La Spezia die Straße von Messina, wo ich ihm auflauerte und an Bord stieg. Es war der 17. Juni 1942.

Den eigentlichen Zweck meiner Mitfahrt verriet ich dem Kommandanten nicht. Statt dessen zog ich lediglich den Funkmaaten ins Vertrauen. Dieser sollte alle Nachrichten, die die Verleihung betrafen, nur mir geben.

---

* siehe Kreisch, Leo: a. a. O.

Die Fahrt bis La Spezia dauerte zwei Tage. An ihrem Ende wollte ich, wenn die Aufmerksamkeit nicht mehr durch feindliche U-Boote und Flugzeuge oder eigene Minensperren in Anspruch genommen wurde, den Festakt vornehmen. Der Witz sollte die völlige Überraschung des Kommandanten sein.

In der letzten Nacht kam prompt die Funknachricht und wurde ebenso prompt dem Kommandanten unterschlagen. Am nächsten Morgen weckte mich der Funkmaat sehr früh. Er hatte soeben als Auftakt zu unserer Feier einen kräftigen Anpfiff vom Kommandanten bekommen, weil sein Funkladen nicht funktioniert hätte.

Eines unserer Boote – U 431 unter Kapitänleutnant Dommes – war in Sicht gekommen, und dessen Kommandant hatte Kapitänleutnant Kraus durch Winkspruch zum Ritterkreuz beglückwünscht und dem überraschten Kommandanten auf dessen erstaunte Rückfrage mitgeteilt, daß dies in der vergangenen Nacht über Funk durchgegeben worden sei. Dommes wollte ebenfalls nach La Spezia gehen.

Es gelang, das weitere Gewitter, das über dem Haupt des armen Funkmaaten schwebte, zu entschärfen, und es gab dann doch noch eine sehr schöne Feier.»

Auf diese Art und durch seine vielen Besuche bei den Flottillen war Kapitän zur See Kreisch immer wieder darum bemüht, die Verbundenheit unter den U-Boots-Fahrern, den Stäben und Stützpunktbesatzungen möglichst eng zu verknüpfen. Daß ihm dies gelang, zeigen die vielen Beweise der Zuneigung und das Vertrauen, das der FdU Italien bei den Besatzungen und in den Stützpunkten besaß.

Am 30. Juni schloß U 372 unter Kapitänleutnant Neumann die Halbjahresbilanz im Mittelmeer wiederum mit einem Paukenschlag ab.

Das Boot, das vor Port Said stand und die Seewege von Alexandria in Richtung Syrien und Haifa kontrollierte, entdeckte das 14 600 BRT große U-Boot-Mutterschiff «Medway», das sich auf dem Weg nach Haifa befand, um 90 Reservetorpedos dorthin zu bringen, wo einige britische U-Boote stationiert waren.

Der Zweierfächer von U 372 traf den Schiffsriesen so schwer, daß er binnen weniger Minuten von der Wasseroberfläche verschwand und seine 90 Torpedos mit in die Tiefe nahm.

Diese Versenkung markierte den Tiefstand des britischen Kriegsglücks im Mittelmeerraum. Von 90 Transportschiffen der Achsenstreitmächte, die im Juli nach Nordafrika liefen, gingen nur zwei mit zusammen 8819 BRT verloren.

U 73 VERSENKT DEN FLUGZEUGTRÄGER «EAGLE»

Mit Beginn des zweiten Halbjahres 1942 verlegte sich der Schwerpunkt des U-Boots-Einsatzes mehr und mehr in das westliche Mittelmeer. Hier galt es, die aus Richtung Gibraltar nach Malta laufenden Versorgungskonvois zu stören. Aber auch im östlichen Mittelmeer operierten noch U-Boote mit Erfolg. So gelang es zum Beispiel in der ersten Julihälfte den Booten U 97 (Oberleutnant zur See Bürgel), U 375 (Kapitänleutnant Koenenkamp) und U 562 (Kapitänleutnant Hamm) sowie den italienischen U-Booten «Perla» und «Alagi», drei Transporter zu versenken und einen weiteren zu torpedieren.

Im August kam es wieder zu einem Zweikampf zwischen einem italienischen und einem britischen U-Boot. Nachdem es den Engländern in der ersten Jahreshälfte gelungen war, im Kampf U-Boot gegen U-Boot allein fünf italienische und ein deutsches U-Boot zu vernichten, war diesmal das italienische U-Boot erfolgreich.

Das britische U-Boot «Thorn» (LtCdr. Norfolk) hatte am 4. August vor der libyschen Küste den italienischen Dampfer «Monviso» (5322 BRT) versenkt. Am 7. August gelang es dem italienischen U-Boot «Pegaso», das englische U-Boot zu versenken.

In der Ägäis versenkte das griechische, unter britischer Flagge fahrende U-Boot «Nereus» zwei kleine Dampfer, während das britische U-Boot «Proteus» den modernen deutschen Dampfer «Wachtfels» (8467 BRT) vernichtete. Aber schon holte die U-Boots-Waffe zu einem weiteren schweren Schlag aus.

Am 10. August 1942 lief der Großkonvoi »Pedestal» ins Mittelmeer ein, um nach Malta zu marschieren. Um diesen wertvollen Konvoi, bestehend aus vierzehn großen Dampfern und einem Tanker, sicher durchzubringen, wurden erstmals drei Flotten-Flugzeugträger eingesetzt.

«Das Schicksal Maltas beeinflußt unsere maritimen Pläne und Absichten von der Arktis bis zum Indischen Ozean. Nach unserem Fehlschlag im Juli, einen Geleitzug zu der belagerten Insel durchzubringen, mußte dies unbedingt im August gelingen», schreibt Roskill*, und damit ist die Wichtigkeit dieses Geleitzuges umrissen.

Während die «Furious» Weisung erhielt, weitere Jagdflugzeuge nach Malta einzufliegen, fiel das Los, den Konvoi «Pedestal» zu begleiten, auf die Flugzeugträger «Eagle», «Indomitable» und «Victorious».

Den 15 Handelsschiffen des Konvois war eine Bedeckungsstreitmacht von 2 Schlachtschiffen, 3 Flugzeugträgern, 7 Kreuzern und 25 Zerstörern unter Führung von Vizeadmiral E. N. Syfret beigegeben. Unter den 15 Handelsschiffen befanden sich zwei amerikanische, die «Almeria Lykes» und die «Santa Elisa».

Der Konvoikommodore, Commander A. G. Venables, befand sich auf der «Port Chalmers». Und mit der «Rochester Castle», «Deucalion», «Glenorchy», «Empire Hope», «Wairangi», «Waimarama», «Melbourne Star», «Brisbane Star», «Dorset» und «Clan Ferguson» standen ihm die schnellsten und modernsten englischen Handelsschiffe zur Verfügung. Der große Tanker «Ohio» war durch den britischen Kriegstransportminister von den Amerikanern gechartert worden. Dieses 11 500 BRT große Schiff wurde von Captain D. W. Mason geführt.

Auf den drei Trägern befanden sich 46 Hurricanes, 10 Martlets und 16 Fulmars. Die Schlachtschiffe «Nelson» und «Rodney» hatten eine gewaltige Feuerkraft, die genügte, um die italienische Flotte in Schach zu halten. Gegen die deutsch-italienischen Flugzeuge waren allein vier der Kreuzer als Flakkreuzer ausgerüstet, und zwar «Sirius», «Charybdis», «Phoebe» und «Cairo».

Die Kreuzer «Nigeria», «Kenya» und «Manchester» vervollständigten die gewaltigste Kampfkraft, die jemals um einen Mittelmeerkonvoi zusammengeballt war.

Als sich dieser Konvoi am 11. August auf der Höhe von Algier bewegte, wurde er von einem deutschen U-Boot, das im westlichen Mittelmeer operierte, gesichtet. Es war U 73 unter Kapitänleutnant Rosenbaum.

Die Mittagssonne des 4. August 1942 prallte wie flüssiges Kupfer auf die Steinpier neben dem Arsenal-Hafenbecken von La Spezia herunter. Dort lag seit dem frühen Morgen U 73 zur Proviantübernahme vertäut.

Der neue I. WO, Oberleutnant zur See Deckert, saß auf einer Proviantkiste und hakte die an Bord genommenen Lebensmittel in der Liste

---

* siehe Roskill: «Royal Navy»

ab. Zur gleichen Zeit nahm der II. WO Munition an Bord, und Hellmut Rosenbaum, in Tropenhemd und kurzer Hose, sah kopfschüttelnd zu, wie sich «Zustand» ausbreitete. Ein Kriegsberichter meldete sich beim Kommandanten als an Bord kommandiert.

Am Nachmittag legte das Boot ab und lief zwischen Tino und Palmeria hindurch südwärts. Bereits am 5. August erkrankten vier Besatzungsmitglieder an leichtem Fieber und Durchfall. Hinzu kam, daß einige kleine Unklarheiten entdeckt wurden, die unter Umständen zu einer Gefahr für das Boot werden konnten. Aber Hellmut Rosenbaum ließ ins Operationsgebiet weiterlaufen.

Einen Tag später waren bereits sechzehn Männer erkrankt. Das Boot marschierte weiter. Am späten Nachmittag dieses 6. August kam ein Tanker in Sicht. Aber der Kommandant hatte vom FdU Italien Weisung erhalten, auf einen gemeldeten Großkonvoi zu operieren und seine Anwesenheit im westlichen Mittelmeer so lange wie möglich geheimzuhalten. So umfuhr U 73 diesen Tanker. Zwei Stunden vor Mitternacht wurde noch ein U-Boot gesichtet. Mit abgeschalteten Dieseln und leise laufenden E-Maschinen – die Torpedos schußbereit – wurde dieses Boot in 1,5 Seemeilen Seitenabstand passiert.

Mit Sonnenaufgang des 7. August lief U 73 getaucht weiter. Die See war spiegelglatt; eine sengende Sonne brannte darauf hernieder und ließ See und Horizont ineinander verschwimmen.

Die Kranken erholten sich am 8. und 9. August zusehends. Nur einer blieb mit hohem Fieber in der Koje liegen, und das «Schlaue Buch» sagt, daß er Ruhr habe.

Der 10. August verging. In der Morgenfrühe des 11. August – das Boot hatte sich eben wieder unter Wasser verholt – kam eine Meldung aus dem Horchschapp:

«Schraubengeräusche in 272 Grad.»

Hellmut Rosenbaum ließ das Sehrohr ausfahren und suchte den Westhorizont ab. Nichts war zu sehen.

«Steht anscheinend noch unterhalb der Kimm!» berichtete er den wartenden Männern. «Auf 270 Grad gehen!»

Der Rudergänger legte das Ruder herum, und U 74 lief mit «Beide mittlere Fahrt» in Richtung Peilung. In Abständen von jeweils zwei Minuten ließ der Kommandant das Angriffssehrohr ausfahren. Erst beim achtenmal hatte er Glück.

«Steuerbord voraus Zerstörermasten. Entfernung 5000!»

«Der Feger, Herr Kaleunt!» bemerkte Deckert trocken.

«Hoffentlich. Dann müßten auch bald weitere Masten oder Rauchwolken in Sicht kommen. – Aus!»

Wieder surrte der Motor und trieb den «Spargel» in die Höhe. Rosenbaum suchte die See ab. Er ließ sich etwas um die Zielsäule herumdrehen – und auf einmal stockte ihm der Atem.

«Schiffspeilung 40 Grad, ein großes Fahrzeug. Frachter? – Vielleicht ein Schlachtschiff!»

Im Boot wurden Rufe und Fragen laut. Ein Räuspern des Kommandanten ließ sie verstummen.

«Zerstörer Steuerbord vom großen Fahrzeug. Noch einer vor ihm, und ein dritter an Backbord!»

In den nächsten Minuten zählte der Kommandant allein fünf Zerstörer und einen weiteren nicht klassifizierbaren Bewacher.

«Verband läuft zwölf Knoten, legt große Zacks ein. Stehen jetzt 6000 Meter ab. Schuß zu unsicher.»

Als das Sehrohr das nächste Mal ausgefahren wurde, war der gesamte Verband verschwunden.

«Hat offensichtlich wieder einen Zack eingelegt.»

Die Meldung aus dem Horchraum bestätigte diese Vermutung des Kommandanten. Im Boot herrschte fieberhafte Spannung. Die Luft war dick, und die laufenden E-Maschinen vergrößerten die im Boot herrschende Hitze um beträchtliche Grade. Aber davon merkten die Männer auf ihren Stationen, von denen mehrere Neulinge auf U-Boots-Fahrt waren, nichts. Jeder einzelne war nur noch gespannte Aufmerksamkeit.

«Aus!» befahl Rosenbaum gut eine Stunde später zum x-tenmal. Als der Sehrohrblick frei wurde, sah er plötzlich einen Zerstörer dicht beim Boot.

«Beide kleine Fahrt!»

Nun lief das Boot fast geräuschlos. Würde der Zerstörer darauf zuzacken?

Nein! In knapp 500 Meter Entfernung passierte er mit großer Fahrt den Standort von U 73, zackte dann nach Nordosten weg und hielt mit weißgischtender Hecksee auf den in dieser Richtung verschwundenen Verband zu. Er schien den Kriegsschiffsverband zu suchen. Oder suchte er – sie?

«Schraubengeräusche in Lage Null!»

«Sehrohr aus! – Zerstörer hat gedreht und läuft in Lage Null auf uns zu. – Morst mit Signalscheinwerfer. – Ein!»

Das Sehrohr wurde eingefahren, und die Schraubengeräusche wurden lauter. Sie waren schließlich im ganzen Boot zu hören. Noch immer machte U 73 Schleichfahrt.

Knapp hinter dem Heck des Bootes, höchstens 100 Meter entfernt, passierte der Zerstörer das U-Boot, und rasselnd entfernten sich die Rotationsgeräusche seiner Schrauben.

Die Männer atmeten pfeifend aus. Unwillkürlich hatte jeder von ihnen den Atem angehalten.

Mit eiserner Selbstdisziplin hatte Hellmut Rosenbaum der Versuchung widerstanden, auf größere Tiefe zu gehen. Das Boot wäre dann blind gewesen. Als der Zerstörer verschwunden war, ließ er das Luftzielrohr so weit wie möglich ausfahren, um einen weiten Rundblick zu nehmen.

Und bei diesem Rundblick erkannte er in der Richtung, die der Zerstörer angemorst hatte, einen förmlichen Mastenwald.

«Da läuft die ganze Mahalla, Männer. – Sehrohr ein!»

Abermals lief ein kleiner Zerstörer der Hunt-Klasse knapp 600 Meter achtern am Boot vorbei. Eine Viertelstunde darauf wiederholte sich dasselbe Manöver, nur daß dieses Fahrzeug bis auf 400 Meter herankam.

Die Spannung stieg auf einen Siedepunkt. Hellmut Rosenbaum stand mehrfach vor der Entscheidung: Sollte er auf einen der Zerstörer schießen oder sollte er noch warten und unter Umständen – nichts vor die Rohre bekommen?

Aber da waren Frachter gewesen. Mindestens sechs oder sieben. Und diese Frachter mußten nach Malta laufen und irgendwie an ihm vorbei. Außerdem waren mindestens zwei Kreuzer beim Verband gewesen.

«Kommandant an alle: Wir laufen auf den Feindverband zu. – Beide Große Fahrt!»

In einer weiten Kurve drehte das Boot auf Westkurs. Immer wieder ließ Rosenbaum kurz mit der Fahrt heruntergehen und das Sehrohr zu schnellen Rundblicken ausfahren.

«Auf Gefechtsstationen! Alle Rohre klar zum Unterwasserschuß!»

Die Würfel waren gefallen. Im Bugraum arbeitete der Torpedomaat mit seinen beiden Gasten. Er überprüfte die Einstellungen und meldete dann durch das Sprachrohr zum Turm hinauf:

«Rohre klar!»

Oben im Turm befanden sich der Kommandant hinter dem Sehrohrblock, Oberleutnant Deckert dicht neben ihm und die Nummer Eins hinter der Rechenanlage. Den Rudergänger nicht zu vergessen.

I. WO und Nummer Eins berechneten die vom Kommandanten durchgegebenen Schußunterlagen und gaben die Werte über die Feuerleitanlage in den Bugraum hinunter.

«Aus!» befahl Rosenbaum, und als er den ersten Rundblick tat, erkannte er den Verband, und in der Steuerbord-Außenkolonne, ganz am Schluß sah er sein Ziel: einen Flugzeugträger. Flugzeugträger waren im Mittelmeerraum Edelwild.

Auf diesen richtete sich von nun an die gesammelte Aufmerksamkeit des Kommandanten. Er ließ alle vier Torpedos der Bugrohr-Chargierung auf ihn einstellen.

«Ein!» befahl er. Dann wandte er sich an die Besatzung: «An alle Stellen von Kommandant. Unser Ziel ist ein Flugzeugträger!»

Aber um die «Eagle» – diese war es, die Rosenbaum anvisierte – zu erreichen, um in Schußposition zu gelangen, galt es, die sie umschwärmenden sieben Zerstörer auszumanövrieren.

«Beide kleine Fahrt! – Ruder Backbord zehn! – Mittschiffs!»

Der Gefechtsrudergänger brauchte nur zu flüstern, so nahe stand er beim Kommandanten.

Die Schußwerte wurden vom I. WO – dem Torpedo-Offizier – in den Bugraum hinuntergegeben.

«Achtung! Völlige Stille im Boot! Zerstörer kommen näher!»

Das Hummeln und Jicheln der Schrauben wurde lauter. Die Zerstörer überliefen das Boot, fanden es nicht, obgleich auftreffende Ortungsstrahlen zeigten, daß ihre Geräte eingeschaltet waren.

Ein neues Ruderkommando ließ U 73 zwischen dem dritten und vierten Zerstörer eindrehen. Das Boot befand sich nun innerhalb des Bewacherringes.

«Aus!»

Wieder waren der Kreuzer und dahinter, etwas nach Backbord herausgestaffelt, der Träger zu sehen. Ferner zwei Zerstörer als Nahsicherung. Und dann passierten acht Frachter das Boot.

«Diese Frachter, Deckert?» fragte Rosenbaum.

«Nein, Herr Kaleunt, den Träger!» half der I. WO seinem Kommandanten. Und Hellmut Rosenbaum schoß nicht auf diese 7000- bis 10 000-Tonner. Er wollte den Flugzeugträger versenken.

Genau 120 Sekunden später befand sich die «Eagle» in Schußposition.

Noch einmal gab er eine Korrektur. Auf sechs Meter Tiefe sollten alle vier Aale das Ziel erreichen.

Zwei kleine Ruderkorrekturen erforderten gleichzeitig eine letzte Korrektur der Schußwerte. Die Torpedos waren mit geringer Streuung eingestellt. Es mußte mehr als einer treffen.

«Hartlage! – Hartlage!» meldete abschließend der Zielgeber.

«Sehrohr aus! – Torpedowaffe – Achtung!»

Der kurze Blick zeigte Rosenbaum die gigantischen Aufbauten und das gesamte Mittelschiff des Trägers in der Optik.

«Fächer – lllos!»

Nacheinander verließen die vier Torpedos die Ausstoßrohre. Wasser spritzte mit der aufwölkenden Preßluft in den Bugraum.

Der Zentralemaat flutete die Ausgleichstanks, außer dem achtern befindlichen Tank I. Der LI rief alle verfügbaren Männer nach vorn, damit das Boot nicht durchbrach, und durch diese Schwerpunktverlagerung stellte sich U 73 fast auf den Kopf und ging auf Tiefe.

«Torpedos laufen!» meldete der Mann im Horchraum, der den Lauf verfolgte. Und auf einmal, während das Boot – in richtigem Winkel – tiefer in die See hinunterging, erklang eine erste dröhnende Explosion. Zwei Sekunden später eine zweite, genauso dröhnend, und dann auch schon die dritte und unmittelbar dahinter die vierte.

«Alle vier Torpedos Treffer!» jubelte der Kommandant.

Für einen Augenblick brach sich die aufgestaute Erregung Bahn, hallten Geschrei und Hurrarufe durch die Röhre.

«Ruhe im Boot!» befahl Rosenbaum knapp.

Für ihn begann jetzt der schwierigste Teil der Unternehmung: Er mußte sein Boot heil aus der Mahalla der Kriegsschiffe herausbringen.

Dumpfes Krachen, helleres Bersten und dann ein Geräusch, als würden Tonnenlasten von dickem Kies von einem Wagen abgeschüttet, drangen ins Boot. Jedermann konnte es hören.

«Sinkgeräusche!» meldete der Funkmaat aus dem Horchraum.

Aber konnte dieser große Träger von einer Torpedosalve so schnell versenkt werden?

Genau vierzehn Minuten nach dem Schuß dröhnte eine gewaltige Kesselexplosion durch die See.

Tief unter Wasser war die gesamte Kesselanlage der «Eagle» explodiert.

Rings um das Boot krachten Wabos. Blind geworfen. Und dazwischen erklang immer wieder das Zirpen der Asdic-Ortung.

«Alle entbehrlichen Maschinen abstellen! Auf 170 Meter gehen! – Schleichfahrt!»

U 73 kroch in 170 Meter Tiefe nach Osten, drehte dann auf Südostkurs. Drei Stunden schlich das Boot solcherart weiter.

«Freiwache auf die Kojen! Tauchretter anlegen und über Kalipatronen atmen!»

Dieser Befehl wurde bereits eine Stunde nach Beginn der Schleichfahrt gegeben, denn Rosenbaum wußte nicht, wie lange der Gegner das Boot unten halten würde.

Als das Boot schließlich – mit fünf Tonnen Leckwasser in den Bilgen – auf Sehrohrtiefe hochging und Kapitänleutnant Rosenbaum die See absuchte, sah er kein Feindfahrzeug, wohl aber eine lange Ölschleppe, die U 73 hinter sich herzog.

«Treibstoff aus leckem Bunker umfüllen und Leckbunker ausdrücken!»

In der Abenddämmerung tauchte das Boot auf. In belebendem Strom drang die frische Luft ins Boot und wurde von den Umwälzern in die letzte Ecke gedrückt. Der Funkmaat setzte nun den FT-Spruch an den FdU Italien, Kapitän zur See Kreisch, ab:

«Geleit – 15 Zerstörer und Geleitboote, 2 Kreuzer, 9 bis 10 Frachter, 1 Flugzeugträger, 1 Schlachtschiff wahrscheinlich. Fächerschuß auf Flugzeugträger. Vier Treffer aus 500 Meter Entfernung. Starke Sinkgeräusche. – Alles klar! – Rosenbaum »

Am Abend des 11. August um 22.00 Uhr wurde in einer Sondermeldung des Deutschen Rundfunks die Versenkung des Flugzeugträgers «Eagle» bekanntgegeben. Daß es sich um die «Eagle» handelte, war von der Funküberwachung erkannt worden.

Die «Eagle» hatte vorher auf neun Fahrten allein im Jahre 1942 183 Spitfire nach Malta gebracht.

Der größte Teil der Besatzung konnte von den Zerstörern gerettet werden, aber 200 Mann fanden mit der «Eagle» – die genau acht Minuten nach den Treffern sank – den Tod.

Am Abend des 11. August wurde der Konvoi von 36 Ju 88 und He-111-Torpedoflugzeugen vergeblich angegriffen. Ein neuer Luftangriff am Morgen des 12. August auf der Höhe von Cap Bone verlief ebenfalls erfolglos. Erst am Nachmittag dieses Tages hatten neue Luftangriffe Erfolg. Die «Victorious» wurde getroffen und ein Dampfer versenkt. Savoia-Bomber, Caproni-Kampfbomber und vierzehn Macchi-Jäger der italienischen Luftwaffe griffen in den Kampf ein.

Das italienische U-Boot «Uarscieek», das am 11. August einen Fehlangriff auf einen der übrigen Träger versucht hatte, griff am Mittag des 12. August zum zweitenmal vergebens an.

Das italienische U-Boot «Dagabur» (Kapitänleutnant Peccori), das den Träger «Furious» am 11. August angriff, wurde von den Begleitzerstörern entdeckt und vernichtet.

Am 12. August lief der Konvoi in eine italienische U-Boots-Linie hinein. Die Boote «Emo» (Franco) und «Cobalto» (Amicarelli) führten Torpedoangriffe durch. «Cobalto» wurde aufgefaßt und von den Geleitzerstörern durch Wasserbomben versenkt. U-Boot «Dessie» (Scandalo) versenkte einen Dampfer. Schließlich kam auch noch «Bronzo» (Buldrini) heran und schoß einen weiteren Dampfer aus dem Konvoi heraus.

Zur gleichen Zeit war auch die Luftwaffe nicht untätig gewesen. Der Träger «Indomitable» wurde schwer getroffen. Der Zerstörer «Foresight» sank nach einem Volltreffer. Der Tanker «Ohio» wurde nicht weniger als dreimal schwer getroffen. Er konnte seine Fahrt trotzdem bis Malta fortsetzen.

Inzwischen waren auch italienische Seestreitkräfte aus Trapani und Neapel ausgelaufen.

Als die aus Neapel ausgelaufenen Einheiten die nördliche Einfahrt der Straße von Sizilien erreichten, stießen sie auf eines der drei hier vorsorglich aufgestellten englischen U-Boote, die «Unbroken». Dieses Boot torpedierte am Morgen des 13. August gegen acht Uhr die beiden Kreuzer «Attendolo» und «Bolzano».

Auf der Höhe von Biserta drehten die Schweren Einheiten der Force K unter Admiral Syfret nach Westen zurück. Konteradmiral Burrough geleitete den Konvoi mit vier Kreuzern und zwölf Zerstörern allein weiter nach Malta. Als Burroughs Flaggschiff, die «Nigeria», und der Flakkreuzer «Cairo» kurz nach der Trennung von dem U-Boot «Axum» unter Kapitänleutnant Ferrini torpediert wurden, stieg er auf einen Zerstörer über und schickte die «Nigeria», die nur noch halbe Kraft laufen konnte, nach Gibraltar zurück. Kurze Zeit darauf wurden die «Clan Ferguson» und die «Empire Hope» durch die italienischen U-Boote «Dessie» und «Bronzo» versenkt und der Dampfer «Brisbane Star» torpediert. Schließlich wurde die «Kenya» durch das U-Boot «Alagi» unter Korvettenkapitän Puccini versenkt. Das gleiche Boot versenkte auch noch einen Dampfer. Admiral Syfret ließ auf die Katastrophenmeldungen hin einen seiner Kreuzer und zwei Zerstörer umkehren, um die Bedeckungskräfte wieder auf den alten Stand zu bringen.

Kurz nach Mitternacht des 13. August erfolgte dann ein deutsch-italienischer Schnellbootsangriff. Der Kreuzer «Manchester» wurde torpediert und versenkte sich gegen fünf Uhr selber. Fünf Handelsschiffe sanken.

In den ersten hellen Stunden des 14. August griffen wieder deutsche Bomber aus Comiso an. Die «Waimarama» wurde versenkt, zwei weitere Dampfer beschädigt, darunter auch der Großtanker «Ohio».

Nur fünf der vierzehn Handelsschiffe erreichten Malta. Neun Handelsschiffe mit insgesamt 88 588 BRT wurden versenkt (davon vier durch italienische Schnellboote).

Der Tanker «Ohio» (9514 BRT) erreichte Malta, war aber so schwer beschädigt, daß er für die Dauer des Krieges ausfiel.

Eine mit größter Erbitterung geführte Konvoischlacht war zu Ende gegangen.

Als U 73 Wochen später wieder in La Spezia einlief (es war nach der Versenkung der «Eagle» nicht noch einmal zum Schuß gekommen), stand das Personal der 29. U-Flottille vor dem Wohnheim angetreten. Eine italienische Kapelle spielte das Deutschlandlied, und Kapitän zur See Kreisch, der von Rom herübergekommen war, zeichnete Hellmut Rosenbaum mit dem Ritterkreuz des Eisernen Kreuzes aus, das ihm bereits am 12. August verliehen worden war.

Kapitän zur See Kreisch, der trotz der U-Boots-Knappheit zwei Boote ins westliche Mittelmeer entsandt hatte, weil er mit einem großen Geleitzug von Westen für Malta gerechnet hatte, konnte zufrieden sein. Er sagte zur Leistung von U 73*:

«Die Versenkung der ‹Eagle› ist als ein Musterbeispiel für einen taktisch richtigen und ungewöhnlich schneidigen U-Boots-Angriff bemerkenswert. Dem U-Boots-Kommandanten gelang es, von vorn kommend, die Sicherung unter Wasser zu durchbrechen. Spärlicher und sehr geschickter Sehrohrgebrauch verschaffte ihm einen Überblick über Art und Aufstellung des Geleitzuges. Als wertvollste Einheit hat Rosenbaum den ziemlich am Schluß marschierenden Flugzeugträger ausgemacht. Trotz der Gefahr, daß ein Wegzacken des Verbandes ihm alle Chancen nehmen konnte, ließ er sichere Ziele in Gestalt schwerbeladener Transporter auf geringem Abstand passieren.

Er setzte gewissermaßen alles auf eine Karte: auf die ‹Eagle›.

Rosenbaum berichtete, daß er seine Beobachtungen während des Angriffs laufend seinem neben ihm stehenden Wachoffizier, dem Oberleutnant zur See Deckert, zugerufen habe. Deckert fühlte, was in der Seele seines Kommandanten vorging.

---

* siehe Kreisch, Leo: a. a. O.

‹Die ‚Eagle', Herr Kaleunt! Die ‚Eagle' oder gar nichts!› mahnte er wiederholt und gab damit eine mehr als moralische Stütze.

Rosenbergs taktisch richtiges Denken, sein Können und seine Charakterstärke wurden belohnt. Die vier auf etwa 500 Meter Entferung abgefeuerten Torpedos trafen sämtlich ihr Ziel. In wenigen Minuten war der stolze Träger mit seinen Flugzeugen verschwunden.»

(Kapitänleutnant Rosenbaum wurde später Chef der 30. U-Flottille in Konstanza. Er verunglückte auf einem Dienstflug.)

Da die Gesamtzahl der im Mittelmeer vorhandenen Boote auf etwa fünfzehn abgesunken war, wurden von Kapitän zur See Kreisch Verstärkungen angefordert. Denn von diesen fünfzehn Booten waren jeweils nur etwa fünf einsatzbereit.

Von nun an wurden wieder einige Boote ins Mittelmeer entsandt. Im Jahre 1942 waren es vierzehn Boote. Die meisten kamen allerdings erst nach der alliierten Landung in Nordafrika. Da im gleichen Zeitraum fünfzehn Boote verlorengingen, hatte die deutsche U-Boots-Waffe im Mittelmeer Ende Dezember 1942 einen Bestand von zwanzig Booten.

Mit dem Vordringen der Panzerarmee Afrika im Sommer 1942 verlagerte sich der Schwerpunkt des U-Boots-Einsatzes von August an in das westliche Mittelmeer.

Die einzigen Ziele, die sich ihnen hier im Herbst boten, waren die Flugzeugträger, die in unregelmäßigen Abständen von Gibraltar aus in das Seegebiet südostwärts der Balearen vorstießen, um von dort aus Jagdflugzeuge nach Malta zu starten. Aber es gehörte neben dem taktischen Können und der Findigkeit der Kommandanten eine große Portion Glück dazu, um mit vier Booten in dem relativ weiten Seegebiet einen stark gesicherten Flugzeugträger abzufangen.

Der FdU Italien sagte zu dieser Phase des Kampfes:

«Wir haben uns damals redliche Mühe gegeben. Wir haben viele Betrachtungen und Überlegungen angestellt, diese Aufgabe zu lösen. Es ist nicht ohne Interesse zu erfahren, wie nahe wir einem beachtlichen Erfolg waren.» (Darüber, wie der Träger «Furious» um ein Haar einem deutschen U-Boot zum Opfer gefallen wäre, später.)

Im Stab des Befehlshabers der U-Boote Italien wurden schon im Spätsommer Überlegungen angestellt, welchen Beitrag die U-Boote zur Abwehr einer etwaigen alliierten Landung in Nordafrika leisten könnten. Eine Verstärkung der U-Boots-Zahlen war das dringendste Erfordernis, doch diesem Ansuchen wurde nur sehr zögernd stattgegeben. Die U-Boots-Kriegführung im Atlantik stand verstärkt im Mittelpunkt. Außerdem waren mit dem U-Boots-Einsatz vor der USA-Küste sowie im Südatlantik zwei neue Einsatzgebiete hinzugekommen, die erfolgversprechender waren.

Die Seekriegsleitung sandte dem FdU Italien eine Denkschrift über alliierte Landungsmöglichkeiten, deren folgende Punkte interessant sind, da in ihnen genau die Orte genannt wurden, an denen schließlich die Landungen stattfanden.

1. Die Franzosen werden sich mit höchster Wahrscheinlichkeit einer Landung widersetzen.
2. Die leistungsfähigen Häfen Oran und Algier sind befestigt und werden verteidigt werden.
3. Neben Algier und Oran sind für eine Landung mit der erforderlichen Ausladung von Panzern und Schwergut vornehmlich Mostaganem und die Bougie-Bucht geeignet, die ostwärts Algier liegt.

In erster Linie zogen Mostaganem und die Bougie-Bucht das Interesse der U-Boots-Führung im Mittelmeer auf sich. Vizeadmiral Kreisch berichtet darüber:

«Mein Stab stellte in dieser Lage folgende Überlegungen an:

Ein U-Boots-Einsatz trifft den Gegner am wirkungsvollsten im Augenblick der Landung an den Landungsplätzen. Aber wo wird er landen?

Am wahrscheinlichsten faßt man den Feind im Gibraltarschlauch. Das ist aber ein sehr schwieriges Operationsgebiet. Hier tritt den Booten eine massive Abwehr, zumal aus der Luft, entgegen. Die Boote können sich nur langsam und getaucht bewegen. Es wird sehr zeitraubend sein, sie von dort zu lösen und wieder zur Verfügung zu haben. Also empfiehlt es sich mehr, die Boote ostwärts des Gibraltarschlauches aufzustellen.

Sollen sie sich mit kleineren Zwischenräumen in einer Standlinie oder erweitert in zwei Standlinien aufstellen? Ist dem Überwasserangriff bei Nacht oder dem Unterwasserangriff bei Tage der Vorzug zu geben?

Danach richtet sich die Aufstellung der Boote auf der vermuteten Nacht- oder Tagesstrecke des Gegners. Zu beachten ist, daß eine Verbesserung der Position der Boote, vornehmlich ein Ablaufen und wieder Vorsetzen vor den Gegner, unter den Verhältnissen im Mittelmeer nicht möglich ist.

Sind die Boote vom Gegner überlaufen, dann können sie erst lange nach ihm auf den inzwischen erkannten Landestellen eintreffen.

Alle Möglichkeiten auszuschöpfen, verbietet sich. Denn eine Aufstellung sowohl auf den Anmarschwegen als auch an den vermuteten Landungsstellen läßt die geringe Zahl der Boote nicht zu.»

Diese wenigen Sätze kennzeichnen die Gefährlichkeit und Unwägbarkeit des Mittelmeereinsatzes der U-Boote.

Kapitän zur See Kreisch sah als Lösung eine Aufstellung in zwei Standlinien an. Die erste Linie wurde dabei so weit nach Westen vorgeschoben, daß ein nach Oran oder nach Mostaganem laufender Gegner mit Sicherheit noch gefaßt wurde. Die zweite Standlinie wurde etwa 100 Seemeilen dahinter aufgestellt. Die Boote sollten in ihren Standlinien bleiben, bis Klarheit über die Anzahl der Wellen bestand, in denen der Gegner marschierte, sowie über die Landungsziele.

Im engsten Kreise gab Leo Kreisch dieser Kompromißlösung die Bezeichnung «Känguruh» und erläuterte sie:

«Mit leerem Beutel große Sprünge machen.»

Zwischen dem Einsatz am Konvoi «Pedestal» und der Landung lagen jedoch noch eine Reihe kleinerer Erfolge und schmerzlich empfundener Verluste für die U-Boots-Waffe.

U 83 WIRD EINGESCHLEPPT

Eines der Boote, das noch einmal Glück im Unglück hatte, war U 83, das inzwischen bereits wieder ausgelaufen war. Diese Feindfahrt hatte mit Widrigkeiten begonnen; denn kaum stand U 83 im Tyrrhenischen Meer, als seine Schraubengeräusche zu laut wurden. Das Boot lief Messina an. Hier schickte der LI einen Mann mit Tauchretter hinunter, der die Ursache des Geräusches schnell feststellte: Der Flügel der Backbordschraube war stark verbogen. Anscheinend war beim Ablegen in La Spezia irgendein Gegenstand in die Schraube geraten.

Das Boot ging ins Dock. Der Schaden wurde behoben, und mit nur einem Tag Verspätung ging es durch die Messinastraße in Richtung Patras. In Sicht der Insel Kephalonia drehte U 83 nach Süden. Luft und Meer waren von unwahrscheinlicher Bläue, und der Kommandant ließ außer der Brückenwache noch jeweils weitere zwei bis drei Männer zum Luftschöpfen nach oben kommen. Dicht unter der kretischen Südküste schwenkte das Boot auf Ostkurs, Richtung Cypern. Einsatzziel war wieder einmal das Seegebiet zwischen Cypern und Port Said. Außerdem wollte der Kommandant auf dieser Feindfahrt auch die große Fabrik zwischen Beirut und Tripolis beschießen.

Südlich Cypern geriet U 83 in einen britischen Flottenverband. Die gesichteten Kreuzer standen jedoch zu weit entfernt, und auf Zerstörer wollte Kraus diesmal nicht schießen. Ein Versuch, Anschluß zu gewinnen, schlug fehl. Am nächsten Tag setzte das Boot den Marsch nach Süden fort.

Haifa wurde erreicht. Hier war alles ruhig. In langen Suchschlägen stand das Boot vor Port Said auf und ab. Eines Morgens bemerkte Kraus durch das Sehrohr starken Flugzeugverkehr. Es blieb getaucht, und gegen Mittag wurden Schraubengeräusche gehorcht. Später traten an Backbord voraus Mastspitzen über die Kimm. Der Mastform nach waren es Kriegsschiffe. Nur Sekunden durfte das Sehrohr ausgefahren werden, denn die Flugzeuge jagten sehr tief in Rottenformation über die See hinweg.

Die Besatzung stand auf Gefechtsstationen und lauschte den Berichten des Kommandanten. Geben wir wieder Hans Werner Kraus das Wort:

«Es ist mehr so eine Art Selbstgespräch, das ich hier oben im Turm halte. Es geht über die eingeschaltete Befehlsanlage an alle Stellen. Die Leute sind mir dankbar, denn es ist ja ihre einzige Verbindung zu den Ereignissen oben, von denen sie nie etwas sehen.

Bei meinen Blitzrundblicken kann ich jetzt klar einen Verband von zwei großen und einigen kleineren Schiffen ausmachen. Sie sind noch unter der Kimm. Nur Masten und Schornsteine, manchmal auch schon Brückenaufbauten, sind zu sehen. Sie befinden sich fast genau voraus – also beinahe unerreichbar für mich. Da beobachte ich, wie der ganze Verband etwa um 90 Grad dreht. Er hat auf uns zugezackt, denn die Schiffe wachsen schnell in ihrer ganzen Größe aus der Kimm heraus. Es sind zwei große Pötte, einer mit zwei, der andere mit drei Schornsteinen; davor ein kleinerer Flak-Kreuzer. Zu beiden Seiten und achteraus laufen je ein Zerstörer.

Wer beschreibt meine Überraschung, als ich im vorderen Zweischornsteinschiff unseren Freund von Tobruk wiedererkenne, bei dem der Angriff damals wegen der nicht schnell genug geöffneten Mündungsklappen danebenging.

Diesmal kommt er zu dicht an uns vorbei, als daß ein Angriff auf ihn erfolgreich wäre. Aber den Dreischornsteiner, den wollen wir uns holen.

Es scheint ein Truppentransporter oder sogar ein Hilfskreuzer zu sein. Er hat gut seine 15 000 Tonnen und ist vorn und achtern mit Geschützen bestückt.

Auf 400 Meter schießen wir unseren Fächer, dann gehen wir schnell auf Tiefe.

Zwei Detonationen zerreißen brutal die lastende Stille. Treffer!

Dann kommen Wasserbomben, etwa eine Stunde lang; viele. Dann Stille.

Und nun geschieht etwas, was wir bisher in dieser Form noch nicht erlebt hatten. Wir hören ein Knacken über uns, als würden jemandem die Knochen gebrochen. Das Knacken und Brechen wird stärker; es poltert, als fielen ganze Waggonladungen Steine auf das Boot. Dazwischen helles, scharfes Knallen, als zersprängen Stahlsaiten.

Ein Hexensabbat ist über uns los. Uns weicht langsam alle Farbe aus den Gesichtern. Über uns kämpft ein Schiff seinen Todeskampf. Wir fürchten, daß uns dieser Koloß auf den Kopf fällt. Nach 40 Minuten vernehmen wir ein letztes Zischen und Rauschen, dann herrscht Stille.

Erst nach Eintritt der Dunkelheit können wir auftauchen und uns nach Norden absetzen.

Wir melden über FT unseren Erfolg.

Nach unseren Unterlagen ist es die 20 000 BRT große ‹Atlanta› gewesen, die hier für immer von der See verschwunden ist.»

So weit der Bericht des Kommandanten.

Gegen Mitternacht, der Obersteuermann hatte eben als III. WO abgelöst, kam Fliegeralarm von der Brücke. Der Kommandant eilte in die Zentrale. Die Brückenwächter fielen gerade wie reife Pflaumen von oben herunter. Das Boot kippte an. Es befand sich eben auf Sehrohrtiefe, als die ersten Bomben krachten. Wie ein Ball wurde U 83 herumgewirbelt. Das Licht erlosch schlagartig. Glas zerklirrte. Die Maschinen blieben stehen. Das Boot stellte sich jäh auf den Kopf. Leute flogen gegen Geräte und Leitungen. Es gab Verletzte, und nun schien U 83 auf immer unterzugehen.

«Überall anblasen!» rief Kapitänleutnant Kraus.

Zischend fuhr die Preßluft in alle Zellen. Das Boot stand. Der Bug hob sich wieder, kam empor, und das Boot schoß an die Wasseroberfläche zurück.

Als Hans Werner Kraus das Turmluk aufriß, schlug ihm strahlende Helle entgegen. Um das Boot hingen Leuchtfallschirme am Himmel.

Zwei, drei Flugzeuge stießen auf U 83 nieder und eröffneten aus ihren Bordwaffen das Feuer.

«Feuer erwidern!»

Die Zwozentimeter traten in Aktion. Aber weder die Maschinen, noch das Boot erzielten Treffer, und als die Leuchtbomben erloschen, waren auch die Flugzeuge verschwunden. Sie hatten wahrscheinlich keine Bomben mehr.

Tauch- und manövrierunfähig lag U 83 auf dem Wasser, ein gutes Ziel für weitere Bomber. Unter Deck arbeitete alles unter Leitung des LI an den Maschinen und dem ausgefallenen Sender. Eine Stunde später meldete der Dieselobermaschinist, daß ein Diesel wieder laufe. Der Notsender war inzwischen klar und sandte Notzeichen mit dem Standort. In Rom wurden diese Zeichen verstanden und quittiert.

Kapitänleutnant Kraus ging durch das Boot. Was er sah, bestätigte ihm die Tauchunklarheit des Bootes. Eine Bombe hatte es vorn am Bug getroffen. Die Bugrohre machten stark Wasser, das aber gerade noch von den Pumpen bewältigt werden konnte. Alle Gestänge für die Tiefenruder und vorderen Entlüftungen waren verbogen. WC und Funkraum glichen einem Scherbenhaufen. Alles Porzellan war hin. Im Bugraum konnten sich die Männer wegen der sich entwickelnden Chlorgase aus der Batterie nur mit Tauchrettern und Gasmaske bewegen.

Kapitänleutnant Kraus spielte bereits mit dem Gedanken, das Boot hinter der Alameinfront zu sprengen und mit der Besatzung zu Rommels Truppen zu gehen.

Als aber am nächsten Morgen alles ruhig blieb, befahl er Kurs auf Kreta. Den ganzen Tag über wurde kein einziges Flugzeug gesichtet. Ein Funkspruch sagte ihnen, daß der Zerstörer «Hermes» unterwegs sei und sie am nächsten Morgen erreicht haben würde. Er war sofort nach der Meldung aus Athen ausgelaufen. Am 18. August traf «Hermes» bei U 83 ein und schleppte das Boot unter den Augen der Engländer in Richtung Salamis.

Ständig hingen Maschinen der deutschen Luftsicherung über dem kleinen Konvoi.

Zwei Tage später, am 20. August, wurde Salamis erreicht. Dort wurde das Loch im Bug provisorisch mit Beton vergossen. Kapitänleutnant Kraus überführte sein Boot nach La Spezia in die Werft. Er erhielt hier die italienische Tapferkeitsmedaille in Silber.

Im Oktober 1942 übergab er U 83 seinem Nachfolger, Oberleutnant zur See Wörishofer, und nahm Abschied vom Mittelmeer, um eines der soeben fertig gewordenen großen U-Boote zu übernehmen.

U 372 erging es schlimmer als U 83. Korvettenkapitän Neumann, der im östlichen Mittelmeer vor der palästinensischen Küste und vor Jaffa operierte, wurde dort von einer U-Jagdgruppe aufgefaßt, mehrere Stunden gejagt und dann versenkt. Der Kommandant und einige Besatzungsmitglieder gerieten in Gefangenschaft.

In den Ruhm, dieses Boot versenkt zu haben, teilten sich die beiden Zerstörer «Sikh» und «Zulu» und die Geleitzerstörer «Croome» und «Tetcott».

«Sikh» und «Zulu» sollten nur etwas mehr als einen Monat dieses Boot überleben.

Hier an den kleinen Konvois vor Port Said versenkte am 26. August U 375 unter Kapitänleutnant Koenenkamp den Transporter «Empire Kumari» mit 6228 BRT.

Im Lagezimmer des FdU Italien nahe Rom beriet Kapitän zur See Kreisch mit seinem Stab die Lage.

«Ein stark gesicherter Flugzeugträger ist aus Gibraltar ausgelaufen. Drei unserer Boote stehen in einer Aufklärungslinie am Ostausgang der Gibraltarstraße, ein viertes ist auf dem Marsch dorthin, um diese Linie zu verstärken.»

«Es ist aber fraglich, Herr Kapitän», warf der 1. Admiralstabsoffizier, Korvettenkapitän Schewe, ein, «ob es dem vierten Boot möglich sein wird, vor dem englischen Verband zur Stelle zu sein.»

«Nun gut, dann werden wir es in ein Gebiet leiten, wohin der Flugzeugträger vermutlich laufen wird, um die Maschinen nach Malta zu starten.»

Die Offiziere des Stabes zirkelten ihre Kreise um Malta herum ab, mit den möglichen Aktionsradien der Jagdflugzeuge. Von Gibraltar aus wurde dasselbe getan, hier unter Zugrundelegung der Vormarschgeschwindigkeit des Trägers und seines Verbandes.

«Hier müßte das Boot eine Chance haben, Herr Kapitän!»

Der I. ASTO deutete auf den Seeraum südostwärts der Balearen.

«Gut. FT-Spruch an U 458: Ansteuern Raum südostwärts Balearen. Dort wird vermutlich britischer Träger «Furious» bei Hellwerden Jagdflugzeuge nach Malta starten.»

Der Funkspruch ging hinaus und erreichte das Boot, das in den Operationsraum westliches Mittelmeer unterwegs war. Als er Kapitänleutnant Diggins auf die Brücke gebracht wurde, lächelte der Kommandant.

«Kurswechsel, I. WO! Wir steuern 38-00 Nord und 05-00 Ost an.»

Das Boot, das mit Generalkurs 210 Grad nach Südsüdwesten lief, ging auf Kurs 230 Grad.

«Was ist los, Herr Kaleunt?»

«Morgen früh sollen wir südostwärts von Menorca auf den englischen Flugzeugträger ‹Furious› stoßen.»

«Und wie sollen wir in dem Riesenaquarium dieses winzige Pünktchen finden?»

«Ich hoffe, daß wir etwas Glück haben.»

«*Etwas* Glück genügt nicht, Herr Kaleunt!»

Zwei Stunden nach Mitternacht erreichte das Boot die befohlene Position. Kurt Diggins war mit der neuen Wache auf den Turm gekommen und suchte die nächtliche See ab. Nichts war zu sehen als die unendliche Fläche des Wassers.

«Hundertprozentiger Ausguck! Wer den Flugzeugträger zuerst sichtet, erhält drei Tage zusätzlichen Urlaub.»

Die nächsten Stunden vergingen in quälender Ungewißheit. Würde der Verband in Sicht kommen? Und wenn ja, würden sie zum Schuß kommen?»

«Mastspitzen!» meldete eine halbe Stunde vor Tagesanbruch, noch in der Dämmerung, der Bootsmannsmaat der Wache.

«Kommandant auf die Brücke!» rief der II. WO, der die Wache um 4.00 Uhr übernommen hatte. Kapitänleutnant Diggins erschien.

«Mastspitzen, Herr Kaleunt!»

«Tatsächlich. – Kriegsschiffsverband! Kommt schnell näher!»

«Auf Tauchstationen!»

So schnell wie diesmal war das Boot noch nie unter der Wasseroberfläche verschwunden.

In Sehrohrtiefe eingependelt, lief es mit kleiner Fahrt weiter auf den Verband zu. Schon sah Diggins die Aufbauten eines Flugzeugträgers.

«Der rennt uns genau vor den Bug! – Auf achtzig Meter gehen!»

Der Kommandant hatte die Sicherungszerstörer gesehen, von denen zwei direkt auf das Boot zu hielten.

Die Schraubengeräusche gingen über das Boot hinweg. Nichts geschah.

«Auf Sehrohrtiefe gehen!»

Sie hatten den Sicherungsring untertaucht.

«Auf Gefechtsstationen! – Boot greift Flugzeugträger an!»

Näher und näher kam der Träger heran. Gleich konnte er schießen.

«Rohre bewässern. Rohr I bis IV klar zum Unterwasserschuß!»

Preßluft ging auf die Ausstoßpatronen.

Die Fertigmeldelampen müßten jetzt aufleuchten und dem Kommandanten, seinem I. WO und dem Oberbootsmann hinter der Rechenanlage zeigen, daß das Boot schußbereit war. Aber nichts dergleichen geschah.

«Bugraum von Kommandant. Was ist los?» rief Diggins unterdrückt. «Warum wird nicht klargemeldet?»

«Rohre lassen sich nicht bewässern, Herr Kaleunt! Störung!» schallte die Antwort aus dem Bugraum herauf.

«Mündungsklappen sind auf!» kam wenig später die erlösende Meldung.

«Himmelherrgott noch mal!»

Da aber die Mündungsklappen gleichzeitig geöffnet worden waren, strömten viele Tonnen Wasser sofort in die Rohre hinein, weil diese nicht vorher aus dem unter den Rohren befindlichen Tank bewässert worden waren. Das Boot bekam starke Buglastigkeit.

«Untergeschnitten!» knirschte Diggins wütend.

Sofort handelten der LI und die Tiefenrudergänger, um das Boot wieder auf Sehrohrtiefe einzupendeln. Als der Kommandant den Ausblick endlich frei hatte, war die Chance zum Schuß bereits vertan. Der Flugzeugträger war vorbeigezogen und nun infolge seiner hohen Fahrtstufe nicht mehr einzuholen. Ein Fehler an der Bewässerungsleitung hatte das Boot um einen bereits sicher erscheinenden großen Erfolg gebracht.

Für die «Furious» hätte es bei der geringen Schußentfernung von höchstens 600 Meter kein Entkommen vor diesem Viererfächer gegeben.

Besonders merkwürdig war, daß von diesem Zeitpunkt an Kurt Diggins das Glück verließ. Er hatte vorher zwei Dampfer versenkt und einen weiteren torpediert. Seine beiden nächsten Unternehmungen waren endlose Pechsträhnen. Von der dritten kehrte das Boot nicht mehr zurück.

Die ALLIIERTEN LANDEN IN AFRIKA

Mitte August 1942 war Admiral Cunningham zum Oberbefehlshaber der alliierten Marineverbände für die Operation «Torch» ernannt worden. Am 1. November traf er in Gibraltar ein, wo sich das Hauptquartier der alliierten Expeditions-Streitkräfte befand.

Der Angriffsplan sah zwei verschiedene Operationen vor: die der englischen Streitmacht gegen Algier und Oran und jene der amerikanischen Streitmacht gegen Casablanca und die marokkanische Küste.

Schon in den ersten Oktobertagen liefen Vorausgeleitzüge nach Gibraltar. Zwischen dem 22. Oktober und 1. November folgten vier Großkonvois aus England mit den Angriffsstreitkräften. Die Kriegsschiffe – 160 an der Zahl – liefen Ende Oktober aus Scapa Flow aus.

Zur gleichen Zeit, da sich die Großkonvois auf dem Marsch nach Gibraltar befanden, faßten die im Atlantik operierenden deutschen U-Boote den Konvoi SL 125 (von Sierra Leone nach England gehend) auf und griffen ihn an. Zwar versenkten sie in den sieben Tage dauernden Kämpfen zwölf Handelsschiffe, dafür konnte aber der Strom der Schiffe für Nordafrika unbehelligt durchlaufen.

In den späten Abendstunden des 5. November passierten die Schiffe Kap Trafalgar. Am Nachmittag des 6. November liefen die ersten Meldungen vom Anlaufen einer großangelegten Operation beim FdU Italien ein. Am Abend erhielt Kapitän zur See Kreisch ein Telegramm aus dem Führerhauptquartier:

«Von Zerschlagung Gibraltargeleitzug abhängt Schicksal Afrikaarmee. Erwarte rücksichtslosen sieghaften Einsatz. – Hitler»

Sofort wurden alle verfügbaren U-Boote in Richtung der Geleitzüge in Marsch gesetzt.

Bis zum Tagesanbruch des 8. November waren die für Algier bestimmten Truppen der «Eastern Task Force» an Land gesetzt. Hier war der französische Widerstand nicht sehr stark. Immerhin sanken die beiden britischen Zerstörer «Malcolm» und «Broke» im Gefecht.

Die erste Annäherung der «Center Task Force» unter Commodore Troubrigde auf Oran wurde abgewehrt. Französische Zerstörer liefen aus, um die Landungsstreitmacht anzugreifen. Sie wurden nach heftigem Kampf abgewehrt. Alle fünf französischen Zerstörer wurden versenkt. Erst am 10. November stellten die Franzosen den Kampf ein.

Die «Western Task Force», die vom 24. Oktober an aus USA-Häfen und den Bermudas in See gegangen war, bestand aus 103 Fahrzeugen. Vizeadmiral Hewitt hatte die Führung übernommen. An Bord seiner Schiffe befand sich ein Armeekorps mit insgesamt 35 000 Mann und 250 Panzern. Generalmajor Patton führte dieses Armeekorps, das neben der 2. Panzerdivision noch aus der 3. ID und zwei Dritteln der 9. ID bestand.

Da Casablanca zu stark befestigt erschien, landeten diese Streitkräfte am 8. November bei Fedala, Mehedia und Safi. Die Landungen bei Fedala und Safi gelangen, Bei Mehedia leisteten die Franzosen zwei Tage erbitterten Widerstand. Küstenartillerie und vor allem der französische Kreuzer «Primauguet» und fünf Zerstörer kämpften bis zur Versenkung. Das Schlachtschiff «Jean Bart» wurde ebenso wie alle anderen französischen Einheiten, die den Kampf aufnahmen, zusammengeschossen.

Erst am frühen 11. November wurde der Widerstand aufgegeben, nachdem Admiral Darlan – der sich zufällig in Nordafrika befand – alle französischen Truppen über den Rundfunk aufgefordert hatte, den Kampf einzustellen.

Damit waren die Alliierten am dritten Landungstag im Besitz aller strategisch wichtigen Punkte.

Deutsche Flugzeuge und U-Boote versuchten in dieser Zeit immer wieder zum Schuß zu kommen. Vom 8. bis 14. November wurden allein vor der marokkanischen Küste folgende U-Boote angesetzt:

U 84, U 91, U 92, U 98, U 108, U 130, U 135, U 173, U 185, U 263, U 411, U 413, U 509, U 564, U 613, U 653 und U 752.

Von diesen Booten erzielte U 173 am 11. November den ersten Erfolg, als es vor Casablanca aus dem Konvoi UGF den Truppentransporter «Joseph Hewes» (9359 BRT) versenkte und den Tanker «Winooski» (10 600 BRT) nebst dem US-Zerstörer «Hambleton» torpedierte.

Im Mittelmeer selbst kam U 407 ebenfalls am 11. November zum Schuß auf einen der riesigen Transporter. Kapitänleutnant Brüller versenkte die «Viceroy of India», ein Schiff mit 19 617 BRT.

Einen Tag später griff U 515 (Kapitänleutnant Henke) an. Das Boot war am 8. November vom BdU aus dem Atlantik in Richtung Gibraltar geschickt worden.

Admiral Dönitz hatte nach der Meldung der Skl über die Landung der Alliierten an der marokkanischen Küste alle U-Boote, die zwischen der Biskaya und den Capverdischen Inseln standen und noch ausreichend versorgt waren, nach der marokkanischen Küste umdirigiert. Nach Rücksprache mit der Skl wurden dann von ihm auch noch die Boote, die im Operationsgebiet Nordatlantik standen, in den Gibraltarraum umgeleitet.

Am 8. November schrieb der BdU in sein KTB:

«Offensichtlich handelt es sich bei der Landung an der algerischen und marokkanischen Küste um Invasionsunternehmen größten Stils, für deren Durchführung der Gegner laufend starken Nachschub benötigt. Der Einsatz der U-Boote kommt für die Beeinträchtigung der ersten Landungen zu spät, denn die ersten Boote können frühestens am 9. bzw. 11. November eintreffen. Durch ihr Eingreifen kann jedoch eine Bekämpfung der weiteren Großausschiffungen und des Nachschubverkehrs (besonders nach dem Mittelmeer) erfolgen.

Die Erfolgsaussichten dürfen nicht zu hoch angesetzt werden. – Jeder Angriff auf dem flachen Wasser bedeutet vollen Einsatz. Trotzdem erfordert die Wichtigkeit der Bekämpfung des Nachschubs rücksichtslosen U-Boots-Einsatz*.»

U 515 stieß am 12. November auf einen Kreuzerverband, der mit Ostkurs und 15 Knoten Fahrt lief. Fünf Stunden lief U 515 mit AK, ehe es den zum Angriff nötigen Vorlauf erreichte. Mehrfach torpedierte Henke in vier Anläufen das britische Zerstörermutterschiff «Hecla», das er für einen Kreuzer hielt. Die «Hecla» sank. Er torpedierte ferner den Zerstörer «Marne», dem es jedoch gelang, schwer beschädigt Gibraltar zu erreichen.

U 130 unter Korvettenkapitän Kals aber leistete ein Meisterstück: Dieses Boot durchbrach – mit nur 25 Meter Wasser unter dem Kiel – die aus zwanzig Zerstörern bestehende amerikanische Sicherung auf der Reede von Fedala und schoß aus den dort liegenden Großtransportern drei heraus. Danach kam es heil aus dem Sicherungsring heraus.

Im amerikanischen Navy's Communique vom 2. Dezember 1942 hieß es darüber:

«The following US Naval Transports were lost during the earley part of November as a result of enemy submarine torpedoes during the occupation of North Africa by US Forces:

---

* siehe Dönitz, Karl: «Zehn Jahre und zwanzig Tage»

a) ‹H. Bliss› (ex ‹President Cleveland›) 12 568 BRT
b) ‹Hugh L. Scott› (ex ‹President Pierce›) 12 579 BRT
c) ‹Edward Rutledge› (ex ‹Exeter›) 9 360 BRT»

Ein Untersuchungsausschuß der US-Navy konnte nicht erklären, wie U 130 dieses Unternehmen hatte durchführen können*.

Am 15. November gelang es U 155 unter Kapitänleutnant Piening, den Geleitträger «Avenger» zu versenken. Dazu den Truppentransporter «Ettrich» (11 279 BRT). Ein weiterer Transporter – die «Almaak» mit 6736 BRT – wurde torpediert, konnte aber den nächsten Hafen erreichen.

Auch U 173 erzielte einen weiteren Erfolg, und die Boote U 92 und U 263 konnten einen und zwei Transporter versenken. Damit war die Zeit der Erfolge westlich Gibraltar am 20. November 1942 vorüber.

Im Mittelmeer selbst aber ging der Kampf vom ersten Tag der Landung bis in das Jahr 1943 hinein.

U 331 unter Kapitänleutnant Freiherr von Tiesenhausen lief am 7. November 1942 aus La Spezia aus. Das Boot hatte nach dem großen Erfolg der «Barham»-Versenkung immer wieder neue Erfolge errungen.

Am 2. April 1942 war Tiesenhausen und Kapitänleutnant Guggenberger gemeinsam mit Korvettenkapitän Fürst Borghese vom Herzog von Aosta die italienische Tapferkeitsmedaille in Silber verliehen worden.

Im westlichen Mittelmeer hatte das Boot Frachtensegler mit der Artillerie versenkt und war schwer beschädigt worden. Nun lief es zu seiner sechsten Feindfahrt im Mittelmeer aus. Als es die algerische Küste nahe Cap Matifou erreichte, machte ein ungewöhnlich starkes Meeresleuchten dem Boot zu schaffen.

Aufgetaucht suchte U 331 die Küstenlinie ab.

«Eigentlich müßte hier doch Verkehr sein, Herr Kaleunt!» meinte der III. WO, als auch schon der Bootsmannsmaat der Wache meldete:

«Großer Schatten Steuerbord voraus!»

Tiesenhausen suchte die bezeichnete Stelle ab.

«Tatsächlich, ein großer Transporter! Liegt offensichtlich gestoppt.»

«Geleitfahrzeug, Herr Kaleunt! – Zwanzig Grad Backbord voraus!» meldete der backbordachtere Ausguck.

«Steht vor dem großen Plätteisen auf und ab.»

«Auf Gefechtsstationen!»

---

* siehe dazu Alman, Karl: «Graue Wölfe vor Marokko»

Alles wurde zum Dreierfächer klargemacht. Das Boot erreichte eine günstige Schußposition. Auf einmal warf das Geleitfahrzeug Wasserbomben.

«Blinder Alarm. Der wirft auf gut Glück.»

Der Fächerschuß jagte los. Wie grüngoldene Geisterfinger jagten die Torpedolaufbahnen durch die See. Sah der Gegner das denn nicht? Alle drei Torpedos trafen den riesigen Transporter und ließen ihn sofort mit starker Schlagseite sinken.

Das Geleitfahrzeug drehte um und kam in Lage Null auf das Boot zu.

«Alarmtauchen!»

Die Glocke schrillte. Das Boot stieß steil hinunter, wurde bereits auf dreißig Meter abgefangen, weil das Wasser hier sehr flach war, und drehte auf die offene See zu.

Einige Wabos fielen, aber die Explosionen lagen weit hinter dem Boot, das entkommen konnte. Die leergeschossenen Rohre wurden nachgeladen.

In den nächsten beiden Nächten kam U 331 nicht zum Schuß, und am 17. November wurde das Boot, nordwestlich Algier stehend, überraschend von Bombern angegriffen. Die ersten Bomben beschädigten es schwer. Die von den Stationen einlaufenden Meldungen zeigten Tiesenhausen, daß sein Boot nicht mehr tauchklar war. Die Abwehrwaffen waren zerstört.

Weitere Angriffe von Jagdbombern, die nach der Meldung der zuerst angreifenden Maschinen von den Flugdecks der «Formidable» aufgestiegen waren, brachten neue Schäden. Männer fielen. Der Lufttorpedo einer Swordfish gab dem sinkenden Boot den Fangschuß.

«Alle Mann aus dem Boot!» befahl von Tiesenhausen.

Mit fünfzehn geretteten Besatzungsmitgliedern trat der Kapitänleutnant, der die «Barham» versenkt hatte, den Weg in die Gefangenschaft an. –

Eines der Boote, die zum Jahresende ins Mittelmeer dirigiert wurden, war U 617 unter Kapitänleutnant Albrecht Brandi. Das Boot war Anfang November 1942 zu seiner zweiten Feindfahrt in den Atlantik ausgelaufen. Am 4. November erhielt Brandi einen Kommandanten-Funkspruch mit dem Befehl, durch die Straße von Gibraltar nach La Spezia zu gehen, von wo aus das Boot dann im Mittelmeer eingesetzt werden sollte.

Bereits westlich Gibraltar wurde das Boot von einer Sunderland unter Wasser gedrückt. Im Unterwassermarsch durchlief es die Meerenge, wo starke Feindstreitkräfte standen und den U-Booten auflauerten.

U 617 sichtete – eben aufgetaucht – mehrere Kriegsschiffe. Auf einen Verband aus mehreren Zerstörern, einigen Transportern und einem Kreuzer ließ Brandi einen Viererfächer schießen.

Unmittelbar darauf wurde das Boot wieder unter Wasser gedrückt. Aus der Richtung, wo einer der Zerstörer stand, wurden Torpedodetonationen gehorcht. Dann Sinkgeräusche. Zwei weitere Torpedos explodierten. Was sie getroffen hatten, war nicht zu klären.

Dann erst lief das Boot in La Spezia ein.

So gab einer *der* Kommandanten im Mittelmeer seinen Einstand, die in den folgenden Monaten immer wieder von sich reden machen sollten.

Am 1. Dezember 1942 stieß U 375 unter Kapitänleutnant Koenenkamp auf den britischen Minenkreuzer «Manxman». Der Kreuzer war am 11. November mit sechs Zerstörern von Alexandria nach Malta gelaufen, um Nachschub zur Insel zu bringen. Auf seinem weiteren Wege nach Oran wurde er von U 375 aufgefaßt und durch einen Fächerschuß schwer beschädigt. Er mußte den Hafen anlaufen.

Alle deutschen U-Boote waren verspätet an den Landestellen der alliierten Truppen eingetroffen, wie dies vorauszusehen war. Eine nachhaltige Wirkung blieb ihnen versagt, wenn es ihnen auch gelang, vom Zeitpunkt der Landung bis Jahresende im Mittelmeer einen Truppentransporter von 24 000 BRT und eine Reihe weiterer Transporter zu versenken. Davon im November allein fünf mit zusammen 43 000 BRT. Im Kampf mit Zerstörern und Bewacherstreitkräften wurden vier Zerstörer versenkt.

Diese Erfolge waren jedoch mit hohen Verlusten errungen. Und zwar ereilte als erstes U-Boot im Landungsraum U 605 unter Kapitänleutnant Schütze am 7. November das Schicksal. Das Boot stand im Vorpostenstreifen direkt vor Algier und erlebte den ersten Ansturm der Feindstreitkräfte. Es wurde durch die britischen Korvetten «Lotus» und «Poppy» versenkt. Kein Mann der Besatzung überlebte.

U 660 unter Kapitänleutnant Baur wurde ebenfalls von der «Lotus» im Verein mit der Korvette «Starwort» am 12. November vor Oran versenkt. Diesmal gerieten der Kommandant und ein Teil der Besatzung in Gefangenschaft.

Nordostwärts Oran wurde am 14. November U 595 unter Kapitänleutnant Jürgen Quaet-Faslem durch Fliegerbomben versenkt. Auch hier konnten der Kommandant und ein Teil der Besatzung gerettet werden.

Einen Tag später ereilte U 259 unter Kapitänleutnant Klaus Köpke das gleiche Schicksal. Doch diese Besatzung hatte weniger Glück. Alle gingen mit dem Boot binnen weniger Sekunden nach dem Bombentreffer in die Tiefe.

U 331 ging am 17. November verloren, und schließlich ereilte auch U 411 unter Kapitänleutnant Spindlegger am 20. November vor Bone (Algier) das Schicksal in Gestalt einiger Flugzeuge, die das Boot mit Bomben tauchunklar machten. Durch den australischen Zerstörer «Quiberon» und den britischen Zerstörer «Quentin» wurde es dann versenkt. Auch hier wurde kein einziger Mann gerettet.

Bereits einige Tage vorher, am 30. Oktober 1942, hatte es einen der erfolgreichsten Mittelmeer-U-Boots-Kommandanten in der Höhle des Löwen nordostwärts Port Said erwischt. Und zwar Kapitänleutnant Hans Heidtmann auf U 559.

Heidtmann hatte, nordostwärts Port Said stehend, den Verkehr in Richtung Syrien–Alexandria überwacht und einen Transporter versenkt. Am 30. Oktober griff er wieder einen Konvoi an. Doch die Geleitzerstörer «Dulverton» und «Hurworth» erkannten das U-Boot und griffen es rechtzeitig an. Drei weitere Zerstörer, die «Pankeham», «Petard» und «Hero», kamen hinzu, und zu fünft gelang es ihnen, das Boot nach einer Reihe von Serienwürfen zu versenken.

Der Kommandant und Teile der Besatzung wurden gerettet und gerieten in Gefangenschaft.

Ende Dezember stellte sich folgende Bilanz:

Bestand 1. Januar 1942:	21 U-Boote
Zugänge:	14 U-Boote
Verluste:	15 U-Boote
Bestand 1. Januar 1943:	20 U-Boote

TOULON – GRAB DER FRANZÖSISCHEN FLOTTE

Nach den alliierten Landungen in Nordafrika mußten deutscherseits Schritte unternommen werden, um die Mittelmeerküste des französischen Mutterlandes zu sichern, wenn die Alliierten nicht auch dort landen sollten.

So antwortete Deutschland auf die anglo-amerikanischen Landungen in Afrika mit der Besetzung von Südfrankreich. Der französische Kriegshafen Toulon, der noch immer als Hauptstützpunkt der Vichy-Marine diente, wurde von der Besetzung ausgenommen, weil die übrigen Teile der Flotte, die in Casablanca, Oran und Algier stationiert waren, sich tapfer gegen die Alliierten zur Wehr gesetzt hatten.

Dies sollte eine Anerkennung sein. Außerdem fehlten die Truppen und Seestreitkräfte, um den bei der Besetzung Toulons zu erwartenden Widerstand zu brechen.

Am 14. November wurde das französische Protektorat Tunis mit Zustimmung Vichys, das von Marschall Pètain repräsentiert wurde, unter deutsch-italienischen Schutz gestellt. Seit dem 11. November waren deutsche Truppen, wenn auch nur kompanieweise, nach Tunis geflogen worden.

Mit der Landung in Nordafrika hatten sich die Aliierten eine strategisch hervorragende Position im Mittelmeer aufgebaut und darüber hinaus mit der ersten lockeren Umklammerung Europas begonnen. An den eroberten Orten wurden bald Flugplätze angelegt und die bereits vorhandenen ausgebaut. Damit hatten die Achsenstreitkräfte zwei neue Fronten hinzubekommen: Einmal die Afrika-Westfront, zum anderen die Mittelmeerküste Frankreichs.

Da mit weiteren Landungsunternehmen der Alliierten auch in Südfrankreich zu rechnen war, wurde das unbesetzte Toulon bald als Unsicherheitsfaktor angesehen. General de Gaulle, der in London eine freifranzösische Regierung gegründet hatte, General Giraud und Admiral Darlan, die sich ebenfalls den Gegnern Deutschlands zur Verfügung gestellt hatten (letzterer unter dramatischen, bis heute nicht völlig geklärten Umständen), würden – darüber bestand kein Zweifel – alle Mittel anwenden, um die in Toulon liegende französische Flotte zum Überlaufen zu bewegen.

Ein Großteil dieser französischen Schiffe war fahrbereit. Einzelne hatten sogar – mit deutscher Genehmigung – Übungsfahrten gemacht, um sich schlagkräftig zu erhalten. Sie wären eine beträchtliche Verstärkung der alliierten Seestreitkräfte gewesen. Daher beschloß man auf deutscher Seite, zu handeln.

Das Marine-Personalamt in Berlin rief zwölf Marineoffiziere zusammen, die unter Führung von Kapitän zur See Gumprich am 25. November nach Paris flogen. Von dort aus wurden sie mit einer Ju 52 nach Marseille gebracht, wo Kapitän zur See Gumprich sie in das Geheimnis einweihte: Toulon sollte überraschend in Besitz genommen werden.

Eine Besprechung bei General Hauser, dem Kommandierenden General des I. SS-PzK., ergab dann, daß sie nach Aix weiterfuhren, wo der Stab der 7. Panzerdivision lag.

Diese Division, die eben aus Rußland gekommen war, war vom 8. bis 12. November über Cognac-Bazas in den ihr zugewiesenen Verfügungsraum zwischen Perpignan und Narbonne am Mittelmeer gezogen. Da es bei der Besetzung Südfrankreichs zu keinen Unruhen gekommen war, hatte die Division einige Ruhetage genossen, bevor sie in der Nacht zum 25. November in den neuen Bereitstellungsraum Aix-en-Provence (nördlich Marseille) verlegt wurde.

In einer Besprechung mit Generalleutnant Freiherr von Funk, dem Kommandeur der 7. PD, wurde die zum 26. November geplante Besetzung von Toulon besprochen. An Marinestreitkräften standen etwa 100 Mann unter Korvettenkapitän Gläser zur Verfügung. An sich sollten es 350 Mann sein, und Korvettenkapitän Wachsmuth, einer der aus Berlin geschickten zwölf Offiziere, sollte mit diesen Männern zwei der französischen Zerstörer bemannen und für die deutsche Mittelmeerstreitmacht in Dienst stellen.

In der Besprechung bei General von Funk trug Kapitän zur See Gumprich den Wunsch der Marine vor, möglichst viele Schiffe unbeschädigt in die Hand zu bekommen. Es sollte versucht werden, Admiral de Laborde, den französischen Flottenchef, dafür zu gewinnen, daß er auf deutscher Seite den Kampf fortsetzte. Doch waren noch keine deutschen Besatzungen für die französischen Schiffe vorhanden.

Die anwesenden Offiziere der Luftwaffe sicherten die Verminung des Hafengebietes zu, falls die französische Flotte Anstalten machen sollte, auszulaufen und zum Gegner überzugehen.

Der Angriffstermin, ursprünglich für den 26. November vorgesehen, wurde auf den 28. November verschoben und schließlich auf den 27. November festgesetzt.

Nach Einbruch der Dunkelheit des 26. November rollten die Panzerverbände los. Beim Divisionsstab befanden sich Kapitän zur See Gumprich und Korvettenkapitän Wachsmuth, der die Zerstörer übernehmen sollte. Die übrigen Seeoffiziere wurden auf die anderen vier Kampfgruppen aufgeteilt, die die Seefestung und die Halbinsel Mandrier mit sämtlichen Forts besetzen sollten.

Mitten in der Nacht wurde am Rande des Festungsgebietes noch eine kurze Rast eingelegt. Letzte Nachrichten über die Verhandlungen mit Admiral de Laborde trafen ein, nach denen der Admiral nicht gesonnen war, mit den Deutschen zu gehen.

Dies wäre durchaus nicht so verblüffend gewesen, wie es im Nachhinein wirkt. Rufen wir uns ins Gedächtnis zurück:

Marokko, Algerien und Tunesien gehörten zu Frankreich. Frankreich aber hatte mit Deutschland einen Waffenstillstandsvertrag geschlossen und war somit nichtkriegführende Nation geworden. Der französische Staatschef Pètain und Premierminister Laval standen auf deutscher Seite. Sie wollten damit wahrscheinlich das nordafrikanische Kolonialgebiet für Frankreich erhalten, und Hitler hatte es auch bis dahin unangetastet gelassen.

Als nun die Alliierten in dieses Gebiet einfielen, befahl Admiral Darlan, der Oberbefehlshaber der Vichy-Truppen, der zufällig in Algier war, um seinen an Kinderlähmung erkrankten Sohn zu besuchen, zuerst den militärischen Widerstand gegen diese Invasion.

General Juin, der französische Befehlshaber in Algier, der auf Seiten der Anglo-Amerikaner stand und der die Streitkräfte neutral halten wollte, war damit ausgeschaltet.

Durch einen Trick wurde Admiral Darlan am Abend des 9. November vom Krankenlager seines Sohnes zu General Juin gebeten. Der Admiral fuhr in eine Falle und wurde gezwungen, einen Befehl zu unterzeichnen, in dem alle französischen Truppen zur Einstellung des Kampfes aufgefordert wurden. Auf diese Weise also war der Aufruf des Admirals zustande gekommen.

Admiral Darlan wurde am 24. Dezember bei einem mehr als mysteriösen Attentat ermordet. Sein Mörder wurde 48 Stunden darauf ohne ordentliche Gerichtsverhandlung erschossen.

Doch zurück zu den ersten Morgenstunden des 27. November, da sich deutsche Generale bei Toulon als Verkehrsposten betätigten, um die langen Kolonnen in Fluß zu halten.

Die Waffen-SS-Einheiten des I. SS-Korps rückten gleichzeitig mit der 7. PD von Osten her in Toulon ein.

Auf dem Divisionsgefechtsstand der 7. PD liefen Meldungen ein, daß einige Schiffe auszulaufen versuchten und andere Dampf aufmachten. Die Verminung durch die Luftwaffe wurde daraufhin angeordnet. Bevor dies geschah, waren schon einige französische U-Boote entkommen.

«Die Verminung war überflüssig», sagte Kapitän zur See Wachsmuth nach dem Kriege. «Wir waren nicht gefragt worden, sonst hätten wir sie verhindert; denn sie versperrte uns nur selber den Hafen.»

Die nächsten Meldungen, die eingingen, wurden von dumpfen Explosionen drastisch untermalt.

«Die Franzosen versenken ihre Schiffe.»

Gegen 6.30 Uhr waren sämtliche Forts im Hafengebiet und auf der Halbinsel St. Mandrier besetzt.

Mit Kapitän zur See Gumprich fuhr Korvettenkapitän Wachsmuth als erstes durch die Stadt zum Hafen. Aber sie konnten das Unheil nicht mehr verhindern. Schlachtschiffe, Kreuzer, Zerstörer gingen auf Grund. In dem flachen Hafenbecken ragten die Geschütztürme des französischen Flaggschiffs «Strasbourg» aus dem Wasser heraus. Folgende Einheiten wurden von den Franzosen selber versenkt:

Ein Schlachtschiff, zwei Schlachtkreuzer, sieben Kreuzer, ein Flugzeugträger, 15 Zerstörer, 13 Torpedoboote, 14 U-Boote und eine große Zahl kleinerer Fahrzeuge.

Lassen wir Kapitän zur See Wachsmuth berichten, wie sich ihm am frühen Morgen des 27. November der Hafen von Toulon darbot:

«Schrecklich und für jeden Seemann erschütternd der Anblick der sinkenden, brennenden und kenternden Schiffe. Nur einige Zerstörer konnten gerettet werden.

Und fast noch schlimmer ist der Anblick des Arsenals, aus dem die letzten Arbeiter in die Stadt flüchten. Die Docks laufen voll, die E-Werke und anderen Maschineneinrichtungen stehen still.

Langsam kommt im Laufe des Tages Ordnung in das Ganze. Die Marine bekommt das Arsenal, außerdem die Küstenbatterien, wo die ersten Marineartilleristen eintreffen.

Auch die übrigen Marinesoldaten treffen allmählich ein. In einem Verwaltungsgebäude des Arsenals richten wir unsere Dientstelle ein, wohnen in der Stadt im Hotel. Überall muß improvisiert werden, aber es klappt. Kapitän Gumprich war meist unterwegs zu den Außenstellen, ich blieb da und bearbeitete alles.

Nach zwei Tagen begann die Werft wieder zu arbeiten. Eine französische Arsenalleitung nahm ihre Arbeit ebenfalls wieder auf. Der Stabschef der Marine, Admiral Marquis, und der Chef des Kreuzergeschwaders, Admiral Auphan, stellten sich uns zur Verfügung.»

Im Hafen und auf den Reeden von Toulon waren 61 Kriegsschiffe mit zusammen 225 000 Tonnen gesunken. Die meisten lagen auf flachem Wasser, so daß später eine Anzahl leichter Fahrzeuge gehoben, instand gesetzt und für die deutsche Marine in Dienst gestellt werden konnte.

Im Hafen von Bizerta, der ebenso wie der Hafen von Tunis von Achsenstreitkräften in Besitz genommen worden war, wurden einige Zerstörer und U-Boote übernommen.

Ein besonderes Kapitel waren die französischen Marinesoldaten, die als Kriegsgefangene zu behandeln waren. Die deutschen Marinedienststellen entließen einige tausend an Ort und Stelle in die Heimat.

Der französische Flottenchef und sein Stab mußten gewaltsam von der «Strasbourgh», ihrem Flaggschiff, heruntergeholt werden, weil sie sonst verhungert wären. Als Admiral de Laborde von Bord ging, warf er wuterfüllt das Bild von Marschall Pètain ins Wasser.

Die italienischen Truppen, die laut OKW-Bericht gemeinsam mit den deutschen Verbänden in Toulon eingerückt sein sollten, waren in Wirklichkeit am 27. November erst bis Hyeres gelangt. Hier hatten sie auch die ersten Besprechungen mit den deutschen Befehlsstellen. Nur einige italienische Soldaten der Waffenstillstandskommission, die sich in Toulon befanden, erlebten den Einmarsch deutscher Truppen – im Lufttschutzkeller – mit.

Nun aber sollte Italien das gesamte Gebiet der östlichen Riviera bis Ciotat an der Rhône zugesprochen erhalten. Nur das Arsenal von Toulon blieb deutschbesetzt, weil hier ein neuer U-Boots-Stützpunkt eingerichtet werden sollte.

Der Traum von Korvettenkapitän Wachsmuth, einige Zerstörer in Dienst stellen und damit im Mittelmeer Krieg führen zu können, erfüllte sich nicht. Schiffe dieser Größe zu heben und instand zu setzen war unter den gegebenen Verhältnissen nicht möglich.

Mit Admiral V. Thur, dem Marinebefehlshaber der italienischen Spezialstreitkräfte, war gut auszukommen. Weniger gut mit den Offizieren seines Stabes, die offensichtlich der Ansicht waren, die Deutschen sollten erst einmal alles in Ordnung bringen, ehe sie einzögen.

Wenn es auch mit der Aufstellung einer Zerstörerflottille nicht geklappt hatte, so war doch eine große Anzahl kleinerer Fahrzeuge in Sicherungsflottillen zusammengefaßt worden. So die 6. Sicherungsflottille «Marseille» unter Korvettenkapitän Polenz und die 7. Sicherungsdivision in Trapani unter Kapitän zur See Brahmesfeld.

GELEIT- UND SICHERUNGSDIENST FÜR NORDAFRIKA

Nachdem die militärische Aufgabe der Marine in Toulon beendet war, übernahm Konteradmiral Scheer die Aufgabe als Arsenalkommandant.

Am 21. Dezember wurden Kapitän zur See Gumprich und Korvettenkapitän Wachsmuth abgelöst.

Korvettenkapitän Wachsmuth kam nach Afrika, wo gleich nach der Besetzung Tunesiens ein «Marinekommando Tunesien» unter Kapitän zur See Loyke, dem Chef des Stabes des «Deutschen Marinekommandos Italien», aufgestellt worden war, das Anfang Dezember von Kapitän zur See Meendsen-Bohlken übernommen wurde.

Ostwärts davon, mit der Basis Tripolis, bestand noch das «Deutsche Marinekommando Nordafrika» unter Kapitän zur See Meixner.

Beide Marinekommandos hatten die Aufgabe, die deutschen Nachschubtransporte zu steuern und die Küstenverteidigung, die Hafen- und Nachrichtenorganisation im Rahmen ihrer Heeresgruppen zu erhalten.

Kapitän zur See Meendsen-Bohlken forderte Korvettenkapitän Wachsmuth als seinen Ersten Admiralstabsoffizier an.

Am 29. Dezember flog Wachsmuth in einer Ju 52 über Trapani nach Bizerta, wo er auf Fort L'Euch als A I das Deutsche Marinekorps Tunesien übernahm. In der Silvesternacht verabschiedete sich Wachsmuths Vorgänger, Korvettenkapitän Reischauer, der außerdem Chef der 6. Räumbootsflottille war, um seine Flottille nach Sizilien zu verlegen.

Eine erste Dienstfahrt, die bis nach Gabes führte, zeigte dem neuen A I die Ausdehnung des Gebietes, das dem Marinekommando Tunesien unterstand. Der gesamte Stab einschließlich des Chefs, Kapitän zur See Meendsen-Bohlken, machte diese Fahrt mit*.

Da das Verhältnis zum italienischen Admiral in Tunesien besonders wichtig war, versuchte man deutscherseits, den besten Kontakt mit ihm zu haben. Es war dies zuerst Admiral Luigi Biancheri, der schon am 9. November 1942 das Marinekommando Tunesien aufgestellt hatte und

---

* siehe Anlage: Deutsches Marinekommando Tunesien (S. 301)

auf Fort St. Jean residierte. Ihm beigegeben war auch ein deutscher Adjutant.

Dieses italienische Marinekommando unterstand dem deutschen Marinekommando Italien, und das deutsche wiederum dem italienischen Comando supremo.

Hier war also viel Fingerspitzengefühl vonnöten und nicht weniger diplomatisches Geschick, besonders beim Einsatz der deutschen Schnellboote.

Zur bereits im Mittelmeer operierenden 3. S-Fottille war inzwischen die 7. S-Flottille unter Korvettenkapitän Trummer hinzugekommen. Ebenso erforderte der Einsatz der Marine-Fährprähme, der Hilfs-Minensuch- und Räumboote und der Hummerboote aus St. Jean de Luz, die als Hafenschutz-Flottille aufgestellt wurden, viel Geschick.

Hinzu kam noch die Zusammenarbeit mit den französischen Stellen: dem Gouverneur Esteva und dem Marinechef Derrien, dessen Stab sich zuerst in Pecharia, später auf Fort Ra-Ra befand.

Maitre de Vallen, der französische Verbindungsoffizier in Corniche, war besonders um das gegenseitige Verständnis, nicht nur von der Sprache her, bemüht, und mit Colonel (Ing.) Cordonnier stand dem Deutschen Marinekommando ein tatkräftiger französischer Ingenieuroffizier zur Verfügung, der die Hafenanlagen und Ölbunker in La Caniere aktionsbereit hielt. Dadurch trug er viel dazu bei, daß die Truppen- und Materialtransporte nach Tunesien reibungslos liefen. Die Werftleitung war in Ferryville stationiert. Arsenalkommandant war Kapitän zur See Deters.

Allabendlich wurde die «kleine Lage» gehalten, in der Kapitän zur See Meendsen-Bohlken die Ereignisse des zu Ende gehenden und die durchzuführenden Aufgaben des kommenden Tages darlegte. Zu diesen Besprechungen gab es Rotwein und «Zigarren».

Beim Stab auf Fort L'Euch ging alles einfach zu. Es gab eine Offiziersmesse, ein großes Lagezimmer, sowie die Räume für den Chef und den A I. In der langen Kasemattenreihe mit ihren alten 24-cm-Haubitzen wurden Büroräume, Chefzimmer, Offiziersräume und die Anlagen des Marine-Nachrichten-Offiziers untergebracht. Die Angehörigen des Stabes wohnten im benachbarten Fort El Roumi. Alles in allem eine provisorische Unterkunft, die aber den Blick auf das Meer, auf Hafen und Stadt Bizerta bis hinunter nach Ferryville offenließ. Vom nahen Cap Blanc hatte man einen herrlichen Blick die Küste entlang nach Westen. Von hier aus beobachtete der Meteorologe Dr. Bruch die Wetterlage. An dieser Stelle wurde schließlich auch das erste Funkmeßgerät in Tunesien aufgestellt.

Als schließlich die Panzerarmee Afrika am 21. Januar 1943 Tripolis aufgeben mußte und in die Südfront des Tunesienraumes einschwenkte, wurde im Marinekommando Tunesien mit der Ausarbeitung eines Räumungsplans begonnen.

Die Alliierten verstärkten ihre Luftangriffe auf die Häfen Bizerta, Tunis, Sousse, Sfax und Gabes. Dadurch gingen viele Schiffe verloren; Hafenanlagen wurden zerstört.

Mit nur rund sechzig einsatzbereiten Jagdmaschinen konnte Oberst Harlinghausen unmöglich die Transporte über See und die Häfen schützen und sich außerdem noch am Erdkampf beteiligen. Die Geleitzüge über See erlitten daher schwere Verluste. Und auch die durch die Luft in Ju 52 und GO 242 transportierten Waffen und der Mannschaftsersatz wurden erheblich dezimiert.

Zwar setzten sich die Italiener tatkräftig für die Geleitsicherung ein, doch ihre Abwehr der Feindangriffe war nicht sehr wirkungsvoll. Es fehlte den Besatzungen an der Ausbildung an der Waffe und im Stördienst.

Die einzelnen Seetransportführer – Hoffmann in Bizerta, Oberlein in Ferryville, Gündel und Teubner in Tunis, Neumann in Sousse, Bartels in Sfax – waren unermüdlich tätig, um den benötigten Schiffsraum bereitzustellen, von dem letztlich das Schicksal des Brückenkopfes Tunesien abhing. In diesem Zeitabschnitt bekamen die Kleinfahrzeuge, die Siebelfähren, Fährprähme und I-Boote immer größere Bedeutung.

Wie lange Tunesien gehalten werden konnte, hing in erster Linie vom Nachschub ab. Darum versuchten die Alliierten auch mit allen Mitteln, diesen Nachschub zu unterbinden. Immer wieder mußte das Marinekommando Tunesien diese Probleme mit dem Oberbefehlshaber der 5. Panzerarmee, General von Arnim, und auch mit dem Oberbefehlshaber Süd, Feldmarschall Kesselring, durchrechnen.

Nachdem es noch im November gelungen war, 33 000 Tonnen Kriegsmaterial nach Tunesien zu bringen, allerdings bei einem Verlust von 59 000 Tonnen, gingen den Transportflotten der Achse im Dezember 96 000 Tonnen verloren. Im Januar 1943 waren es 130 000 Tonnen, die in Häfen oder auf dem Marsch durch das Mittelmeer vernichtet wurden.

Im Februar sanken 96 000 Tonnen. Mit 100 000 Tonnen waren die Märzverluste wiederum angestiegen, und der April brachte mit 108 000

Tonnen eine weitere Steigerung. Im Mai erlebte die Transportflotte die schwersten Schläge, indem in den ersten vierzehn Tagen allein 120 000 Tonnen versenkt wurden, davon 65 000 Tonnen in den Häfen, die geräumt werden mußten.

Es kam zu wahrhaft atemberaubenden Kämpfen. Vom Kriegsausbruch im Mittelmeer bis zur Räumung von Tripolis waren in diesen Gewässern allein 360 italienische Handelsschiffe versenkt und 275 beschädigt worden. Das bedeutete 1 345 000 BRT versenkten und 1 195 000 BRT beschädigten Schiffsraum. Viele Kapitäne waren mit ihren Schiffen untergegangen. Die Zahl der ertrunkenen deutschen und italienischen Soldaten ging in die Zehntausende. Sie ist bis heute noch nicht genau festgestellt.

Der italienischen Korvette «Cicogna» gelang am 13. März 1943 südlich Sizilien ein Abwehrerfolg. Sie gehörte zur Bedeckungsstreitmacht eines Kleinkonvois und entdeckte ein britisches U-Boot. Durch Wasserbomben versenkte sie es. Es war das U-Boot «Thunderbolt».

Wenige Tage darauf, am 29. März, drehte das britische U-Boot «Unrivalled» (Leutnant Sprice) den Spieß um und versenkte in der Bucht von Picarenzi die beiden U-Jäger UJ 2201 und UJ 2204.

Um den italienischen Flottenstützpunkt La Maddalena auszuschalten, griffen ihn am 10. April vierundachtzig amerikanische Liberators (B 24) an. Der Schwere Kreuzer «Trieste» und die Schnellboote MAS 501 und MAS 503 wurden dabei versenkt.

«Trieste» gehörte zu den Schweren Kreuzern, die nach dem alliierten Bombenangriff auf Neapel – dem der Leichte Kreuzer «Attendolo» zum Opfer gefallen war – nach La Maddalena ausgewichen waren. Der Kreuzer «Gorizia» wurde ebenfalls am 10. April 1943 getroffen und schwer beschädigt.

Luftangriffe auf La Spezia, wohin sich die Schlachtschiffe und Zerstörer aus Neapel zurückgezogen hatten, beschädigten Arsenal und Werft. Die «Littorio» wurde durch Bombentreffer leicht beschädigt. Einige kleinere Fahrzeuge sanken.

Trotz dieser alliierten Versuche, die Luft- und Seetransporte nach Tunesien lahmzulegen, gelangten im April 1943 noch 2500 Soldaten und 18 690 BRT Nachschubgüter hinüber. Verloren gingen im gleichen Zeitraum auf See ein Tanker, zwei Zerstörer und zwölf kleinere Geleitfahrzeuge.

Bei den April-Transporten war es immer wieder der Zerstörer «Hermes» unter Fregattenkapitän Kurt Rechel, der sich vorbildlich schlug und manches Schiff rettete.

Das Marinekommando Tunesien bereitete inzwischen alles für die Räumung vor.

Bereits im Februar 1943 war Kapitän zur See Meendsen-Bohlken nach Rom geflogen, um eine freiwillige Zurücknahme des Brückenkopfes nach Sizilien oder wenigstens die Zurücknahme der Front auf eine kürzere, gutausgebaute Linie vorzuschlagen. Er flog wenig später zur Berichterstattung nach Berlin zum ObdM weiter.

Als Konteradmiral und neuer Befehlshaber des Marinekommandos Italien kehrte Meendsen-Bohlken aus Berlin nach Bizerta zurück, um sich zu verabschieden. Kapitän zur See Meixner, alter k. u. k. U-Boots-Kommandant, wurde neuer Befehlshaber in Tunesien. Doch ehe Kapitän zur See Meixner kam, hatte Korvettenkapitän Wachsmuth die Führung des Marinekommandos.

Anfang April verschärfte sich die Lage des Marinekommandos infolge des Beginns der neuen alliierten Offensive auf der Landfront im Süden.

Am 6. Mai wurde Bizerta nach Sprengung aller militärisch wichtigen Anlagen vom Deutschen Marinekommando Tunesien aufgegeben. Die Hafeneinfahrt wurde durch Versenkung einiger beschädigter Schiffe gesperrt.

Am 7. Mai verlegte der Stab nach Cap Bon. Hier gab Kapitän zur See Meixner Befehl, alle fahrbereiten Fahrzeuge nach Sizilien zu schicken und die weitere Rückführung von dort aus zu leiten. In La Goulette sammelten alle Einheiten. «Hermes» hätte bei etwas mehr Glück auch noch gerettet werden können. Nur vierzehn Tage später, und der Zerstörer wäre wieder fahrbereit gewesen. Er und andere Schiffe wurden in der Hafeneinfahrt versenkt. Die ersten Feindpanzer erschienen bereits auf dem Flugplatz, als die letzten Räumboote der 6. R-Flottille, die Hummerboote, Schlepper, HS-Boote und als letztes Boot S 151 der 7. S-Flottille ausliefen. Ein Hummerboot ging verloren, ebenfalls der Schlepper «Sousse». Der Dampfer «Tebessa» erhielt einen Bombentreffer, erreichte aber Sizilien.

In der Nacht bei auffrischender See wurde der Konvoi von feindlichen Zerstörern gejagt. Frühmorgens am 8. Mai erreichte er wohlbehalten Porto Empedocle.

Am nächsten Tag ging es zur 7. Sicherungsdivision (Brahmesfeld) nach Trapani weiter. Von hier aus wurde versucht, noch Soldaten auf das Festland zu retten, doch das schlechte Wetter und die Bootslage vereitelten dies. Einige Boote kamen noch auf eigene Faust aus Afrika herüber.

Kapitän zur See Meixner geriet am 10. Mai in Gefangenschaft.

Admiral Pinne, der inzwischen Admiral Biancheri als italienischen Marinebefehlshaber Tunesien abgelöst hatte, floh mit seinem Stab auf einem Lazarettschiff. Den deutschen Verbindungsoffizier Bewersdorf ließ er in Tunesien zurück.

Am 12. Mai fand in Rom die Unterredung zwischen Konteradmiral Meendsen-Bohlken und Großadmiral Dönitz statt, bei der es um Führungsfragen ging. Bereits im März war beim Deutschen Marinekommando ein «Deutscher Stab Supermarina» unter Vizeadmiral Friedrich Ruge aufgestellt worden. Vizeadmiral Ruge sollte als Sachverständiger die italienische Geleitsteuerung beeinflussen und lenken.

Nach dieser Besprechung gingen Konteradmiral Meendsen-Bohlken und sein Chef des Stabes Loyke in die Heimat. Vizeadmiral Ruge wurde neuer Befehlshaber des Deutschen Marinekommandos Italien, Kapitän zur See Brahmesfeld Chef des Stabes und Fregattenkapitän Wachsmuth F I. Ihm oblag die personelle Abwicklung des Marinekommandos Tunesien. Damit hatte diese Dienststelle aufgehört zu existieren.

Das Deutsche Marinekommando Italien befand sich in Santa Rosa, zwanzig Kilometer nördlich von Rom an der Via Cassia, nahe dem Dorf Storta. Die Supermarina hatte dort eine Großbunkeranlage gebaut. Auch die anderen Führungsstäbe waren aus der Hauptstadt in die Umgebung verlegt worden, um Rom vor Luftangriffen zu bewahren. Lediglich der Quartierstab unter Sporleder befand sich auch weiterhin im Ministerium. Die Wohnungen befanden sich im Hotel «Eden». Der deutsche Stab wurde von der Supermarina verpflegt und betreut. Das war insofern günstig, als die neue Tätigkeit – noch mehr als in Afrika – in engster Zusammenarbeit mit den italienischen Stellen vor sich gehen mußte. Man wollte sich in die italienische Seekriegsführung und Geleitzugsteuerung einfügen und gleichzeitig unmerklich Einfluß darauf nehmen.

Admiral Riccardi war Marineminister in Rom, Admiral Sansonetti Chef der Supermarina, Kapitän zur See Giartosio war Chef der Operationsabteilung, und als Verbindungsoffizier arbeitete Kapitän zur See Sestini, der zwei Jahre vorher Verbindungsoffizier im Stab des deutschen BdU gewesen war.

Insbesondere galt es, die Schnellbooteinsätze und die Minenunternehmungen zu koordinieren. Noch wichtiger war die Steuerung der Geleitzüge entlang der italienischen Küste und zu den Inseln. Dabei waren zwei Aufgaben durchzuführen:

1. Die Verteilung der Geleitfahrzeuge,

Noch greifen sie nicht ein. — Italienische Kreuzer während einer Flottenschau im Mittelmeer, Juni 1940

Im Frühjahr 1938 verfügte Italien über 100 U-Boote. Hier eine Flottille im Hafen von Neapel

Dezember 1940. – Italienische Schlachtschiffe greifen zum erstenmal in den Kampf im Mittelmeer ein

Der Flugzeugträger «Ark Royal»; noch an der Pier in Malta

Am 13. November 1941 sinkt die «Ark Royal» nach einem Torpedofächer aus den Rohren von U 81

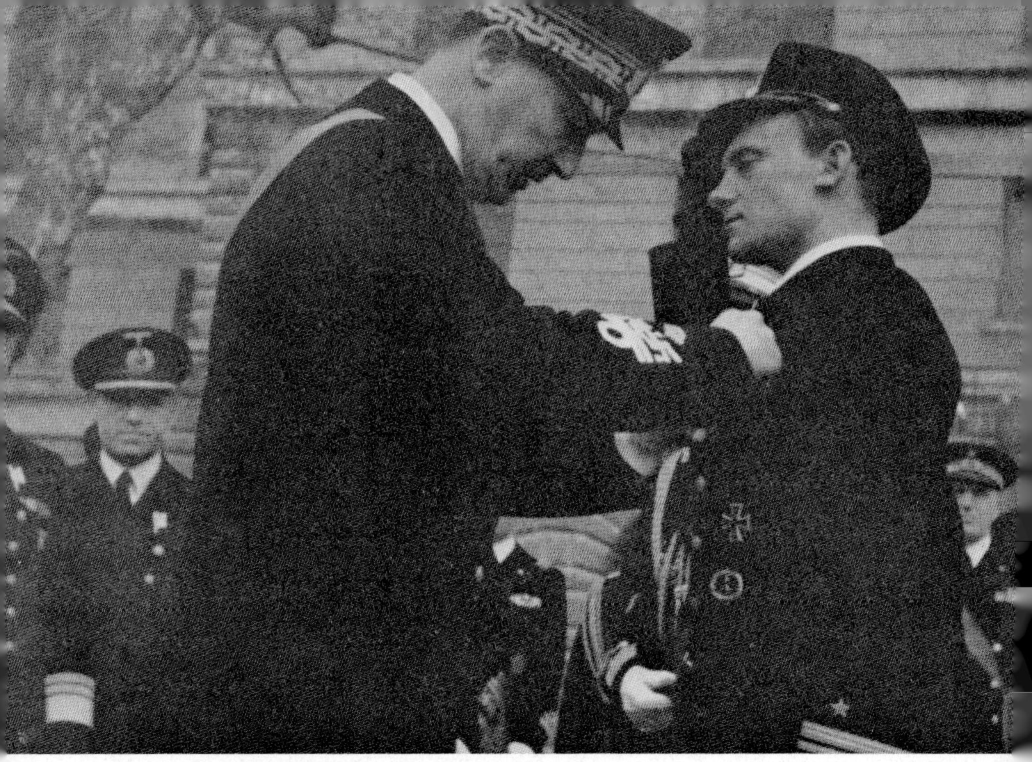

Kapitänleutnant Guggenberger, Kommandant von U 81, erhält aus der Hand des Herzogs di Aosta die Silberne Tapferkeitsmedaille

Kapitänleutnant Freiherr von Tiesenhausen, der mit U 331 die «Barham» versenkte

Der Hafen von Alexandria. Die bedeutendste britische Flottenbasis im Mittelmeer. – Ausgezeichnete Aufnahme von einem deutschen Fernaufklärer

Der Hafen von La Valetta. Noch ist nichts zerstört (am 15. Januar 1941)

Bomben auf Malta

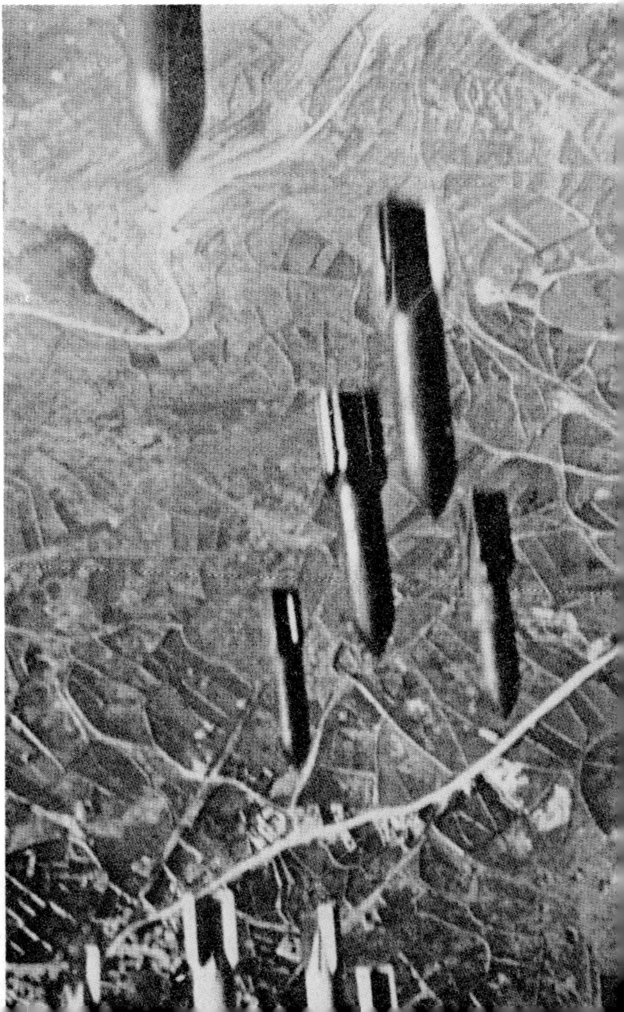

Das Arsenal von Malta, von einem italienischen Aufklärer fotografiert

Malta, Stützpunkt der 10. U-Flottille, wird gebombt. – Ein deutsches Kampfflugzeug über La Valetta, dem größten waffenstarrenden Hafen der Insel

Dies sind die Maiali und ihre Torpedoreiter. Drei solcher Teams führten den großen Paukenschlag im Hafen von Alexandria

Ein Torpedoreiter-Team durchbricht die Netzsperre.

Die italienischen Schnellboote der «Decima-Flottiglia MAS» zählten zu den schärfsten Waffen der italienischen Marine

Schnellboot auf Feindfahrt. — Ein U-Boot ist gesichtet worden

Das U-Boot ist gestellt.
«Klar zum Werfen!»
Wasserbomben fallen

Sekunden später hebt sic
unter dem Druck der
explodierenden Wasser
bombe ein Berg aus
der See

Ein Boot der
6. R-Fottille nach einem
Angriff auf den
Flottillen-Stützpunkt

chwer getroffener
ampfer bei einem
uftangriff auf den
afen von Derna.
orn die 2-cm-
edienung eines Räum-
otes feuerbereit

Munitionsdampfer.
d er in die Luft
gen?

Im Hafen von Tobruk, Juli 1942. — Vorn das von der 6. R-Flottille erbeutete britische MTB 314. Im Hintergrund das italienische Commando Marina

Ein Zeltlager der 6. R-Flottille an der nordafrikanischen Küste

Der BdU, Admiral Dönitz, am 16./17. April in La Spezia. — Begrüßung von Kommandant und Besatzung von U 375 (Kapitänleutnant Koenenkamp)

Kapitänleutnant Werner Kraus kam bald hinzu

Ein deutsches U-Boot ist von Feindfahrt heimgekehrt

Mit Kapitänleutnant Guggenberger (von rechts), Korvettenkapitän Oehrn und Kapitänleutnant Reschke begann die Schießzeit im Mittelmeer

Kapitänleutnant Reschke (Mitte, weiße Mütze) ist von erfolgreicher Feindfahrt zurückgekehrt. Er wird von seinen Kameraden Jepsen und Dommes (rechts von ihm) begrüßt

Kapitänleutnant Preuß (links) mit Besatzung von Feindfahrt zurück. Begrüßung durch Korvettenkapitän Becker

Torpedoübernahme auf einem U-Boot. — Erst diese «Aale» machen die U-Boot-Waffe zum gefährlichsten Gegner für alle Schiffe

Rauchsäulen an Steuerbord! – Jetzt darf der Gegner nicht mehr außer Sicht kommen

Der erste Schluck an Land. U-Dommes ist eingelaufen

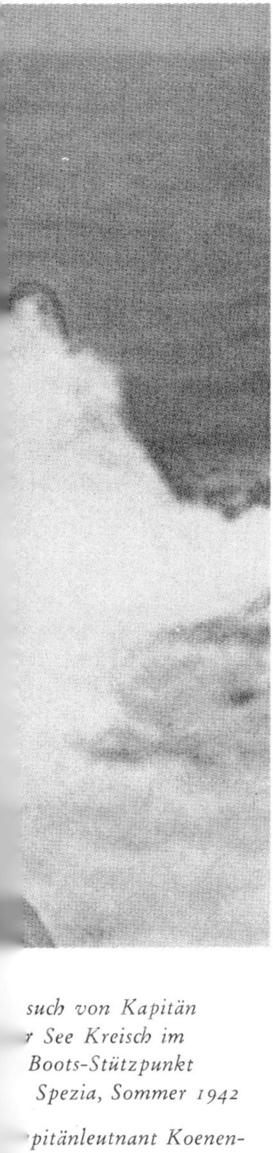

such von Kapitän
r See Kreisch im
Boots-Stützpunkt
Spezia, Sommer 1942

pitänleutnant Koenen-
mp wird von einer
tkreuzschwester will-
mmen geheißen

ein» Schonder, Kom-
ndant von U 77, erhält
23. August 1942 in
amis aus der Hand von
pitän zur See Kreisch
Ritterkreuz

Im Lagezimmer des BdU. – Mitte Admiral Dönitz, rechts KorvKpt. Becker

Verleihung des Ritterkreuzes durch Kapitän zur See Kreisch an Kapitänleutnant Rosenbaum nach Versenkung der «Eagle» am 5. September 1942

Kapitän zur See Wachsmuth sollte in Toulon einige französische Zerstörer für das Mittelmeer übernehmen. — Er wurde später 1. Admiralstabsoffizier des Deutschen Marinekommandos Tunesien

Ein dramatisches Bilddokument von der Selbstversenkung der französischen Flotte in Toulon

Das französische Schlachtschiff «Strasbourg» wurde am 27. November 1942 von seiner Besatzung im Hafen von Toulon auf Grund gesetzt

Feindliche Bomber sind über der Messinastraße erschienen. —
Die Fla-Waffen sind abwehrbereit

Fregattenkapitän Gustav Freiherr von Liebenstein. —
Als Seetransportführer Messinastraße und bei der Räumung von Korsika leisteten seine kleinen «Kolcher» fast Unmögliches

Ein britischer Geleitzug im östlichen Mittelmeer. Italienische Torpedoflieger haben ihn gestellt und dezimiert. Schwarzqualmende Wracks, schon sinkend, bleiben zurück

Geleitzug nach Afrika. Auf der Brücke eines italienischen Geleitzerstörers sucht der Wachgänger die See ab. Im Kreis seines Peilrahmens der große Tanker, der den Sprit für Rommels Panzer nach Tripolis karrt

Italienische Torpedoflieger errangen manchen Erfolg im Kampf gegen englische Malta-Konvois

Ein italienischer Kreuzer auf Kriegsmarsch in der Straße von Sizilien. – Die Drillingsrohre der Mittelartillerie sind ausgeschwungen

Italienische U-Boots-Männer bei der Pflege des Buggeschützes. – Die italienischen U-Boote kämpften mit großem Einsatz

Ein italienischer Leichter Kreuzer bereitet sich auf eine Minenaufgabe im Feindraum nahe Malta vor

Albrecht Brandi dankt Konteradmiral Scheer für den Empfang, der U 617 in Toulon bereitet wurde

Das erste deutsche U-Boot läuft in den neuen Stützpunkt Toulon ein

Stab des FdU-Italien im Sommer 1943. — Von links nach rechts: KorvKpt. (Ing.) Dipl.-Ing. Gottwald, Verbandsingenieur; Oberleutnant (MA) Tegtmeyer, Adjutant; FdU-Italien, Konteradmiral Kreisch; Oberleutnant zur See Becker, Nachrichtenoffizier; KorvKpt. Schewe, 1. Admiralstabsoffizier; Kapitänleutnant Wallas, 2. Admiralstabsoffizier

Korvettenkapitän Reschke bei einer Ferntrauung

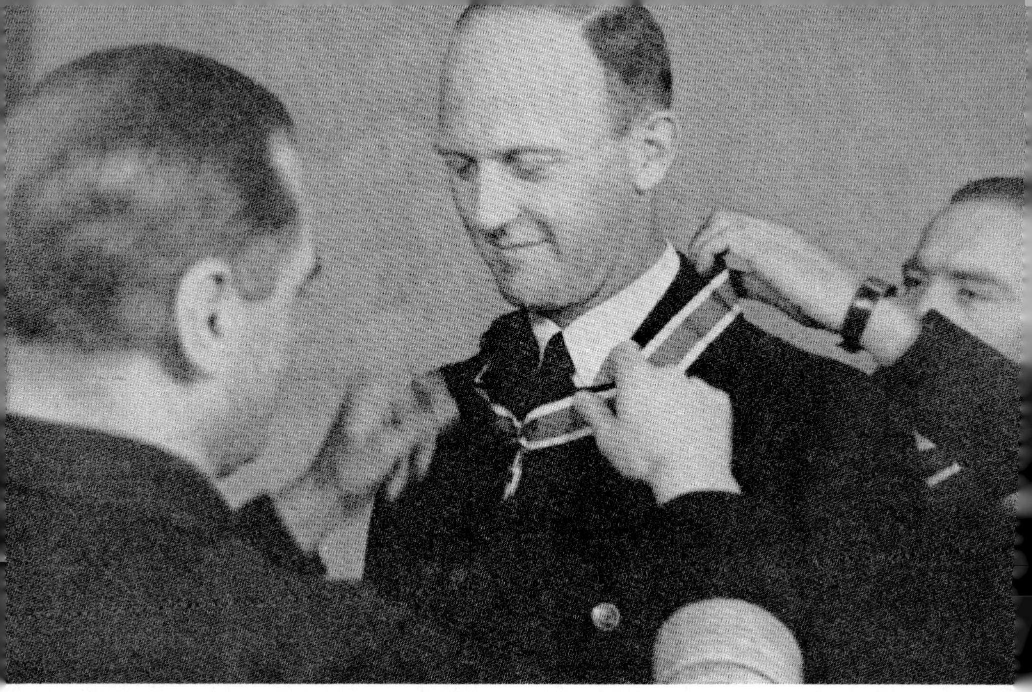

Verleihung des Ritterkreuzes an Kapitänleutnant Jahn im Mai 1943

Oberleutnant zur See Siegfried Koitschka, nach vielen Erfolgen im Mittelmeer mit dem Ritterkreuz ausgezeichnet

Kapitänleutnant Freiherr von Schlippenbach erhält das Ritterkreuz

Korvettenkapitän Fritz Hoch, Chef der 20. Marine-Bordflak

«Generalsklau» —
Feuerwerker Helmut Rieper

Das Albergo Vittoria in Nervi. Hier residierte die 20. Marine-Bordflak eineinhalb Jahre

Mittags, 5. Januar 1944, Fliegeralarm im Hafen von Piräus. – Deutsche Räumboote und U-Jäger nebeln den Hafen ein

Hier eines der italienischen Torpedoboote, die nunmehr unter deutschem Kommando fahren

Kapitänleutnant Carlheinz Vorsteher (hier als Oberleutnant) war beim Sturm auf Leros Kommandant von TA 15

Auch dieses Torpedoboot wurde in die 9. T-Flottille übernommen

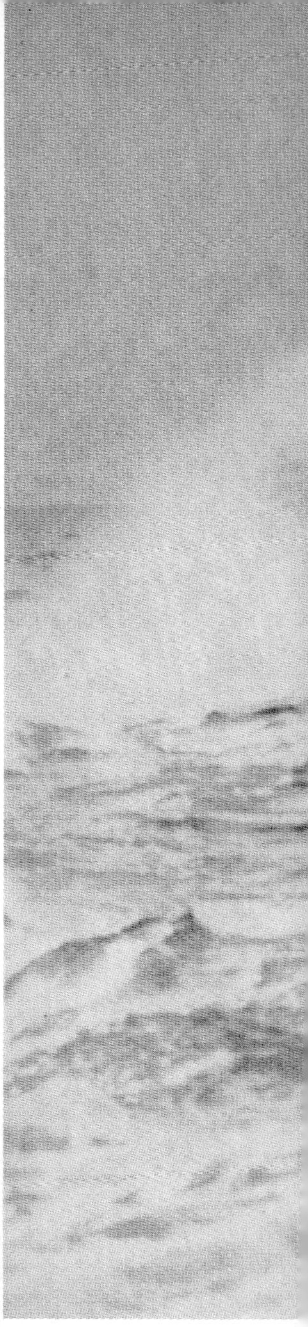

ines der Räumboote. – Es prescht mit AK durch grobe See

Die Feuerprobe der Torpedoboote beim Sturm auf Leros. – Torpedoboote der 9. T-Flottille ziehen eine dichte Nebelwand, in deren Schutz die Landungsboote zur Insel vorpreschen

Und so sahen U-Jäger aus. Hier UJ 2143 der 21. U-Jagd-Flottille auf großer Fahrt in der Ägäis

Wieder in See. — Hundertprozentiger Ausguck ist eine Lebensversicherung

Eines der letzten deutschen U-Boote auf Kriegsmarsch im Mittelmeer

Bis zum bitteren Ende liefen sie aus. – Hier übernimmt ein Boot Proviant

Torpedo-Übernahme. – So bekommen die «Wölfe» ihre Reißzähne

2. die Führung der Geleite.

In den Geleitflottillen fuhren nun auch französische Torpedoboote unter deutscher Flagge. Sie mußten von den Italienern gepachtet werden, da diese sie sich «unter den Nagel gerissen» hatten.

In allen wichtigen Häfen wurden deutsche Seetransportstellen eingerichtet; bei den italienischen Kommandostäben saßen deutsche Stabschefs. Gegen eine weitere Verstärkung der Küstenverteidigung stemmten sich die Italiener jedoch mit allen Mitteln. Schließlich erhielt das Marinekommando Italien doch noch eine Marine-Artillerie- und eine Eisenbahn-Batterie für Sizilien. Doch sie kamen nicht mehr auf die Insel, sondern blieben in Calabrien hängen. Auf Korsika wurde ebenfalls eine deutsche Marine-Artillerie-Batterie eingesetzt.

Die anglo-amerikanischen Angriffe auf die zwischen Afrika und dem italienischen Festland liegenden Inseln begannen. Pantelleria (am 11. 6.) und Lampedusa fielen kurz nacheinander. In der Nacht zum 10. Juli begann die Invasion Siziliens.

Deutsche Schnellboote waren die einzigen Streitkräfte, die die Landung störten. Ein deutscher Stützpunkt nach dem anderen mußte aufgegeben werden. Die planmäßige Räumung der Insel über die Messinastraße begann. Hierbei leistete der Seetransport Unwahrscheinliches*.

Mit der Ausschaltung Mussolinis am 25. Juli trat mancher Wechsel ein. Vizeadmiral Ruge verließ Italien und ging als Admiral beim Stab der Heeresgruppe B in die Normandie.

Konteradmiral Meendsen-Bohlken kehrte als neuer und alter Befehlshaber des Marinekommandos Italien Anfang August 1943 zurück und lenkte ein weiteres Jahr lang die Geschicke dieses schwierigen Kommandos.

Die alliierten Luftangriffe auf die italienischen Häfen, aber auch auf Rom, nahmen zu.

In der Nacht zum 8. September landeten die Alliierten in der Bucht von Salerno. Am gleichen Abend schloß die Badoglio-Regierung einen Waffenstillstand mit dem Gegner und wurde damit zum Feind Deutschlands. Die italienischen Großkampfschiffe liefen aus ihren Häfen aus, um sich vom bisherigen Feind internieren zu lassen. Nur die kleineren italienischen Einheiten blieben zurück und wurden vom deutschen Marinekommando beschlagnahmt. Sie wurden neu ausgerüstet, mit deut-

---

* siehe Kapitel: «Der deutsche Übersetzverkehr in der Messinastraße» (S. 171)

schen Besatzungen bemannt und wieder in Dienst gestellt. Die italienischen Marineoffiziere im Stab des Marinekommandos halfen den deutschen Kameraden bei dieser Aktion, wo sie konnten.

Während bisher das Deutsche Marinekommando Italien unter italienischer Führung für die Seekriegsführung im Gesamtmittelmeer von Gibraltar bis Suez verantwortlich war, übernahm nun auf Befehl des OKM die «Gruppe West» das westliche Mittelmeer und die «Gruppe Süd» die Adria und das östliche Mittelmeer.

Die Einflußnahme des Marinekommandos auf die U-Boots-Führung entfiel. Konteradmiral Kreisch wurde FdU Mittelmeer.

Die Räumung Sardiniens und Korsikas, zu der sich Hitler erst auf die Vorstellungen von Feldmarschall Kesselring hin entschlossen hatte, beraubte die Marine zwar der günstigen Flankenstellung von diesen Inseln aus. Aber die Inseln zu halten, hätte viel Menschen und Material gekostet, die an der italienischen Front unentbehrlich waren. Die dramatische und auch kampfreiche Übersetzung der Truppen und des Materials wurde von Fregattenkapitän von Liebenstein durchgeführt*.

Mitte Oktober wurde das Marinekommando nach Levico verlegt. Von hier aus waren die Nachrichten- und Verkehrsverbindungen zur ligurischen und adriatischen Küste besser. Aus den von den Italienern beschlagnahmten Torpedobooten wurden die 9. und 10. Torpedobootsflottille und die 7. Sicherungsdivision aufgestellt**.

Eine schwere Einbuße an Kampfkraft im westlichen Mittelmeer bedeutete die befohlene Verlegung der S- und R-Boote in die Adria. Während nur die 11. R-Flottille und die MAS-Boote im Westmittelmeerbereich verblieben, machten sich die 6. und 12. R-Flottille, die 3. und 7. S-Flottille und die italienischen MS-Boote, alle Siebelfähren, ein Teil der Fährprähme und Penichen auf den Weg von Genua nach Venedig und wurden der Gruppe Süd (Admiral Adria bzw. Admiral Ägäis) zugeführt.

Zu Weihnachten führte Korvettenkapitän Trummer die letzten Schnellbootunternehmungen in der Bonifacio-Straße durch, ehe auch seine Flottille nach Osten ging und für Monate ausfiel.

Die Italiener spielten auch dabei eine gewisse Rolle: Mussolini war befreit und wieder als Staatsführer eingesetzt worden. Marschall Graziani hatte eine neue Regierung gebildet.

---

* siehe Kapitel: «Die Räumung von Korsika» (S. 171)
** siehe Kapitel: «Die 10. Torpedobootsflottille» (S. 246)

Nach dem Tode von Admiral Legnani hatte Kapitän zur See Ferrini die (Mussolini-treue) italienische Marine übernommen, während Sestini Chef des Verbindungsstabes wurde. Eine wirksame und gute Küstenverteidigung wurde aufgebaut. (Siehe Abschnitt «Die Bordflakabteilung unter Korvettenkapitän Hoch».) Sie führte von Piombino bzw. von Benedetto nach Norden.

Fregattenkapitän Fürst Borghese warb Freiwillige für seine X. MAS-Flottille, die geschlossen auf deutscher Seite weiterkämpfte. Sie erhielten außer den MAS-Booten die von Borghese entwickelten Sturmboote; dazu einige Träger-U-Boote. Letztere waren versenkte italienische U-Boote, die durch Borghese wieder gehoben wurden. Kapitän zur See Zoli wollte ebenfalls eine neue Marine aufbauen und erhielt auch einige Boote. Beide, Zoli und Borghese, wollten immer mehr Einheiten haben. Lewinsky, dem Verbindungsoffizier zu den beiden Italienern, gelang es jedoch immer wieder, sie zu bremsen.

So tüchtig Borghese war, so gefährlich erschien er damals der deutschen Marineführung. Einmal wurde er sogar von seinen eigenen Leuten verhaftet und kam noch eben um einen Prozeß herum. Zoli war zu Borghese ein gutes Gegengewicht. In rückwärtigen Diensten und auf den Werften wurden nach und nach viele italienische Soldaten und Offiziere eingesetzt.

Während dieser Zeit hatten die Seestreitkräfte hauptsächlich Minensperren zu legen und Feindhandlungen hinter der eigenen Front zu verhindern.

Von Levico aus verlegte das Marinekommando Italien zwischen Weihnachten und Neujahr nach Montecatini. Der Führungsstab wurde im «Italo Argentino», dann im «Castello», einer Spielhölle außerhalb der Stadt, eingerichtet. Damit ging ein turbulentes Jahr für das Marinekommando Italien zu Ende.

SCHNELLBOOTEINSÄTZE IM JAHRE 1943

Im Zuge der Rückzugsbewegungen der Panzerarmee Afrika verlegte auch die 3. S-Flottille ständig weiter nach Westen bis in die Häfen des Brückenkopfes Tunesien. Dort war inzwischen auch die 7. Schnellbootsflottille unter Korvettenkapitän Trummer eingetroffen, die im November/Dezember 1942 auf demselben Wege wie die 3. S-Flottille ins Mittelmeer überführt worden war.

Im Januar/Februar 1943 brachten diese Boote Geleitzüge in die Häfen, sie legten Minensperren und fuhren Angriffe auf Feindfahrzeuge.

Im März kam es zu einem bemerkenswerten Gefecht mit leichten englischen Seestreitkräften.

Die 3. S-Flottille war am späten Abend des 12. März mit den Booten S 55, S 60 und S 54 aus ihrem Einsatzhafen Ferryville ausgelaufen. Kaum hatten die Boote die Mole von Bizerta auslaufend passiert, als das Wetter schlechter wurde. Im Seegebiet nördlich Bizerta, auf der Höhe von La Galite, blies ein Westnordwest von Stärke 4. Es herrschte Seegang 2 bis 3. Bei mondheller Nacht wechselte die Sicht infolge der teilweise sehr niedrigen Bewölkung zwischen 300 bis 5000 Meter.

In sparsamer Marschfahrt liefen die Boote durch die bewegte See.

S 55 stand als Führerboot am weitesten nach Backbord herausgesetzt. Roller kamen über und klatschten auf die Back. Gischt schäumte über den Bug gegen die Stahlverkleidung der Brückenkalotte und übersprühte die Männer, die hier Wache hatten. Das Boot kam immer wieder vorn weit heraus und donnerte auf die See zurück, wobei die Männer tüchtig durchgestaucht wurden.

Oberleutnant zur See Haak, Kommandant auf S 60, dem dritten Boot, wandte sich seiner Nummer I zu.

«Sieht übel aus, was, Steffens?»

«Bißchen kabbelige See, Herr Oberleutnant, und ...»

Die Zweizentimeter vorn bellte plötzlich auf. Fünf, sechs Abschüsse hallten, dann sahen sie alle den Schatten, der steil auf sie herunterstieß, und schon peitschten Kugeln ins Wasser und zogen eine sofort wieder verschwindende Bahn dicht an Steuerbord vorbei.

«Flugzeug!» gellte eine Stimme.

Heulend zog die Maschine über dem Boot hinweg und verschwand.

«K an K: Achtung, Flugzeug! – Wahrscheinlich eigenes!»

Die Maschine kam nicht wieder, und da die Boote bei grober werdender See immer härter stießen und die ersten Schäden gemeldet wurden, brach Korvettenkapitän Kemnade, der auf S 55 unter Oberleutnant zur See Weber eingestiegen war, das Unternehmen ab.

«Flo-Chef an alle: Rückmarsch antreten!»

«Funkspruch KR an Marinekommando Tunesien. Wegen zu hoher Oberdünung kehrtgemacht.»

«In 290 Grad über der Kimm Flakfeuer!» meldete der Bootsmann dazwischen.

Kemnade wandte sich um und beobachtete das Aufzucken der Abschüsse und die hellen Leuchtspurbahnen der Granaten.

«Auf Kurs 15 Grad gehen. Fahrt 15 Knoten.»

Oberleutnant zur See Weber gab den Befehl in den Ruderstand weiter.

«Jetzt wird es dunkler, Herr Kapitän. Die Wolken drücken herunter.»

«Ich werde die Flottille mit FuMB an den Feind heranführen, Weber.»

Hinter dem Funkmeßgerät saß der Funkmaat und versuchte, etwas zu orten. Da:

«Feindliche Seestreitkräfte in rechtweisend 315 Grad. Lautstärke zwo!»

«Wir haben sie, Herr Kapitän!»

«KR-Spruch an Marinekommando Tunesien: ‹Feindliche Seestreitkräfte in 315 Grad. Eigener Standort Quadrat CJ 7675. Flottille versucht, heranzuschließen.›»

Der Flottillenchef wandte sich an den Kommandanten:

«Auf 28 Meilen gehen. Wir halten auf nördlichem Kurs vor, Weber!»

Der Befehlsübermittler rief über die UKW-Eigenverständigung die übrigen Boote. Die Bestätigungen kamen durch, und nun jagten sie mit weißgischtenden Schnauzbärten durch die See. Die Maschinen summten heller und stärker. Der Maschinentelegraph lag mit allen drei Zungen auf AK voraus.

«Ortung lauter werdend. Fünf Dez* an Backbord.»

«Alle Minute melden!»

«Ortung Stärke 4, jetzt drei Dez an Backbord.»

Wenig später schien es dem Flottillenchef klar, daß der Gegner durchgebrochen war.

---

* Ein Dez = 10°, drei Dez also 30°

«FT KR an Marinekommando 21.16 Uhr. Feind scheint durchgebrochen. Ich stoße nach!»

Erregung hatte die Männer auf den drei schnellen Fahrzeugen gepackt, von denen jedes vier Torpedos mit sich führte. Oberleutnant zur See Weber, der Kommandant von S 55, suchte den Horizont in Vorausrichtung ab. Dort mußten bald die ersten Schatten auftauchen.

«Flo-Chef an alle!» gab sein Befehlsübermittler durch. «Kurs 50 Grad. Fahrt 30 Meilen!»

Der Maschinentelegraph klingelte, und S 55 wurde schneller. Ebenso die beiden Rottenboote. Sie jagten nun, zu gut einem Drittel aus dem Wasser herausragend, dem Kollisionspunkt mit dem Gegner entgegen. Fünfzig Minuten vergingen, vom Gegner war noch immer nichts zu sehen.

Auf einmal flitzten Leuchtgranaten in flacher Flugbahn über die See hinweg. Aber diese Granaten waren nicht auf die drei zum Torpedoschuß bereiten S-Boote gerichtet; sie verglühten weit vorn in der Nacht.

«Rabamm!» dröhnte eine Torpedodetonation zu den Booten hinüber.

«Das ist die 7. Flottille. Eines ihrer Boote hat einen Torpedotreffer erzielt, Herr Kapitän!»

Das Schiffsgeschützfeuer verstärkte sich.

«Auf 90 Grad gehen. Mit AK weiterlaufen. Offensichtlich werden die Boote der 7. Flottille gejagt. Wir müssen ihnen zu Hilfe kommen.»

«FT-Spruch von Chef 7. S-Flottille, Herr Kapitän!»

«Danke, Detmers!»

Korvettenkapitän Kemnade las:

«Quadrat 7672-6230 Zerstörer hohe Fahrt. Ich greife an!»

«Wir laufen direkt auf die Stelle zu, Herr Kapitän», sagte Oberleutnant Weber, als auch er den Spruch gelesen hatte.

«Aufpassen, Männer! Ausguck auf Leuchtzeichen achten und ...»

«Deutsches ES, drei Dez an Backbord. Wahrscheinlich von eigenem Flugzeug.»

Die Zeit vertickte nun unter starker Spannung. Jede Sekunde konnte es soweit sein. Aber es sollte noch bis 22.43 Uhr dauern, bevor der Bootsmann sich räusperte.

«Schatten voraus in Sicht!»

«Noch einer! – Ein Dez an Backbord herausgesetzt ein dritter Schatten. Sind Zerstörer, Herr Kapitän!»

«Steuern Westkurs, machen nur wenig Fahrt.»

«Schnelle Schußabgabe, Weber. Wir stehen im Nordwesthorizont und können leicht gesehen werden.»

«BÜ! Flo-Chef an alle: Schußerlaubnis!»

«Schießen, Weber!»

«Gegnerfahrt 15 Meilen. Bug links. Lage 30.»

Die große Erregung wich plötzlich sachlicher Geschäftigkeit. Die Nummer I hantierte am Zielgerät.

Wie durch Geisterhände bewegt, öffneten sich die beiden Rohrdeckel. Der Torpedomixer Backbord warf einen Blick auf die Ausstoßpatrone. Die Preßluft stimmte.

«Beide Rohre klar!»

Oberleutnant zur See Weber war auf das an der Rückseite der Brücke liegende Signaldeck gesprungen, um besser beobachten zu können. Er sprang wieder hinunter, beugte sich durch das geöffnete Fenster ins Ruderhaus.

«Augenblicklicher Kurs?»

«Neunzig Grad, Herr Oberleutnant!»

«Wir schießen auf oststeuernden Zerstörer, Herr Kapitän. Der Zerstörer steht mit westlaufendem noch vor Überlappung. Möglichkeit besteht, daß wir beide treffen.»

«K S 60 an Flo-Chef: Habe einen Torpedo auf zweiten Zerstörer geschossen. Lage 80, Gegnerfahrt 6 Meilen.»

Einen Blick warf Kemnade auf das als taktische Nummer zwo laufende Boot an Steuerbord querab, um sich dann wieder dem eigenen Ziel zuzuwenden.

«S 60 muß einen weiteren Zerstörer gesehen haben, der hinter diesen beiden steht und den wir noch nicht gesichtet haben!» bemerkte der Flottillenchef, ehe sich seine Aufmerksamkeit wieder den Torpedomännern beiderseits der Brücke zuwandte. Er sah, daß ihre Hände dicht über den Abzugstasten schwebten und wie sie in angespannter Haltung auf den Befehl warteten. Da kam er auch schon.

«Steuerbordrohr – lllos!»

Der Drücker klackte, als er niedergeschlagen wurde. Es zischte gefährlich, und ein paar Meter vor dem Boot spritzte die See hoch auf, als der Torpedo ins Wasser klatschte und nun mit eigener Maschinenkraft seinen Weg zum Gegner fortsetzte.

«Torpedo läuft!»

«Steuerbordrohr – lllos!»

Wieder das Klacken der Taste, das dumpfe Poltern des Abschusses und das Aufspritzen beim Eintauchen in die See.

Beide Male hatte die Nummer I hinter dem Zielgerät gleichzeitig mit den Mixern auf den Auslöseknopf der elektrischen Abfeuerung gedrückt.

Deutlich waren die Blasenbahnen zu erkennen. Sie durchfurchten ein Meeresleuchten.

«Zwanzig!» meldete der Navigationsmatrose, dessen Blick auf die laufenden Stoppuhren gerichtet war.

«Habe zwoten Torpedo geschossen!» meldete unmittelbar nach dem Schuß des zweiten Torpedos auf S 55 auch der BÜ von S 60.

«Zerstörer laufen auf altem Stremel weiter, Herr Kapitän.»

«K S 54 an Flo-Chef: Habe Zweierfächer geschossen.»

«Große Chance für uns, Weber!»

«Sechzig!» kam die helle Stimme des Matrosen.

Und dann stieg plötzlich dort, wo der erste Zerstörer stand, eine blutigrote Torpedodetonation empor. Eine riesige Wassersäule stob aus der See in die Höhe. Dann schwarzer Qualm, der alles einhüllte, und drei, vier unerhört starke Berstgeräusche.

«Da, die zweite Torpedodetonation!»

Wieder stieg das rote Todesfanal in die Höhe, schien nach den niedrighängenden Wolken stechen zu wollen. Und schon stob es zum drittenmal himmelan. Die Detonationen erschütterten das Boot. Es ruckte und bewegte sich unter den Füßen der Männer, die auf dieses schaurige Bild der Vernichtung starrten.

«Nur noch ein Zerstörer Backbord von der Qualmsäule zu sehen, Herr Kapitän.»

«Drei Torpedodetonationen!»

«Der eine Zerstörer ist weg!»

«Mit Sicherheit auseinandergebrochen.»

«Zerstörer schießt!»

Glühende Feuerbälle flitzten durch die Nacht, pfiffen hoch über das Führerboot hinweg und verschwanden im schwarzen Nichts hinter dem Boot. Schon senkten sich die Flugbahnen tiefer herunter.

«Nebeln. An alle: Mit AK nach Norden ablaufen!»

Die Motoren, die kurz vor dem Schuß auf «Kleine Fahrt» hinuntergedrosselt worden waren, dröhnten stärker. Die Boote jagten nach Norden. Dicke Watte quoll aus den Nebeldüsen und hüllte sie ein. Nach achthundert Metern schlugen sie einen Haken, dann noch einen, und das Feuer des Zerstörers verlor sich.

«Der dritte Treffer kann nicht auf dem versenkten Zerstörer sein, Weber.»

«Ich habe vorhin einen dritten Schatten gesehen, Herr Kapitän. – Außerdem hat auch Haak über UKW einen dritten Zerstörer gemeldet.»

«Nur so kann es sein, Weber. Auf jeden Fall ist einer mit Sicherheit weg. – Frage an S 60: Wieviel Zerstörer gesichtet?»

Die Antwort kam eine Minute später:

«Drei Einheiten beim ersten Sichten einwandfrei ausgemacht. Beim später erfolgenden Losmachen der Torpedos und bei der Konzentration auf das Angriffsziel nur zwei Einheiten gesehen.»

«Frage: Hat noch jemand dritte Einheit gesehen?»

«Seemännische Nummer Eins hat ebenfalls dritten Zerstörer gesehen und gemeldet.»

Demnach ist es durchaus möglich, daß drei Einheiten in unserem Bereich waren, die zu dem von der 7. S-Flottille angegriffenen Verband gehörten.

In das KTB der Flottille schrieb Korvettenkapitän Kemnade:

«Ich betone, daß ich selber nur zwei Zerstörer in Sicht gehabt habe, von denen einer mit Sicherheit durch Doppeltreffer gesunken ist. Die weitere Detonation rechts davon ist mir nur dadurch erklärlich, daß während aller drei Detonationen weiter links von den sehr umfangreichen Wasser- und Qualmsäulen ein dritter Zerstörer bereits in spitzer Lage mit starker Bugsee auf die Boote zulief und die Jagd aufnahm.»

Der verfolgende Zerstörer hatte die Jagd noch nicht aufgegeben. Er eröffnete plötzlich das Feuer.

«Zickzackkurse und nach Norden absetzen!» befahl Kemnade.

«Alle Maschinen zwanzig mehr!»

Von den roten Knöpfen im Ruderstand wurden die Klingelimpulse zur Maschine weitergegeben. Hebel und Schalter wurden in der Maschine betätigt. Die Boote jagten nun mit 33 Knoten weiter. Sie zackten. Weit, bedrohlich weit legten sie sich über. Alles klammerte sich bei dieser Höllenfahrt fest, bei der ihnen, sooft der Bug auf die See herunterdonnerte, die Beine in den Bauch gestaucht wurden.

«Feind schießt mit Seezielmunition. Nur ein paar Flakgranaten.»

Durch sein Fernglas sah der Flottillenchef, daß der Gegner immer wieder Zielwechsel auf die ihm einzeln zu Gesicht kommenden Boote machte. Dicht bei S 55 krachten zwei Granaten als Doppelaufschläge in die See. Weitere Granaten detonierten in der Nähe. Splitter surrten über die Brücke. Plötzlich ein scharfer Krach, dann die Meldung:

«Motoren-Luftleitung durchschlagen.»

«Die Minen, Herr Kapitän!»

«Als Notwurf unscharf werfen!»

Im Regen der Splitter warfen die Minenkommandos die Minen in die See, denn: wurden sie getroffen, so jagten sie das ganze Boot in die Luft.

«Ein Schwerverwundeter!» meldete der Bootsmannsmaat, und zwei Männer brachten den Getroffenen nach unten.

Auch auf S 60 wurde ein Mann – allerdings nur leicht – verwundet.

«Motoren dürfen nicht mehr abgestellt werden, Weber.»

Der Kommandant bestätigte.

«Feindlicher Zerstörer voraus, auf Westkurs!» meldete der Ausguck.

«Schießt Leuchtgranaten nach Südwesten!»

«Grün Neun! Auf Ostkurs drehen!»

Die drei Boote glitten herum, um nicht von der nunmehr erkannten feindlichen Zange geschnappt zu werden.

«Zerstörer im Norden eröffnet Feuer auf uns!»

Grünen Bällen gleich kamen die 12,7-cm-Granaten aus dem vorderen Doppelturm des Zerstörers und jagten auf S 54 zu. Oberleutnant zur See Schmidt ließ einen kleinen Zack einlegen.

«Achtern laufender Zerstörer schießt auf die Nebelwand!»

Die Motoren zitterten, als S 54 mit Steuerbord zehn nach Osten herumging.

«S 54 wird eingedeckt, Herr Kapitän!»

Das am weitesten nach Westen herausgesetzte Boot unter Oberleutnant zur See Schmidt erhielt nun von beiden Zerstörern Feuer. Es zackte mit gefährlichem Hartruderlegen nach Backbord und Steuerbord, während die See rings um das Boot immer wieder in schnellen Stößen Wassergeysire ausspie und berstende Schläge in der Luft zeigten, daß nunmehr auch Flakmunition verwendet wurde.

«Wir müssen für S 54 Nebelwände legen und es aufnehmen. Auf ‹Alle 15 Meilen› heruntergehen!»

Die Meldung ging durch. S 55 verlangsamte seine Fahrt, und nun holte S 54 schnell auf.

«Nebeln!»

Die Düsen spien dicke weiße Rauchballen aus. Mit Backbord zehn schor S 55 aus dem alten Kurs heraus und legte eine dichte Nebelwand, in die S 54 keine zwei Minuten später hineinlief und dann hart nach Osten wegzackte.

«K S 54 an Flo-Chef. Danke!»

«Alle AK!»

Auch S 55 nahm wieder Höchstfahrt auf, und während nunmehr hinter ihnen beide Zerstörer an der Nebelwand klebten und ihre Artillerie Salve auf Salve in den dicken weißgrauen Brodem hineinjagte, liefen die Boote ab. Wenige Minuten später empfing der Funkmaat von S 55 einen FT-Spruch von S 158.

Dieses Boot, das im Flottillenverband der weiter ostwärts operierenden 7. S-Flottille die Feindzerstörer ebenfalls angegriffen hatte, meldete die Versenkung des Zerstörers «Lightning».

Um 23.11 Uhr brach der Feind die Schnellbootjagd ab. Man sah ihn noch Leuchtgranaten schießen, dann kam er außer Sicht.

«Zerstörer werden gesammelt haben, um an der Untergangsstelle nach Überlebenden zu suchen, Herr Kapitän.»

«Scheint mir auch so, Weber.»

«Flottille sammelt in Lucie-Gelb. FT-Spruch an Marinekommando Tunesien: Zerstörer retten Überlebende, folgen nicht nach Osten.»

Die Boote liefen wenig später in Ferryville ein.

Die Stellenbesetzung der 3. Schnellbootsflottille lautete zu dieser Zeit:

Flottillenchef: Korvettenkapitän Kemnade
Flottilleningeneur: Oberleutnant zur See (Ing.) Völckers
2. Flottilleningeneur: Oberleutnant zur See (Ing.) Lührs
3. Flottilleningenieur: Leutnant zur See (Ing.) Nauroschat

Boote:	Kommandanten:		Leitende Maschinisten:	
S 30	Oberleutnant zur See	Backhaus	Obermaschinist	Liebig
S 33	„ „ „	Brauns	„	Siebenlist
S 36	„ „ „	Brauns (i. V.)	„	Gutschon
S 54	„ „ „	Schmidt	„	Schäfer
S 55	„ „ „	Weber	„	Kapp
S 57	„ „ „	Erdmann	„	Schmold
S 58	„ „ „	Schulz	„	Klein
S 59	„ „ „	Müller	„	Ludwig
S 60	„ „ „	Haak	„	Offermann
S 61	„ „ „	v. Gernet	„	Bromann

Die Schnellboote liefen weiter aus. Dann verlegte die 3. S-Flottille nach Porto Empedocle. Bis zum 7. Mai 1943 wurden alle Boote nach Sizilien übergeführt.

Mit Beginn der Invasion Siziliens griffen die Boote der 3. und 7. S-Flottille immer wieder feindliche Transporter und Kriegsschiffe an.

Etwa zur gleichen Zeit erhielt Fregattenkapitän Herbert Max Schultz den Befehl, die 1. Schnellbootsdivision aufzustellen. Es war geplant, den beiden im Mittelmeer vorhandenen Schnellbootsflottillen noch drei weitere zuzuführen:

Erstens die 21. S-Flottille unter Kapitänleutnant Wuppermann. Diese Flottille wurde im September 1943 aufgestellt. Sie bestand aus Luftschraubenbooten, die von Friedrichshafen mit der Eisenbahn zum Mittelmeer transportiert wurden.

Hinzu kam die 22. S-Flottille unter Kapitänleutnant Hüsing, die aber erst im Dezember 1943, und zwar aus KS*-Booten aufgestellt wurde. Da diese Boote erst im Mai 1944 auf dem Bahntransport in den Mittelmeerraum verlegt wurden, kamen sie dort nicht mehr zum Einsatz.

Anders die 24. S-Flottille. Diese wurde aus italienischen Booten im November 1943 aufgestellt und bald darauf eingesetzt. Flottillenchef war Kapitänleutnant Hans-Jürgen Meyer.

Als die Alliierten auf Sizilien landeten, begann für die Schnellboote ein neuer Kampfabschnitt. Mit schnellen Vorstößen in die Flanken der feindlichen Schiffsansammlungen vor der Küste und in immer neuen Angriffen gegen Kriegsschiffe zeichnete sich hier besonders die 7. S-Flottille aus.

Den deutschen Schnellbooten ist es mit zu verdanken, daß es dem Gegner nicht gelang, in die Straße von Messina einzudringen. Hätte er bei einem seiner zahlreichen Versuche Erfolg gehabt, so wären alle auf Sizilien stationierten Truppen verloren gewesen.

Eines dieser Abwehrgefechte begann am späten Abend des 16. Juli. Englische Motor-Torpedoboote und Zerstörer erschienen am Südeingang der Messinastraße. Die gesamte 7. S-Flottille lief aus. Es entspann sich ein dramatisches Duell, das bis in die Morgenstunden des 17. Juli andauerte.

Mit Torpedos und Bordkanonen versuchten die schnellen Fahrzeuge, den Sieg zu erringen. Zwei englische MTB wurden versenkt, mehrere Zerstörer beschädigt. Fünf deutsche Boote wurden im Verlauf der Nacht teilweise schwer getroffen. Auf allen Booten entstanden Verluste. Es gab Tote und Schwerverwundete, aber die Flottille schlug auch diesen Versuch des Gegners, in die Messinastraße einzudringen, unter stärksten eigenen Verlusten zurück.

---

* KS = Kleine Schnellboote

Captain Roskill schrieb über diese britischen Versuche*:

«Es gelang uns nicht, uns in den Gewässern der Straße von Messina festzusetzen. Der Gegner mußte die Straße von Messina, die an ihrer schmalsten Stelle nur zweieinhalb Meilen breit ist, überschreiten, wenn seine Truppen aus Sizilien entkommen sollten.»

Auch die Amerikaner versuchten immer wieder, mit Zerstörerverbänden an der Nordküste Siziliens zur Messinastraße vorzudringen.

Am Abend des 3. August um 19.00 Uhr liefen zwei Zerstörer, «Gherardi» (LtCdr. J. W. Schmidt) und «Rhind» (LtCdr. O. W. Spahr), aus Palermo aus, um die deutsche Seeflanke zu beschießen und deutsche Nachschubschiffe an der Küste zu vernichten. Sie stießen auf ein Landungsfahrzeug, das von zwei deutschen Schnellbooten der 3. S-Flottille geleitet wurde. Zerstörer «Gherardi» eröffnete um 22.23 Uhr das Feuer. Das Landungsfahrzeug wurde von der ersten Salve getroffen und flog in die Luft. Es hatte Landminen geladen.

Zerstörer «Rhind» erzielte einen schweren Treffer auf einem Schnellboot. Das zweite Boot schoß einen Torpedo auf «Gherardi». Doch die phosphoreszierende Torpedolaufbahn wurde gesichtet, und der Zerstörer konnte dem Aal um Haaresbreite ausweichen.

Als dann Ende August Sizilien aufgegeben werden mußte, gingen die Schnellboote in den Westmittelmeerraum. Mitte Oktober wurde ihre Überführung in die Adria befohlen.

Die inzwischen bis nach Genua zurückverlegte 3. und 7. S-Flottille und auch die MS-Boote traten ihren Weg über Land von Genua nach Venedig an. Sie wurden damit der Gruppe Süd (Admiral Adria bzw. Admiral Ägäis) unterstellt.

Während die Boote der zuerst übergeführten 3. S-Flottille schon aus ihren neuen Stützpunkten zu ersten Einsätzen ausliefen, führte Korvettenkapitän Trummer mit der 7. S-Flottille noch zu Weihnachten die letzten Schnellbootsunternehmungen in der Bonifacio-Straße (zwischen Korsika und Sardinien) durch.

Obgleich im Adriaraum erst wenige Schnellboote verfügbar waren, liefen diese bereits am Abend des 12. November zum Einsatz gegen das dalmatinische Inselgebiet aus. Es waren zwei Boote unter der Führung von Oberleutnant zur See Brauns. Sie versenkten auf dieser ersten Unternehmung einen großen Motornachschubsegler.

---

* siehe Roskill: a. a. O.

Am 28. November gelang es drei Booten unter Führung von Kapitänleutnant Gernet, ebenfalls im dalmatinischen Inselgebiet einen weiteren Motorsegler zu versenken.

Am späten Abend des 19. Dezember liefen abermals drei Boote auf Schußweite an den kleinen Hafen Lissa heran und beschossen die Anlagen mit der neuen Vierzentimeter-Bofors-Kanone, mit der die Boote ausgerüstet worden waren.

Fünf Tage später beschossen zwei Boote den etwas größeren Hafen Lacosta, der am 30. bis 31. Dezember 1943 abermals beschossen wurde.

Einsatzhäfen der Flottille waren Grado, Pola und Venedig. Damit ging der Einsatz der Schnellboote im Jahre 1943 zu Ende.

Erst im Jahre 1944 sollten diese kleinen schnellen Boote, in größerer Zahl eingesetzt, wieder beachtliche Erfolge erzielen.

DER DEUTSCHE ÜBERSETZVERKEHR IN DER MESSINASTRASSE

Die 2. und 10. Landeflottille
Die Räumung von Korsika

Am 1. April 1943 wurde Fregattenkapitän von Liebenstein Chef der 2. Landeflottille.

Von Marsala und Trapani aus sollten die etwa dreißig Marine-Fährpräme dieser Flottille – von denen allerdings ein großer Teil durch Feindeinwirkung und Überbeanspruchung in den Werften festlag – nach Afrika auslaufen und den Nachschub der Truppen im Brückenkopf Tunesien sicherstellen. Diese Aufgabe wurde für die Landeflottille um so bedeutsamer, je mehr die großen Schiffe durch die feindliche Luftwaffe, durch Überwasserstreitkräfte und vor allem durch U-Boote ausgeschaltet wurden.

Die MFP der bereits im Jahre 1942 aufgestellten 2. Landeflottille hatten anfangs die Häfen der libyschen Küste bis in Höhe Tobruk als Ziel. Später liefen sie nach tunesischen Häfen aus, und als Fregattenkapitän von Liebenstein sie übernahm, gingen die Transportergruppen nach Bizerta. Die schnelleren MFP legten die Strecke Marsala–Bizerta in 15 bis 16 Stunden zurück. Manchmal wurde die Fahrt im Hafen der Insel Pantelleria unterbrochen.

Die gleichfalls in Marsala liegenden Siebelfähren benötigten für die Überfahrt rund zwei Tage. Sie hatten außerdem einen riesigen Benzinverbrauch. Auf dem Marsch wurden sie von Kampffähren begleitet, die mit jeweils zwei bis vier 2-cm-Vierlingen bewaffnet waren; einer Waffe, vor der die feindlichen Jagdflugzeuge einen höllischen Respekt hatten.

Die MFP benötigten für die Fahrt nach Afrika nur 200 Liter Dieselöl. Neben einem 8,8-cm-Spezialgeschütz waren sie zunächst mit zusätzlich zwei 2-cm-Fla-Kanonen armiert. Ab April erhielten sie dann noch eine dritte 2-cm-Kanone.

Jede MFP-Besatzung bestand aus zehn Mann. Kommandant war ein Steuermann, der meist aus der Handelsmarine kam und auch dort Steuermann gewesen war. Nummer Eins war jeweils ein Unteroffizier.

Für Fahrten nach Afrika wurden Gruppen von vier bis sechs Booten zusammengestellt, die von einem aktiven Leutnant zur See als Gruppenführer geführt wurden.

Leider stand auf Sizilien für die Flottille nur eine kleine Werft zur Verfügung, so daß beschädigte Fahrzeuge nach Castellamare am Golf von Neapel marschieren mußten. Diese Fahrt dauerte drei Tage. Bis zu vierzehn Tagen mußten dann die Boote oft warten, bis sie an der Reihe waren. Diese Wartezeit ergab sich, weil nach dem Verteilerschlüssel die Italiener jeweils zwei Einheiten in die Werft legen durften, ehe ein deutsches Schiff an der Reihe war. Dabei spielte es keine Rolle, ob nur eine winzige Stundenreparatur oder eine viermonatige Werftliegezeit erledigt werden sollte.

So konnte es geschehen, daß zur Zeit des drohenden Waffenstillstandes in Afrika, wo es auf jeden MFP ankam, 29 Boote nicht einsatzbereit waren.

Dies ist eine der bisher unbekannten Tragödien im Afrikakrieg. Sie kostete viele Tausende deutscher Soldaten jahrelange Gefangenschaft in den USA.

Als dann Ende Mai 1943 die 2. Landedivision vom OKM genehmigt wurde, übergab Fregattenkapitän von Liebenstein seine Flottille an Korvettenkapitän der Reserve Wehrmann, um die neue Division aufzustellen. Zur Übergabezeit waren von den 30 MFP nur vier bis fünf einsatzbereit.

Die 10. Landeflottille, die bis dahin von der Luftwaffe betreut worden war, wurde von der 2. Landedivision übernommen.

Gleichzeitig mit der Übergabe wurde von Liebenstein zum Seetransportführer Messinastraße ernannt. Am 23. Mai mittags fuhr er im Kraftwagen von Marsala nach Palermo. Hier besuchte er die Boote, die zur Reparatur in der Werft lagen. Von dort ging es weiter nach Messina, wo er die Landungsstellen der Pionier-Landungsboote, 15 Kilometer nördlich der Stadt am engsten Teil der Straße von Messina, besichtigte. Am Nordausgang der Stadt passierte er die Anlegestellen für die Siebelfähren, die soeben den Dampfer «San Pedro» entluden.

Der Fregattenkapitän war kaum zehn Minuten dort, als es bereits Fliegeralarm gab. Dreimal innerhalb von zwei Stunden griffen viermotorige amerikanische Bomber an.

Anschließend machte von Liebenstein seinen Antrittsbesuch beim italienischen Admiral Barone, der das italienische Marinekommando leitete.

Auf einem MFP fuhr von Liebenstein dann hinüber zum Festland, wo das Boot in Catona festmachte.

Die Aufgabe des Seetransportführers Messinastraße bestand darin, einen leistungsfähigen Übersetzverkehr über die Messinastraße zu organisieren, der den Nachschub an Wehrmachtsgut auch dann sicherzustellen hatte, wenn die erwarteten Großangriffe der Bomber eintraten.

Zur Zeit seiner Kommandoübernahme bestand auf beiden Ufern jeweils eine Landestelle für die Pionier-Landungsboote, die Siebelfähren und die MFP. Es galt, sofort möglichst viele Anlegestellen zu schaffen, um eine große Zahl von Übersetzlinien gleichzeitig laufen lassen zu können. Darüber hinaus mußten die Zeiten für das Be- und Entladen der Fahrzeuge auf ein Mindestmaß herabgedrückt werden.

Ein Luftangriff auf Reggio am 24. Mai hatte noch einige im Hafen liegende MFP gekostet. Fregattenkapitän von Liebenstein befahl daher, die Häfen zu verlassen. Der Übersetzverkehr wickelte sich von nun an über die Landestellen am freien Strand ab. Pioniere und Baubataillone bauten nördlich und südlich von San Giovanni Zufahrtsstraßen zu den Anlegestellen.

Die Amerikaner erkannten diese Anlegestellen nicht. Sie bombten dreimal wöchentlich die Häfen Reggio, Messina und San Giovanni, wo nur noch der eingeschränkte italienische Fährverkehr lief.

Die in Messina befindlichen deutschen Marinedienststellen wurden aus der Stadt herausgezogen und in einem ständig wachsenden Zeltlager oberhalb des Dorfes San Giuseppe über Catona zusammengelegt.

Chefs der 2. und 10. Landeflottille waren Korvettenkapitän Wehrmann und Korvettenkapitän Roth. Als Roth an Malaria erkrankte, übernahm Kapitänleutnant Einecke die Führung der 10. Landeflottille.

Mit dem Vorrücken der alliierten Verbände auf Sizilien wurde die Luftlage für den Übersetzverkehr immer schwieriger. Die feindlichen Jäger stiegen nun von sizilianischen Plätzen auf und konnten längere Zeit über den Fährstellen stehen.

Sobald sie einen der MFP oder ein anderes Fahrzeug entdeckten, stürzten sich mehrere Jagdbomber darauf nieder. So wurde der Tagverkehr bald unterbunden. Die Boote liefen in den Abendstunden aus. Sie trafen dann kurz vor Mitternacht an der Ausladestelle ein. Von hier aus mußten sie gegen 4.00 Uhr – ob ausgeladen war oder nicht – wieder zurücklaufen. Ständig zu den Fährstellen unterwegs, geriet auch der Seekommandant Messinastraße, Fregattenkapitän von Liebenstein, oft in Fliegerangriffe. Als er einmal – Anfang August – mit Oberst

Baade, dem Kommandanten Messinastraße, in einem Pionier-Sturmboot die Landestellen abfuhr, um den Flakschutz zu überprüfen, erlebten sie innerhalb der knapp zwei Stunden währenden Fahrt drei Bombenangriffe durch Jabo-Schwärme. Auch mit Bordkanonen und MG wurden sie angegriffen. Zackend und kurvend gelang es dem Bootsführer, dem Geschoßhagel zu entkommen.

Durch die Bombenexplosionen unter Wasser kamen viele getötete Fische an die Oberfläche, und bald war alles dabei, die schmackhafte Nebenkost einzusammeln.

Dasselbe Sturmboot wurde am nächsten Tag von einem Jabo versenkt. Die Besatzung konnte durch eines der in See stehenden Lazarettschiffe aufgefischt werden.

Am 11. August erhielt der Seetransportführer Mittelmeer von General Hube das Stichwort für die Rückführung der deutschen Truppen von Sizilien auf das Festland. Diese sollte in fünf Nächten bewerkstelligt werden.

Für die Landeflottillen begann damit eine Operation, die den letzten Einsatz eines jeden einzelnen erforderte. Sechs Übersetzlinien waren vorgesehen, vier davon im engsten Bereich der Messinastraße. Die Offiziere des Stabes, Oberleutnant zur See Hans Henning von Cossel und Oberleutnant (MA) Werner, wurden als Kontrolloffiziere an den Übergangsstellen eingesetzt. Sie hatten Blitzentscheidungen zu treffen und überall gleichzeitig zu sein. Auf ihren Schultern ruhte die Verantwortung für eine reibungslose Überführung.

Die Rückführung der Verwundeten oblag dem leitenden Arzt der Landeflottillen, Oberstabsarzt Dr. Höschel. Leider mußte immer wieder festgestellt werden, daß die anglo-amerikanischen Flieger keinerlei Rücksicht auf die hierfür eingesetzten Rote-Kreuz-Boote nahmen. Und wenn die Rote-Kreuz-Flagge noch so groß war, rücksichtslos machten sie auch bei diesen Schiffen von Bomben und Bordwaffen Gebrauch.

In der ersten Rückführungsnacht griffen Feindbomber alle zwei Stunden an. Sie setzten Markierungsleuchtbomben. Auch am Tage wurden die Angriffe genau nach der Uhr geflogen. Die Organisatoren des Übersetzverkehrs stellten sich darauf ein und brachten in den Pausen Kraftfahrzeuge und Geschütze ungestört ans Festland, die man eigentlich auf der Insel zurücklassen wollte.

In der zweiten Nacht dauerten die Luftangriffe ununterbrochen von 21.00 Uhr bis 5.00 Uhr. Ein Pionier-Landungsboot ging verloren. Es erhielt einen Volltreffer, als es auf Truppen wartete. In den frühen

Morgenstunden trafen dann die Truppen ein und wurden bei vollem Tageslicht übergesetzt. Den ganzen Tag ging es mit größtmöglicher Beschleunigung an sechs Fährstellen zum Festland hinüber.

Die Leistung von 900 Überfahrten am ersten Tage wurde am zweiten auf 1100 Überfahrten gesteigert. Am dritten waren es 1300 und am vierten sogar 1400 Fahrten, die die wenigen Fahrzeuge machten.

Niemand vermag zu ermessen, was die Marinesoldaten auf ihren kleinen Kolchern in diesen Nächten und Tagen ohne Schlaf und ohne Ruhe geleistet haben. Hier – ungenannt und nie erwähnt – schlug die große Stunde der Mittelmeereinsätze. Nicht im Kampf gegen feindliche Seestreitkräfte, sondern im Kampf mit der Zeit, der Müdigkeit und den ständig angreifenden Feindflugzeugen, um das Leben Tausender Kameraden zu retten.

Ein Vergleich soll zeigen, was es heißt, 1400 Überfahrten an einem Tag zu organisieren:

Beim Übersetzen der Division «Hermann Göring» nach Sizilien im Juni 1943 konnten – ohne Behinderung durch den Feind und ohne einen vorrückenden Feind auf der Insel – nur 610 Fahrzeuge in See gebracht werden.

Die dritte Nacht brachte den ersten Höhepunkt der feindlichen Luftangriffe. Allerorten standen die «Christbäume» über den Landestellen, alles war taghell erleuchtet. Und dies war erst der Auftakt, denn nun setzten auch am Morgen rollende Jabo-Angriffe ein.

Alle halbe Stunde etwa erschienen 12 bis 16 Jabos, die in Rotten zu dreien und vieren an allen Stellen der Messinastraße Bomben warfen und aus Bordwaffen feuerten. Sie kamen aus Bergmulden und tief eingeschnittenen Tälern. Ihnen folgten Hochbomberangriffe.

In dieser kritischen Situation trat eine Einheit auf den Plan, die unter Führung von Oberst Nieper am 1. Juli 1943 aufgestellt worden war: die 22. Flakbrigade. Schon bei der Landung und beim Fallschirmabsprung feindlicher Verbände auf Sizilien hatte diese Brigade zahlreiche Flugzeugabschüsse erzielt, ohne allerdings die Aktion der Alliierten verhindern zu können.

Vor Beginn der Evakuierung verlegte Oberst Nieper seinen Gefechtsstand an die Messinastraße, um hier mit seiner Brigade einen flakartilleristischen Schwerpunkt zu bilden.

Feindliche Schnellboote und Zerstörer, die am Tage und in der Nacht versuchten, in die Straße von Messina einzudringen, wurden von den Batterien Oberst Niepers zusammengeschossen.

Der Flakschirm wurde beinahe undurchdringlich. Waren alle Geschütze im zusammengefaßten Einsatz, konnten die Feindbomber in der Messinastraße kein Ziel direkt angreifen. Die Flak zwang den Feind zum ungezielten Bombennotwurf.

Nach fünf Tagen und Nächten waren die Gesichter der Männer hohlwangig geworden. Am 17. August 1943, gegen 7.00 Uhr, verließen die Führer der Nachhuten und die letzten transportfähigen Fahrzeuge die Insel.

60 000 Mann mit 6000 Fahrzeugen, Geschützen und Panzern, 17 000 Tonnen Munition und vor allem die 4000 Verwundeten waren in einer ungeheuren militärischen und organisatorischen Leistung ans Festland gebracht worden. Nichts wurde auf der Insel zurückgelassen.

Und dies alles hatten sieben MFP, zehn Siebelfähren, drei Pionier-Siebelfähren und 16 Pionier-Landungsboote unter Führung des Chefs der 2. Landeflottille, Korvettenkapitän Wehrmann, des stellvertretenden Chefs der 10. Landeflottille, Kapitänleutnant Einecke, des Chefs der 4. Landeflottille, Korvettenkapitän Zimmermann und des Kommandeurs des Pionier-Landebataillons 771, Hauptmann Paul, geschafft.

Daß sie es schaffen konnten, verdankten sie der 22. Flakbrigade unter ihrem Kommandeur Oberst Nieper.

Von den insgesamt 663 Feindflugzeugen, die während der 38tägigen Kämpfe über der Insel abgeschossen wurden, hatte die 22. Flakbrigade 169 vernichtet.

Generalfeldmarschall Freiherr von Richthofen sagte in einem Tagesbefehl an die 22. Flakbrigade:

«Die Leistungen eines jeden Flakkanoniers während der Kämpfe auf Sizilien sind über jedes Lob erhaben.

Ich spreche der Flakbrigade 22 und allen auf der Insel eingesetzten Flakeinheiten für ihre hervorragende Leistung meine besondere Anerkennung aus.»

Fregattenkapitän von Liebenstein erhielt bereits im August das Deutsche Kreuz in Gold. Anfang September wurde er für seine Führungsleistungen als Seetransportführer Messinastraße im Wehrmachtsbericht genannt und mit dem Ritterkreuz ausgezeichnet.

Die Kriegsmarine hat im Mittelmeer Großes geleistet, aber es gibt kaum einen Einsatz, dem sich nicht diese Leistung der kleinen «Kolcher» würdig zur Seite stellen ließe. Sie hat *die* Divisionen gerettet, die wenige Wochen später den ersten Antsurm des Gegners auf das italienische Festland aufhielten und dem Feind den Einbruch in die «Festung Europa» lange Monate hindurch streitig machten. Im Abschlußbericht von Liebensteins heißt es*:

«Die Anglo-Amerikaner, die nunmehr auf den Höhen vor Messina standen, versuchten mit allen Mitteln zu verhindern, daß die deutschen Boote nach Beendigung ihrer Aufgabe aus der Messinastraße entkamen.

Laut Befehl sollten die Boote nach Neapel gehen. Sie marschierten am Tage bis zur Ortschaft Scylla, wurden den ganzen Tag über von Jabos angegriffen, hatten jedoch zusätzlichen Flakschutz von Land her. Bei einsetzender Dunkelheit marschierten sie nach Norden. Sie kamen mit Ausnahme von zwei Siebelfähren, die am nächsten Morgen einem Jaboangriff erlagen, heil in Neapel an. Die Zeit in der Messinastraße war vorüber. Offizier und Mann waren stolz auf das, was sie dort leisten durften. Bald sahen sie neuen Einsätzen entgegen.»

Knapp einen Monat darauf wurde Fregattenkapitän von Liebenstein vom deutschen Marinekommando Italien die Leitung der Rückführung aller auf Korsika stehenden deutschen Truppen von der Marineseite her übertragen.

Im wesentlichen waren dies Teile der 90. Panzergrenadierdivision, die SS-Sturmbrigade «Reichsführer SS»; ferner die Bodenorganisationen des Fliegerführers Sardinien mit allem Gerät, Fahrzeugen und Waffen.

Die Sturmbrigade «Reichsführer SS», die durch ein Grenadierbataillon der 356. ID verstärkt worden war, war Anfang Juli 1943 aus dem Raum von Massa und Livorno nach Korsika verlegt worden. Sie sollte die Insel gegen ein vermutetes alliiertes Landungsunternehmen verteidigen.

Nach der Räumung von Sardinien wurden große Teile der dort stationierten 90. Panzergrenadierdivision, die sich in der Aufstellung befand, nach Korsika verlegt.

Nach dem Umfall der Italiener am 8. September 1943 wurden die auf Korsika stehenden italienischen Truppen zur Freigabe von Stadt und Hafen Bastia aufgefordert. Als dies abgelehnt wurde, griff die SS-Brigade am 15. September an, nahm am gleichen Abend Flugplatz, Stadt und Hafen und bildete einen Brückenkopf.

In diesem Brückenkopf wurde verteidigt. Anfangs gegen die Italiener, später auch gegen französische, im Dienst der Alliierten stehende Streitkräfte, die im Süden bei Ajaccio gelandet waren.

---

* siehe Liebenstein Gustav Freiherr von: «Schlußbetrachtung des KTB des Seetransportführers Messinastraße»

Die deutschen Truppen sollten nunmehr zurückgeführt werden. Und zwar standen die Transporte der Soldaten mit ihren Handfeuerwaffen bei dieser Rückführungsoperation an erster Stelle. Nur ein Teil der Soldaten konnte mit Flugzeugen zum Festland hinübergeschafft werden.

Von Liebenstein erhielt vom Marinekommando Italien folgenden Befehl*:

«a) Aufnahme der Verbindung mit den Heeres- und Luftstellen zur Sicherstellung des Antransportes von Truppen und Gerät entsprechend den marineseitig klaren Transportmitteln.

b) Festlegung der Einschiffungsplätze.

c) Beladung der für den Rücktransport vorgesehenen Schiffe, Prähme usw. bzw. Einschiffung auf dieselben.

d) Steuerung der von Korsika abgehenden Geleite nach den vom Deutschen Marinekommando herausgegebenen Richtlinien und Weisungen.

e) Anforderung von Jagdschutz und enger Sicherung für die Geleite beim Fliegerführer Sardinien (nunmehr auf Korsika).»

Durch diesen Befehl erhielt der «Seetransportführer Korsika» gegenüber allen auf Korsika stehenden Marineeinheiten Weisungsrecht. Gleichzeitig oblag ihm die Aufgabe, beim deutschen Wehrmachtskommandanten Korsika, Generalleutnant von Senger, als Verbindungsoffizier zu wirken.

In Bastia übernahm Liebenstein am Vormittag des 17. September die Dienstgeschäfte als Seetransportführer. Anschließend meldete er sich beim deutschen Wehrmachtskommandanten, dessen Stabsquartier sich in der Nähe des Flugplatzes Ghisonaccia bei Ajaccio befand.

Mittelpunkt für diese Überführungsfahrten würde Bastia sein. Aus diesem Grunde richtete der Seetransportführer dort sein Stabsquartier ein, denn vom Stabsquartier des Wehrmachtskommandanten aus waren es bis Bastia 80 Kilometer.

Die Räumung von Sardinien war soeben beendet worden. Von dort wurden nach Schätzungen 33 000 Soldaten, 5000 Fahrzeuge und 3000 bis 4000 Tonnen Material ans Festland gebracht. Hinzu kamen 600 Geschütze und ca. 100 Panzer.

Diese Zahlen mußten für den Seetransportführer als Grundlage für seine neue Aufgabe genügen.

---

* siehe Liebenstein, Gustav Freiherr von: «Bericht über die Durchführung der Räumung von Korsika»

Folgende Marinedienststellen standen ihm zur Verfügung:

1. Die Seetransportstellen in Bastia und Porto Vecchio.
2. Die Marinefunkstellen in Bastia, Porto Vecchio und beim Fliegerführer Sardinien in Ghisonaccia.

Wegen seiner ungenügenden Wassertiefe und weil das Gebiet um Porto Vecchio nur noch ein paar Tage gehalten werden konnte, kam dieser Hafen als zweite Absprungbasis nicht in Frage. Dafür hatte aber Bastia im alten und neuen Hafen zwei Absprungstellen, die jeweils eine größere Anzahl von MFP, Siebelfähren und Penichen aufnehmen konnten. Die Kaianlagen des neuen Hafens waren sogar für große Dampfer geeignet.

Oberleutnant zur See von Cossel, dem A 1 des Seetransportführers, oblag es, die geplanten Ausweichstellen so schnell wie möglich vorzubereiten. Er war schon einige Tage vor Liebenstein nach Korsika übergesetzt und stellte dort fest, daß seitens der Marine bisher kaum etwas für diese Rücktransporte vorbereitet worden war.

Die Zurücknahme der gesamten Inselbesatzung in einen Brückenkopf im Norden Korsikas war vorgesehen worden, weil von hier aus der Seeweg zu den Landehäfen des Festlandes am kürzesten war. Dies erhöhte die Umlaufgeschwindigkeit des knappen Schiffsraumes. An drei Stellen stellte Oberleutnant von Cossel gute Möglichkeiten für Ausweichstellen fest:

1. In der Bucht von Sisco, 15 Kilometer nördlich Bastia.
2. In der Bucht von Pietra Corbara, 18 Kilometer nördlich Bastia.
3. In dem kleinen, schwierigen Hafen von Macianaccio, ca. 40 Kilometer nördlich von Bastia.

Das Heer legte darüber hinaus auf Anlegestellen südlich von Bastia großen Wert. Einmal, um für den Abtransport von Material die Anfuhrwege abzukürzen. Zum anderen, um für den Fall einer Änderung der taktischen Lage – etwa bei einer feindlichen Landung in Bastia, die nicht ausgeschlossen war – eine weitere Ausweichmöglichkeit zu haben. Doch daraus wurde nichts, denn bei dem Mangel an Nachrichtenmitteln war es notwendig, die Anlegestellen möglichst nahe beieinander zu halten.

Bei Beginn der Rückführung am 19. September standen von Liebenstein 35 MFP, vier Frachtpenichen, die Dampfer «Kraft», «Champagne» und «Nikolaus», ferner vier KT*-Schiffe zur Verfügung.

---

* Kriegstransporter

Die großen Fahrzeuge mußten wegen der U-Boots-Gefahr im Geleit fahren. Räumboote der 7. Sicherungsdivision (11. R-Flottille) übernahmen die Geleitsicherung.

Mit dem 25. September wurde die Geleitzugssteuerung von Korsika nach dem Festlande auch der 7. Sicherungsdivision übertragen. Allerdings ließ man dabei außer acht, daß man von Livorno, dem Sitz der 7. Sicherungsdivision aus, nicht übersehen konnte, wann die Gelegenheiten bestanden, Geleite ans Festland in Marsch zu setzen.

Ferner schloß die lange Dauer in der Übermittlung von Funksprüchen eine rasche Befehlsübermittlung aus.

Die Anforderung von Jagdschutz erfolgte zunächst über den Seetransportchef Mittelmeer, Kapitän zur See Conrad Engelhardt, beim Geleitschutzführer der Luftflotte 2. Beide Dienststellen saßen unmittelbar nebeneinander und arbeiteten auch eng zusammen, so daß der Seetransportchef bei Auslaufmeldungen gleich Jagdschutz anfordern konnte.

Um eine noch schnellere Umlaufzeit zu erreichen, schlug von Liebenstein vor, die MFP und Siebelfähren statt nach Piombino ans Festland, nach Porto Ferraio auf Elba laufen zu lassen. Dadurch würde der Seeweg um ein Drittel verkürzt. Der Weitertransport von Elba ans Festland stellte kein Problem dar.

Dieser Vorschlag, vom Seetransportchef Mittelmeer genehmigt, wurde vom Oberbefehlshaber Süd zunächst mit dem Hinweis auf mangelnden Flakschutz abgelehnt. Erst am 1. Oktober wurde er freigegeben und wirkte sich, wie von dem Seetransportführer Korsika vorausgesehen, sehr positiv aus.

Von den Flugplätzen Ghisonaccia, Borgo und Poretto aus starteten vom ersten Tage bis zum 3. Oktober deutsche Transportflugzeuge. Sie beförderten 27 000 Mann von der Insel ans Festland.

Der bereits am 18. September im Hafen von Porto Vecchio beschlagnahmte Dampfer «Tiberiade» wurde mit Marinesoldaten bemannt. Er übernahm ebenfalls Transportaufgaben. Doch schon am folgenden Tage wurden die «Tiberiade» und ein weiterer Dampfer – die «Gilio» – bei einem Angriff von 20 Hochbombern auf Bastia im neuen Hafen getroffen. Beide Schiffe brannten lichterloh. «Gilio» sank auf flachem Wasser. Sie hatte eine größere Ladung deutscher LKW übernommen (die nach dem Angriff auf Siebelfähren umgeladen wurden. Danach konnte «Gilio» wieder gehoben werden). Auch der wichtige Schlepper «Gabes» wurde versenkt.

Mehrere Speicher, die getroffen wurden, standen in Flammen. Einige auf der Zufahrtstraße zum neuen Hafen stehende und auf dem Kai zur Einschiffung bestimmte LKW wurden ebenfalls getroffen. Munition flog mit grellen Feuerschlägen in die Luft. Als die Rettungstrupps Verwundete und Tote bargen, explodierte noch immer Munition. Dennoch gelang es beherzten Offizieren und Soldaten, die nicht beschädigten Fahrzeuge aus der Gefahrenzone herauszufahren.

Eine Bombe traf den an der Pier liegenden Dampfer «Nikolaus». Als er ablegte, um zu seinem Liegeplatz zu verholen, wo die Ladung auf Siebelfähren umgeladen werden sollte, erhielt er einen Torpedotreffer.

Ein englisches U-Boot hatte seinen Aal zielsicher durch die enge Sperrlücke geschossen. Die feuerdurchlohte Detonationspinie stand als Schrekkenssignal über dem Schiff. Die «Nikolaus» war manövrierunfähig.

In der darauffolgenden Nacht griffen abermals starke Bomberverbände an. Die noch in den Hafenspeichern lagernde italienische Munition flog in gewaltigen Flammenkaskaden in die Luft. Gleißende «Christbäume» erhellten das Hafengebiet.

Am 22. September erbat von Liebenstein über FT beim Seetransportchef einen starken Schlepper für das Leichtern des Dampfers «Nikolaus.»

Anläßlich einer Besprechung mit dem Wehrmachtskommandanten und dem Fliegerführer vertrat der Fregattenkapitän die Meinung, daß die Verwendung von Großschiffen nicht ratsam sei, weil ihre Beladung mindesten einen Tag, wenn nicht gar zwei Tage in Anspruch nehme. Während dieser langen Zeit sei die Gefahr groß, daß sie durch die feindliche Luftaufklärung erfaßt und danach bombardiert würden.

MFP hingegen könnten – das hatte der Übersetzverkehr auf der Messinastraße bewiesen – bei gut eingespielter Organisation binnen zehn Minuten beladen werden. Sein Vorschlag, auf die Großschiffe zu verzichten, wurde abgelehnt. Zum Glück hörten von dem Tage an die Fliegerangriffe plötzlich auf.

In der Nacht zum 23. September sank der Dampfer «Kraft» infolge zunehmenden Leckwassers. Am 23. September gegen 18.25 Uhr wurde vier Seemeilen östlich Bastia MFP 420 durch einen U-Boots-Torpedo versenkt. Die Besatzung konnte jedoch gerettet werden. Zwei Stunden später liefen die beiden Penichen «Freiburg» und «Leipzig» nach Übernahme einer Restladung aus Porto Vecchio aus. Zur gleichen Zeit setzten die Sprengungen der militärisch wichtigen Anlagen ein.

Die Verluste bei den Fahrten zum Festland mehrten sich. Am 24. September erhielt die «Champagne» elf Seemeilen ostwärts Bastia zwei

Torpedotreffer. Ihr Kapitän behielt die Nerven, kehrte mit dem Schiff in Richtung Hafen zurück und setzte es südlich davon leicht auf Grund. Hier konnte es durch Siebelfähren bis auf zwanzig Fahrzeuge geleichtert werden. Eine gute seemännische und soldatische Leistung.

Am Nachmittag des 27. September erhielt die «Champagne», die durch das Leichtern wieder schwimmfähig geworden war, einen weiteren Torpedotreffer und fiel damit endgültig aus.

Der Seetransportführer Korsika erfuhr am Abend dieses Tages, daß zu den bereits vorher bekannten Mengen an Material noch 172 Geschütze, 86 Fla, 1000 Sonder-KFZ, 1061 LKW und PKW ans Festland zu bringen seien.

Zum Schluß sollten auf der Insel zwei Brückenköpfe gebildet werden: der südliche in Borgo, der nördliche in Sisco. Von Sisco aus sollten auch die letzten Truppen abtransportiert werden: etwa 1000 Soldaten, 200 Gefangene und 100 KFZ.

Inzwischen hatte der Feind auf der Insel seinen Druck verstärkt. Nachdem marokkanische Truppen in Ajaccio gelandet waren, sah es kritisch aus. In den Morgenstunden des 30. September begann der feindliche Angriff südlich Borgo bei Casamozza. Durchgesickerte Feindtruppen griffen westlich Borgo an.

Am gleichen Tage traf der Befehl des Marinekommandos Italien ein, den «Schlußakkord» nicht auf Sisco, sondern auf Bastia abzustellen.

SF*-Boote und SG 11** übernahmen dazu den Flankenschutz. Zwei R-Boote wurden mit Grundminen für die Verminung des Hafens von Bastia angefordert. Die Einschiffung des Sprengtrupps und des Restkommandos wurde auf R-Booten vorgesehen.

Am folgenden Tag entschloß sich der Seetransportchef endlich, sämtliche MFP nur noch nach Marina di Campo auf Elba laufen zu lassen. Doch schon am nächsten Tage wurde, wegen Anlandeschwierigkeiten in Marina di Campo, auf Porto Ferraio ausgewichen.

In der Frühe des 2. Oktober fuhr von Liebenstein zur Kommandantur, um genaue Angaben über den Schlußtermin zu erhalten und Klarheit über die zuletzt über See ans Festland zu bringenden Truppen zu bekommen. Eine genaue Durchrechnung ergab, daß die Zahl von 1000 Soldaten nicht stimmte, sondern daß noch 2900 Mann zurückgebracht

---

* SF=Sonderfahrzeuge

** SG 11=ehemal. franz. Handelsdampfer «Alice Robert»; SG-Schiffe waren gemischte Einheiten

werden mußten. Das bewog von Liebenstein dazu, jeden MFP mit 100 Soldaten besetzen zu lassen.

Als am Nachmittag des 2. Oktober bereits feindliches Artilleriefeuer auf die Straßen zum Wehrmachtskommandanten niederging und die von der SS-Sturmbrigade kommenden Meldungen zeigten, daß kein Tag länger gehalten werden konnte, wurde der 3. Oktober nachmittags als letzter Einschiffungstermin befohlen und über FT dem Seetransportchef und dem Deutschen Marinekommando Italien gemeldet.

Zum Glück trafen die MFP – die ja nur nach Elba zu laufen brauchten – sehr schnell wieder ein, so daß alles planmäßig durchgeführt werden konnte.

Der 3. Oktober begann mit spiegelglatter See und strahlendem Sonnenschein. Auf SG 11 war Oberleutnant zur See von Cossel zur Stelle. Alle nach 4.00 Uhr einlaufenden MFP wurden für den Mannschaftstransport festgehalten. Neun große und zwei kleine Räumboote liefen ein. Insgesamt standen 26 MFP für den Truppen- und Verwundetentransport bereit. Vier SF-Boote, zwei KSF-Boote* und neun Leichter waren zur Stelle, und schließlich traf gegen Nachmittag noch eine weitere Anzahl MFP ein, die aber wegen des auf den Hafen Bastia niedergehenden Artilleriefeuers nicht einlaufen konnten.

Fregattenkapitän von Liebenstein begleitete den Wehrmachtskommandanten gegen 16.00 Uhr auf einem I-Boot** zur Ausweichanlegestelle Bastia-Süd. Die für den Stab vorgesehenen Boote R 200 und R 162 lagen bereit. Im Feuer der Feindartillerie gingen die Offiziere, die Funker und Schreiber an Bord. Beide Boote liefen vor den Hafen, wo sie nicht mehr erfaßt werden konnten, um von hier aus die Einschiffung zu überwachen und zu lenken.

Zur selben Zeit lief die 1. Gruppe der MFP aus. Die zweite Gruppe folgte um 17.00 Uhr. F 450 blieb im Hafen liegen und wurde weiter beladen. Um 17.30 Uhr erhielten KT 19 und Dampfer «Gilio» vom Hafenkommandanten Bastia, Kapitänleutnant Lerch, Befehl zum Auslaufen. Auch F 450 – inzwischen vollbeladen – lief aus.

Das Artilleriefeuer wurde durch SG 11 und die KSF sowie durch die Transport-SF erwidert. Letztere waren mit 8,8-cm-Flak bestückt.

Gegen 18.00 Uhr veranlaßte SS-Obersturmbannführer Gesele – der Kommandeur der SS-Sturmbrigade «Reichsführer SS» – einige noch am

---

* KSF=kleine Schnellboote

** I-Boot=Infanterieboot

Ufer liegende MFP dazu, mit ihren Zwozentimetern einmal die Berghöhen abzustreichen, weil sich der Gegner dort oben zeigte.

Diesem Feuer schlossen sich binnen Sekunden alle deutschen Fahrzeuge an. Es war ein unheimliches Bild. Aber dieses disziplinlose Schießen gefährdete die eigenen Soldaten, die sich noch zum Hafen und zu den Ausweichstellen zurückziehen mußten.

Nachdem die Ausweichstelle Bastia-Süd ausgefallen war, fuhr Fregattenkapitän von Liebenstein auf R 200 an alle auf Reede liegenden MFP und I-Boote heran und befahl ihnen, etwa 200 Meter nördlich vom Hafen anzulegen. Die I-Boote sollten von dort Truppen an Bord der MFP bringen.

Von dieser neuen Anlegestelle aus holte Oberleutnant von Cossel, der im Feindfeuer an Land war, alle Soldaten heran und ließ sie einschiffen. Hier wurden auch die letzten Flak- und Sturmgeschütze, die die Absetzbewegungen deckten, auf vier MFP verladen.

In den späten Abendstunden suchten Offiziersstreifen auf Befehl von Fregattenkapitän von Liebenstein und Obersturmbannführer Gesele die Umgebung des Hafens Bastia nach Nachzüglern und Versprengten ab. Um 22.30 Uhr wurde dem Wehrmachtskommandanten gemeldet, daß der letzte deutsche Soldat eingeschifft sei.

Die letzten Sprengtrupps verließen gegen 24.00 Uhr Bastia, Für sie lagen noch I-Boote bereit, die sie zu den wartenden MFP brachten. Sie hatten die nicht fahrbereiten Dampfer «Champagne» und «Nikolaus» sowie sämtliche Kais des alten und neuen Hafens gesprengt. Die Hafeneinfahrt wurde mit Grundminen geschlossen.

Geben wir auch hier wieder Fregattenkapitän von Liebenstein das Schlußwort aus seinem KTB:

«Am 3. Oktober um 22.30 Uhr war das Korsika-Unternehmen abgeschlossen. Gegen 22.45 Uhr habe ich auf R 200, mit dem deutschen Wehrmachtskommandanten und seinem Stabe an Bord, und R 162 die Anlegestelle Bastia-Nord in Richtung Livorno verlassen.

SG 11 mit Oberleutnant zur See von Cossel blieb bis 1.00 Uhr vor Bastia stehen, und zwei von ihm abgeteilte R-Boote bis 4.00 Uhr, ohne daß sie noch einen deutschen Soldaten aufnehmen konnten.

Dies war unsere zusätzliche Sicherheit. Wir wollten keinen einzigen der tapferen Soldaten zurücklassen.

Um 5.00 Uhr am 4. Oktober 1943 liefen R 200 und R 162 mit dem Stab des Wehrmachtskommandanten und dem Seetransportführer Korsika in Livorno ein.»

Wieder einmal mehr hatten die kleinen Kolcher eine hervorragende Leistung vollbracht. Zurückgeführt wurden von ihnen:

6294	deutsche Soldaten
700	Gefangene
3026	Kraftfahrzeuge
361	Geschütze
105	Panzer
5414	Tonnen Material.

DER GROSSE UMFALL

Die italienische Flotte läuft nach Malta

Nach Mussolinis Sturz waren sich eingeweihte Kreise darüber klar, daß die Italiener früher oder später aus dem Achsenbündnis ausscheiden würden.

Um dieses Ereignis möglichst schnell herbeizuführen, eröffneten die alliierten Bomberverbände ihre rollenden Luftangriffe auf die italienischen Städte.

Siebenhundert Bomber griffen am 19. Juli auch die offene Stadt Rom an und warfen tausend Tonnen Bomben. Bologna folgte am 24. Juli. Livorno wurde am 25. Juli zur Hälfte zerstört. Kaum eine Stadt blieb von den Bombern verschont. Lediglich auf Stadt und Hafen von La Spezia, dem Hauptsitz der italienischen Großkampfschiffe, fiel keine Bombe. Turin und Mailand erlebten den Feuersturm vom 7. August an. Pisa wurde schwer verwüstet.

In Foggia wurden 20 000 Kinder, Frauen und Greise unter den Trümmern ihrer Häuser begraben. Am 6. September 1943 wurde Neapel zum 98. Male angegriffen.

Die italienische Bevölkerung wollte nach diesen grauenvollen Ereignissen nichts anderes als den Frieden.

Noch wußte am 6. September, dem Tag der Bombardierung von Neapel, niemand, daß schon drei Tage vorher bei Cassibile der Waffenstillstand zwischen den Alliierten und Italien unterzeichnet worden war.

Am 7. September beteuerte Admiral Maugeri gegenüber General Taylor, dem Kommandanten der 82. US-Fallschirmjägerdivision:

«Die italienische Flotte ist bereit, sich unmittelbar nach der Verkündung des Waffenstillstandes mit den Alliierten zu vereinigen*.»

Am 7. September erschien im deutschen Hauptquartier des Oberbefehlshabers Süd in Frascati der italienische Marineminister De Courten, um Feldmarschall Kesselring einen Besuch abzustatten.

---

* siehe Trizzino, Antonio: «Die verratene Flotte»

Im Hotel Tusculum, oberhalb Roms, saßen sich die beiden Herren gegenüber. Der Chef des Stabes OB-Süd, General Westphal, war ebenfalls zugegen.

De Courten führte aus, daß die alliierte Landung auf dem italienischen Festland unmittelbar bevorstehe. Die italienische Flotte werde ihre Pflicht tun. Für sie gebe es nur einen Weg:

«Kampf bis zum Äußersten und notfalls Untergang mit wehender Flagge.»

Am gleichen Nachmittag traf De Courten in Rom mit Admiral Bergamini, dem Chef der Schlachtflotte, und Admiral Da Zara, dem Befehlshaber des Schlachtgeschwaders von Tarent, zu einer Sitzung in seinem Ministerium zusammen. Der Stellvertretende Chef des Admiralstabes, Admiral Sansonetti, war ebenfalls zugegen. Ferner noch der Chef der Marineoperationsabteilung, Admiral Girosi.

In seiner Doppeleigenschaft als Marineminister und Chef des Admiralstabes wußte De Courten um die Waffenstillstandsverhandlungen und den bereits abgeschlossenen Waffenstillstand. Aber er berichtete den hier versammelten Admiralen der Flotte kein Wort davon. Ihnen gegenüber, die die Flotte zum Kampf gegen die Alliierten einsatzbereit machten, um sich in einer großen Schlacht westlich Siziliens ihnen entgegenzustellen, bekräftigte er deren Einstellung, indem er den Befehl noch einmal bestätigte:

«Kampf gegen die Alliierten bis zur letzten Granate!»

Er wies jedoch auch darauf hin, daß die Deutschen dem Faschismus wieder an die Macht verhelfen wollten und daß aus diesem Grunde die Flotte nach der Insel Maddalena auslaufen müsse, um einem deutschen Handstreich auf die Flotte zuvorzukommen.

Am 8. September, Admiral Bergamini war eben auf sein Flaggschiff, die «Roma», zurückgekehrt, erhielt er sogar noch einen Telefonanruf vom Marineminister, er möge sich zur letzten Schlacht bereithalten.

Als das Signal «RF» am Flaggenmast der «Roma» gehißt wurde, das die Kommandanten der Kriegsschiffe zur letzten Befehlsausgabe rief, meldete überraschend Radio Algier:

«Italien hat bedingungslos kapituliert!»

BBC London wiederholte die Meldung kurze Zeit später. Der Verrat wurde den Admiralen offenbar. Um 18.30 Uhr gab auch General Eisenhower diese Meldung offiziell bekannt.

Admiral Cunningham forderte die italienische Flotte auf, sofort ankerauf zu gehen und Malta anzulaufen.

Admiral Bergamini wollte den Weg nach Malta nicht antreten. Er sagte zu einem Kommandanten:

«Ich habe vor, die Flotte an einen italienischen Ankerplatz oder in einen Hafen zu führen, wo sie vor jeder feindlichen Einmischung sicher ist. Niemals werde ich meine Schiffe dem Feind übergeben.»

Um 3.00 Uhr früh, am 9. September, ging die Flotte ankerauf und lief mit 24 Knoten Fahrt nach Südwesten. Die drei Kreuzer «Eugenio», «Montecuccoli» und «Regolo» bildeten die Spitzengruppe. Das Schlachtschiff «Roma» war das nächste Schiff des Konvois, gefolgt von «Littorio» und «Veneto». Die Steuerbordsicherung wurde von den Zerstörern «Legionario», «Grecale», «Oriani» und «Velite» gebildet. An Backbord liefen «Mitragliere», «Fuciliere», «Artigliere» und «Carabiniere».

Das Kreuzergeschwader aus Genua unter Admiral Biancheri stieß um 6.15 Uhr mit drei Kreuzern und vier Torpedobooten zum Verband. Einundzwanzig Schiffe liefen nun nach Süden. Gegen Mittag des 9. September drehten diese Einheiten auf die Straße von S. Bonifazio zwischen Korsika und Sardinien ein.

Admiral Bergamini nahm Kurs auf Maddalena. Dort wollte er vor Anker gehen. Um 15.30 Uhr ließ der Admiral auf der Höhe des Nordkaps von Sardinien auf Gegenkurs gehen. Gegen 14.00 Uhr griffen alliierte Bomber den Verband an. Alle Schiffe eröffneten das Feuer auf die Maschinen. Über Funk wurde dieser alliierte Angriff nach Rom gemeldet.

Das Alliierte Hauptquartier dementierte und behauptete, es seien deutsche Bomber gewesen. Dies stimmt nicht. Erst um 15.40 Uhr griffen deutsche Maschinen ein, weil Reichsmarschall Göring und andere hohe Wehrmachtsoffiziere der Ansicht waren, die italienische Flotte sei ausgelaufen, um zum Feind überzugehen.

Fünfzehn Maschinen des Tys Do 217 K der 2. Fliegerdivision (General Johannes Fink) griffen an. Jede dieser Maschinen hatte eine 1400-Kilo-Bombe unter dem Rumpf, mit denen die stärksten Schiffspanzerungen durchschlagen werden konnten. Staffelkapitän war Major Bernhard Jope, der als Oberleutnant die «Empress of Britain», ein Schiff von 42 000 BRT, am 26. Oktober 1940 in Brand geworfen hatte.

Die Maschinen griffen trotz starken Feuers einzeln an. Um 15.26 Uhr wurde die «Roma» getroffen. Die Fahrtgeschwindigkeit des Schlachtschiffes sank auf zwei Drittel der Normalleistung ab.

Vier Minuten später wurde die «Roma» zum zweitenmal getroffen. Das Schiff wurde in zwei Teile gerissen. Es kenterte und sank.

Von den 1849 Männern der Besatzung fanden 1254 und Admiral Bergamini den Tod. Zerstörer «Vivaldi» wurde in der kommenden Nacht versenkt. Ob es sich hierbei um deutsche oder alliierte Flugzeuge handelte, ist nicht geklärt.

Viermal wurde die italienische Flotte angegriffen. Nur *ein* deutscher Angriff ist aber bisher bekannt.

In den ersten Morgenstunden des 9. September, als die italienische Schlachtflotte La Spezia verließ, waren im Golf von Salerno die alliierten Streitkräfte gelandet.

In Pola und Tarent ebenso wie in La Spezia weigerten sich die Kommandanten der in den Häfen liegenden Kriegsschiffe, die Einheiten nach Malta zu überführen. Lediglich der Kommandant des in Pola stationierten Schlachtschiffes «Giulio Cesare» wollte sein Schiff ausliefern. Aber sein Leitender Ingenieur und mehrere andere Offiziere überwältigten ihn nach dem Auslaufen und nahmen Kurs auf Ortona, wo sie das Schiff versenken wollten.

Admiral Da Zara, der soeben von Rom nach Tarent zurückgekommen war, traf auf seinem Flaggschiff, der «Duilio», ebenfalls die Vorbereitungen zur Versenkung seines Kreuzergeschwaders.

Einen Höhepunkt dieses dramatischen Tages bildeten die Ereignisse auf dem Kreuzer «Indomito», der zur Zeit der Bekanntgabe des Waffenstillstandes in Portoferraio (Elba) lag. An Bord befanden sich durch einen Zufall der Herzog von Aosta, Admiral Nomis und der Präfekt von La Spezia, als sich die Besatzung auf dem Vorschiff versammelte und durch ihren Sprecher verkünden ließ, daß das Schiff niemals nach Malta auslaufen würde. Daß sie vielmehr ihr Schiff versenken würden, wenn ihnen ein solcher Befehl erteilt würde.

Dasselbe meldeten auch die Besatzungen der Zerstörer «Animoso» und «Impavido» und alle Torpedoboote, die auf Elba stationiert waren.

Die Torpedoboote «Impetuoso» und «Pegaso» liefen nach Bekanntwerden des Waffenstillstandes den Hafen Pollensa auf Mallorca an. Sie baten die spanischen Behörden um Wasser und Lebensmittel. Sie wollten jedoch nicht in die Internierung gehen, sondern liefen wieder aus und versenkten sich selber.

Aus allem ergibt sich, daß es nicht die italienische Flotte war, die den Verrat übte, sondern einige wenige Drahtzieher. Um die Sache zu kaschieren, ließ das Marineoberkommando in Rom einen Funkspruch an alle senden. Er lautete:

«Waffenstillstandsklauseln beziehen sich nicht auf Auslieferung der Schiffe und nicht auf das Einziehen der Flagge. gez. Admiral Sansonetti*.»

Die Waffenstillstandsbedingungen jedoch, die von den Italienern unterschrieben waren, sahen anders aus. Im Paragraphen 4 heißt es dort:

«Die italienische Flotte ist sofort in die vom Alliierten Oberkommando bestimmten Häfen zu überstellen. Unter Einhaltung der von ihm verfügten Einzelbestimmungen bezüglich ihrer Entwaffnung.»

Durch Admiral Sansonettis Funkspruch wurden alle Kommandierenden Admirale getäuscht. Sie hofften auf Gleichstellung mit den alliierten Schiffsgeschwadern. Dies allein bewog die auslaufenden Einheiten, am Abend des 9. September ihren Kurs zu ändern. Admiral Da Zara wurde ebenfalls davon überzeugt, daß die Überführung der Flotte nach Malta nicht gleichzeitig deren Auslieferung und auch nicht das Niederholen der Flagge bedeuten würde.

Lediglich Admiral Galati auf dem Kreuzer «Vivaldi» mißtraute seinen Oberen. In den Monaten davor hatte dieser Admiral sich dadurch hervorgetan, daß die seinem Schutz anvertrauten Transportgeleite nach Afrika kein einziges Schiff verloren hatten. Nun weigerte er sich entschieden, nach Malta zu laufen. Er wurde festgenommen und auf S. Pietro inhaftiert. Sein Geschwader aber lief aus Tarent aus.

Aus Portoferraio liefen am Morgen des 10. September die sieben dort ankernden Torpedoboote aus. Ihr Kurs: Malta.

Als erster Verband traf das Geschwader aus Tarent am 10. September in Malta ein. Es waren die «Andrea Doria», «Caio Duilio», die Kreuzer «Luigi Cadorna» und «Pompeo Magni» sowie der Zerstörer «Nivoloso Da Recco».

Alle führten zum Zeichen der Übergabe die von den Alliierten befohlene schwarze Flagge am Mast und die schwarzen Kreise auf dem Rumpf.

In La Valetta kamen englische Feuerwerkerkommandos an Bord und machten sämtliche Kanonenverschlüsse unbrauchbar.

Das La-Spezia-Geschwader folgte. An seiner Spitze der griechische Zerstörer «Olga».

In der Straße von Sizilien befanden sich General Eisenhower und Admiral Cunningham an Bord des Zerstörers «Hambleton» in See, als das Gros der italienischen Streitkräfte sie passierte. Da kamen sie, die «Vittorio Veneto», «Littorio», die Kreuzer «Luigi di Savoia», «Duca

---

* siehe Trizzino, Antonio: a. a. O.

degli Abruzzi», «Guiseppe Garibaldi», «Emanuele Filiberto Duca d'Aosta», «Eugenio di Savoia», «Raimondo Montecuccoli», die Zerstörer «Grecale», «Vlite», «Legionario», «Oriani», «Artigliere». Dann der Kreuzer «Attiglio Regolo». Drei Zerstörer waren zur Aufnahme der Schiffbrüchigen der «Roma» zurückgeblieben.

Admiral Cunningham traute seinen Augen nicht. In seinem Buch (Cunningham, Admiral: «A Saylors Odyssee») sagte er:

«Es erschien uns einfach unglaublich, daß die Italiener uns ihre Flotte auslieferten, ohne auch nur einen einzigen Schuß abzufeuern.»

Am Nachmittag des 11. September wurde Admiral Da Zara von Admiral Cunningham angewiesen, die italienischen Schiffe zu entwaffnen und sie zu übergeben.

Admiral Da Zara verwies auf den FT-Spruch des Marineoberkommandos, nach welchem die Schiffe unter italienischem Befehl bleiben sollten. Daraufhin ließ Admiral Cunningham den Text des Waffenstillstandsvertrages verlesen.

Da alle Ankerplätze Maltas überfüllt waren, liefen die Schlachtschiffe «Littorio» und «Vittorio Veneto» nach Lago Amaro im Kanal von Suez. In Alexandria wurden die Kreuzer «Aosta», «Cadorna», «Eugenio» und «Montecuccoli» mit vier Zerstörern untergebracht.

Die «Doria», «Duilio», «Abruzzi» und «Garibaldi» blieben mit den Torpedobooten in der Bucht von Marsa Scirocco zurück.

Der Kreuzer «Scipione l'Africano» blieb in Tarent. Ende September lief er nach Malta. An Bord befand sich Marschall Badoglio, der den «Langen Waffenstillstand» unterzeichnen sollte.

Die italienische Flotte, die in vielen Gefechten im Mittelmeer tapfer gekämpft hatte und von der die kleinen Einheiten – vor allen Dingen die unermüdlich im Geleitverkehr sich aufreibenden Torpedoboote – Beispiele höchster Tapferkeit geboten hatten, war seit diesem schwarzen September mit einem schweren Makel behaftet. 260 000 Tonnen Kriegsschiffsraum fielen damit an die Alliierten.

Der Kampf im Mittelmeer wurde von nun an allein von den deutschen Kleinkampfeinheiten und den deutschen U-Booten geführt.

Die Italiener waren von dem «Mare nostrum» verschwunden. Nur ihre Kleinkampfeinheiten und die kleinen Boote liefen weiter aus. Letztere mit deutschen Marinesoldaten bemannt und unter deutschem Befehl.

EINSATZ DEUTSCHER U-BOOTE IM JAHRE 1943

Am 1. Januar 1943 wurde der Führer der U-Boote Italien, Kapitän zur See Leo Kreisch, Konteradmiral. Das Jahr 1943 sollte für ihn zum schwersten Jahr im Mittelmeerraum werden.

Mit zwanzig Booten ging die deutsche U-Boot-Waffe auf diesem Kriegsschauplatz in das Jahr 1943 hinein. Aber bereits im Januar gingen zwei dieser zwanzig Boote verloren.

Am 13. Januar wurde vor der Küste bei Algier U 224 unter Oberleutnant zur See Kosbadt von der kanadischen Korvette «Ville de Quebec» geortet, gejagt und mit Wabos versenkt. Nur ein Besatzungsmitglied wurde gerettet.

U 301 unterlag beim Duell mit dem britischen U-Boot «Sahib». Dies geschah am 21. Januar 1943 westlich der Bonifazio-Straße/Korsika. Kapitänleutnant Körner ging mit seiner gesamten Besatzung unter.

Die im westlichen Mittelmeer vor der tunesischen und algerischen Küste stehenden U-Boote erzielten weitere Erfolge. U 73 (Oblt. zur See Deckert) versenkte ein Schiff von 7276 BRT. Kapitänleutnant Mehl gelang es, mit U 371 den U-Jäger «Jura» zu versenken und ein Schiff zu torpedieren. U 453 (Kptlt. Freiherr von Schlippenbach) trug sich abermals in die Mittelmeer-Versenkungsliste ein, als es ein Schiff mit 5783 BRT durch Torpedoschuß versenkte.

Das italienische U-Boot «Platino» wurde durch drei Korvetten gejagt, als es einen kleinen Konvoi angriff. Korvettenkapitän Patrelli-Campagnano ließ einen Fächer auf einen Dampfer und eine davorstehende überlappende Korvette schießen. Die Korvette «Samphire» explodierte und sank binnen zweier Minuten.

Vor der syrischen Küste operierte U 431 unter Oberleutnant zur See Schöneboom. Das Boot versenkte vier Frachtensegler.

U 617 (Kaptlt. Brandi), das am 7. Januar 1943 aus Pola ausgelaufen war, stieß in der Nacht zum 8. Januar vor den eigenen Minensperren ebenfalls auf ein feindliches U-Boot.

Kapitänleutnant Brandi, einer der hervorragendsten U-Boots-Kommandanten, ließ die Rohre I und II zum Schuß klarmachen.

Beide Boote belauerten einander, schlugen Haken, ließen die Diesel mit AK laufen, dann wieder mit Schleichfahrt. Mit dreimal AK versuchte Brandi, schneller zu sein und zum Schuß auf den erfahrenen Gegner zu kommen; vergebens.

Dann gelang es dem Gegner, U 617 breitseits zu fassen.

«Torpedolaufbahn Backbord querab!» rief der Bootsmannsmaat der Wache. Brandi reagierte sofort.

«Hart Backbord! Steuerbordmaschine AK voraus!»

U 617 drehte, weit überkrängend und Wasser schöpfend, wurde spitz – und der Torpedo passierte das Boot in dreißig Metern Entfernung.

Im hellen Mondlicht kämpften hier zwei stählerne Haie einen gespenstischen Kampf, der volle drei Stunden dauerte. Dann ließ Brandi auf Tauchstation gehen, und mit Alarmtauchen verholte sich U 617 unter Wasser. Im Horchraum wurden die Schraubengeräusche des Feind-U-Bootes gehorcht, die sich schnell entfernten.

Dieselobermaschinist Böcker entdeckte einen Schaden an den Ventilen. U 617 marschierte zurück und lief am 10. Januar 1943 endgültig aus. Operationsgebiet war das mittlere Mittelmeer und die Cyrenaikaküste.

Bereits am 12. Januar zeigte sich dem Boot ein englischer Kreuzer. Aber mit dreißig Knoten geschätzter Fahrt war er für das hinterherklotzende Boot zu schnell. Den ganzen 13. Januar hindurch wurde das Boot immer wieder durch Flugzeuge unter Wasser gedrückt.

Am Morgen des 15. Januar, Oberleutnant zur See Niester hatte gerade die Wache übernommen, sichtete der backbordachtere Ausguck einen Schatten. – Ein Zerstörer!

Die Alarmglocken schrillten durch das Boot. Die Schnellentlüfter wurden gerissen. Die E-Maschinenwache schaltete ihre Gruppe vor den weißen Trommeln ein. Der vordere Tiefenrudergänger legte «Hart unten!» Albrecht Brandi kam in die Zentrale gestürzt.

«Was ist los, Niester?»

«Überraschend von achtern aus zwohundertdreißig Grad Bootspeilung Zerstörer, Herr Kaleunt!»

Ein Blick auf den Chronometer zeigte Brandi, daß es eben 6.14 Uhr war.

«Haben Sie bemerkt, daß er auf uns zu lief, Niester?»

«Drehte direkt auf uns ein, Herr Kaleunt! Die müssen ein Gerät dabeihaben, das ihnen auch im Dunkeln unseren Standort verrät.»

«Kann ein Zufall sein», bemerkte Brandi, obgleich er nicht davon überzeugt war.

«Wie sah es oben aus, Niester?» fragte der Kommandant weiter, als die Schraubengeräusche des Zerstörers verschwunden waren.

«Südwest mit Stärke vier. Himmel bedeckt.»

«Auf Sehrohrtiefe gehen!»

«Boot hängt im Sehrohr!» meldete der LI.

Bootsmann Stork und Steuermannsmaat Kühn beobachteten Lastigkeitswaage und Tiefenmesser.

Brandi besetzte das Luftzielsehrohr in der Zentrale, das bei der Dämmerung stärker zeichnete. Er sichtete nacheinander drei Dampfer und drei Bewacher. Die drei Dampfer liefen in Dwarslinie

«Geleitzug in Sicht. Auf Gefechtsstationen! – An Torpedowaffe: Alle Rohre klar zum Unterwasserschuß!»

Brandi enterte jetzt in den Turm und schwang sich auf den Sattelsitz des Angriffssehrohrs. Oberleutnant Niester und Obersteuermann Jalke stellten sich neben ihn. Die Feuerleitanlage war bereits eingeschaltet. Der Torpedomaat meldete klar.

«Alles Direktschüsse!» berichtete Brandi den atemlos wartenden Männern auf den Stationen.

Nach der Uhr fielen die Kommandos zum Schuß. Vier Einzelschüsse, davon drei auf die Dampfer und einer auf eine Korvette. Zwei Dampfer wurden getroffen. Dann erklang eine dritte Detonation.

Der Funkmaat aus dem Horchraum meldete an zwei Stellen Sinkgeräusche.

«Wasserbomben, Herr Kaleunt!»

«Auf achtzig Meter gehen!»

Brandi setzte sich in das offene Kugelschott und spielte mit einem Hampelmann. Er ließ ihn Riesenwellen drehen, Aufschwünge machen. Und dazwischen gab er ruhig Ruderbefehle und Kursänderungen. Nach weiteren zwanzig Wabos entfernten sich die Bewacher.

Wieder meldete sich der Funkmaat. Er hatte Schraubengeräusche in 270 Grad gehorcht.

U 617 glitt auf Sehrohrtiefe empor, und zum zweitenmal sah Brandi im Sehrohrausblick einen kleinen Konvoi. Diesmal waren es vier Dampffer und vier Bewacher. Letztere sämtlich Korvetten.

Die Rohre waren inzwischen nachgeladen worden.

«Wir durchbrechen die Sicherung und schießen wieder auf die Transporter», entschied Brandi.

Doch diesmal gingen seine drei geschossenen Torpedos vorbei.

Eine Korvette mit der aufgemalten Zahl 233 lief in hundert Meter Abstand am Boot vorüber.

Als der Konvoi passiert hatte, ließ der Kommandant zum Durchlüften auftauchen. Die Akkus wurden aufgeladen. Der Luftverdichter begann zu arbeiten. Die Lüfter in der Brückennock rotierten und wälzten Frischluft ins Boot. Der Tag verging. Die Nacht ebenso.

Im Morgengrauen des 16. Januar ging U 617 im ersten Büchsenlicht auf Tiefe. Gegen 9.00 Uhr meldete Funkmaat Schröder eine Horchpeilung mehrerer Schrauben, darunter auch solcher von Geleitfahrzeugen. Es waren zwei Dampfer, die von drei Korvetten geleitet wurden.

Vier gezielte Einzelschüsse auf jeweils zwei Dampfer und zwei Korvetten wurden geschossen. Beide Dampfer wurden getroffen. Auch bei den Korvetten wurden Torpedodetonationen gehorcht.

Einer der Frachter schien Munition geladen zu haben.

Hohe Flammen stoben aus seinen Ladeluken empor. In einer harten Detonation wurde der achtere Teil seiner Brückenaufbauten weggerissen. Dieser Dampfer sank jedoch erst, als der erste untergegangen war. Die beiden Korvetten schwammen noch.

Als der brennende Frachter unterschnitt, drehte die dritte Korvette auf U 617 ein. Sie schien das Sehrohr gesichtet zu haben.

«Schnell auf achtzig Meter gehen, Klemz!»

Der LI reagierte schnell. Das Boot stieß stark vorlastig hinunter und wurde während des Sturzes in die Tiefe mit Ruderlage Steuerbord zwanzig gedreht. Dreihundert Meter achteraus explodierten die Wasserbomben. Die Korvette blieb schnell zurück.

Erst mit Einfall der Abenddämmerung konnte das Boot wieder auftauchen. Ein Seeaufklärer drückte U 617 wieder unter Wasser. So ging es noch fünfmal in kurzen Abständen weiter. Erst als das Boot um 20.00 Uhr auftauchte, schien der Gegner abgeschüttelt.

Fünf Minuten später war der Seeaufklärer wieder zur Stelle. Diesmal tauchte das Boot erst um 22.07 Uhr auf. Es setzte einen FT-Spruch an den FdU-Mittelmeer ab:

«1. Aus Geleit von drei Dampfern und drei Bewachern einen kleinen und einen mittleren Dampfer versenkt.

2. Geleit von Malta. Ein mittlerer und ein großer Dampfer, drei Bewacher. Beide Dampfer versenkt.

3. Ein Heckaal. – Gehe Pola.»

Kurz nach Mitternacht nahm der Funkenpuster der Wache einen FT-Spruch des FdU-Mittelmeer auf:

«Bravo, Brandi!»

Als das Boot am 21. Januar in Pola anlegte, wurde Kapitänleutnant Brandi das Ritterkreuz verliehen. Der LI, Oberleutnant zur See (Ing.) Klemz, und die Wachoffiziere, Oberleutnant zur See Gautier und Oberleutnant zur See Niester, erhielten das EK I. Klasse.

Wenige Tage später lief U 617 wieder aus. Das Boot marschierte Richtung Tobruk. Unterwegs griff es einen Kriegsschiffsverband an und torpedierte einen Zerstörer. Bei der sofort einsetzenden Abwehr konnte das Sinken dieses Zerstörers nicht beobachtet werden.

Am 1. Februar 1943 sichtete der Bootsmannsmaat der Wache ein schnell laufendes Kriegsschiff.

«Wir kommen nicht näher heran!» meldete die Seemännische Nummer Eins.

«Dann versuchen wir eben, ihm auf diese Entfernung einen zu verpassen.»

Der Doppelfächer aus Rohr I und III traf nach über drei Minuten Laufzeit mittschiffs und achtern.

Im nächsten Augenblick schien das Kriegsschiff in tausend Teile zu zerbrechen. Auf ihm gingen über 100 Minen hoch und rissen es in Stücke. Es handelte sich um den britischen Minenkreuzer «Welshman», der auf 32-12 Nord/24-52 Ost explodierte und sofort sank.

Damit war eines der wichtigsten Schiffe der Royal Navy versenkt worden. Über den Wert der «Welshman» schrieb Captain Roskill*:

«Wenn man einige wenige Schiffe aller Klassen nennen soll, die mithalfen, Malta zu retten, so muß die Wahl auf die ‹Wasp› der US-Navy, das Nachschubschiff ‹Breconshire› und den schnellen Minenleger ‹Welshman› fallen.»

Auf derselben Feindfahrt versenkte U 617 noch zwei Schiffe mit zusammen 4614 BRT.

Aber auch im Februar gingen wieder drei U-Boote verloren. Binnen fünf Tagen sanken sie. U 205 machte am 17. Februar den Anfang. Kapitänleutnant Bürgel hatte inzwischen das Boot von Reschke übernommen.

Es war der Zerstörer «Paladin» aus Malta, der das Boot nach Bombardierung durch Flugzeuge endgültig versenkte. Ein Teil der Besatzung und der Kommandant gerieten in Gefangenschaft.

---

* siehe Roskill: a. a. O.

U 562 (Kaptlt. Hamm) erging es ebenso. Nordostwärts Bengasi wurde es von Flugzeugen gesichtet, gebombt und anschließend von dem Zerstörer «Isis» versenkt. Diesmal nahm das Boot alle Besatzungsmitglieder mit in die Tiefe.

Vor Algier wurde U 443 unter Oberleutnant zur See von Puttkamer durch eine U-Jagdgruppe aufgefaßt. Die drei Geleitzerstörer «Bicester», «Lamerton» und «Wheatland» teilten sich in den Ruhm, das Boot versenkt zu haben.

Vor der syrischen Küste gelang noch U 81 ein Versenkungserfolg. Oberleutnant zur See Hanno Krieg, der das Boot von Kapitänleutnant Guggenberger übernommen hatte, versenkte hier vier Frachtensegler und torpedierte einen Tanker.

Der März sah ein kleines Rudel der wenigen Wölfe im Einsatz. Im westlichen Mittelmeer erzielten fünf Boote erhebliche Versenkungserfolge. Vor der Cyrenaika war ein Boot erfolgreich, und ein weiteres – wieder einmal U 81 – operierte vor der syrischen Küste und versenkte vier kleine Fahrzeuge. Erfolgreichstes Boot war U 596 unter Kapitänleutnant Jahn, das zwei große Dampfer mit zusammen 16 684 BRT versenkte und zwei weitere Dampfer torpedierte.

U 83 unter Kapitänleutnant Wörishoffer wurde am 9. März von einem Flugzeug gebombt und sank nach Volltreffer. Mit dem Boot ging die gesamte Besatzung unter. Damit hatte eines der erfolgreichsten U-Boote im Mittelmeer, auf dem auch Kapitänleutnant Kraus seine Fahrten zum Ritterkreuz gemacht hatte, zu existieren aufgehört.

Ein besonders dramatisches Schicksal hatte U 77 unter Oberleutnant zur See Otto Hartmann.

Nachdem das Boot im Februar 1943 zwei Schiffe mit 13 742 BRT versenkt hatte, konnte es auch im März wiederum zwei Schiffe mit 10 451 BRT versenken.

Am 28. März 1943 wurde dieses Boot ostwärts Cartagena aus der Luft angegriffen und erhielt einen Lufttorpedotreffer. Es gelang dem Kommandanten, das Boot an die Wasseroberfläche zurückzubringen. Geben wir einem der zehn Überlebenden dieses Bootes das Wort. Lassen wir ihn über das berichten, was sich an jenem 28. März 1943 abspielte*.

«Nach geglücktem Auftauchen mußten wir stundenlang gegen zwei immer wieder angreifende Flugzeuge kämpfen.

---

* siehe Paustian, Hans: «Bericht über die Versenkung von U 77 in ‹Schaltung Küste›.»

Bei diesem erbitterten Abwehrkampf hat sich der 3. WO, unser verehrter Steuermann Matthias Otten, hervorragend bewährt. Mit eiserner Ruhe stand er hinter seinem Flieger-MG und schoß so lange, bis beide Maschinen abdrehen mußten.

Danach ließ er die Geheimsachen vernichten und alles klarmachen, was zur Rettung diente.

Der Kommandant befahl alle Mann aus dem Boot. Alle waren zu diesem Zeitpunkt noch am Leben. Aus 47 Kehlen schallten die letzten drei Hurras auf unser U-Hartmann über das Wasser.

Dann begann der Kampf mit der See.

Bereits nach Ablauf einer Stunde schrien die ersten Kameraden um Hilfe. Auch hier war Steuermann Matthias Otten wieder der Stärkste. Immer wieder schwamm er zu den Rufenden hin, sprach ihnen Mut zu, spornte sie an. Aber es half nichts. Einen nach dem anderen mußten wir sterben sehen. Manchem drückten wir zum letztenmal die Hand. Letzte Grüße wurden uns bestellt; an die Eltern, die Braut, die Frau.

Nach vier Stunden waren wir nur noch wenige. Das Wasser war eisig. Keiner glaubte mehr an Rettung. Auf einmal traf es uns als die letzten wie ein Schlag. Matthias Otten sagte zu uns:

‹Es ist aus, Kameraden! Sollte einer von euch gerettet werden, bestellt die letzten Grüße an meine Angehörigen. Sagt ihnen, daß wir auch in dieser schwersten Stunde an sie gedacht haben.›

Dann schloß auch er die Augen für immer. Mit neun Mann wurden wir am Nachmittag von einem spanischen Dampfer aufgefischt und waren gerettet. Unsere Kameraden trieben am zweiten Tag in Calpe bei Alicante an.»

Diese Worte zeigen uns die andere Seite des U-Boots-Einsatzes, der über 27 000 Männern den Tod brachte.

Niemals wurde darüber gesprochen. Aber in den Herzen derer, die einen solchen Untergang und den Tod ihrer Kameraden erlebt haben, ist es in unauslöschlichen Lettern eingebrannt.

Das deutsche Konsulat in Madrid wurde von der spanischen Hafenkommandantur Altea am 30. März gegen zwanzig Uhr davon unterrichtet, daß der Fischkutter «Mary Paquai» zwei tote U-Boots-Männer geborgen hatte. Am 31. März traf Konsul von Knobloch in Altea ein, wo auch Bootsmannsmaat Siebenbrod wartete, der an Bord des Kanonenbootes «Calve Sotelo» zur Identifizierung eintraf.

Ein zweiter Fischkutter lief am Nachmittag dieses Tages mit drei weiteren Toten ein. Unter ihnen auch Obersteuermann Matthias Otten.

Auch der Kommandant, Oberleutnant zur See Otto Hartmann, und der Leitende Ingenieur, Leutnant zur See (Ing.) Hans Schwarz, waren tot geborgen worden. In der Kirche von Altea wurden die fünf Särge der zuletzt gefundenen Toten aufgebahrt.

Die Besatzung des Fischkutters «Penon de Ifach» bat um die Ehre, die gefallenen U-Boots-Männer auf ihren Schultern zum Friedhof tragen zu dürfen. Ein Zug Guardia Civil unter Gewehr ging als Ehrenabordnung mit. Kilometerlang war der Trauerzug. Unter einer alten Zypresse wurden die fünf Seeleute zur letzten Ruhe gebettet. Konsul von Knobloch hielt die Gedenkrede. Neun überlebende U-Boots-Männer trauerten um die gefallenen Kameraden, die von ihrer Seite gerissen worden waren.

Mit U 371 unter Kapitänleutnant Mehl trug sich ein Boot im Monat April in die Liste der siegreichen Boote ein, das auch in den drei Monaten vorher erfolgreich gewesen war. Kapitänleutnant Mehl war der zweite Kommandant dieses Bootes. Vor ihm hatte Oberleutnant zur See Driver es geführt.

U 371 versenkte im April vor der Cyrenaika-Küste einen kleinen Dampfer mit 1162 BRT.

Kapitänleutnant Kelbling gelang es mit U 593, vor der Cyrenaika ein Schiff zu versenken. Allmählich schälte sich eine Schar von Kommandanten heraus, die auch in den schwierigen Gewässern des Mittelmeers zu Erfolgen kamen. Erfolge, die um so höher zu bewerten waren, als sie unter den bekannt schweren Bedingungen und größter eigener Gefahr errungen werden mußten.

Ein deutsches U-Boot ging im April verloren. Es war U 602 unter Kapitänleutnant Philipp Schüler. Das Schicksal dieses Bootes und seiner Besatzung liegt noch heute im dunkeln. Am 23. April wurde es zum erstenmal vergebens vom Stützpunkt gerufen. Es antwortete nicht mehr. Irgendwo im Mittelmeer liegt es auf Grund. Zum Sarg geworden für fünfzig junge deutsche Soldaten.

Es hatte kurz vorher noch einen Dampfer versenkt.

Im Mai operierten nur wenige Boote im Mittelmeer. Der Einsatz – vor allem im westlichen Mittelmeer – wurde nun besonders erschwert durch die vom Gegner inzwischen fast lückenlos aufgebaute Kette von fest stationierten Radarstationen an der Nordafrika-Küste.

Zwischen dem Auftauchen eines U-Bootes, dem Erfassen desselben durch die Landstellen, der Alarmierung von Flugzeugen und Zerstörergruppen und dem Eintreffen des Gegners im Operationsraum des U-Bootes vergingen höchstens dreißig Minuten.

Diese Zeitspanne genügte jedoch den cleveren Kommandanten, um die Batterien aufzuladen und das Boot durchzulüften. Es war bereits weggetaucht, wenn der Gegner erschien. Eines ist jedoch sicher:

Bei scharfer Koordinierung aller alliierten Stellen und Kräfte in Ortung, Überwachung und schnellstem Einsatz von Flugzeugen und Zerstörern wäre der U-Boots-Einsatz bereits zu dieser Zeit im Mittelmeer unmöglich geworden.

«Es wäre», sagte Fregattenkapitän Brandi nach dem Kriege, «dem Gegner ein leichtes gewesen, ständig einige Maschinen in der Luft zu haben und ihnen über Funk die Standorte gesichteter oder georteter U-Boote mitzuteilen, so daß sie binnen weniger Minuten zur Stelle hätten sein können. Das hätte ein Aufladen und damit auch jeglichen U-Boots-Einsatz unmöglich gemacht.»

U 414 unter Oberleutnant zur See Huth gelang es im Mai im westlichen Mittelmeer, aus einem Konvoi zwei große Schiffe mit zusammen 13 113 BRT zu versenken. Bei diesem Angriff wurde das Boot erkannt und lange gejagt. Am 25. Mai wurde es von der Korvette «Vetch» nordwestlich von Tenes aufgefaßt und durch Wasserbombentreffer versenkt. Kein Besatzungsmitglied kam mit dem Leben davon.

Abermals wurde im Mai ein Zweikampf U-Boot gegen U-Boot für ein deutsches Boot zum Verhängnis. Am 21. Mai wurde U 303 (Kaptlt. Heine) südlich Toulon durch das englische U-Boot «Sickle» torpediert. Das Boot brach in Sekundenschnelle auseinander. Auch hier ging die Besatzung mit dem Boot unter.

Von diesem Zeitpunkt an war das Seegebiet vor den Häfen Oran und Algier bevorzugtes Einsatzgebiet der wenigen deutschen U-Boote. Der FdU-Italien, Konteradmiral Kreisch, sagte zu den Einsatzbedingungen, unter denen die Boote kämpfen mußten:

«Die Einsatzbedingungen waren denkbar schwierig für unsere Boote. Die von den Flugplätzen der langgestreckten nordafrikanischen Küste startenden Flugzeuge mit ihren Radargeräten sowie an der Küste stationierte Ortungsgeräte im Verein mit einer gutorganisierten Abwehr auf dem Wasser stellten an Kühnheit und Können der U-Boots-Besatzungen höchste Anforderungen. Um so höher sind die in zähen und verlustreichen Kämpfen erzielten Erfolge zu werten.

Sie legen Zeugnis ab für die hohe Kampfmoral der U-Boots-Besatzungen. Denn nicht nur die ständige Gefährdung, auch die Lebensbedingungen an Bord forderten den Einsatz aller körperlichen und seelischen Kräfte. Selbst das Auftauchen bei Nacht zum unbedingt nötigen Aufladen der Batterie und Durchlüften des Bootes wurde zum Problem. Es konnte meist nur in mehreren Abschnitten durchgeführt werden.

An dem Füllungsgrad der Batterie hing aber das Leben der Besatzung. Eingepfercht in einen überhitzten Stahlzylinder, sahen sie wochenlang kein Tageslicht.

Und dennoch gingen die tapferen Männer treu und wagemutig immer wieder an den Feind.»

Was Wunder, daß beim FdU-Italien auch die Sorge um die Erhaltung der Gesundheit und der Moral der Besatzungen einen großen Raum einnahm. Das Denken und Planen im Stab des FdU wurde von diesen beiden Dingen entscheidend bestimmt.

Zwischen den Feindfahrten wurden die Besatzungen, soweit sie nicht auf Heimaturlaub fahren konnten, in behaglich eingerichteten Erholungsheimen in der Nähe der Stützpunkte untergebracht.

Auf diesen «U-Boots-Weiden» konnten sie sich erholen und entspannen, und hier zeigte es sich, daß sie die netten übermütigen und großen Jungen geblieben waren, als die sie gekommen waren. Wer diese Bilder sah und von den Streichen erfuhr, die sie ausheckten, dem offenbarte sich, welche Wandlungen sich in den U-Boots-Männern vollzogen, sobald die Zentnerlast der Verantwortung und der ständigen Gefahr von ihren Schultern genommen wurde.

Hier waren die Quellen ihrer Kraft; ohne dieses vollkommene Ausspannen hätten sie solche Einsätze nie so lange durchhalten können.

So machte zum Beispiel einmal eine Besatzung einen Ausflug nach Venedig. Mitten auf dem Markusplatz stimmte sie in der Frühlingsnacht des Jahres 1943 einen Kanon an, und eine frohbewegte Menge spendete lauten Beifall.

Dann gingen Kommandant, Funkenpuster und Torpedomixer daran, auch die Zuschauer mit in den Kanon einzubeziehen. Der Text war schnell gelernt, und dann ging es los. Lauter wurde noch nie auf dem Markusplatz gesungen.

Es war die Besatzung des unter Kapitänleutnant Koenenkamps Kommando stehenden U 375, das auf einer der nächsten Feindfahrten, am 30. Juli 1943, nordwestlich von Malta durch US-U-Jäger PC 624 vernichtet wurde.

In der Befehlsstelle des FdU-Italien häuften sich die Sorgen. Aus eingehenden Meldungen, der Beobachtung des feindlichen Funkverkehrs und der Erfahrung hatte man dort ein zutreffendes Bild der Lage gewonnen. Geben wir zu diesem Komplex Vizeadmiral Kreisch das Wort:

«Aus dem nicht näher zu definierenden Instinkt der Soldaten wußten wir, wann und wo etwas Unangenehmes passiert sein konnte. Boote, für die wir dann fürchteten, wurden in den nächsten drei Nächten gerufen.

Bedrückend, dieses Warten auf Antwort.

Schewe pflegte dann nach Ablauf der Wartezeit sehr behutsam die Nadel mit der Nummer des vermißten Bootes aus der Lagekarte zu ziehen, wenn er allein war.

Ärztliche Betreuung während der Feindfahrt geschah im Bedarfsfall über Funk. Die Boote hatten einen recht bewährten gedruckten Ratgeber und einen genormten ‹Pflasterkasten› an Bord.

Die angeblich verbürgte Geschichte, daß ein Kommandant auf die Anweisung ‹Mittel 14 verabfolgen›, die Mittel neun und fünf gemischt habe, weil 14 ausgegangen war, ist bei uns nicht passiert.

Dafür geschah einmal etwas anderes.

Ein Boot meldete, daß ein Mann sich den Arm ausgekugelt habe. Was tun? Ich dachte mir mein Teil, als ich die in der Nacht noch dem Boot durch Funk übermittelte Anweisungen des Chirurgen aus Rom las:

‹Patienten auf Flurplatten packen, festhalten, Arm mit kurzem Ruck nach hinten reißen. Wichtig: Patient muß völlig entspannen.›

In der folgenden Nacht meldete das Boot den schon von mir vermuteten Mißerfolg. Der Patient hatte wohl bei der Pferdekur nicht richtig entspannt.

Nun wurde ich weich und befahl Einlaufen nach Salamis. Drei Tage knüppelten die Braven, dann lagen sie an der Pier.

In Eile kam der Verwundete über die steile Leiter zum Turmluk, den Kulturbeutel unter den gesunden Arm geklemmt, nach oben.

In der Hast rutschte er auf der Leiter aus. Dabei muß er wohl unwillkürlich eine recht zweckmäßige Bewegung gemacht haben, denn – der ausgekugelte Arm war wieder drin.

Der Gute fuhr nach beendeter Torpedoübernahme und Ausrüstung gleich wieder mit.

Um aber auch Erfahrungen zu sammeln, wurden gelegentlich Ärzte eingeschifft und machten Feindfahrten mit. Aber das sahen die Sailors nicht gern, denn ihre Devise war:

‹Hast du einen Doktor an Bord, gibt ihm der Teufel auch Arbeit.›»

Zur Moral der Truppe gehörte auch eine ritterliche Kampfführung.

Die Rettung Überlebender versenkter Schiffe kam im Mittelmeer darum nicht in Frage, weil der Gegner, der mit starker Sicherung fuhr, die Boote angegriffen hätte und außerdem *immer* Rettungsmittel zur Verfügung hatte. Lassen wir wieder Vizeadmiral Kreisch über zwei Begebenheiten berichten, die zeigen, daß der Geist deutscher U-Boots-Fahrer im Mittelmeer durch die Gebote der Ritterlichkeit geprägt wurde:

«Das Boot des Kapitänleutnants Franken – es handelt sich um U 565, das eines der erfolgreichsten Mittelmeerboote wurde – tauchte einmal unmittelbar vor dem Suezkanal in einer ägyptischen Fischerflottille auf. Franken bestimmte zwei dieser Boote zur Übernahme aller Besatzungen und befahl den anderen, ihre Fahrzeuge zu verlassen und in die Beiboote zu gehen.

Infolge ungeschickter Hast kenterte eines dieser Beiboote. Franken unterbrach die Versenkung der Fischerboote, lief zur Unfallstelle und nahm die im Wasser Treibenden auf, die er dann an den ‹Lumpensammler› abgab. Dann machte er sich wieder an seine Arbeit.

Das Ganze geschah an einer Stelle, die nur wenige Flugminuten vom nächsten englischen Einsatzflugplatz entfernt war.

Ich habe in meiner Stellungnahme zum Bericht des Kommandanten das Verfahren nicht gutheißen können, da es eine sehr starke und bei den vorhandenen Bergungsbooten entbehrliche Gefährdung seines Bootes bedeutete.

Gefreut hat es mich aber doch.»

Das andere Erlebnis betraf U 453 unter Kapitänleutnant von Schlippenbach. Auch hierzu der Bericht von Vizeadmiral Kreisch:

«Das Boot traf auf der Ausreise zu einer Unternehmung etwa hundert Seemeilen von Malta ein Rettungsfloß mit fünf englischen Fliegern, die seit Tagen in der See trieben und infolge von Hunger und Durst am Ende ihrer Kräfte waren.

Schlippenbach schrieb in sein KTB, wie schwer es ihm geworden sei, die armen Kerle nach Versorgung mit Lebensmitteln und Wasser ihrem Schicksal zu überlassen.

Eine Übernahme an Bord verbot sich, das Boot stand am Beginn einer vierwöchigen Unternehmung.

Trotz des allgemeingültigen Befehls, nur in dringenden Fällen zu funken, setzte Schlippenbach einen Funkspruch mit der Positionsangabe des Floßes ab.

Er hoffte, wie er schrieb, dem Führer der U-Boote – also mir – würde schon etwas einfallen.

Wir leiteten diesen Funkspruch an das italienische Marineministerium weiter, mit der Bitte, entweder eigene Seenotflugzeuge einzusetzen oder aber Malta zu verständigen.»

Im Juni erzielten im Mittelmeer fünf deutsche U-Boote Versenkungserfolge. Unter ihnen auch U 97 unter Kapitänleutnant Trox. Es gelang ihm im östlichen Mittelmeer, vor der Küste von Haifa, einen Konvoi aufzufassen. Zwei Schiffe mit beachtlichen 10 192 BRT konnte er daraus versenken.

Doch die übrigen Schiffe riefen ihr «SSS» in den Äther. Flugzeuge drehten auf den Standort des Bootes zu und versenkten es durch Bombenwurf. Der Kommandant befahl: «Alle Mann aus dem Boot!» So konnten 21 Besatzungsmitglieder gerettet werden. Hansgeorg Trox selbst aber fiel.

Die Namen Krieg, Kelbling, Brandi, Deckert, von Schlippenbach, Brüller, Fenski, Jahn, Röther tauchten immer wieder auf. Sie bildeten die Phalanx der Mittelmeerstreitkräfte.

Kapitänleutnant Koenenkamp führte sich im Juli 1943 in diese Liste ein, indem er zwei Schiffe mit 14 396 BRT versenkte.

U 407 unter Kapitänleutnant Brüller torpedierte im mittleren Mittelmeer den britischen Kreuzer «Newfoundland», während das italienische U-Boot «Dandalo» unter Kapitänleutnant Turcio den Kreuzer «Cleopatra» torpedierte.

Mehl, Fenski, Röther und Jahn waren auch im August erfolgreich.

Drei U-Boote gingen im Juli verloren. In der Straße von Messina wurde erstmalig ein deutsches U-Boot von einem englischen Motortorpedoboot versenkt. Es war U 561 unter Oberleutnant zur See Henning.

U 409 (Oblt. zur See Maßmann) wurde durch den britischen Zerstörer «Inconstant» versenkt. Ein Teil der Besatzung konnte gerettet werden.

U 375 unter Kapitänleutnant Koenenkamp wurde am 30. Juli durch den amerikanischen U-Jäger PC 624 versenkt. Kommandant und Besatzung fielen.

Der August ging mit nur einem Verlust gnädig vorüber. Es war U 458 unter Kapitänleutnant Diggins, das am 22. August durch den britischen Geleitzerstörer «Easton» und den griechischen Zerstörer «Pindos» versenkt wurde. Ein Teil der Besatzung und der Kommandant wurden gerettet.

Mit dem September begann noch einmal eine große Zeit der Mittelmeer-U-Boote. Vier Boote erzielten Erfolge. Die Spitzenleistung vollbrachte U 410 unter Oberleutnant zur See Fenski mit drei Versenkungen und 17 031 BRT. Kapitänleutnant Kelbling, einer der erfolgreichsten Kommandanten in der Bezwingung feindlicher Kriegsschiffe, versenkte mit U 593 ein Schiff von 7176 BRT und den amerikanischen Minensucher «Skill».

Auch U 617 unter Kapitänleutnant Albrecht Brandi – seit dem 11. April Träger des Eichenlaubs zum Ritterkreuz – war wieder dabei. Brandi erhielt Ende August den Auftrag, einen Kriegsschiffsverband anzugreifen, der aus zwei Flugzeugträgern, drei Kreuzern und zwanzig Geleitfahrzeugen bestand und durch Agentenmeldung und vom B-Dienst angekündigt worden war.

Am 29. August lief U 617 aus. Die ersten Fahrzeuge des feindlichen Sicherungsringes wurden gesichtet. Im Unterwassermarsch versuchte U 617 heranzukommen.

«Wir greifen einen Flugzeugträger an!» unterrichtete Brandi vom Sattelsitz des Angriffssehrohrs aus seine Besatzung.

Der Flugzeugträger wuchs ins Visier. Alle Schußwerte waren auf die Aale übertragen worden. Aber als Brandi den Viererfächer schießen wollte, zackte der Verband um dreißig Grad ab. Der Befehl zum Schuß konnte nicht mehr gegeben werden. Das Boot mußte nun ständig zwischen den Fahrzeugen der Sicherungsketten manövrieren. Immer wieder wurde es von Korvetten und Zerstörern überlaufen. Aber zum Glück von U 617 hatte keines der Fahrzeuge sein Asdic eingeschaltet.

Brandi ließ auch seinen I. WO, Oberleutnant zur See Gautier, einen Rundblick nehmen. Der I. WO sah die «Illustrious» und die «Formidable». Er begriff, warum sein Kommandant diese Jagd nicht aufgeben wollte.

Der Verband kam schließlich außer Sicht. Zwei Tage später sichtete Brandi einige Zerstörer, von denen zwei dicht beieinander standen und auf das Boot zuliefen, das auf Sehrohrtiefe eingesteuert war.

Brandi ließ zwei Zweierfächer auf diese Zerstörer schießen. Beide Fächer wurden in nur zehn Sekunden Abstand geschossen. Am Schluß der Laufzeit ließ Brandi das Sehrohr ausfahren. Keine Sekunde zu früh, denn als er beide Zerstörer im Visier hatte, stiegen die Einschlagpinien am achtern laufenden Kriegsschiff empor. Sekunden später traf auch der zweite Fächer sein Ziel.

Andere Zerstörer, die weiter herausgestaffelt standen, kamen mit AK angebraust.

«Auf hundert Meter gehen! Hart Steuerbord!»

U 617 stieß in die bergende See hinunter.

«Sinkgeräusche!» meldete der Horchraum Sekunden darauf.

Der Zerstörer «Puckeridge» wurde durch die auf seinem Heck explodierenden Wasserbomben in Stücke gerissen.

Ob auch der zweite Zerstörer sank, konnte Brandi nicht beobachten, denn nun begann die Wasserbombenjagd. Serien von Bomben fielen achteraus. Und auch an Steuerbord schien die See zu kochen.

In Schleichfahrt gelang es zu entkommen. Eine Stunde nach Mitternacht tauchte U 617 auf. Der Mond schien, es war verhältnismäßig hell. Als Obersteuermann Jalke seine Wache übernahm, ging Brandi hinunter, um sich auf die Koje zu legen.

Jalke blieb als III. WO auf der Brücke. Die Zeit der Wache vertickte langsam. Auf einmal vernahm Jalke ein seltsames Rauschen. Er schnellte herum und sah, wie ein Flugzeug steil auf das Boot herunterstürzte.

«Flieger! – Schießen!»

Der Bootsmannsmaat im Richtsitz der Dreisieben schoß. Im gleichen Augenblick löste sich die erste schwere Bombe unter dem Rumpf der Maschine. Dann eine zweite.

An Backbord und Steuerbord von U 617 barsten die Bomben in der See. Eine dritte, wenig später geworfen, detonierte unter dem Kiel. Der Bug wurde mehrere Meter angehoben und schlug dann krachend auf die See zurück.

Die Dreisieben aber feuerte weiter. Granaten peitschten in den Rumpf des Bombers hinein. Einer seiner Motoren brannte, und im Sturz raste er schließlich in die See. Beim Aufschlag barst er in einer Flammenrosette auseinander.

Die ersten beiden Detonationen seitlich von U 617 schleuderten Brandi fast aus der Koje. Er sprang auf, und in diesem Augenblick krachte es mit unheimlicher Wucht unter dem Boot. Alle Lichter erloschen. Rohrleitungen brachen. Wasser strömte, Preßluft zischte. Brandi rannte zur Zentrale. Er rutschte aus, blieb mit dem Fuß zwischen zwei Rohren hängen. Männer kletterten bereits über ihn hinweg.

«Halt!» rief er scharf. «Stehenbleiben!»

Das Unwahrscheinliche geschah. Die beginnende Panik erlosch.

«Notbeleuchtung ein!»

Die Männer befreiten den eingeklemmten Kommandanten. Der eilte in die Zentrale, sah die Turmleiter, die von oben heruntergekommen war, hakte sie neu ein und erreichte die Brücke. Jalke meldete den Abschuß des Bombers, der das Boot aus der Dunkelheit direkt angeflogen hatte.

Oberleutnant zur See Graf Arco, der II. WO, meldete die bisher festgestellten Schäden.

«Backborddiesel ausgefallen!» meldete der Dieselobermaschinist.

«Alle Mann an Oberdeck!» befahl Brandi vorsorglich.

Der LI meldete den Ausfall der elektrischen Ruderanlage.

«Handruder in Betrieb nehmen, Klemz!» befahl der Kommandant.

Das Boot nahm Kurs auf die afrikanische Küste. Zu allem Unglück begannen auch noch die Batterien zu gasen. Damit war das Boot tauchunklar geworden. Die im Boot arbeitenden Männer mußten ihre Tauchretter anlegen, um überhaupt atmen zu können.

Wenig später erschien ein zweites Flugzeug. Es flog um das Boot herum und eröffnete das Feuer auf die an Oberdeck stehenden Männer. Diese marschierten im Kreise um den Turm herum, um stets in Feuerlee zu bleiben; dabei sangen sie, und dem überraschten Kommandanten dröhnte es in die Ohren:

«Das Karussell geht immer, immer rund herum!»

Die Maschine drehte ab. Das Boot erreichte die marokkanische Küste und lief unter Land weiter, um ein Versteck zu suchen.

Auf einmal ging ein harter Ruck durch das Boot. Ein gräßliches Knirschen zeigte an, daß es aufgelaufen war.

Brandi versuchte vergebens, es wieder flott zu bekommen.

«Wir müssen es mit einem Torpedo sprengen!» stellte er schließlich fest. Er wollte als Kommandant allein an Bord bleiben und die Sprengung vornehmen.

Als alles von Bord gegangen und an Land geschwommen war, zeigte es sich, daß Oberleutnant zur See Gautier und Bootsmann Stork an Bord geblieben waren, um ihrem Kommandanten zu helfen. Dies trotz der damit verbundenen Lebensgefahr.

Der im Heckrohr liegende Torpedo wurde mit einer Sprengpatrone scharfgemacht. Die drei Männer gingen vor die Brücke. Brandi zündete die Sprengleitungen, mit denen der Aal und einige weitere Sprengladungen, die Bootsmann Stork angeschlagen hatte, zur Explosion gebracht werden konnten.

Brandi sprengte. Eine masthohe Flammensäule stieg aus dem Heck empor. Die Männer erhielten einen harten Schlag. Dann spürten sie, wie das Boot unter ihren Füßen wegrutschte. Sie sprangen ins Wasser und schwammen zur Küste. Hier wurden die Gekados-Sachen verbrannt.

Das Boot aber sank nicht ganz. Wenig später erschienen drei Fahrzeuge. Sie eröffneten das Feuer auf den kleinen aus dem Wasser ragenden Teil des Bootes. Dem britischen Zerstörer «Hyazinth» wurde dann die «Versenkung» von U 617 gutgeschrieben.

Die Besatzung wurde in Melilla – Spanisch-Marokko – von den Spaniern interniert. Albrecht Brandi kam in ein Offizierslager nach Cadiz. Der deutsche Marineattaché brachte ihm Papiere auf den Namen Albert Bergmann. Damit floh Brandi aus der Internierung, flog nach Berlin und berichtete über seine letzte Feindfahrt.

Anfang Februar 1944 traf Albrecht Brandi wieder in Toulon ein. Er übernahm U 380 von Korvettenkapitän Röther, der das U-Boots-Kommandantenalter bereits weit überschritten hatte.

Im Oktober wurde auch im Mittelmeer der «Zaunkönig», wie der T-5-Torpedo genannt wurde, erstmals eingesetzt. Bei Operationen vor der tunesischen und algerischen Küste war U 371 unter Kapitänleutnant Mehl besonders erfolgreich. Dieses Boot versenkte mit dem neuen Torpedo, der sein Ziel nach den Schraubengeräuschen selbständig suchte, den Minensucher «Hythe» und den Zerstörer «Bristol». Mit einem E-Torpedo* versenkte das Boot noch einen 7176 BRT großen Dampfer.

U 223 unter Kapitänleutnant Wächter versenkte einen Dampfer von 4790 BRT.

Auch U 616 war unter Oberleutnant zur See Siegfried Koitschka mit einigen T-5-Torpedos an Bord ausgelaufen. Der junge Seeoffizier hatte das Boot am 8. Oktober 1942 als Kommandant übernommen. Nach einer Atlantik-Unternehmung war er ins Mittelmeer befohlen worden.

Damals lautete der Wahlspruch der U-Boots-Kommandanten: «Die Dummen fahren zur See, die *ganz* Dummen im Mittelmeer.»

Nachdem sich das Boot in Atlantikmanier durch die Straße von Gibraltar gemogelt hatte, operierte Koitschka im Mittelmeer nach denselben Grundsätzen – und bezahlte es mit Wasserbomben und Fliegerbeschuß. Er sagt darüber:

«Mehr oder weniger angeschlagen, erreichten wir den Stützpunkt La Spezia. Etwas klüger geworden, operierten wir bei der nächsten Feindfahrt tagsüber nur unter Wasser. Bei Nacht nach Möglichkeit über Wasser. Oft reichte jedoch die Zeit nicht aus, um die Batterien nachzuladen.

* Torpedo mit Elektro-Antrieb – hatte keine Blasenbahn

Um zu Erfolgen zu kommen, suchte man die Verkehrswege an der afrikanischen Küste auf. Große Geleite waren selten, meist waren es nur wenige – dafür sehr stark gesicherte – Dampfer.

Nach jedem Treffer war eine Waboverfolgung obligatorisch. Außerdem wurde jedesmal die gegnerische Luftüberwachung wild und erschwerte das nächtliche Aufladen der Batterien erheblich.

Trotz dieser Widrigkeiten konnten unsere U-Boote im Mittelmeer doch eine ganze Menge Erfolge erzielen.»

Einer dieser Erfolge gelang U 616 auf jener Feindfahrt, als es den ersten T-5-Aal im Heckrohr hatte.

Von Toulon aus lief das Boot ins befohlene Einsatzgebiet: die Salernobucht. Es war helle Mondnacht; diesige Schleier hingen über der See und machten sie «klein wie einen Ententeich».

Plötzlich tauchte voraus der Schatten eines Einschornstein-Zerstörers auf. Es erschien den Brückenwächtern, als schwebe der Zerstörer über das Wasser hin. Dr. Siegfried Koitschka berichtete nach dem Kriege über diese Begegnung und den Torpedoschuß:

«Wir machten kehrt und zeigten dem Gegner die schmale Silhouette. Der Zerstörer schien uns jedoch geortet zu haben. Aus seinem Schornstein stiegen schwarze Rauchwolken, und er kam schnell auf. Entfernung zu dieser Zeit ungefähr 1500 Meter.

Jetzt hatten wir ihn genau im Kielwasser. Lage Null. Das war für einen Überwasserangriff eine aussichtslose Position.

Plötzlich fiel mir unser ‹Zaunkönig› ein.

Der Zerstörer war ungefähr 1200 Meter achteraus, als wir den im Heckrohr bereitliegenden T-5-Torpedo losmachten.

Auf der Brücke bekamen wir langsam kalte Füße, denn der Gegner kam weiter auf. Gerade wollte ich Alarm geben, da sprang eine hohe Detonationswolke über dem Zerstörer hoch, und kurz darauf knallte es.

Als die Detonationssäule wieder in sich zusammenfiel, konnte man nur noch einen schwarzen Strich erkennen, der ebenfalls sehr schnell im Dunst verschwand.

Aus dem Funkraum kam unmittelbar darauf die Meldung:

‹Ortung ist weg!›

Binnen kürzester Zeit war der amerikanische Zerstörer ‹Buck› gesunken.

Sinkgeräusche konnten geortet werden.

Jetzt mußte U 616 auf große Tiefe gehen, da weitere Zerstörer der ‹Nachtpatrouille› der Amerikaner schnell aufkamen.»

Theodore Roscoe berichtet ergänzend dazu*:

«Der Zerstörer ‹Gleaves› und das britische Landungsboot ‹LCT 170› liefen zur Untergangsstelle der ‹Buck›. Sie retteten 57 Überlebende. Der Kommandant des Zerstöreres, Lieutenant-Commander Klein, war nicht darunter. Mit weiteren 150 seiner Seeleute war der Kommandant mit seinem Schiff untergegangen.»

Nur fünfzehn Seemeilen von dieser Stelle entfernt war auch der amerikanische Zerstörer «Rowan» in der Nacht zum 11. September von deutschen Schnellbooten torpediert worden und vierzig Sekunden nach dem Schuß gesunken. Die Position war: 40-07 Nord/14-18 Grad Ost.

Die T-5-Torpedos hatten sich als erschreckend wirksam erwiesen.

In Oberleutnant zur See, dann Kapitänleutnant Siegfried Koitschka war der Mittelmeer-U-Boots-Waffe ein neues As erstanden.

Der Zerstörer «Buck» hatte in einer langen Nachtjagd vom 2. zum 3. August 1943 das italienische U-Boot «Argento» verfolgt und es nach drei Waboserien vernichtet. Die «Argento» kam noch einmal nach oben. Die «Buck» rettete 46 Besatzungsmitglieder, einschließlich des Kommandanten.

Hierfür hatte LtCdr. Klein das Navy Cross erhalten.

Am 27. Januar 1944 erhielt Oberleutnant zur See Siegfried Koitschka nach einigen weiteren Erfolgen das Ritterkreuz.

Einer dieser Erfolge sei hier dargestellt, weil er charakteristisch ist für die Kriegführung der U-Boote im Mittelmeer.

U 616 war auf der nächsten Feindfahrt wieder zur afrikanischen Küste gelaufen. Direkt vor der Hafeneinfahrt von Mostaganem, zirka achtzig Kilometer ostwärts Oran, hatte sich das Boot auf die Lauer gelegt.

Es war am frühen Vormittag. Strahlender Sonnenschein und Seegang 1 bis 2 waren für die U-Boots-Fahrt nicht eben angenehm. Dennoch schob sich U 616 bis auf 6000 Meter an die Hafeneinfahrt heran. In vierzig Meter Tiefe konnte Oberleutnant zur See Koitschka hoffen, unbemerkt zu bleiben.

Als der Horchraum Schraubengeräusche meldete, ließ der Kommandant auf Sehrohrtiefe gehen und nahm einen Rundblick.

Siegfried Koitschka glaubte seinen Augen nicht trauen zu dürfen, denn was er in etwa 3000 Meter Entfernung auf den Hafen zu laufen sah, waren – fünf feindliche U-Boote.

---

* In: «United States Destroyer Operations in World War II»

Diese fünf U-Boote wurden von einem aufgeregt hin und her laufenden Geleitfahrzeug gesichert.

«Rohr I bis III klar zum Dreierfächer. – Heckrohr klar für Zaunkönig-Schuß!» befahl Koitschka.

Während die Männer die Rohre klarmachten, ließ der Kommandant zuerst Obersteuermann Boch, der hinter dem Torpedorechner saß, einen Blick auf die fünf U-Boote nehmen.

«So was habe ich noch nie gesehen, Herr Oberleutnant!» rief Boch, als er sich von seiner Überraschung erholt hatte.

Als nächster kam der I. WO, Oberleutnant zur See Seiler, an die Reihe, und ihm folgte der II. WO, Leutnant zur See Schauer.

«Die schieben wir unter Deck, Herr Oberleutnant!» meinte Schauer trocken.

«Wenig später konnte ich die Bewegungen an Oberdeck der Boote erkennen», erinnert sich Dr. Koitschka heute. «Dort spielte sich allerhand ab. Die Leute machten Leinen klar und gaben sich gegenseitig Feuer für ihre Zigaretten. Einer schien bei der Monatswäsche zu sein.

Aus ungefähr 2000 Meter machte ich den Dreierfächer los und außerdem noch den ‹Zaunkönig›.

Alle vier Aale liefen auf ihr Ziel zu. Zwei große Wasserfontänen, begleitet von dem typischen ‹Klick-Wumm!› störten die malerische Einlaufszene, und nur noch drei der fünf Boote erreichten den Hafen von Mostaganem.»

Wieder mußte sich U 616 auf tiefes Wasser verholen und den Gegner abschütteln. Ein paar Wasserbomben fielen, dann war das Boot abermals der drohenden Gefahr entkommen.

Der November brachte für U 407 wieder nur einen halben Erfolg: Nach der Torpedierung des Kreuzers «Newfoundland» torpedierte Brüller diesmal den leichten Kreuzer «Birmingham».

Oberleutnant zur See Nonn, ein neuer Kommandant im Mittelmeer, hatte U 596 von Kapitänleutnant Jahn übernommen. Dieser wiederum war im August Chef der 29. U-Flottille im eben fertiggestellten Stützpunkt Toulon geworden.

Unter Nonns Führung versenkte U 596 einen Dampfer mit 8009 BRT.

Am 30. Oktober war wieder ein deutsches U-Boot im Duell mit dem britischen Boot «Ultimatum» versenkt worden: U 431 unter Oberleutnant zur See Schöneboom. Schöneboom hatte das Boot von Kapitänleutnant Dommes übernommen, der wiederum eines der neuen großen Boote als Kommandant übernahm.

Am 20. Oktober 1943 hatte Dietrich Schöneboom das Ritterkreuz erhalten. Zwei Zerstörer und sechs Schiffe hatte U 431 versenkt. Zehn Tage darauf wurde das Boot vor Toulon vernichtet. Kein Mann kam mit dem Leben davon.

Zu der wachsenden Erfolgskurve gesellte sich die ebenfalls steigende Kurve der Verluste.

Wie U 593 (Kapitänleutnant Kelbling) am 13. Dezember durch den britischen Geleitzerstörer «Calpe» und den amerikanischen Zerstörer «Wainwright» nördlich Constantine versenkt wurde, sei in einem kurzen Bericht der Gegenseite dargestellt*:

«Diese beiden Zerstörer wurden bei der U-Boots-Jagd unterstützt durch die amerikanischen Zerstörer ‹Niblack› und ‹Benson›. Die Einheiten liefen genau in der Mitte der See zwischen der nordafrikanischen und spanischen Küste. Um 1.20 Uhr am 13. Dezember gab ‹Wainwright› das Signal:

‹Sub sighted!›

U 593 tauchte sofort weg, und auch die Suche mit dem Asdic blieb vergebens. Um 2.29 Uhr traf der britische Zerstörer ‹Calpe› ein. Stundenlang suchten die Zerstörer. Erst gegen 14.08 Uhr registrierten die Sonargeräte der ‹Wainwright› einen Kontakt, und der Kommandant, Commander W. W. Strohbehn, fuhr den ersten Waboangriff.

‹Calpe› erhielt um 14.23 Uhr Kontakt, und auch sie eröffnete das Bombardement.

Um 14.35 Uhr erneuerte ‹Wainwright› seinen Kontakt und brachte ‹Calpe› in Wurfposition. Der britische Zerstörer warf eine Waboserie um 14.40 Uhr. Sieben Minuten später stieß ein U-Boot, 1800 Yards von ‹Wainwright› entfernt, an die Wasseroberfläche.

Der amerikanische Zerstörer eröffnete das Feuer auf das tauchunklare Boot. Zwei Minuten danach kam die Besatzung von U 593 durch das Turmluk heraus und sprang über Bord. Jetzt erst ließ Commander Strohbehn das Feuer einstellen. Er schickte eine Bergungsgruppe mit einem Boot, um die im Wasser schwimmenden Schiffbrüchigen aufzufischen. Um 15.30 Uhr liefen die beiden Zerstörer mit ihren 52 Gefangenen, darunter Kapitänleutnant Gerd Kelbling, in Richtung Algier ab. Auf dem Meeresboden, unter ihnen, blieb U 593 zurück.»

---

* siehe Roscoe, Theodore: a. a. O.

U 73 unter Kapitänleutnant Horst Deckert sichtete am Nachmittag des 16. Dezember einen Konvoi bei Cap Falcon/Algerien. Das Boot griff sofort an und versenkte den Dampfer «John S. Copley». Sofortige Hilferufe des Dampfers ließen amerikanische Zerstörer aus Mers el Kebir auslaufen. Es war die 13. Zerstörerdivision unter Captain H. Sanders mit den Zerstörern «Woolsey», «Trippe» und «Edison». Sanders' Flaggschiff war die «Woolsey». Gegen 17.15 Uhr erreichten sie die Nähe des torpedierten Schiffes. Um 18.37 Uhr erhielt «Woolsey» den ersten Kontakt mit dem U-Boot. Der erste Wabofächer ließ das Licht auf U 73 erlöschen und setzte eine Menge elektrischer Geräte außer Aktion. Ein starker Wassereinbruch veranlaßte Deckert, anblasen zu lassen. Das Boot wäre gesunken wie ein Stein, hätte er nicht diesen letzten Versuch unternommen, wenigstens die Besatzung zu retten.

Als das Boot aufgetaucht war, wurde es vom Radar der «Woolsey» in 1900 Yards voraus erfaßt. Nahebei stand auch «Trippe».

Beide leuchteten mit starken Scheinwerfern. Als einer der Zerstörer das Boot auffaßte, ließ Kapitänleutnant Deckert das Feuer auf den Scheinwerfer eröffnen. Heißer Stahl zischte über das Deck der «Woolsey». Zwei Soldaten wurden verwundet. Sofort erwiderten «Woolsey» und «Trippe» das Feuer aus allen Rohren.

U 73 wurde schwer getroffen. Löcher im Druckkörper ließen das Boot schnell sinken. Es gab keine Rettung mehr. Die letzte Chance zu entkommen war mit dem Erkanntwerden vorüber.

«Alle Mann aus dem Boot!» war der letzte Befehl, den Kapitänleutnant Deckert gab. Aber U 73 sank sehr schnell, und das Boot nahm siebenundzwanzig Mann mit in die Tiefe. Vierunddreißig Schiffbrüchige wurden von den amerikanischen Zerstörern aufgenommen, unter ihnen der Kommandant.

Dieser Jagd vorausgegangen waren am 11. und 12. Dezember die Erfolge des Bootes und einiger anderer Boote am Konvoi KMS 34.

U 223 unter Kapitänleutnant Wächter torpedierte die Geleitfregatte «Cuckmere», als diese das Sehrohr des Bootes sichtete und auf U 223 eindrehte.

U 593 unter Gerd Kelbling, dem bereits am 19. August 1943 das Ritterkreuz verliehen worden war, wurde von der Geleitsicherung aufgefaßt und gejagt.

Wieder einmal bewies der junge Kommandant sein Draufgängertum und seinen Mut. In einer vierundzwanzigstündigen Jagd gelang es ihm, zuerst den Zerstörer «Tyndale» und schließlich auch noch den Zerstörer

«Halcombe» mit dem neuen «Zaunkönig-T-5-Torpedo» zu vernichten. Beide Zerstörer flogen im Donner ihrer explodierenden Wasserbomben auseinander und sanken schnell.

Dann aber wurde das Boot, wie vorher dargestellt, vernichtet. U 593 sank auf 37-38 Grad Nord/05-58 Grad Ost.

Das Jahr 1943 ging zu Ende. Obwohl im Verlaufe des Jahres zwölf Boote ins Mittelmeer entsandt worden waren, bestand die gesamte U-Boots-Waffe in diesen Gewässern am 31. Dezember 1943 aus nur mehr zwölf Booten. Mit dieser Zahl trat die U-Boots-Waffe in das Entscheidungsjahr ihres Mittelmeereinsatzes.

DIE 20. MARINE-BORDFLAK IN ITALIEN

Im April 1943 wurde Korvettenkapitän Fritz Hoch mit der Aufstellung der 20. Marine-Bordflak-Abteilung Italien beauftragt.

Hoch war im Ersten Weltkrieg Wachoffizier auf Torpedobooten gewesen. Seit Anfang des zweiten Krieges hatte er nacheinander zwei Marine-Flakabteilungen geführt und war für diesen Auftrag prädestiniert.

Die Abteilung umfaßte zirka 2000 Soldaten, die in vier Kompanien zu jeweils 500 Mann aufgeteilt wurden. Die Einsatzhäfen, zugleich Standorte dieser vier Kompanien, waren:

Livorno, Forte di Marmi, La Spezia, Genua; später kamen noch Sportorno und Marseille hinzu.

Aufgabe der 20. Marine-Bordflak war es, den Flakschutz für Versorgungsschiffe zu stellen, die nach den Inseln Sardinien und Korsika und entlang der italienisch-französischen Mittelmeerküste liefen. Südliche Begrenzung des Einsatzgebietes war die Insel Elba. Hier schloß sich nach Süden die bereits seit langem bestehende Marine-Bordflak Süd an.

Diese Abteilung war aus der Marine-Bordflak-Kompanie Kraneck (Korvettenkapitän MA Kraneck) hervorgegangen. Teile dieser Kompanie bildeten später den ersten Stamm der 20. und 22. Marine-Bordflak.

Neben dem Flakschutz für die Versorgungsschiffe verstärkte sich seit dem Spätherbst 1943 auch an Land der Einsatz zum Schutz der Schiffe in den zahlreichen kleineren Häfen wie Imperia, Savona, Varazze, San Remo, Sestri Levante, Rapallo und anderen.

Die zu schützenden Einheiten reichten vom 10 000-Tonner, der Lkw und Panzer transportierte, bis hinunter zum kleinsten Handelskolcher von 500 BRT und Marine-Fährprähmen.

Die Marine-Bordflak leistete im Jahre 1943 Außerordentliches. Sie übernahm den Schutz bei der Rückführung deutscher Truppen von Sizilien, Sardinien und Korsika ans Festland.

Als die Italiener am 8. September vom Achsenbündnis abfielen, nahm die Bordflak in den Häfen Genua und La Spezia alle italienischen Handels- und Kriegsschiffe in Besitz. Mit sieben Stoßtrupps zu jeweils dreißig Mann beschlagnahmte Korvettenkapitän Hoch, als Marine-Kampfkommandant Genua, persönlich die hier liegenden Schiffe.

Die Besatzungen wurden in den ersten Morgenstunden des 9. September blitzartig überrumpelt. Italienische Flaksoldaten auf den Handelsschiffen, die sich mit der Waffe wehrten, wurden niedergekämpft. Nach dem Kampf behandelte man sie fair.

In einem westlich gelegenen Teil des Hafens von Genua, wo die kleineren italienischen Kriegsschiffseinheiten lagen, wurde diese Inbesitznahme durch deutsche Marineoffiziere und -unteroffiziere durchgeführt. Die großen Einheiten waren bereits ausgelaufen.

Im Hafen von La Spezia wurde die in Forte di Marmi stationierte Kompanie eingesetzt. Auch hier gelang es, aller Schiffe habhaft zu werden, die im Hafen lagen.

Durch diese Maßnahmen erhielt der Seetransportchef Italien, Kapitän zur See Engelhardt, auf einen Schlag eine ganze Anzahl neuer Schiffe für seine ständig wachsenden Aufgaben. Bereits bei der Räumung von Korsika konnte er sie einsetzen. Sie leisteten ihren Beitrag zur erfolgreichen Überführung aller deutschen Truppen und ihres gesamten Materials.

Die Marine-Bordflak entwickelte sich im Laufe der Zeit zu einer Waffe von gefürchteter Wirksamkeit. Immer wieder gelang es den Männern, angreifende Flieger zum Abdrehen zu zwingen. Mehrfach wurden Feindflugzeuge abgeschossen.

Im Albergo Vittoria in Nervi richtete Korvettenkapitän Hoch für sich und seinen Stab die Befehlszentrale der Bordflak ein. Sein Ordonnanzoffizier war hier Leutnant zur See Georg Hartmann. Feuerwerker der Abteilung war Oberbootsmann Helmut Rieper.

Im La Marinella, ihrem Soldatenheim auf der Steilküste von Nervi, trafen sich die Bordflak-Angehörigen nach gefahrvoller Feindfahrt wieder, um für ein paar Tage «das Leben an die Brust zu nehmen».

Da kamen sie zusammen, die Rieper, Oberbootsmannsmaat Hermsen, der Adjutant des Kommandeurs, Oberleutnant zur See Büttner, der Kapitänleutnant beim Stab, Oberleutnant zur See Hansen, der I. Verwaltungsoffizier, Oberleutnant zur See Wilkens, Obermaat Planer, bekannt als der «schwarze Panther», Obermaat Pohl und die Flakleiter von den Transportern. Sie gründeten den «Verein der Achtmotorigen».

Aber neben diesen ausgelassenen Freizeitbeschäftigungen, an deren Ende der «Kapitän» des «Zirkus Hoch» meist mit einem Donnerwetter dreinfahren mußte, um Zucht und Ordnung wiederherzustellen, stand immer ein neuer gefahrvoller Einsatz.

Oft hatte Korvettenkapitän Hoch den zur Meldung gebrachten Männern gedroht, mit ihnen zum Admiral zu gehen, dann würden sie als Matrosen wieder zurückkommen. Aber es trat kein einziger Fall ein, in dem dies wirklich passiert wäre.

Denn eines wußte der Kommandeur: Bald würden die Männer, die hier über die Stränge schlugen, wieder hinter ihren Geschützen stehen. Im Donner der Bomben und im Hagelschlag der Bordwaffen würden sie den Feind anvisieren und vom Himmel herunterholen oder selbst getötet werden.

So geschah es auch bei Nettuno, als in Gegenwart des Kommandierenden Admirals Italien ein feindlicher Tieffliegerangriff abgewehrt wurde.

Die Achtacht eröffneten das Feuer. Die Bedienung jagte dem Feind ihre Granaten entgegen, wurde selbst mit Bordwaffenbeschuß eingedeckt, hielt an den Geschützen aus. Einer der Geschützführer, ein alter Artillerist, der bereits das EK I. Klasse auf der Brust trug, schoß zwei der Tiefflieger ab.

Spontan überreichte ihm der Admiral sein eigenes Kreuz in Gold und dem Führer des Kommandos Nettuno sein eigenes EK I. Klasse. Er hatte gesehen, daß die Bordflak zu zielen und zu treffen verstand.

Ebenso wie die 20. Marine-Bordflak Italien setzte sich auch die Marine-Bordflak Süd ein. Hier hatte schon im Winter 1942/43 ein Mann von sich reden gemacht, der als Flakleiter auf Transportern von Italien nach Afrika sagenhafte Erfolge errang. Es war der Bootsmannsmaat Karl Jörss, der als einziger Angehöriger der Marine-Bordflak am 17. Februar 1943 das Ritterkreuz erhielt.

Eine besondere Leistung vollbrachten Angehörige der 20. Marine-Bordflak-Abteilung im August 1944.

Unter einem Feldwebel war ein motorisierter Flakschutz in Ventimiglia eingesetzt. Dieser Feldwebel hörte nach der alliierten Landung in Südfrankreich, daß französische Maquis die deutsche Wehrmachtskommandantur in Nizza überfallen hätten. Er wußte, was die deutschen Soldaten erwartete, und zauderte keine Sekunde. Sofort raffte er fünfzehn seiner Männer zusammen, rüstete sie mit MPi und Handgranaten aus und raste in einem Lkw in Richtung Nizza. Er kam gerade zur rechten Zeit. Die Maquis standen im Begriff, die Wehrmachtskommandantur, in der sich fünfzig deutsche Soldaten und Stabshelferinnen verbarrikadiert hatten, anzuzünden.

Mit seinen fünfzehn Leuten befreite er die eingeschlossenen Kameraden im Handstreich. Dann kehrte er ohne Verluste zu seinem Flakzug zurück und wehrte die Flugzeugangriffe der Alliierten ab, welche auf der aus Frankreich nach Italien führenden Küstenstraße die zurückgehenden deutschen Soldaten beschossen. Es gelang ihm, drei Maschinen abzuschießen und diesen Angriff abzuwehren.

Am 10. Oktober 1944 wurde Korvettenkapitän Hoch abgelöst, um als Kommandeur die 6. Marine-Bordflak-Abteilung Langeooge zu übernehmen.

Die Kompanien seiner Abteilung kämpften weiter. Bis zum 31. August 1944 waren dieser einen Abteilung schon über hundert Abschüsse zuerkannt worden. Die Zahl der wirklichen Abschüsse lag noch höher.

Feuerwerker Rieper erzielte im Herbst 1944 den größten «Erfolg». Er nahm in Nervi einen General fest.

Als O. v. D. stieß er auf der Promenade von Nervi auf den General Rudolf Toussaint, der dort mit einer Dame spazierenging. Der General war zu der Zeit Generalbevollmächtigter in Italien. Für Rieper war das Bild eines deutschen Generals etwas auffällig. Er forderte ihm das Soldbuch ab. Der General hatte das Soldbuch «vergessen», und so mußte er mit zur Wache. Der Spionenwahn grassierte.

Ganz Nervi hatte später über die Gefangennahme des Generals gelacht.

Bis Kriegsschluß hielten die einzelnen Kompanien auf ihren Posten aus. Und noch nach Kriegsschluß stellte Leutnant zur See Hartmann — der inzwischen die Bordflakkompanie Venedig übernommen hatte — in Cortina die deutsche Feldpolizei auf, um die gefangengenommenen deutschen Soldaten vor Übergriffen der Partisanen zu schützen.

Als Flakführer der Bordflakabteilung Süd (Neapel) erhielt auch Oberleutnant (MA) Helmuth von Wallis als Auszeichnung für seine zahlreichen Flugzeugabschüsse das Deutsche Kreuz in Gold.

So hat auch die Bordflak der Kriegsmarine in aller Stille ihren unvergessenen Beitrag zum Mittelmeerkrieg geleistet.

DIE 9. TORPEDOBOOTSFLOTTILLE DREIMAL VERNICHTET

Gleich nach der Kapitulation Italiens übernahmen Stoßtrupps der Marine einen großen Teil der in der Ägäis und in italienischen Häfen verbliebenen italienischen Torpedoboote. Aus ihnen wurde in der Ägäis die 9. und im Ligurischen Meer die 10. Torpedobootsflottille gebildet.

Die 9. Torpedobootsflottille bestand aus folgenden Booten:
TA 14 (ex «Turbine») – Kapitänleutnant Hans Dehnert
TA 15 (ex «Francesco Crispi») – Kapitänleutnant Carlheinz Vorsteher
TA 16 (ex «Castelfidardo») – Kapitänleutnant Quaet-Faslem
TA 17 (ex «San Martino») – Kapitänleutnant Düvelius
TA 18 (ex «Solferino») – Kapitänleutnant Günther Schmidt
TA 19 (ex «Calatafimi») – Kapitänleutnant Jobst Hahndorff
TA 37 (ex «Gladio») – Oberleutnant zur See Winfried Winkelmann
TA 38 (ex «Spada») – Oberleutnant zur See Scheller
TA 39 (ex «Daga») – Kapitänleutnant Werner Lange
TA 40 (ex «Pugnale») – Oberleutnant zur See Friedrich Nose
TA 41 (ex «Lancia») – Oberleutnant zur See Ascherfeld
TA 42 (ex «Alabarda») – Oberleutnant zur See Heinz Waldkirch
TA 43 (ex «Sebenico») – Kapitänleutnant Werner Lange
TA 44 (ex «Antonio Pigafetta») – Kapitänleutnant Fritz Vollheim
TA 45 (ex «Spica») – Kapitänleutnant Klaus Glissmann

Der Flottillenstab setzte sich zusammen aus:
Flottillenchef: Fregattenkapitän Riede (bis Februar 1944)
Flottillenchef: Fregattenkapitän Dominik (Februar bis Oktober 1944)
Flottillen-Ing.: Kapitänleutnant (Ing.) Züllich
Flottillenarzt: Oberstabsarzt Böse
Personalreferent: Kapitänleutnant Vorsteher

Die Flottille unterstand einsatzmäßig dem Kommandierenden Admiral Ägäis, Vizeadmiral Werner Lange.

Ihr Einsatzgebiet sollte das Ägäische Meer sein. Sie war für die beabsichtigten Landungsunternehmen vorgesehen, ferner für den Geleitdienst, Truppentransporte und Minenaufgaben. Ihr erster Stützpunkt war Piräus, der Hafen von Athen.

Wie aber waren die Besatzungen zusammengetrommelt worden? Welchen Weg nahmen sie, und wie fanden sie sich in ihrem neuen Einsatzgebiet ein? Geben wir Kapitän zur See Vorsteher das Wort*:

«Am 20. September 1943 wurde in den Torpedoboots- und Zerstörerflottillen in der Heimat und im Norwegenraum das Stichwort ‹Columbus› gegeben. Mit diesem Stichwort wurden erhebliche Teile der Besatzungen abkommandiert. Sie sollten in italienischen Häfen in deutsche Hand gefallene, unbemannt festliegende T-Boote bemannen und als TA-Boote in Dienst stellen.

Von Berlin-Staaken ging es im Flugzeug über Wien–Belgrad–Sofia–Saloniki nach Athen. Bei der Meldung beim Kommandierenden Admiral Ägäis wurden wir von seinem Chef des Stabes, Kapitän zur See von der Forst, empfangen und begrüßt. Anschließend wurden wir im Hotel ‹Acropole Palace› untergebracht.

Am nächsten Tag ging es zur dienstlichen Meldung zum Kommandierenden Admiral. Wir begrüßten auch den Ersten Admiralstabsoffizier, Fregattenkapitän Rechel, der zuletzt Kommandant des ruhmreich kämpfenden Zerstörers ‹Hermes› gewesen war.

Der zweite Admiralstabsoffizier war Korvettenkapitän Liebenschütz. Er war für uns der wichtigste Mann, denn ihm unterstand alles, was mit Bewaffnung, Personal und Ausrüstung der Boote zusammenhing.

Die Boote wurden bei einer ersten Hafenrundfahrt in Augenschein genommen. Fassungslos standen wir vor diesen Monstren. So war das Boot ‹San Martino›, das spätere TA 17, geradezu vorsintflutlich**.

Mein Gott, was sollten wir mit diesen Schlitten anfangen? Ihr Gefechtswert war gleich Null. Ihr seemännischer Wert war ebenfalls Null. Aber wir waren jung und aktiv genug.»

Soweit der Bericht von Kapitän zur See Vorsteher.

In den nächsten Wochen mußten diese völlig verwahrlosten und verschmutzten Boote entrümpelt und neu eingerichtet werden. Anfang Oktober trafen die ersten Mannschaften ein. Sie wurden von Kapitänleutnant Vorsteher in seiner Rolle als Personalreferent eingeteilt. Als er zuletzt die Namen für sein Boot – TA 15 – verlas, erhoben fast alle Män-

* Vorsteher: «In Aegirs Diensten»

** TA 17 war eines der ältesten Boote dieser Klasse: Baujahr 1917 d V.

ner der Besatzung des Torpedobootes T 18, das er bis dahin geführt hatte, ein lautes Freudengeheul. Sie hatten sich fast vollzählig nach Griechenland gemeldet.

In der Werft erhielten diese ersten Boote der Flottille – es waren TA 14 bis TA 19 – teilweise neue Bewaffnung. So bekam TA 15 auf dem Podest am Achterdeck einen 2-cm-Vierling und eine vollautomatische 4-cm-Bofors-Kanone.

Am 31. Oktober 1943 wurden die ersten fahrbereiten Boote in Dienst gestellt. Die Reichskriegsflagge stieg feierlich an der Rah des achteren Schornsteins empor. Gleichzeitig am Mast der Kommandantenwimpel mit dem kleinen schwarzen Eisernen Kreuz am Liek.

In der Nacht zum 11. November 1943 liefen TA 14, TA 15, TA 17 und TA 19 zu ihrer ersten Unternehmung aus. Es galt, ein Landungsunternehmen gegen die von den Engländern zwischen dem 16. und 20. September in Besitz genommene Insel Leros zu schützen. Der Geleitzug bestand aus vielen kleinen Booten, die Teile des Regiments Brandenburg und Infanterie der 22. ID auf Leros landen sollten.

Vor der Netzsperre des Hafens Piräus sammelten sich die vier TA-Boote. In mäßiger Fahrt liefen sie aus. Vor Leros wurden sie durch Geschützfeuer der Landbatterie San Giorgio empfangen. Haushohe Wassersäulen sprangen rings um die Boote aus der See. Sie legten Nebelwände und entzogen damit die Kleinkampfeinheiten und Landungsboote der Sicht des Feindes.

Doch die Landbatterien hatten ihre Ziele gut aufgefaßt. Grau wuchsen die Einschläge bis zu doppelter Masthöhe empor. Boote wurden getroffen. Und noch immer nebelten die TA-Boote quer vor den Landungsfahrzeugen her.

Die Einschläge fielen dichter. Alle fünfzehn Sekunden krachten vier Einschläge dicht bei TA 15 in die See. Ein Höllentanz begann.

Aufschläge vor dem Boot! Aufschläge achtern! Aufschläge an Backbord! Aufschläge an Steuerbord!

In wilden Kurven wich das Boot diesen Salven aus. Die ersten deutschen Sturmtruppen wurden gelandet.

Noch zweimal lief TA 15 von Piräus nach Leros aus, um weitere Soldaten an Land zu bringen und vor allem die Versorgung der kämpfenden Truppe mit Munition und Waffen sicherzustellen. Mit TA 14 eröffnete TA 15 beim zweitenmal das Feuer auf die Landstationen.

Dann liefen die Boote aufgrund eines FT-Befehls nach Kalymnos zurück. Während sie bei bereits tiefstehender Sonne Kurs auf Kalymnos nahmen, sahen sie eine Anzahl deutscher Ju 52, und aus diesen Maschinen sprangen Fallschirmjäger über Leros ab. Kapitän zur See Vorsteher sagt:

«Das war ein unerhört großartiges Bild, wie diese vielen Fallschirme, von der Abendsonne hell beleuchtet, goldweiß glänzend, langsam auf die Bergrücken der Insel niedersanken. Das waren die gleichen Truppen, die bereits im Mai 1941 über Kreta sprangen, und sie haben uns berichtet, daß Kreta ein Kinderspiel gewesen sei im Vergleich zu jenem Absprung auf Leros.»

Am Abend des 13. November liefen TA 15, TA 17 und TA 19 in Piräus ein. TA 17 hatte einen Artillerietreffer erhalten. Auch TA 14 und TA 19 waren nicht einsatzbereit.

Aber es sollte sofort wieder ein Bataillon der «Brandenburger» nach Leros geschafft werden, weil die Lage dort kritisch war. Schließlich kämpften auf der Insel 1000 Deutsche gegen 3000 Engländer und 7000 Italiener.

Am Abend des 14. November liefen TA 15 und das inzwischen in Dienst gestellte TA 16 aus. Sie landeten die Truppen, und diese Verstärkung der «Brandenburger» brachte die Entscheidung. Es war bewundernswert, mit welcher Erbitterung sich diese Eliteeinheiten einsetzten.

Am Vormittag des 16. November machten beide TA-Boote wieder in Piräus fest. TA 16 war aK (nicht kriegsbereit), und da TA 14 inzwischen ausgelaufen war, blieb nur TA 15 übrig, um eine neue Fahrt mit Waffen und Soldaten nach Leros zu unternehmen.

Fünf Tage und Nächte war dieses Boot ununterbrochen im Einsatz gewesen. Bei der Kommandantenmusterung sagte Kapitänleutnant Vorsteher:

«Wie die Kämpfe auf Leros auch ausgehen mögen, von uns – von der Besatzung TA 15 – soll man nie sagen, wir hätten nicht das Unsrige getan. Siegen wir auf Leros, dann wollen wir stolz sagen können: Wir haben zu diesem Sieg beigetragen.

Will es das Kriegsglück anders, soll man nicht die Schuld auf uns abwälzen können!»

So lief TA 15 wiederum aus. Das Boot durchlief die Durchfahrt am Ende der Themistokles-Mole, passierte die Netzsperre und nahm Kurs auf Leros. Dicht hinter der Insel Makronisi kam TA 14 auf Gegenkurs vom Unternehmen zurück. Es wünschte dem Kameradenboot viel Glück und entschwand. Kurz vor Leros erhielt das Boot einen FT-Spruch, bestehend aus zwei Worten:

«Leros kapituliert!»

Es erschien allen unfaßlich, aber die «Brandenburger» hatten es geschafft.

TA 15 lief durch die Netzsperren direkt in den Hafen Portolago auf Leros ein.

Dies war der erste Einsatz der 9. T-Flottille.

Am 23. November liefen TA 15 und TA 19 unter Führung des auf TA 15 eingestiegenen Flottillenchefs nach Samos aus. Samos kapitulierte kampflos. Am Abend des 24. November war die Rückeroberung der Dodekanesinseln beendet. Kein Geringerer als Großadmiral Dönitz fand die Worte der Würdigung für dieses Unternehmen:

«Wenn Sie wüßten, mit welchen Mitteln die deutsche Wehrmacht Leros erobert hat, dann würde von Ihnen ein Heldenlied aufklingen, dagegen die Züge der Argonauten verblassen ...»

Im ersten Dezemberdrittel geleiteten TA 15 und TA 16 den Dampfer «Leda» nach Leros. Dieser Dampfer sollte mit Gefangenen nach Piräus zurückgehen. Allein vier U-Boots-Torpedos mußten ausmanövriert werden. Sechs Luftangriffe galt es zu überstehen.

Wie die Angriffe vor sich gingen, berichtet Kapitän zur See Vorsteher:

«Wir standen vorlich vor ‹Leda›, TA 16 achtern. Plötzlich: ‹Torpedolaufbahn an Steuerbord!›

Diese Meldung schreckte uns auf. Steuerbord querab sah ich einen gewaltigen Wasserschwall und daraus wie drei gierige Finger drei Torpedolaufbahnen, die genau auf uns zuliefen.

‹Hart Steuerbord!› befahl ich.

‹Rote Sterne schießen!› befahl der Flottillenchef, der bei mir eingestiegen war.

‹U-Boots-Alarm!› kommandierte ich bereits ruhiger.

Die roten Sterne wurden geschossen. Sie waren das Zeichen für ‹Leda›, sofort nach Backbord abzudrehen. Ein Geleitflugzeug flog über uns hinweg. Auch ihm morsten wir U-Boots-Alarm zu. ‹Leda› drehte ab.

Außer diesem Dreierfächer hatte TA 16 einen Dreierfächer südlich vom Geleit gesichtet. Es waren also zwei U-Boote gewesen, zwischen denen unser Geleit genau hindurchgelaufen ist.

Bald kamen Steuerbord voraus die Berge der Insel Andros, Backbord voraus die der Insel Tinos in Sicht.

In diesem Augenblick meldete der Posten Ausguck abermals:

‹Sehrohr an Backbord!› Und sofort hinterher: ‹Torpedos an Backbord!›

‹Grüne Sterne schießen! – U-Boots-Alarm!› befahl ich.

TA 16 hatte die Abschußstellen bemerkt und lief darauf zu. Bald dröhnten Wasserbombendetonationen. Die U-Boots-Torpedos liefen vorbei.

Noch einmal gab es U-Boots-Alarm. Aber auch das ging gut, und am Abend des 7. Dezember machten wir in Piräus am Commando Marina fest.»

Mit Truppen für Samos an Bord, lief am 12. Dezember das Minenschiff «Drache» aus Piräus aus. TA 14 und TA 15 übernahmen die Geleitsicherung. Am 14. Dezember legten die Boote wieder in Piräus an.

Mit TA 14 unter Kapitänleutnant Dehnert begleitete TA 15 am 20. Dezember abermals die «Drache» nach Samos.

Kurz vor der Insel wurde ein U-Boot gesichtet. TA 14 warf alle Wasserbomben bis auf einen Anlauf. Dann wurde es von TA 15 abgelöst. In mehreren blinden Anläufen wurde das U-Boot geortet und sein Kurs anhand der geworfenen Bojen festgelegt. Dann wurde es ernst.

«Es folgt ein scharfer Anlauf!» befahl Kapitänleutnant Vorsteher. «Klar zum Wasserbombenwerfen!»

Leutnant Beyersdorf leitete das Werfen nach dem Rechengerät an der Brücke. Fünfzehn Wabos hatte er frei.

TA 15 überlief das Boot genau mit dessen Kurs.

«Fünfhundert – vierhundert! – Keine Ortung!»

«Erste Gruppe klar zum Werfen!»

«Erste Gruppe – wirf!»

«Zweite Gruppe klar zum Werfen!»

«Zweite Gruppe – wirf!»

«Dritte Gruppe – wirf!»

Mit jedem Wurf rollten je eine Wasserbombe über das Heck und jeweils eine nach Backbord und Steuerbord.

«Rumms! – Rumms! – Rumms!»

Dreimal dröhnten die Explosionen jeder Gruppe. Fünf Gruppen krachten, ehe der Befehl kam:

«Wasserbomben – halt!»

Fünfzehn runde Kreise standen wie die Muster eines Teppichs auf dem Wasser. Und mitten zwischen den Sprudeln der Wasserbomben stand eine weitere Sprudelstelle, anders als die Wabos: Braunes Öl quoll hoch. Wie Schaum lagerte es sich auf dem Wasser. Dann war alles ruhig.

«Keine Geräusche mehr!» meldete der Horchgast hinter dem Gruppenhorchgerät.

«Suchgerät durch Wasserbomben ausgefallen!» meldete der Maat.

Somit konnte TA 15 die Vernichtung des U-Bootes nicht sicher nachweisen. In der folgenden halben Stunde bis zum Auslaufen des Geleites aus Samos kreuzte TA 15 über der Stelle.

Am 23. Dezember ging TA 15 wieder nach Lemnos. Dort lag die 6000 BRT große «Balkan», und vor dem Hafen lauerten zwei englische U-Boote.

Als das Geleit auslief, wurde ein Sehrohr gesichtet. Dann stob auf einmal schwarzer Qualm über der «Balkan» empor. Sie hatte einen Torpedotreffer erhalten.

Mit AK jagte das T-Boot auf die Schwallstelle des tauchenden Bootes zu und legte einen Wasserbombenteppich darüber. Und das Unerwartete geschah: Wasser schäumte auf, und plötzlich kam das U-Boot aus der Flut empor.

«Feuererlaubnis!»

Steil schoß der U-Boots-Steven empor. Wasser rauschte aus seinen freiflutenden Teilen. Mehr als die halbe Bootslänge ragte der Bug im Winkel von fast sechzig Grad in die Luft. Dann schlug das Boot aufs Wasser. Einen Augenblick wurde der Turm sichtbar. Dann stieg das Heck ebenso steil wie der Bug empor, und so schoß das Boot in die Tiefe hinunter, und nur ein breiter Schaumkranz kennzeichnete die Stelle dieser Spukerscheinung. War es verloren? Auch diese Versenkung konnte nicht bestätigt werden.

Die «Balkan» lag noch auf ebenem Kiel, war aber sichtlich tiefer gesackt. Ein Räumboot, das den Dampfer begleiten sollte, war eben dabei, die Besatzung zu übernehmen. Ein paar Minuten später ging die «Balkan» auf ebenem Kiel unter.

TA 15 übernahm von dem Räumboot die Besatzung, und gemeinsam liefen beide Boote nach Saloniki, wohin ein FT-Spruch des Admirals Ägäis sie beorderte.

Abermals wurde TA 15 von einem U-Boot mit einem Dreierfächer bedacht. Mit Hartruderlegen kam das Boot klar. Eine Laufbahn ging an Steuerbord, zwei an Backbord vorbei. Einige Wabos wurden als Schreckbomben geworfen.

Beide Boote erreichten Saloniki. Am späten Abend kam der Hafenkommandant, Korvettenkapitän Pautz, ein Wiener, an Bord. Seine ersten Worte waren:

«Hat Ihre Besatzung schon etwas zu Weihnachten bekommen?»

Natürlich hatte sie nicht. Aber am Heiligabend waren die Weihnachtsgeschenke da. Es gab eine kleine Feier. In der gleichen Nacht lief dann noch TA 14, aus Piräus kommend, in Saloniki ein. Und am ersten Weihnachtstag lief ein Geleit von drei Dampfern mit den beiden T-Booten aus. Am zweiten Weihnachtstag kam Euböa in Sicht. In Chalkis wurden die Dampfer entladen. Von hier aus sollten die T-Boote ein Geleit nach Piräus bringen.

Das Jahr 1943 ging zu Ende. Die neue 9. T-Flottille hatte ihre Feuertaufe bestanden. Bis Jahresende hatte TA 15 insgesamt zwölf Unternehmungen durchgeführt. TA 14 war achtmal ausgelaufen, TA 16 und TA 19 je dreimal, TA 17 zweimal, und TA 18 lag noch immer in der Werft.

Am Vormittag des 11. Januar 1944 griffen starke Feindverbände Athen an.

Die Maschinen erreichten den Hafen. Unter ihren Rümpfen blitzte es auf. Dann war plötzlich die Luft erfüllt von einem Brausen und Heulen, das sich zu einem infernalischen Fortissimo steigerte.

Auf einmal konnten die Männer in den Splittergräben den Hafen nicht mehr sehen. Dort erhob sich in 1000 Meter Breite eine Front von Fontänen aus Staub und Wasser und zuckenden Flammen. Als dieser Bombenteppich in sich zusammenfiel, sprangen die Detonationen des nächsten bereits empor. Und dieser rückte genau auf die Splittergräben vor. Der Lärm wurde so urgewaltig, daß man keine Einzelgeräusche mehr unterscheiden konnte.

In das kreischende Konzert der fallenden Bomben mischte sich das Donnern der Detonationen. Die Erde schüttelte sich, sie stieß und schwankte. Geben wir Kapitän zur See Vorsteher das Wort:

«Immer noch tobte die Hölle um uns mit unverminderter Heftigkeit.

Auf einmal spürte ich einen schweren Schlag im Rücken, gleichzeitig einen Schlag von unten und einen betäubenden Knall.

Um mich war Wasser, und ich mußte den Kopf heben, um Luft zu bekommen.

Wie kam ich denn ins Wasser? Lebte ich noch? Was war los?

Dann war es plötzlich still, und aus der Stille, als seien sie aus ihr geboren, drangen Schreie um Hilfe. Stöhnen schwoll an. Auf einmal war ich wieder wach. Mein Boot!

Aber ich konnte nichts erkennen, es war fast dunkel. Die Luft bestand aus einer so massiven Staubwolke, daß man keine zehn Meter weit sehen konnte.

Ich torkelte in Richtung auf mein Boot, und als ich den Mauerdurchgang zum Liegeplatz erreichte, setzte das höllische Konzert abermals ein. Der zweite Bomberverband warf.

Wieder gingen die Detonationen in ein Getöse über, das man nicht beschreiben kann. Erst nach einer endlos erscheinenden Zeit hörte das Getöse auf.

Ich lief weiter. Mein Boot? Es lag genau dort wie vorher. Da kam mir auch schon Oberleutnant Krüger entgegen.

‹Alles klar?›

‹Jawohl, Herr Kaleunt. Aber sehr naß!›

Nur Matrosengefreiter Feder, Posten vor dem Boot, war leicht verletzt worden. Das Boot wies keinerlei Beschädigungen auf.

Ein Ölbunker am Ende der Bahnpier war leckgeschlagen und brannte lichterloh.

Zu einer neuen Geleitaufgabe liefen TA 15 – mit dem Flottillenchef, Fregattenkapitän Riede, an Bord –, TA 14 und TA 16 am 31. Januar 1944 aus. Sie sollten diesmal die Dampfer «Sieglinde» und «Centaur» nach Portolago auf Leros bringen. Beide Dampfer machten im Innenhafen fest. Die T-Boote legten sich an die Steinpier. Es gab zweimal Fliegeralarm.

In den frühen Morgenstunden des 1. Februar liefen die T-Boote wieder aus. Diesmal sollte die «Leda» von Leros nach Samos geleitet werden.

Als der Konvoi die Netzsperre verließ, überflogen Ju 88 den Verband. «ES» wurde geschossen und beantwortet. Wenig später flogen acht weitere Ju 88 an. Wieder wurde «ES» geschossen und von den Maschinen erwidert. Dann aber warfen sie Bomben, die dicht bei der «Leda» explodierten.

Sofortige Funkmeldung ergab, daß überhaupt keine deutschen Ju 88 in der Luft seien. In der Nacht wurde der Konvoi wieder gebombt. Mehrfach wiederholten sich die Angriffe, dann war die Vathi-Bucht auf Samos erreicht. Die «Leda» legte sich hier neben einen schwedischen Rote-Kreuz-Dampfer. Kurz darauf ging der Schwede ankerauf und verließ die Bucht. Den ganzen kommenden Tag über wurden die T-Boote aus der Luft angegriffen. Als die Boote bei Einbruch der nächsten Nacht ausliefen, setzten sofort neue Luftangriffe ein.

Keine der in fünfzehn Angriffen geworfenen Bomben traf. Doch dann kam der sechzehnte Angriff. Wieder wurde Sperrfeuer geschossen. Auf einmal stob aus der «Leda» eine gewaltige Feuersäule in den Nachthimmel empor. Auch dies war kein Bombentreffer gewesen. Es war eine

Maschine, die sehr tief heruntergezogen hatte und gegen den Mast der «Leda» geprallt und an Deck zerschellt war.

An Deck der «Leda» standen Lastwagen und etwas Benzin. Die brennenden Flugzeugtrümmer setzten das Benzin in Brand. Im Vorschiff hatte die «Leda» Torpedoköpfe geladen.

Während TA 14 und TA 16 die U-Boots-Sicherung übernahmen, erhielt TA 15 Befehl, bei der «Leda» längsseits zu gehen. Deren Besatzung hatte sich auf der hohen Back der «Leda» versammelt. Noch lagen zwei Bootslängen zwischen TA 15 und der «Leda», als eine wuchtige Detonation aufbrüllte. Gleich danach zwei gewaltige Schläge. Turmhohe Stichflammen schossen aus dem Achterschiff des Dampfers in die Höhe.

In diesem Augenblick befahl Fregattenkapitän Riede:

«Beide Maschinen äußerste Kraft zurück!»

«Nein!» rief Kapitänleutnant Vorsteher dazwischen.

«Ziehen Sie das Boot zurück!» rief Riede abermals. «Die ‹Leda› fliegt in die Luft!»

Aber Kapitänleutnant Vorsteher wollte sein Manöver weiterfahren, um die Seeleute auf der Back der «Leda», die sich schon an Tauen zum wesentlich niedrigeren Deck des Torpedobootes hinunterließen, aufzunehmen. Vorsteher befahl daher:

«Beide Maschinen stopp!»

Nun würde das Boot mit der letzten Fahrt an die Bordwand kommen. Doch wieder griff der Flottillenchef ein und befahl:

«Beide AK zurück!»

Die Maschinen sprangen auf Rückwärtsgang an. Das Boot verlor seine Fahrt, stand nur dreißig Meter vor der «Leda» und nahm dann Fahrt achteraus auf.

Die Leute baumelten an den Tauen im Leeren.

Zehn, zwanzig Sekunden länger, und trockenen Fußes hätte die Besatzung der «Leda» übernommen werden können. Aber die Explosionsgefahr war so groß, daß der Flottillenchef meinte, nicht anders handeln zu können.

Doch die «Leda» explodierte nicht. Sie trieb brennend nach Lee weg, während sich TA 15 von Luv an die im Wasser treibenden Seeleute herantreiben ließ. Die Schiffbrüchigen wurden aufgefischt. Auf einmal sackte das Achterschiff der «Leda» weg. Knallend und brodelnd tauchte der Brandherd ins Wasser. Dann reckte sich plötzlich das Vorschiff steil in die Höhe. Ruckweise wurde es dunkler. Und im letzten Schein des Feuers rauschte das Schiff in die Tiefe.

Die «Leda», der «Schwan der Ägäis», das beste Schiff dieses Raumes, war verloren.

Die Flugzeuge kamen wieder, erzielten einen Treffer auf TA 14. Dann gab es U-Boots-Alarm.

Dicht vor dem Bug von TA 15 tauchte ein U-Boot auf.

«Feuererlaubnis!» rief der Kommandant. Aber die vordere Kanone fehlte. Sie war gerade zur Reparatur ausgebaut. Die Feuerstöße der Fla-Waffen brachten das Boot nicht zum Sinken. Bevor TA 15 gedreht hatte, um mit dem achteren Geschütz zum Zug zu kommen, war das U-Boot bereits wieder verschwunden.

Am Vormittag des 3. Februar liefen die T-Boote in Piräus ein. TA 15 ging in die Werft. Beim nächsten Geleit war TA 19 Flottillenboot. Der große Dampfer «Oria» sollte mit Gefangenen an Bord von Leros nach Piräus geleitet werden.

Auf dem Rückmarsch geriet der Kleinkonvoi in einen Scirocco. TA 19 hatte plötzlich Ruderversager. Hilflos drehte das Boot einen Kreis. Der Kommandant, Oberleutnant zur See Hahndorff, stürzte und erlitt einen Knöchelbruch. Der Flottillenchef übernahm die Führung des Bootes.

Zur gleichen Zeit beachtete die «Oria» nicht die Signalschüsse von TA 19 und brummte nahe Kap Sunion auf einen Unterwasserfelsen auf. Das Schiff brach auseinander. Es sank schnell. Mit ihm gingen viele Kriegsgefangene unter.

Ein interessantes Ereignis fand am 22. Februar statt. Wieder waren TA 17 und TA 15 zum Geleitdienst – diesmal nach Kreta – ausgelaufen. Kein Flugzeug wurde gesichtet. Aber die Boote erhielten einen Funkspruch:

«Geleit ist von feindlicher Aufklärung erfaßt!»

Die Funkhorchabteilung Südost hatte den englischen Funk abgehört und dies festgestellt. Die Funkhorchabteilung Südost meldete wenig später:

«Alexandria gibt Angriffsbefehl: ‹Aufforderung zum Tanz!›»

Wieder wenige Minuten später folgte:

«Erster Feindverband ist soeben in Alexandria gestartet.»

Stimmten diese Meldungen?

Schon tauchten die hohen Berge von Kreta aus dem Dunst. Heraklion kam in Sicht. Der geleitete Dampfer «Lisa» hatte 3000 Tonnen Benzin an Bord.

«Fliegeralarm!» meldete der Wachoffizier.

Dicht über dem Wasser kamen sie, direkt aus der im Süden stehenden Sonne.

«Alle Waffen Feuererlaubnis!»

Der am weitesten an Backbord anfliegende Bristol Beaufighter begann nach den ersten Salven zu qualmen. Von den Rümpfen der beiden mittleren Maschinen lösten sich längliche Gegenstände und klatschten schäumend ins Wasser.

«Torpedos! – Hart Steuerbord!»

Die beiden Maschinen zogen hoch. Dann tauchte die vierte dieser Rotte auf. Sie feuerte aus Bordwaffen. Die getroffene Maschine schlug auf dem Wasser auf und zerschellte.

Pausenlos feuerte die Flak beider T-Boote. In ihr Stakkato mischten sich die krachenden Einschläge der einhauenden Bordwaffengeschosse.

Dann prasselten einige harte Schläge ins Steuerhaus von TA 15 hinein. Schreie gellten dazwischen. Dicker Qualm waberte, Funken stoben. Jetzt kreischte das Flugzeug über TA 15 hinweg. Von unten jagte eine Zwozentimeter ihr Feuer in die Maschine. Sie schwankte, stürzte und klatschte hinter dem Heck von TA 15 in die See.

Verwundete lagen an ihren Waffen. Ein erster Rundblick des Kommandanten zeigte, daß TA 17 noch schwamm. Über der «Lisa» stand der gewaltige Rauchpilz einer Detonation. Ein Torpedo hatte sie getroffen.

Zweihundert Einschüsse wies TA 15 auf. Zwanzig Männer waren verwundet. Maschinenobergefreiter Waldfried Feder war durch einen Kopfschuß getötet worden. Der Matrose Marut hatte einen Schuß durch beide Knie und mehrere andere Verwundungen. Trotzdem hatte er sich in den Armbügeln seiner Zwozentimeter festgeklammert. Er war es, der das zweite Flugzeug abschoß. Wegen Bewährung vor dem Feind wurde Marut, der vom Maaten zum Matrosen degradiert worden war, wieder in seinen alten Dienstgrad befördert.

Der Sanitätsgast Baeckmann rettete durch schnelles Versorgen der Schwerverwundeten mehreren Kameraden das Leben.

TA 17 meldete mit Winkspruch, daß dort an Bord alles klar sei. Und die «Lisa» schwamm noch. Sie brannte nicht einmal. Der Torpedo war im Maschinenraum eingehauen. Aber die gesamte Besatzung war in Erwartung der Benzinexplosion ins Wasser gesprungen. Nur der Schiffsjunge war an Bord geblieben. Er hatte den Sprung in die Tiefe nicht gewagt.

TA 15 lief auf die «Lisa» zu. Auf dem Wege zu den im Wasser schwimmenden Schiffbrüchigen wurden auch zwei englische Flieger aufgenommen. Sie wurden ritterlich behandelt, obgleich es ihre Maschine gewesen war, die TA 15 so schwere Verluste beigebracht hatte.

TA 15 lief nach Heraklion zur Abgabe der Verwundeten ein. Dann kehrte das Boot zur noch schwimmenden «Lisa» zurück. Zwei Stunden darauf sank die «Lisa», und beide T-Boote traten den Rückmarsch nach Piräus an.

Am 27. Februar lief TA 15, zum letztenmal mit Fregattenkapitän Riede als Geleitführer an Bord, mit TA 16 und TA 19 nach Leros aus. Zu sichern waren die Dampfer «Gertrud» und «Triton». Am Vormittag des 28. Februar wurde die Insel erreicht.

Ein Truppentransport nach Rhodi auf Rhodos war die nächste Geleitaufgabe.

Der März hatte es in sich. Während Fregattenkapitän Riede seine Dienstgeschäfte abschloß, wurde Fregattenkapitän Dominik als sein Nachfolger erwartet. Von den Kommandanten war Kapitänleutnant Dehnert abkommandiert worden. Oberleutnant zur See Handorff lag mit seiner Fußverletzung im Lazarett. So mußten sich die Kapitänleutnante Vorsteher, Düvelius, Quaet-Faslem und Schmidt in der Führung von TA 14, TA 15, TA 16, TA 17 und TA 19 teilen. TA 18 war immer noch nicht fahrbereit.

Am 7. März liefen TA 15 und TA 19 – letzteres unter Kapitänleutnant Schmidt – zur Geleitsicherung nach Kreta aus. Sie sollten zu dem in Santorin liegenden Geleit laufen, das dort Schutz gesucht hatte, weil es nur von wenigen kleinen Booten der 21. U-Jagd-Flottille geleitet und vom Feind erkannt worden war. Am Morgen des 8. März liefen beide T-Boote in Santorin ein, nahmen den Konvoi auf und verließen die Bucht wieder. Bei Dunkelwerden wurde die Bucht von Heraklion erreicht. Die beiden Torpedoboote blieben auf der 100-Meter-Linie zurück, um zu sichern.

Es war stockfinster. Die Geräusche eines Flugzeuges aus Richtung Flugplatz Heraklion wurden als die einer dort um diese Zeit startenden Transportmaschine angesprochen. Doch als der Beobachter auf TA 15 das Flugzeug erkennen konnte, war es ein englisches. Fliegeralarm wurde gegeben.

Die Maschine kam schnell näher und warf Raketenbomben. TA 15 erhielt drei Treffer. Der erste traf das Vorschiff über der Wasserlinie. Die zweite Bombe zischte in die Aufbauten mittschiffs hinein, durchschlug das Schott zwischen den beiden Kesselräumen und mehrere Dampfrohre, so daß die Kessel schnell leerdampften. Die dritte Bombe traf die vor dem achteren Geschütz lagernde Flakmunition; etwa 60 000 Schuß vom Kaliber 2 cm, 3,7 cm und 4 cm. Die Munition brannte sofort. Eine vierte Bombe detonierte im Kielwasser.

Es war genau 18.30 Uhr, als TA 15 getroffen wurde. Das Boot stand auf der Mitte zwischen der Insel Dia und der Westhuk der Bucht von Heraklion. Es verlor an Fahrt, blieb liegen.

Die Brände breiteten sich rasch aus; besonders achtern. Die dort stehenden Besatzungsmitglieder mußten über Bord springen. Die übrige Besatzung versammelte sich auf dem Vorschiff, wo es nicht brannte und die Brückenaufbauten Splitterschutz gegen die explodierenden Flakgranaten boten. Als die Maschine noch einmal anflog, eröffneten die vorderen Fla-Waffen das Feuer und brachten sie zum Abdrehen.

«Blinkspruch an TA 19!» befahl der Kommandant dem Signalgasten, der die Klappbuchse von der Brücke auf die Back mitgenommen hatte. «Bitte, an Back längsseits kommen und Besatzung übernehmen.»

Die Antwort ließ nicht lange auf sich warten:

«Nein! Aussteigen! Ich fische auf!»

Es war ein zu großes Risiko, an einem brennenden Boot, das jeden Augenblick in die Luft fliegen konnte, längsseits zu gehen.

Kapitänleutnant Vorsteher ging noch einmal auf die Brücke, holte den Kommandantenwimpel nieder, rollte ihn zusammen und steckte ihn in die Tasche. Dann ließ er das einzige heilgebliebene Floß aussetzen und die Verwundeten darauf betten.

Eine halbe Stunde war seit den Treffern vergangen. Auf einmal rauschte es gewaltig. Eine riesige weiße Feuersäule stob aus dem Brandherd empor; eine zweite, eine dritte.

«Die Wasserbomben, Herr Kaleunt!» sagte einer.

Um 19.10 Uhr abermals zwei fauchende Explosionen. Torpedoluftflaschen und Torpedokessel flogen in die Luft. Dann gingen die Torpedoköpfe hoch, und schließlich die beiden Aale an Deck. Noch immer hielt das Boot. Aber auf einmal legte es sich nach Backbord über. Kapitänleutnant Vorsteher gab den letzten Befehl:

«Alle Mann außenbords!»

Nun sprangen die auf der Back stehenden Männer über Bord. Der Kommandant blieb noch. Das Boot aber kenterte nicht. Es richtete sich noch einmal auf. Der Kommandant stand zögernd an der Reling.

«Springen Sie doch endlich, Sie Schafskopf!» brüllte Stabsoberstückmeister Müller aus dem Wasser. Dann stieg der Bug empor, und von unten aus dem Wasser erscholl der Ruf:

«Unser guter alter ‹Crispi›, das Sonnenboot der Ägäis – Hurra!»

Ein in der Weite verhallender Chor fiel ein: «Hurra! – Hurra! – Hurra!»

Dann sangen sie das Deutschlandlied. Und zum Schluß das Lied ihres Bootes:

«Uns geht die Sonne nicht unter!»

Die Back war hoch herausgereckt. Vierzig Meter über dem Wasser hatte sich Kapitänleutnant Vorsteher an der Reling festgeklammert.

Dann glitt das Boot in die Tiefe. Wie ein Fahrstuhl jagte es abwärts. Zischend tauchten die Feuerherde ins Wasser. Der achtere Schornstein verschwand. Dann der vordere. Die Brücke wurde verschluckt. Der Kommandant hörte das Rauschen. Dann war er im Wasser.

«Ich fühlte mich hinabgerissen von einem unwiderstehlichen Sog. Und ich spürte, wie sich das Boot – mein Boot – unter mir löste, wegglitt in größere Tiefen.

Am 9. März 1944 um 19.15 Uhr, 45 Minuten nach den tödlichen Treffern, war TA 15 gesunken.»

Die heraufblubbernden Luftblasen stießen den Kommandanten an die Wasseroberfläche zurück. Rings um ihn herum brannte das auf dem Wasser liegende Öl. Dann öffnete sich im Feuerkreis eine Lücke. Kapitänleutnant Vorsteher schwamm darauf zu. TA 19 nahm schon die Männer auf. Ein U-Jäger kam ebenfalls näher. Mit einer Batteriepfeife machte sich Vorsteher bemerkbar. Als letzter wurde er von dem U-Jäger gerettet.

Der U-Jäger (Kommandant: Oberleutnant zur See Brinkmann) hatte schon mehrere Leute von TA 15 aufgefischt und die Erschöpften und Verwundeten in die Kojen seiner eigenen Männer gesteckt. Kapitänleutnant Vorsteher ging von Koje zu Koje. Als er wenig später an Bord von TA 19 kam, rief ein Oberfeldwebel:

«Achtung, der Kommandant!»

Was aufstehen konnte, sprang auf. Ein Händeschütteln begann. Als letzter kam Stabsoberstückmeister Müller, um sich für den «Schafskopf» beim Kommandanten zu entschuldigen.

Vierzehn Männer der Besatzung aber behielt die See.

Am 9. März traf Fregattenkapitän Hans Dominik in Athen ein. Kapitänleutnant Quast-Faslem holte ihn ab. Seine erste Mitteilung war, daß TA 15 am Vortage gesunken sei. Zwei Boote stünden in See, die übrigen seien aK (nicht kriegsbereit).

Am 12. März übernahm Fregattenkapitän Dominik die Flottille. Neuer Flottillen-Verwaltungsoffizier war inzwischen Oberleutnant (V.) Zerrenthin geworden. Adjutant wurde Oberleutnant zur See der Reserve Bender. Die Themistoklesmole, an der drei Flottillenboote lagen, war nur 500 Meter vom Flottillenhaus und dem Amtsgebäude des Admirals Ägäis entfernt.

Als erstes Unternehmen in der Ägäis führte Fregattenkapitän Dominik mit TA 17, TA 16 und zwei R-Booten Truppen mit Gerät nach Milos. Anschließend wurde der Dampfer «Gertrud» von der Sudabucht auf Kreta nach Piräus geleitet.

Die Lage im griechischen Seeraum war zu der Zeit wie folgt: Der Gegner versuchte laufend, den deutschen Inselverkehr zu stören, und zwar mit U-Booten, die meist an bekannten Plätzen lauerten, aber auch mit Flugzeugen. Wenn deutsche Geleite durch Aufklärer gemeldet waren, folgten oft Tiefangriffe durch Beaufighter mit Raketenbomben, manchmal auch mit Torpedos. Schließlich operierten von der türkischen Küste aus englische Schnellboote, die dort – mit stiller Duldung der Türkei – Schlupfwinkel besaßen.

Außer den größeren Geleiten führten Boote der 12. R-Flottille und der Küstenschutzflottillen Attika, Peloponnes, Kreta, Dodekanes und Nordgriechenland Kurzgeleite in der kleinen Küstenfahrt.

Wichtig war auch die 21. U-Jagd-Flottille unter Korvettenkapitän Günther Brandt. Korvettenkapitän Brandt erhielt bereits nach der Eroberung der Insel Leros das Ritterkreuz.

Aber auch die 12. R-Flottille unter Kapitänleutnant Mallmann fuhr oftmals mit der 9. T-Flottille Einsätze. Einige ihrer Kommandanten waren Neßmann, von Sartorski, Großmann.

Im März 1944 befanden sich im Stabe des Admirals Ägäis folgende Offiziere:

Admiral Ägäis:	Vizeadmiral Lange
Chef des Stabes:	Kapitän zur See Waue
F 1	Kapitän zur See Rechel
F 1 op.	Korvettenkapitän der Reserve Schulz
F 1 M	Korvettenkapitän der Reserve Voigt
Qu.	Fregattenkapitän Liebenschütz
F III	Oberleutnant zur See der Reserve Reichel.

Der erste Geleitzug unter Fregattenkapitän Dominik wurde nach Milos geleitet. Als sie in den Hafen einlaufen wollten, rief man ihnen von einem Boot aus zu:

«Nicht weiter nach innen. Da liegen Minen!»

Die Truppen wurden ausgeladen, und schon ging es wieder ankerauf, Richtung Sudabucht auf Kreta. Mit 21 Knoten Fahrt liefen die T-Boote aus, wobei die R-Boote zurückblieben. Die «Gertrud», mit einigen hundert kriegsgefangenen Italienern an Bord, wurde aufgenommen. Eine halbe Stunde darauf schoß das Steuerbord achtern stehende R-Boot weiße Sterne.

Das «U-Boot vom Dienst» hatte einen Dreierfächer auf die «Gertrud» geschossen. Mit dem Führerboot nahm Dominik die Jagd auf. Die «Gertrud» wurde nach Athen geleitet.

Ende April wurde der Dampfer «Centaur» mit TA 16, einem R-Boot und einem U-Boot nach Leros geleitet.

Der Kommandant des im Augenblick einzigen fahrbereiten Bootes TA 16, Kapitänleutnant Schmidt, war alter Zerstörermann. Er hatte auf Z 24 als Torpedooffizier den englischen Kreuzer «Edinburgh» im Nordmeer versenkt und das Deutsche Kreuz in Gold erhalten. Wachoffizier war Oberleutnant zur See Klüpfel, der Sohn des Admirals Klüpfel. Um Mitternacht herrschte auf dem Marsch Windstärke 11. «Centaur» meldete: «Mann über Bord!» Als TA 16 zur Hilfeleistung anlief, hatte man den Mann bereits in einem guten Manöver selbst wieder aufgefischt.

Sturzseen hämmerten auf TA 16 nieder. Gegen vier Uhr meldete «Centaur»:

«Habe Schlagseite. Sofort in die Nähe kommen und Ölen!»

Aber inzwischen herrschte Windstärke 12, und TA 16 konnte nicht kehrtmachen, denn wenn es in dieser See quer zu liegen kam, bestand die Gefahr, daß es kenterte.

Eine Stunde später meldete sich «Centaur» nicht mehr auf einen Funkspruch.

Das Schicksal dieses Dampfers wurde wenige Tage später geklärt, als ein Unteroffizier und drei Mann völlig erschöpft auf Chios antrieben. Erst gegen Mitternacht konnte TA 16 – das sich bei Nikaria unter Land verholt hatte – den Marsch nach Leros fortsetzen. Das Boot wurde vom Hafenkommandanten, Korvettenkapitän Fetzer, empfangen.

Auf Leros traf Fregattenkapitän Dominik auch den Seekommandanten Dodekanes, Kapitän zur See Beneke. Und in Oberstabsarzt Dr. Lenzner begrüßte er seinen alten Schiffsarzt während seiner Fahrenszeit auf dem Kreuzer «Königsberg» 1937/38.

Anfang Mai liefen TA 16 und TA 17 nach Volos. TA 19 sollte nachkommen. Hier sollte der Tanker «Julia» aufgenommen und nach Leros geleitet werden. Der Tanker, der mit Heizöl aus Konstanza kam, lag schon bei Volos klar.

Am Ostersonntag stieß TA 19 unter dem stellvertretenden Kommandanten, Oberleutnant zur See Foth, zum Konvoi. Unbehelligt lief der Konvoi in Portolago ein. Der leere Tanker wurde in die türkischen Hoheitsgewässer geleitet, durch die er ins Schwarze Meer und wieder nach Konstanza zurückgelangen konnte. Auf dem Rückmarsch sollte Tanker «Berta» übernommen werden, der inzwischen in Konstanza vollgetankt hatte und wieder nach Portolago unterwegs war.

Nur auf diese Weise war es den vielen kleinen Kolchern im Mittelmeer möglich, zu beölen und wieder auszulaufen. Auf dem Rückmarsch wurde von TA 19, auf den inzwischen der Flottillenchef eingestiegen war, U-Boots-Alarm gegeben. Zu spät, denn schon wurden zwei Torpedolaufbahnen gesichtet. Zum Glück trafen sie nicht. Während der erste Torpedo rund 50 Meter seitlich am Boot vorbeijagte, sauste der zweite Aal einen Meter vor dem Vordersteven des Bootes her.

Das U-Boot hatte – von achtern schießend – den Tanker verfehlt und um ein Haar das vorn laufende T-Boot erwischt.

Kleinere Geleite folgten; meistenteils nach Leros.

Die Geleitaufgabe für den 6000-Tonnen-Dampfer «Lüneburg» im Juni endete mit einem Fiasko. Mit drei T-Booten, drei U-Jägern und zwei R-Booten sollte dieser wichtige, mit Proviant und Munition vollgestopfte Dampfer nach Heraklion gebracht werden. Korvettenkapitän Brandt war auf einem seiner U-Jäger eingestiegen. Die «Lüneburg» hatte als Besonderheit einen 15-cm-Zwillingsturm an Bord, der in eine kretische Landbatterie eingebaut werden sollte.

Der Konvoi hatte schon die Heraklion vorgelagerte Insel Dia erreicht, als an Backbord von Geleitflugzeugen ein weißer Stern geschossen wurde.

«Achtung U-Boot!» hieß das.

Zwanzig Minuten nach dem Alarm sahen die Männer auf der Brücke von TA 19, wie eine Arado aus einem MG feuernd auf die «Lüneburg» zustieß. Sie schoß auf das U-Boot.

Die Dampfpfeife der «Lüneburg» heulte. Dann stiegen an ihrer Backbordseite mittschiffs zwei Torpedofontänen empor. Das U-Boot, das rund acht Seemeilen entfernt gestanden hatte, mußte geschossen haben, und – was eine Meisterleistung war – es hatte gut getroffen.

TA 19 nahm die «Lüneburg» in Schlepp. Die Besatzung wurde von den beiden Räumbooten aufgenommen.

In diesem Augenblick sah der WO von TA 19 ein Sehrohr nahe beim Boot. Er ließ mit AK angehen. Die Schlepptrosse brach. Außerdem war es ein blinder Alarm. Ein senkrecht treibender Bootshaken war gesehen worden.

Die «Lüneburg» brach in zwei Teile und sank.

Die Marinegruppe Süd in Sofia (Admiral Fricke) forderte strengste Untersuchung. Sie verlangte Berichte über Berichte. Aber der Stab des Admirals Ägäis stellte sich vor den Flottillenchef.

Beim nächsten Geleit von Rhodos trafen Feind-U-Boote nur den Felsen statt die «Gertrud». Ein Torpedo lief als Oberflächenläufer hinter TA 19 her. Er holte auf, lief eine Weile in fünf Meter Seitenabstand neben TA 19 und sackte dann weg.

Ein größeres Geleit ging im Juli nach Kreta. Es waren die Dampfer «Gertrud», «Tanais» und «Sabine». Alle Dampfer hatten Proviant, Munition und Benzin geladen. Diesmal waren vier T-Boote einsatzbereit. Vier U-Jäger unter Korvettenkapitän Brandt gingen mit, ferner drei Räumboote. Die Luftüberwachung bestand in zahlreichen Arado 196 und Ju 88, die sich in der Luft ablösten. Dieser Geleitzug war entscheidend für die Versorgung der deutschen Truppen auf Kreta.

Beim Befehlsempfang der Flottille waren alle Angehörige des Flottillenstabes zugegen. An Bord von TA 19 – dem Führerboot – schifften sich der F 1, Kapitän zur See Rechel, und der Ia des Generals der Flieger in Griechenland, Oberstleutnant Vonier, ein.

In der Abenddämmerung wurde Kap Sunion auslaufend passiert. Nördlich an Kythnos vorbei, ging der Marsch durch die Kykladen. Ein feindlicher Nachtaufklärer hängte sich an.

Nahe Polyandros, bei Eintritt in die Kretische See, gab es den ersten U-Boots-Alarm.

Als Kreta in Sicht kam, meldete Kreta-Luft:

«Größere Feindverbände südlich Kreta in 3000 Meter Höhe. Kurs Nord!»

Über UK-Verbindung wurden die Geleitfahrzeuge laufend unterrichtet. Alles stand auf Gefechtsstationen.

Von mehreren Stellen gleichzeitig wurden bald darauf zwei Bomberverbände zu je 30 Marauders gemeldet.

Sämtliche Rohre – auch die noch nicht hinlangenden 2-cm-Fla-Waffen – eröffneten das Feuer.

Plötzlich tauchte ein dritter Feindverband auf. Es waren 30 Beaufighters, als Raketenflieger berüchtigt.

TA 16, das mit U-Jägern an Steuerbord stand, schoß Schnellfeuer. Zwei Maschinen stürzten brennend in die See. Raketen heulten auf TA 16 nieder, schmetterten in das Boot hinein.

Drei, vier weitere Feindmaschinen stürzten brennend in die See. Zwei U-Jäger, welche die Beaufighters aufzuhalten versuchten, erhielten ebenfalls Treffer. Explosionen hämmerten. Beide U-Jäger sackten schnell weg, erhielten starke Schlagseite.

Von den drei Dampfern waren zwei getroffen. Rauch und Flammen stoben aus den Decksaufbauten empor.

Alles dies ging in knapp zehn Minuten eines unbeschreiblichen Getöses vor sich.

«Nichtgetroffener Dampfer mit TA 17 und einem U-Jäger Heraklion anlaufen!» befahl Fregattenkapitän Dominik.

«Kommandant TA 16 an Flo-Chef: Haben starke Vorlastigkeit. Wasser im Boot steigt.»

Daraufhin wurde auch TA 16 nach Heraklion entlassen.

TA 14 wurde zum stark brennenden Dampfer «Sabine» längsseits geschickt. Mit TA 19 ging der Flottillenchef zu einem der sinkenden U-Jäger. Ein R-Boot nahm die Besatzung des zweiten, inzwischen gesunkenen U-Jägers auf. Eine Meldung erreichte das Führerboot, daß Korvettenkapitän Brandt schwer verwundet sei. Der zweite U-Jäger sackte nun schnell weg. Die Besatzung, einschließlich des Kommandanten, Oberleutnant zur See Loida, konnte gerettet werden.

Anschließend lief TA 19 zum Dampfer «Gertrud», dessen Maschinenanlage ausgefallen war. Ein Raketenbombentreffer war in Heizraum und Bunker gegangen und hatte dort einen Brand entfacht. Es bestand die Gefahr, daß die Munition und das Benzin erfaßt wurden und der Dampfer mitsamt TA 19 in die Luft flogen.

Nach zweistündiger Löscharbeit war das Feuer eingedämmt.

Inzwischen hatte TA 17 mit Dampfer «Tanais» den Hafen Heraklion erreicht.

Der Dampfer «Sabine» brannte über alles lichterloh. Seine Besatzung war auf TA 14 übergestiegen. Munitions- und Benzinexplosionen brüllten über die See. TA 14 erhielt Auftrag, den Dampfer durch Torpedoschuß zu versenken. Der erste Aal war ein Kreisläufer. Der zweite traf. Aber «Sabine» sank erst nach 20 Minuten.

«Gertrud» wurde nach Eindämmen des Brandes in Schlepp genommen und mit neun Meilen Fahrt nach Heraklion geschleppt. Das Schiff hatte wieder stark zu brennen begonnen. Jenseits der Hafenmole warteten ein U-Jäger und ein Schlepper, auf dem sich der Seekommandant Kreta, Kapitän zur See Wiarda, befand, und übernahmen den Dampfer.

Von drei Frachtern waren trotz der großen Gefahr zwei mit ihrer Ladung eingekommen.

Mit drei T-Booten – TA 16 blieb in Heraklion – trat der Flottillenchef den Rückmarsch nach Piräus an. Unterwegs sprach der Admiral Ägäis Führung und Besatzung über FT seine besondere Anerkennung aus.

Auf Kreta aber wurde TA 16, das an der Mole auf Grund gesetzt werden mußte, am nächsten Tage vernichtet. Und das geschah folgendermaßen:

Bei einem Luftangriff wurde die «Gertrud» erneut getroffen. Ein Brand entstand, und plötzlich flog das ganze Schiff mit einem ungeheuren Donnerschlag in die Luft.

Das 500 Meter querab liegende TA 16 wurde durch den Druck umgeworfen und kenterte.

Die Toten des Bootes wurden auf dem deutschen Soldatenfriedhof bestattet. Die Verwundeten, darunter auch der Kommandant, Kapitänleutnant Schmidt, wurden nach Athen geflogen. Später auch die Überlebenden der Besatzung. Korvettenkapitän «Longus» Brandt kam ebenfalls verwundet in ein Athener Lazarett.

Bei der übernächsten Unternehmung wurden in der Nacht in Portolago TA 17 und TA 14 durch englische Commando-Trupps angegriffen. Bei TA 17 wurden fünf Haftminen achtern angebracht. Bei TA 14 zwei vorn, und an einem KFK eine. Der KFK sank sofort. TA 17 lag mit dem Heck tief im Wasser, TA 14 mit der Back. Ein Obermaschinist wurde auf TA 17 getötet.

Es gelang aber, die Boote zu halten. Eine üble Sache. Mit Flicken von zwei mal drei Metern konnten die Lecks notdürftig gedichtet werden. Mit dem letzten fahrbereiten T-Boot, TA 19, und zwei R-Booten ging Fregattenkapitän Dominik am Nachmittag nach Rhodos, um einen leeren Dampfer zu holen. Bei Cos griffen acht Beaufighters an. In fünfzig Metern Höhe kamen sie von Steuerbord angerast. Flakfeuer empfing sie. Raketen heulten auf die Boote nieder. Bordwaffen peitschten. Eine

Maschine stürzte getroffen ab. Eine Arado 196 holte eine zweite herunter.

TA 19 erhielt vier Treffer. Den ersten achtern. Ein Teil der Bereitschaftsmunition ging dort hoch. Ein zweiter Treffer löste einen Brand in der OF-Messe aus. Der dritte ging durch den Maschinenleitstand und von dort in die achtere Torpedorohrgruppe. Im Schwanzstück eines Torpedos blieb die Bombe liegen. Der vierte Treffer ging in den vorderen Kesselraum und riß zwanzig Zentimeter über dem Sicherheitsventil K 3 das Dampfrohr auf. Das Boot hatte einen Toten und fünf Schwerverwundete. Das Unternehmen mußte abgebrochen werden. Auf dem Soldatenfriedhof in Portolago ist der Tote bestattet.

Damit war nun kein Boot der 9. T-Flottille mehr klar.

Auf Salamis erhielt TA 14 eine sechswöchige Grundüberholung. TA 19 besserte seine Gefechtsschäden in Skaramanka aus. TA 17 lag noch in Portolago.

Das Geleit des Kriegstransporters «Pelikan» nach Kreta durch TA 19 ging reibungslos vonstatten.

Bei einem Autounfall auf Leros wurde der Kommandant von TA 17, Kapitänleutnant Düvelius, schwer verletzt. Der LI des Bootes fand den Tod, und die Nummer Eins erlitt ebenfalls schwere Verletzungen.

Oberleutnant zur See Winkelmann überführte 14 Tage darauf das Boot nach Piräus.

TA 14 unter seinem neuen Kommandanten Oberleutnant zur See Densch wurde am 15. September bei einem schweren Fliegerangriff auf Salamis getroffen. Das Boot brannte aus und sackte auf flachem Wasser auf Grund. Sechs Besatzungsmitglieder fielen.

TA 19 war bereits am 9. August bei Samos durch einen U-Boots-Treffer des griechischen Bootes «Pipinos» (Cdr. Palles) versenkt worden.

Damit war von der 9. T-Flottille nur noch TA 18 fahrbereit. Was mit diesem Boot geschah, blieb bis nach dem Kriege unbekannt. Hier die Darstellung von Oberfähnrich zur See Dieter Linnekogel über den letzten Einsatz von TA 18*:

«Wir liefen am 19. Oktober 1944 aus Saloniki aus. Auf der Fahrt hatten wir die schon bekannten Schwierigkeiten mit der Maschinenanlage. Unsere Marschfahrt war auf 15 Knoten herabgedrückt.

Wir gelangten ohne Schwierigkeiten bis auf zehn Seemeilen an die Skiathossperre heran. Da kam das Verhängnis:

---

* Linnekogel, Dieter: «Bericht über TA 18»

An Backbord, in etwa 300 Grad, tauchten Schatten auf. Ich rief unserem Kommandanten, Kapitänleutnant Schmidt, zu, daß es feindliche Zerstörer seien. Plötzlich wurde es um uns taghell. Die Engländer schossen Leuchtbomben und Leuchtfallschirme.

Es war 20.10 Uhr. Die beiden Zerstörer feuerten aus allen Rohren. Unglücklicherweise fiel gleich am Anfang unsere FT-Station aus. Ein Treffer ging im Verlaufe des Gefechtes in K 3, wobei das Personal dieses Kesselraums ums Leben kam.

Wir konnten das Feuer nicht erwidern, da die Zerstörer sich außerhalb unserer Reichweite hielten. Wir schossen einen Torpedo, der uns als Kreisläufer beinahe selber erwischt hätte.

Der Kommandant steuerte in Zickzackkursen direkt auf Land, um so viele Menschen wie möglich zu retten. Der LI, Oberleutnant (Ing.) Fey, machte in der Maschine alles zum Sprengen bereit. Der I. WO, Leutnant zur See Knüpfel, beaufsichtigte auf dem Leitstand die Zerstörung der Artillerie- und Fla-Waffen. Ich vernichtete die Geheimsachen.

Wir fuhren dicht an einen Felsen heran und – liefen auch schon mit gewaltiger Erschütterung auf.

Nachdem alle Anlagen gesprengt waren, gingen wir vom Boot aus direkt an Land. Bis zu diesem Zeitpunkt hatten die beiden Zerstörer gefeuert. Jetzt stellten sie das Feuer ein.

Kaum waren wir oben auf dem Felsen, als die Zerstörer das Feuer wieder eröffneten. Unser I. WO, Leutnant zur See Knüpfel, wurde getötet.

Dann verstummte das Feuer, und nur noch die Bereitschaftsmunition unseres Bootes flog donnernd in die Luft.

Als es hell wurde, erschienen auf den Höhen Partisanen des Ellas, die uns unter Beschuß nahmen, einige von uns verwundeten und andere töteten. Auch ich wurde getroffen. Sie schossen mit Explosivmunition, die Splitterwirkung war verheerend. Schließlich tauchten noch einmal die Zerstörer auf und eröffneten ebenfalls das Feuer. Damit jagten sie wenigstens die Partisanen zurück.

Der Kommandant, der LI und einige Soldaten versuchten, auf Flößen, die sie sich aus dem Boot geholt hatten, zu entkommen. Wir Zurückgebliebenen wurden von den Partianen gefangengenommen. Die Gesunden kamen in ein Lager, in das wenig später auch der Kommandant und der LI eingeliefert wurden. Die Griechen hatten sie zurückgeholt.

Es ging nach Volos. Nach drei Wochen der Mißhandlungen kamen wir nach Larissa. Hier im Lager erhielten Kommandant und LI den Befehl,

Landminen zu räumen. Einmal kamen sie noch zurück. Beim zweitenmal kehrte der LKW allein zum Lager zurück. Ob sie ein Opfer explodierender Minen geworden waren oder aber von den Partisanen ermordet wurden, ist nicht festzustellen gewesen.

Nach drei weiteren Monaten Gefangenschaft bei den Partisanen flüchteten wir zu den Engländern. Sie transportierten uns alle nach Afrika, darunter waren Obersteuermann Meier und Obermaschinist Wagner.

Viele sind während der Partisanengefangenschaft Opfer des Hasses geworden. Andere starben an Ruhr, Typhus und Lungenentzündung.

Dies ist ein kurzer Einblick in die letzte Fahrt und die Leidenszeit der Besatzung von TA 18.»

Die 9. T-Flottille hatte zu bestehen aufgehört. Fregattenkapitän Dominik – der kurzfristig zum Stab des Admirals Ägäis kommandiert war – kehrte zu seiner alten Flottille zurück. Wenig später erschien Admiral Fricke in Athen und teilte ihm mit, daß drei neue italienische T-Boote von Triest aus in See gehen würden, um entlang der dalmatinischen Küste, durch die Otranto-Straße und den Kanal von Korinth in die Ägäis durchzubrechen. Es waren:

TA 38 – Leutnant zur See Scheller
TA 37 – Oberleutnant zur See Goldammer
TA 39 – Kapitänleutnant Lange.

Diese Boote hatten bereits seit August – eben in Dienst gestellt – von Triest aus in den Kampf im Mittelmeer eingegriffen. Es waren modernste Boote, die erst 1943/44 vom Stapel gelaufen waren. Die Boote hatten hier der 1. Geleitflottille (Fregattenkapitän Birnbaum) unterstanden. Am 19. August hatten sie die Minenunternehmung «Chinchilla» durchgeführt: Der Minenleger «Kiebitz» legte die Minen, während die T-Boote Sicherung fuhren.

Unter der Führung von Kapitänleutnant Lange liefen diese drei Boote am 27. August nach Venedig. An der Mole Constanzo Ciano wurde nach Minenübernahme festgemacht. Für das neue Minenunternehmen «Murmel» – der Absperrung des Küstenweges Pesaro – kamen «Kiebitz» und TA 20 hinzu.

Kurz nach dem Auslaufen wurde ein englischer UK-Spruch aufgefangen:

«Steaks 32 765.»

Da fielen auch schon die Bomben nahe bei «Kiebitz».

Auf Höhe Punta della Maestra gab es Schnellboot-Alarm.

In den ersten Morgenstunden begann dennoch das Werfen der Minen. Nach dem Einlaufen in Venedig ging TA 39 ins Torpedoarsenal, wo ein neuer Drillingsrohrsatz eingebaut werden sollte.

Am 10. September wurde Kapitänleutnant Lange vom Chef der 1. Geleitflottille, Fregattenkapitän Birnbaum, mit der Aufgabe betraut, die drei T-Boote in die Ägäis zur 9. Flottille zu bringen.

Das Unternehmen «Odysseus» begann mit der Verlegung der drei T-Boote mit angehängtem S 151, auf dem der Chef der 7. S-Flottille, Kapitänleutnant Günter Schulz, eingestiegen war, von Triest nach Pola. Um 6.40 Uhr am 20. September machten die drei Boote in Pola fest.

Am selben Abend um 18.30 Uhr liefen die Boote von Pola aus. Kurs war zunächst 156 Grad. Marschfahrt 24 Knoten. Am Morgen des 21. September gab es gegen 5.05 Uhr den ersten Fliegerangriff mit Bomben und Bordwaffen auf TA 37. Durch Sperrfeuer und Zickzackkurs wurde der Angriff abgewehrt. Um sieben Uhr machte TA 38 in Risan, TA 39 in Kotor und TA 37 in Perast fest. Hier wurden die Boote mit Heizöl und Wasser versorgt.

Am 22. September, um 20.30 Uhr, wurde der Marsch zum Durchbruch der Otrantostraße von Kotor aus angetreten. Am 23. September, um 5.50 Uhr, wurden drei Feindzerstörer querab Fort Palermo gesichtet. Torpedos wurden geschossen. Ein Artilleriegefecht setzte ein. Alle drei Boote blieben unversehrt.

Nach weiteren Fliegerangriffen lief der Verband durch den Kanal von Korinth.

Am 24. September, um 20.37 Uhr, erreichten die drei Torpedoboote den Hafen von Piräus.

Für diese erfolgreiche Überführung erhielt Kapitänleutnant Lange das Deutsche Kreuz in Gold.

Bereits am 28. September gingen TA 37 und TA 38 mit den beiden Dampfern «Zeus» und «Lola» nach Saloniki. An Bord von TA 38 befand sich der Flottillenchef, Fregattenkapitän Dominik. Weitere Aufgaben folgten. Am 6. Oktober wurde TA 37 beim Alleinmarsch in der südlichen Salonikibucht, bei Kap Kassandra, durch englische Jervis-Zerstörer aufgefaßt und im Gefecht versenkt. Fast die gesamte Besatzung ging mit dem Boot unter.

Beginnend mit dem 9. Oktober 1944 verließen die letzten deutschen Kriegsschiffs-Einheiten den Hafen von Piräus. Athen und Südgriechenland wurden geräumt.

Die letzte offene Durchfahrt nach Piräus bei der Phleves-Enge wurde am 10. Oktober mit Minen dichtgeworfen. Die beiden T-Boote übernahmen die Fernsicherung für das Großgeleit mit dem Dampfer «Anna», drei GA-Booten und Dampfer «Lola» mit drei R-Booten. Um 0.30 Uhr des 11. Oktober wurden die Sprengtrupps an Bord genommen und der Marsch nach Chalkis angetreten. Auf dem Marsch nach Volos wurde TA 38 bei einem Angriff von neun Mitchell-Bombern schwer getroffen und mußte in der Hafeneinfahrt gesprengt werden. Gegen 13.45 Uhr dieses Tages liefen TA 39, zwei R-Boote und Dampfer «Lola» nach Saloniki weiter. TA 39 hatte die Überlebenden von TA 38 und zehn Verwundete an Bord. Die «Lola» 273 Mann aus den Stäben der 21. U-Jagd-Flottille und anderen Einheiten.

Von hier aus lief TA 39, das nunmehr allein übriggeblieben war, mit R 185 und R 195 unter Führung des Chefs der 12. R-Flottille am 15. Oktober gegen 20.50 Uhr aus Saloniki in Richtung Volos aus. Dort sollten noch auf einer kleinen Insel wartende deutsche Soldaten geholt werden.

Am 16. Oktober, gegen 1.35 Uhr, erhielt TA 39 einen Minentreffer. Das Achterschiff brach bis zu den Hüttenaufbauten ab. R 185 und R 195 übernahmen die Besatzung. Die Geheimsachen wurden geborgen.

Nach dreizehn Unternehmungen in der Adria ging TA 39 als letztes Boot der 9. Flottille um 1.46 Uhr über den Achtersteven in die Tiefe und sackte bei 46 Meter auf Grund.

So endete vorläufig die Geschichte der 9. T-Flottille.

Vorläufig, weil die bis dahin in der Adria operierende 1. Geleitflottille in 9. T-Flottille umbenannt wurde. Damit feierte diese Flottille ihre dritte Auferstehung.

Ihr Flottillenchef wurde Fregattenkapitän Friedrich Karl Birnbaum, der seit Juli 1944 die 1. Geleitflottille führte. Die Boote waren:

TA 41 (ex «Lancia») Oberleutnant zur See Ascherfeld
TA 42 (ex «Alarbada») Oberleutnant zur See Heinz Waldkirch
später Kapitänleutnant Densch
TA 43 (ex «Sebenico») Kapitänleutnant Werner Lange
TA 44 (ex «Antonio Pigafetta») Kapitänleutnant Fritz Vollheim
TA 45 (ex «Spica») Kapitänleutnant Klaus Glissmann
später Kapitänleutnant Walter Wenzel.

Ende Oktober 1944 übernahm Kapitänleutnant Werner Lange TA 43 und unternahm die ersten Fahrten in der nördlichen Adria. Geleitdienst, Aufklärungsvorstöße, Minenaufgaben wechselten einander ab.

Das Jahr 1944 ging zu Ende, ohne daß eines der Boote verlorenging. In zwei Seegefechten mit feindlichen Motor-Torpedobooten und Motor-Kanonenbooten erhielten sie zwar Treffer, blieben aber einsatzbereit.

DIE 1. UND 2. GELEITFLOTTILLE

DIE 10. TORPEDOBOOTSFLOTTILLE

Im Februar 1944 wurde unter Kapitän zur See Walter Berger in Triest die 11. Sicherungsdivision aufgestellt. Diese Division war bis Ende 1944 dem Kommandierenden Admiral Adria unterstellt. Ihr wurden die 1., 2. und 3. Geleitflottille, die 6. Räumbootsflottille, die 2. U-Jagd-Flottille, die 6. Transportflottille und die 10. Landungsflottille unterstellt.

Diese Flottillen waren nach der Kapitulation Italiens aufgebaut worden und hatten zuerst der 11. Sicherungsflottille unterstanden.

Den Einsätzen der 1. und 2. Geleitflottille kommt daher größere Bedeutung zu, weil zu ihnen ebenfalls Torpedoboote der ehemaligen italienischen Marine gehörten. Es waren dies:

1. Geleitflottille: Stützpunkt Triest.

Flottillenchef: Fregattenkapitän Birnbaum (ab Juli 1944).

TA 36 (ex «Stella Polare»)
TA 37 (ex «Gladio»)
TA 38 (ex «Spada»)
TA 39 (ex «Daga»)
TA 40 (ex «Pugnale»)
TA 41 (ex «Lancia»)
TA 42 (ex «Alabarda»)
TA 43 (ex «Sebenico», ex «Beograd»)
TA 44 (ex «Antonio Pigafetta»)
TA 45 (ex «Spica»).

Alle Boote – mit Ausnahme von TA 36, das bereits am 18. März 1944 im Quarnaro-Kanal auf eine Mine lief und sank – wurden der 9. Torpedobootsflottille zugeführt.

2. Geleitflottille: Stützpunkt Pola.

Flottillenchef: Korvettenkapitän v. Hansmann (Nov. 1944 bis Ende).

TA 20 (ex «Audace)
TA 21 (ex «Insidioso»)
TA 22 (ex «G. Missori»)
TA 35 (ex «G. Dezza»)
TA 48 (ex T 8)

Ferner: Küstendampfer G 102, G 104, G 20, G 21, G 22, G 234–239.

Während die Geschichte der 1. Geleitflottille mehr oder weniger mit dem Einsatz der 9. T-Fottille identisch ist (da sie ab 1. März 1945 in 9. T-Flottille umbenannt wurde), hat die 2. Geleitflottille ihr eigenes Schicksal erlitten. Es sei hier in Kurzberichten über den Einsatz und das Ende der einzelnen Boote dargestellt.

Mit «Ramb III», dem Motorminenleger «Kiebitz» (530 BRT), liefen die T-Boote der 2. Geleitflottille zum Minenlegen aus. Nach dem Werfen der tausendsten Mine wurde «Kiebitz» vor der Tagliamentomündung am 2. Mai 1944 in Brand geworfen und sank auf flachem Wasser. Das Minenschiff konnte jedoch gehoben und eingeschleppt werden. Auf der Werft von Triest sollte es wieder fahrbereit gemacht werden.

Kommandant des Schiffes war Korvettenkapitän Walter von Hansmann. Er übernahm im November 1944 die Flottille als Chef.

Nach dem Untergang der «Kiebitz» erhielt sein Ingenieuroffizier, Oberleutnant (Ing.) Huber, für seinen persönlichen Einsatz bei einigen Minenaufgaben das Deutsche Kreuz in Gold.

Nun ruhte der Mineneinsatz auf den beiden restlichen Minenschiffen «Kuckuck» (3667 BRT) und «Laurana».

«Laurana» war mit ihren 113 BRT das kleinste Minenschiff. Es war aus dem ehemaligen italienischen MF 131 hervorgegangen.

Die «Kuckuck» war am 5. November 1943 in Fiume durch Fliegerbomben versenkt, aber wieder gehoben worden.

Bis zum Sommer hatten die T-Boote eine Reihe Einsätze gefahren, und fast schien es so, als handele es sich um glückhafte Boote.

Aber im August 1944 begann der Untergangswirbel. TA 21 traf es als erstes tödlich. Es war am 8. November 1943 in Dienst gestellt. Bei einem nächtlichen Minenunternehmen wurde das Boot mit TA 20 und TA 35 von britischen Motortorpedobooten aufgefaßt. TA 21 erhielt einen Torpedotreffer und sank binnen weniger Minuten.

Bereits im Juli war TA 22 bei einem britischen Jaboangriff mit kleinen Raketenbomben und Bordwaffen so schwer zusammengeschossen worden, daß es am 11. August 1944 in Triest außer Dienst gestellt werden mußte.

Am 20. August war TA 35 an der Reihe. Das Boot wurde vor Pola von einem MTB aufgefaßt und durch Torpedoschuß versenkt. Nun ruhten die Minenfahrten und die Landbeschießungen allein auf den beiden Booten TA 20 und TA 48 und den kleinen G-Booten.

Am Abend des 1. November lief TA 20 mit den beiden U-Jägern UJ 202 und UJ 208 zu einem Unternehmen in das jugoslawische Inselgewirr nahe Zara aus.

Hier wurde die Gruppe in der Nacht von den britischen Zerstörern «Wheatland» und «Anvonvale» und einigen Fregatten gestellt. Es kam zu einem dramatischen Artilleriegefecht. TA 20 feuerte aus allen Rohren. Einschläge über Einschläge rissen das Boot förmlich auseinander. Torpedos gingen hoch. Dann war das Schicksal dieses Bootes und auch das von UJ 202 und UJ 208 besiegelt.

Drei Tage später, bei einem amerikanischen Luftangriff auf Fiume, wurde das hier liegende, inzwischen gehobene Minenschiff «Kiebitz», das soeben von einer Minenunternehmung mit TA 40, TA 44 und TA 45 in der Adria zurückgekehrt war, versenkt. Auch das Geleitboot G 104 erhielt einen Volltreffer und sank.

Diesmal konnte «Kiebitz» nicht wieder gehoben werden. Noch während der letzten Unternehmung hatte das Minenschiff einen Jaboangriff abgewehrt und zwei Jabos abgeschossen.

Als das Jahr 1944 zu Ende ging, bestand die 2. Geleitflottille nur noch aus TA 48 und einigen G-Booten.

Ähnlich wie bei der 9. T-Flottille wurden im Januar 1944 auch Kommandanten und Besatzungen der 10. T-Flottille aus anderen Flottillen kommandiert. Einsatzhäfen der 10. T-Flottille waren La Spezia und Genua. Die 10. T-Flottille setzte sich wie folgt zusammen:

Flottillenchef:

Korvettenkapitän Wirich von Gartzen (Januar bis November 1944)
Korvettenkapitän Franz Burkart (November 1944 bis März 1945)
Kapitänleutnant Emil Kopka m. W. d. G. b. (März 1945 bis Ende)

Boote:	Kommandanten:
TA 23 (ex «Impavido»)	Kptlt. Otto Reinhardt
TA 24 (ex «Arturo»)	Kptlt. Ernst Dereschewitz
TA 25 (ex «Intrepido»)	KorvKpt. Fritz Eisenberger (bis März 44)
	Oblt. z. S. Iversen (ab Juni 44)
TA 26 (ex «Ardito»)	Kptlt. Karl-Wolf Albrand
TA 27 (ex «Auriga»)	Kptlt. Thilo von Trotha

TA 28 (ex «Rigel»)	Kptlt. Walter Wenzel
TA 29 (ex «Eridano»)	Kptlt. Wolfgang Schmidt-Troje († 18. 3. 45)
TA 30 (ex «Dragone»)	Kptlt. Emil Kopka (bis Juni 44)
TA 31 (ex «Dardo»)	Kptlt. Franz Burkart (bis Oktober 44)
TA 32 (ex «Premuda»)	Kptlt. Emil Kopka (Juli 44 bis April 45)
TA 33 (ex «Corsaro»)	(Das Boot kam nicht zum Einsatz)

Die 10. T-Flottille unterstand einsatzmäßig dem Deutschen Marinekommando Italien und war taktisch der 7. Sicherungsdivision zugeteilt. Ihr Operationsgebiet war das Ligurische Meer. Die Aufgaben der Flottille bestanden in Geleitdienst, im Landzielschießen, Aufklärungsvorstößen und Minenunternehmungen.

Seit Februar 1944, als Konteradmiral Kreisch seinen Posten als FdU Italien mit dem des Führers der Zerstörer wechselte, waren ihm beide Torpedobootsflottillen personell unterstellt. So blieb der Admiral dem Mittelmeer auch nach seinem Ausscheiden als FdU Italien eng verbunden.

Unter Führung des Flottillenchefs unternahm die 10. T-Flottille zehn Minenunternehmungen im Golf von Genua. An diesen Einsätzen waren die Boote TA 23, TA 24, TA 27, TA 28, TA 29 und TA 30 beteiligt.

Am späten Abend des 18. Februar liefen TA 24, TA 27 und TA 28 zu einer dieser Unternehmungen aus. Schon auf dem Marsch zum Minenwurfgebiet wurden die drei Boote von feindlichen Zerstörern und Schnellbooten angegriffen. Die Boote erwiderten das Feuer und zogen sich nebelnd zurück. Torpedos wurden mehrfach ausmanövriert.

Am Abend des 1. März liefen TA 24 und TA 28 vor die Küste Korsikas und beschossen zum erstenmal Landziele im Hafen von Bastia. Feindliche Artillerie erwiderte das Feuer. Schnellboote fuhren einen Torpedoangriff, wurden aber abgewiesen.

Bei der nächsten Minenunternehmung am 24. und 25. April kam es zu einem Schnellbootsgefecht. Jaboangriffe folgten. Die Boote TA 29 und TA 26 hatten Verluste, und dann lief noch TA 23 westlich von Capreira auf eine Mine und erhielt so schwere Lecks, daß es binnen weniger Minuten sank. Die Überlebenden wurden von den beiden anderen Booten aufgefischt.

Am Abend des 8. Juni liefen abermals TA 27, TA 28 und TA 24 zum Minenlegen vor Elba aus. In der Straße zwischen Pianosa und Elba wurden die Minen gelegt. In der mondhellen Sommernacht wurden plötzlich Flugzeuge gesichtet.

«Fliegeralarm!» befahl Kapitänleutnant Dereschewitz, der Kommandant von TA 24, der die Maschinen zuerst gesichtet hatte. TA 24 eröffnete das Feuer. Ein Leuchtfallschirm erhellte die See, dann noch einer. Gleich riesigen Fackeln standen sie am Himmel.

Sie beleuchteten auch die Brücke von TA 27.

«Feuererlaubnis!» befahl Kapitänleutnant von Trotha.

Zwozentimeter und Dreisieben eröffneten das Feuer. Schon heulten die ersten Bomben nieder. Einer der angreifenden Bomber erhielt einen Treffer. Er stürzte in die See und explodierte beim Aufprall. Leuchtspurgeschosse zischten nach oben, bildeten ein verwirrendes Muster aus gelben, grünen und blauen Fäden.

Wieder fielen Bomben, und diese Bomben fielen auf TA 27.

Mit Hartruderlegen versuchte das Boot zu entkommen – vergebens! In einer aufschnellenden Wasserkaskade verschwand das Heck des Bootes in der See. Eine zweite Bombe traf TA 27 achtern. Sofort sackte TA 27 tiefer. Eine dritte Bombe schlug mittschiffs ein. Eine masthohe Feuersäule sprang aus dem Boot empor. Mit knatternden Schlägen explodierte Bereitschaftsmunition.

«Alle Mann aus dem Boot!» rief der Kommandant.

Die beiden übriggebliebenen Boote suchten die Stelle ab und nahmen einen großen Teil der Besatzung auf. Viele von ihnen waren verwundet. Auch der Kommandant konnte gerettet werden.

Wenige Tage danach liefen am 14. Juni TA 24, TA 26, TA 25 und TA 30 zur Minenunternehmung «Nadel» im Golf von Genua aus. Der Himmel stand unendlich hoch über den Booten, die vierundzwanzig Meilen liefen und nach dem Passieren der Netzsperre auf Südostkurs gingen.

Die Sonne war eben untergegangen, und die schnell einfallende Dämmerung verdichtete sich rasch. Die Boote liefen durch ein intensives Meerleuchten. TA 25 fuhr mitten durch einen grünflammenden Teppich.

Plötzlich sichtete das am weitesten nach Südwesten herausgeschobene Boot flache Schatten. Es waren amerikanische Schnellboote, die im gleichen Augenblick ihre Torpedos auf die deutschen Boote abschossen.

Torpedolaufbahnen flitzten den auseinanderlaufenden Booten entgegen. Mit Hartruderlage versuchten die Kommandanten, ihre Boote auf Parallelkurs zu den Laufbahnen zu bringen. Für TA 26 kam dieser Versuch zu spät. Einer der Torpedos traf das Boot mittschiffs. Eine feuerdurchmischte Wassersäule stob empor.

Schon drehte eines der Schnellboote auf das getroffene Boot zu, auf dessen Back noch immer die Maschinenwaffen schnatterten und glühende Pfeile durch die Nacht schleuderten. Auch die deutschen Boote schossen ihre Torpedos, die jedoch vom Gegner ausmanövriert wurden.

Einem Schnellboot gelang es, noch einen zweiten Torpedotreffer auf TA 26 zu erzielen. Das Torpedoboot sank schnell. Die Besatzung sprang über Bord.

Unmittelbar nach TA 26 hatte einer der zuerst geschossenen Torpedos auch TA 30 getroffen. Flammen schlugen aus dem Boot. Achtern ging Bereitschaftsmunition hoch. Knallende Schläge rissen das Heck auf. Auch TA 30 sank an dieser Stelle des Mittelmeeres.

Die beiden übriggebliebenen Boote, die das Feuer auf die Schnellboote bis zuletzt erwiderten und sie zum Ablaufen zwangen, liefen nun zu den Untergangsstellen, um die Überlebenden aufzufischen. Wieder hatte die Flottille zwei Boote verloren, und viele Soldaten waren mit diesen beiden Booten zugrunde gegangen.

Das am frühen Morgen des 16. Juni zur Hilfeleistung auslaufende Lazarettschiff «Erlangen» wurde auf dem Anmarsch durch alliierte Bomber – trotz deutlicher Kennzeichnung mit dem Roten Kreuz – angegriffen. Nach mehreren Treffern geriet die «Erlangen» in Brand und mußte von seinem Kommandanten bei Sestri Levante auf Strand gesetzt werden.

Auch diese schweren Verluste hielten die übrigen Boote nicht davon ab, zwei Tage später abermals in See zu gehen. Unter Führung von Korvettenkapitän von Gartzen liefen TA 29 und TA 24 aus. Es galt, in der Piombinostraße eine neue Minensperre zu legen und feindlichen Zerstörern, S-Booten und Motor-Torpedobooten den Weg durch diese Straße zu sperren.

Feindliche Schnellboote griffen die Torpedoboote an. Es kam zum Artilleriegefecht. Die beiden modernen T-Boote schossen aus allen Rohren. Ein Doppeltreffer der Zehnzentimeterkanonen von TA 24 besiegelte das Schicksal eines Schnellbootes. Binnen weniger Sekunden stand ein grellroter Feuerball anstelle des Gegners auf der See. Und aus diesem Ball sprangen zuckende Flammen empor, schienen mit langen Fingern nach dem Himmel greifen zu wollen. Und dann barsten mit ungeheuren Schlägen die Maschinenanlagen des Bootes. Brückenaufbauten wurden hoch emporgeschleudert und klatschten ringsum auf die See.

Während die Männer von TA 24 noch diesem Drama zuschauten, rief der Ausguck Brücke: «Torpedolaufbahnen Backbord querab!»

Mit hart Backbordruder ließ Kapitänleutnant Dereschewitz sein Boot herumgehen. Keine dreißig Meter an Steuerbord flitzte einer der feindlichen Torpedos vorbei und detonierte am Ende seiner Laufbahn mit dumpfem Poltern.

Beide Boote konzentrierten sich nun auf dieses S-Boot. Granaten hieben um das zackende und mit weißgischtendem Schnauzbart ablaufende Boot in die See. Ein greller Einschlag zeigte, daß es ebenfalls getroffen war.

Eine weitere Rotte Schnellboote griff an. Auch von dieser Rotte wurde eines schwer beschädigt. Mit AK und nebelnd entkamen diese Feindboote in der Nacht.

Die T-Boote traten den Rückmarsch an. Sie hatten ein S-Boot versenkt und zwei beschädigt. Dazu war die Aufgabe befehlsgemäß erfüllt worden.

Korvettenkapitän von Gartzen hatte allen Grund, diesmal zufrieden zu sein. Er hatte alle Einsätze persönlich geführt. (Am 24. Juni 1944 erhielt er das Ritterkreuz.)

Aber die Freude über diesen Erfolg wurde wenige Tage später durch einen schweren Verlust getrübt. Diesmal traf es TA 25, das am 21. Juni in Höhe von Viareggio durch den Torpedo eines amerikanischen Schnellbootes versenkt wurde.

Am 19. Juli starteten TA 28 und TA 29 zu einem Aufklärungsmarsch in das Ligurische Meer. Wieder gab es Schnellbootalarm. Abermals wurden Torpedos geschossen, und das Wunder gelang wieder einmal, die Laufbahnen frühzeitig zu erkennen, so daß beide Boote ausweichen konnten.

Bereits in der Drehung eröffneten sie das Feuer. Beide T-Boote hatten je zwei 10-cm-Geschütze, vier Dreisieben und zwei Zweizentimeter-Vierlinge.

Ein wildes Feuergefecht begann, denn die Boforskanonen der feindlichen Schnellboote schossen Schnellfeuer.

Aus mehreren Trefferstellen eines S-Bootes leckten Flammen empor. Dann flog das Boot nach vier Volltreffern der Zehnzentimeter in die Luft.

Zwei weitere Schnellboote wurden getroffen. Sie drehten ab und verschwanden in der Nacht. Die Torpedoboote der 10. T-Flottille waren wieder einmal erfolgreich gewesen.

Auf dem Rückmarsch gab es einen Fliegerangriff. Mitchells und Fliegende Festungen B 17 warfen Bomben. Keine hundert Meter an Steuerbord von TA 29 klatschte ein schwerer Koffer in die See. Eine gewaltige Wassersäule stieg empor und fiel dann auf die Back des Bootes herunter, daß es tief eintauchte. Die Wucht des Wasseraufpralls und des Luftdrucks warfen das Boot um dreißig Grad aus dem Kurs. Es gab Verletzte.

Am 4. September erfolgte ein alliierter Großangriff auf Genua. Unmittelbar nachdem das Heulen der Alarmsirene verstummt war, erschienen bereits die ersten Hochbomber über dem Hafen. 438 Tonnen Bomben heulten in die Tiefe. Hundert Meter vor dem Dock, in dem TA 28 überholt wurde, krachten Bomben ins Wasser. Eine der Bomben traf das Boot, das sofort sank.

An einer anderen Pier wurde einer der drei dort auslaufbereit liegenden Minenleger getroffen. Er flog mit allen Minen in die Luft. Dann traf es auch noch TA 33. Das Boot versank auf ebenem Kiel. Abermals wurde das inzwischen eingeschleppte Lazarettschiff «Erlangen» getroffen.

Fast pausenlos wurden Bomben und Lufttorpedos geworfen.

Die Besatzungen, die sich in den Bunkern befanden, hörten das dumpfe Brausen und Heulen. Sie spürten, wie die Pier bebte. Die Flak feuerte verbissen. Auch TA 29 wurde beschädigt.

Von den elf Booten der Flottille waren nur noch vier übriggeblieben.

Mit drei dieser vier Boote – TA 24, TA 29 und TA 32 – unternahm Korvettenkapitän von Gartzen am 1. Oktober einen Aufklärungsvorstoß in den westlichen Golf von Genua. In der Nacht stießen die Boote auf Feindzerstörer. Es kam zu einem verbissen geführten Gefecht.

«Flo-Chef an alle: Rücksichtsloser Torpedoeinsatz!»

Mit geheißtem Doppelstander «Z» griffen die Boote an. Die drei Öffnungen des vorderen Rohrsatzes von TA 32 entließen den Fächerschuß. Der avisierte Zerstörer feuerte eben eine Salve 12,7-cm-Granaten, die hart an Backbord von TA 32 einhieben.

Mit Steuerbordruder schor das Boot aus dem Kurs, und die nächste Salve lag über hundert Meter daneben.

«Zeit ist um!» meldete die Nummer Eins.

Aber der feindliche Zerstörer hatte rechtzeitig weggezackt. Die Torpedos gingen vorbei.

«Blasenbahnen, zehn Grad Steuerbord voraus!»

«Beide dreimal AK!»

Es ging wie ein Ruck durch das Boot, als die 48 000 Pferdestärken der beiden Parsons-Turbinen mit höchster Kraft drehten. Beide Torpedos des feindlichen Zerstörers gingen hinter dem Boot vorbei ins Leere.

TA 24 erhielt einen Treffer. Die beiden anderen Boote nebelten das Kameradenboot ein und zogen die Zerstörer auf sich, bis TA 24 wieder klarmeldete. Mit AK liefen die drei Boote ab, nachdem alle Torpedos verschossen waren.

Ein gefährliches Unternehmen war glücklich zu Ende gegangen.

Am 25. Oktober 1944 erhielt TA 31 einen Fliegerbombentreffer und war von der Zeit an fahrunklar.

Der Kommandant, Kapitänleutnant Franz Burkart, übernahm das Amt des Flottillenchefs für den scheidenden Chef, der Ende Oktober zu anderer Verwendung abberufen wurde.

Das Jahr 1944 ging zu Ende. Die 10. Torpedobootsflottille, die in diesem Jahr ihr Bestes gegeben hatte, bestand nur noch aus drei Booten. Diese Einheiten liefen aus, sobald sie fahrbereit waren. Die letzte Geleitunternehmung des Jahres 1944 führten TA 23 und TA 24 durch.

DIE RÄUMBOOTSFLOTTILLEN 1943–44

Anfang 1943 begann Korvettenkapitän Reischauer, die noch fahrbereiten Boote seiner Flottille aus dem Raum Tunesien nach Sizilien zu überführen. Bis zu diesem Zeitpunkt war lediglich R 11 verlorengegangen.

Nach dem Rückzug aus Tunesien wurden die Boote im neuen Stützpunkt Palermo überholt. Später wurden sie in den Raum Mittelitalien nach Anzio-Nettuno verlegt. Korvettenkapitän Reischauer wurde im Juni 1943 zur Kriegsakademie abkommandiert. Sein Nachfolger wurde Kapitänleutnant Walter Klemm.

Nach wie vor war es Aufgabe der Flottille, Klein-Küstengeleite durchzuführen, die meistens aus italienischen Frachtern oder Küstenseglern bestanden.

Darüber hinaus erhielt sie auch U-Jagdaufgaben vor den Hafeneinfahrten, um dort lauernde Feind-U-Boote vor dem Einlaufen großer Geleite zu verscheuchen.

Später wurden die Wege mit Minensuch- und -räumgerät abgelaufen.

Der größte Feind dieser kleinen Räumboote waren nach wie vor die Flieger.

Bereits im September 1942 war die 11. R-Flottille aufgestellt worden. Ihr Chef wurde Kapitänleutnant Felix Freytag.

Von Reval aus waren diese Boote – Abgaben der Flottillen im Finnbusen – durch den Kaiser-Wilhelm-Kanal zunächst nach Wilhelmshaven gelaufen. Von dort ging es nach Wesermünde, wo weitere Boote zur neuen Flottille stießen. Vorbei an Terschelling marschierten diese R-Boote, die sämtlich der Fertigungsgruppe 1940–43 angehörten und mit ihren 120 tons Wasserverdrängung doppelt so groß waren wie die kleinen Boote der 6. R-Flottille, nach Rotterdam. Hier begann die Fahrt über Flüsse und Kanäle, und bei Brie Comte Robert, südlich Paris, ging es in die Seine.

Der Briare-Kanal nahm die R-Boote auf, die immerhin eine Breite von 5,7 Metern hatten. Über den Loire-Kanal erreichten sie ihr Ziel westlich Lyon. Hier wurden sie ausgeweidet und auf Großtransportern nach Marseille gebracht. Jeweils zwei Männer der Besatzung blieben auf jedem Transportwagen als Wache zurück. In Marseille wurden die Boote überholt und neu ausgerüstet.

Von den Stützpunkten Genua und La Spezia liefen die ersten Boote der Flottille bereits im Frühjahr 1943 aus. Ihr Einsatz bestand in Geleitfahrten an der südfranzösischen und westitalienischen Küste und später im Raum Korsika–Sardinien.

Bei der Räumung Sardiniens leisteten sie ihren Beitrag zum Gelingen der Operation, und als Mitte September die Rückführung der auf Korsika stehenden deutschen Soldaten akut wurde, geleiteten die Boote der 11. R-Flottille die Konvois mit Truppen und Wehrmachtsgut ans Festland. Mit vier Räumbooten wurden am späten Abend des 3. Oktober 1943 vier der acht Pioniersprengtrupps übernommen, welche die Hafenanlagen von Bastia sprengten, während R 162 und R 200 für den Wehrmachtskommandanten, den Seetransportführer und die Marinefunkstelle bereitlagen.

Auf R 200 fuhr der Seetransportführer Korsika, Fregattenkapitän von Liebenstein, nach Ausfall der Ausweichstelle Bastia-Süd an alle auf der Reede liegenden MFP und I-Boote heran und wies ihnen eine neue Landestelle zu.

Gegen 22.45 Uhr verließen diese beiden Räumboote die Anlegestelle Bastia-Nord und marschierten in Richtung Livorno. Um fünf Uhr am 4. Oktober liefen sie in Livorno ein.

Weitere vier Räumboote lagen noch auf der Reede in Reserve, und das war gut so, denn anstatt der geschätzten 1000 Mann mußte am Abend des 3. Oktober noch ungefähr die doppelte Zahl ans Festland gebracht werden.

Diese letzte R-Boot-Gruppe, die auch die Flak- und U-Boots-Sicherung übernahm, lief, bis an die Halskrause mit Truppen vollgepackt, aus und brachte die Soldaten ans rettende Festland.

Mitte Oktober 1943 wurde dann die inzwischen neuaufgestellte 12. R-Flottille nach Piräus verlegt und der Gruppe Süd – dem Admiral Ägäis – zugeführt. Chef der 12. R-Flottille war Kapitänleutnant Mallmann.

Im Raum der Ägäis standen die Boote der 12. R-Flottille vor allem im November/Dezember bei der Rückeroberung der Dodekanes-Inseln im Einsatz. Die Zahl ihrer Einsätze ist nicht abzuschätzen.

Die Boote R 188, R 190 und R 191 gehörten neben T-Booten zu dem Geleit, das einen Dampfer am 28. Februar 1944 durch die Adria bringen sollte. Westlich Isto wurde der Dampfer von den britischen Zerstörern «Tumult» und «Troubridge» in Brand geschossen. Das Torpedoboot

TA 37 erhielt ebenfalls Treffer, und UJ 201 wurde durch einen Torpedo versenkt. Die R-Boote konnten sich absetzen.

Vor Pola führte R 185 mit dem Minenschiff «Kiebitz» das Minenunternehmen «Hermelin» durch.

R 211, das mit R 210 und R 195 zu den Geleitfahrzeugen gehörte, die den großen Nachschubgeleitzug für Kreta eskortierten, erhielt kurz vor Kreta schwere Treffer. Die beiden anderen Boote retteten die Schiffbrüchigen der beiden U-Jäger UJ 2101 und UJ 2105.

R 211 konnte mit dem Frachter «Gertrud» und TA 16, die ebenfalls Treffer erhalten hatten, in Heraklion einlaufen. Der Dampfer «Sabine» sank. Nur der Dampfer «Tanais» erreichte ohne Schäden den Hafen.

Einige der Kommandanten der 12. R-Flottille waren Oberleutnant zur See von Sartorski, Leutnant zur See Nessmann und Grossmann.

Bei der am 6. Oktober 1944 beginnenden Verlegung der deutschen Einheiten aus der Ägäis nach Saloniki waren R-Boote dabei. Gegen 13.45 Uhr am 11. Oktober liefen TA 39, der Dampfer «Lola», R 185, R 195 und R 210 als letzte Boote der 12. R-Flottille in Richtung Saloniki.

Von hier aus unternahmen R 185 und R 195 unter Führung des Flottillenchefs am 15. Oktober gemeinsam mit TA 39 einen Vorstoß in Richtung Volos. Es sollten auf einer der Inseln wartende deutsche Soldaten geholt werden. Bei dieser Operation erhielt TA 39 am 16. Oktober um 1.35 Uhr einen Minentreffer. R 195 übernahm die Besatzung, während R 185 die Soldaten abholte.

Bis zu dem Zeitpunkt waren in Adria und Ägäis bereits die Boote R 178, R 186, R 188, R 190, R 191 und R 194 verlorengegangen. Überwiegend waren sie feindlichen Luftangriffen zum Opfer gefallen.

Als am 31. Oktober auch Saloniki von den deutschen Truppen geräumt wurde, mußten die Boote R 185, R 195, R 210 und R 211 gesprengt werden, da sie nicht mehr fahrbereit waren. Damit hatte die 12. R-Flottille zu existieren aufgehört.

Es waren dies die letzten Kriegsschiffseinheiten, die dem Kommandierenden Admiral Ägäis zur Verfügung gestanden hatten.

Es ist unmöglich, alle Fahrten der 12. R-Flottille aufzuzählen, einmal aus Platzmangel, zum anderen wegen fehlender Unterlagen. Eines jedoch ist sicher: Die Räumboote haben in aller Stille einen großen Anteil am Kampfgeschehen im Mittelmeerraum getragen.

Über die Einsätze der 11. R-Flottille aber liegen Berichte von Flottillenangehörigen vor. Einige Einsätze seien im folgenden dargestellt.

In der Nacht zum 21. September 1943 liefen die beiden Minenschiffe «Brandenburg» und «Kreta», geleitet von R 200 und R 212, mit zwölf Knoten Fahrt nach Süden. An Backbord tauchte die kleine Insel Gorgona auf und wurde passiert.

Die Gruppe hatte eine Minenaufgabe zwischen Elba und Korsika durchzuführen. Auf der Brücke von R 200 hob Leutnant zur See Böttcher sein lichtstarkes Nachtglas und suchte die See an Steuerbord ab. Nichts war zu sehen als die silberne Streifenbahn des Mondlichtes auf dem Wasser und die grünphosphoreszierende Hecksee der 3894 BRT großen «Brandenburg», die aus dem französischen Frachtdampfer «Kita» zum Minenschiff umgebaut worden war.

Auf einmal stieg an Backbord mittschiffs der «Brandenburg» eine wasserdurchmischte Feuersäule empor. Sekunden später hörten die Wachgänger auf der Brücke des Räumbootes den Donnerschlag der Torpedodetonation.

«Habe Torpedotreffer, Wassereinbruch Maschinenraum!» meldete der Funker der «Brandenburg».

Plötzlich sprangen auch an der achtern laufenden und an Backbord von R 212 gesicherten «Kreta» zwei Torpedopinien in die Höhe. Der Doppelschlag der Explosion war noch nicht verhallt, als der Ausguck Brücke von R 212 das U-Boot sichtete und Meldung machte.

«Feuer aus Dreisieben eröffnen!» befahl Leutnant zur See Siebert.

Die Granatenschnur der Dreisieben steppte durch das blaue Tuch der Nacht, jagte zu dem ungefähr eine Seemeile entfernt stehenden U-Boot hinüber und flitzte dicht über dessen Turm hinweg.

«Wird spitz, Herr Leutnant!»

Mit AK drehte das U-Boot und verschwand schnell unter Wasser.

In krachenden Schlägen gingen auf dem Heck der «Brandenburg» die ersten Minen hoch, während «Kreta» mittschiffs in dichte, masthohe Flammen gehüllt war.

«Springen Sie über Bord, wir fischen Sie auf!»

Von der «Brandenburg» sprangen Menschen ins Wasser. Wrackteile wurden in immer neuen Kaskaden aus Stahl und Flammen durch die Luft geschleudert.

«Wir gehen zur ‹Brandenburg›!» ließ Leutnant zur See Böttcher zum Kameradenboot hinüberrufen.

Ein Ruderkommando ließ das Boot herumgehen. Keine fünfzig Meter entfernt, klatschte ein metergroßes Wrackteil in die See. Gischt sprühte über die Brücke. Je näher sie an die «Brandenburg» herankamen, desto intensiver wurde die Hitze, denn auch sie stand bereits in Flammen.

Eine Batteriepfeife schrillte. Männer hoben sich aus dem Wasser und winkten verzweifelt. Gerade erreichte R 200 die erste Gruppe der auf das R-Boot zuschwimmenden Schiffbrüchigen, als eine unheimlich grelle Flamme aus der «Brandenburg» emporstieg. Das Schiff hob sich in der Mitte an, knickte ein und brach auseinander. Das Heck sank sofort, und nach einer weiteren Explosion verschwand auch der Bug von der Wasseroberfläche. Laut hallte das Zischen der erlöschenden Brände durch die Nacht.

Eilends wurden die im Wasser schwimmenden Schiffbrüchigen geborgen.

Auf einmal meldete der Posten Ausguck:

«Torpedolaufbahn!»

Herumfahrend erkannte Leutnant zur See Böttcher, daß sie keine Chance mehr hatten: Schnurgerade lief der Torpedo auf R 200 zu, und dann – unterlief er das Boot und krachte zwei Minuten später als Endstreckendetonierer auseinander.

Der Dampfer «Kreta» sackte nach vorn in die See. Noch immer schienen einige Männer an Bord zu sein, denn aus Flammen und Rauch zischten Buntsterne in den Himmel empor.

Dann hob sich das Heck der «Kreta». Die beiden Schrauben ragten zwanzig, dreißig Meter über die See empor, und schließlich schoß das Schiff mit D-Zug-Geschwindigkeit in die Tiefe.

Nach Übernahme aller Schiffbrüchigen traten die beiden R-Boote den Rückmarsch an. Für sie war das Unternehmen noch einmal glimpflich abgelaufen.

Am 28. Januar 1944 schlug aber auch hier der Feind zu. Wieder einmal waren R 161, R 199 und R 201 zur Geleitsicherung ausgelaufen. Mit ihnen noch KT 20.

Auf der Höhe von St. Stefano wurde dieses Geleit von feindlichen Jabos erfaßt.

Auf der Brücke von R 161 wurden die anfliegenden Jagdbomber zuerst erkannt. Fliegeralarm!

Während noch die Alarmglocke ihr «Friedrich-Ludwig» schnarrte, stießen die Maschinen auf die R-Boote herunter.

Mit dumpfem Plopp stiegen vom Boot des Gruppenführers die Leuchtkugeln des ES in die Höhe. Es war ja immerhin möglich, daß es sich um deutsche Maschinen handelte. Das ES wurde nicht erwidert.

«Feuer frei!» befahl Kapitänleutnant Freytag, der auf R 161 eingestiegen war.

Mit einem Schlag fegten die Leuchtspurgeschosse der vier Boote in den Himmel und wirkten ihr flirrendes und flitzendes Muster. Dreisieben und Zwozentimeter jagten hinaus, was die Rohre hergaben. Doch die Jabos stießen unbeirrt herunter.

Schmetternde Einschläge ihrer Raketenbomben trafen R 201. Besatzungsmitglieder stürzten tödlich getroffen an Deck nieder. Auch im Maschinenraum fielen zwei Mann. Das Boot bekam schnell starke Schlagseite und sank.

Die übrigen Boote erhielten ebenfalls Treffer.

Die Fla-MW von R 161 faßten einen der Jabos im Anflug auf. Drei, vier Zwozentimeter-Leuchtspurbahnen jagten der Maschine entgegen und verschwanden in ihrem Bauch, ohne sichtbare Wirkung zu hinterlassen. Dann wurden sie von der Dreisieben erfaßt. Nach dem zweiten Feuerstoß der Dreisieben stürzte sie, einen langen Feuerschweif hinter sich herschleppend, in die See und explodierte beim Aufschlag.

Als der erste Pulk kaum verschwunden war, tauchte eine weitere Gruppe von vielleicht zwölf Jabos auf. Wieder wurde eine Maschine im Anflug getroffen. Die übrigen aber kamen zum Wurf. Einer der geleiteten Dampfer stand binnen weniger Sekunden in hellen Flammen. Munition ging hoch und riß sein Heck auseinander. Er sank vierzehn Minuten nach den tödlichen Treffern. Die Überlebenden wurden geborgen. Die restlichen Einheiten liefen nach Genua ein.

Zu einem neuen Minenunternehmen marschierten drei Boote der zweiten Gruppe nach Toulon. Sie sollten den Minenleger «Niedersachsen» (2956 BRT) aufnehmen und nach Genua geleiten. Die «Niedersachsen» hatte 260 Minen an Bord, die für neue Minenaufgaben bestimmt waren.

Am 15. Februar 1944, knapp eine Stunde nach dem Auslaufen aus Toulon – die «Niedersachsen» hatte zwölf Meilen zurückgelegt –, gab es bereits U-Boots-Alarm. Die feindlichen U-Boote lagen vor dem Hafen auf dem Zwangswechsel. Sie schossen zwei oder drei Fächer.

Es war eine dunkle Nacht, und zwei Torpedodetonationen flammten wie Fackeln durch die Finsternis.

Und dann gab es ein wahrhaftes Höllenkonzert, als die Minen in die Luft flogen und den ehemaligen japanisch-italienischen Frachtdampfer auseinanderrissen. Von 174 Besatzungsmitgliedern wurde ein Teil bereits durch die Minenexplosionen getötet. Die Schiffbrüchigen schwammen im eisigen Wasser. Nur 59 Männer konnten geborgen werden. Das U-Boot war verschwunden.

Zwei Tage später ereilte R 200 das Schicksal. Nahe Porto Ercolo wurde das Boot während einer Geleitaufgabe gebombt. Es erhielt mehrere Treffer und sank sofort. Nur ein Teil der Besatzung konnte gerettet werden.

Am 23. und 30. März führten R 161, R 162, R 198 und R 212 zwei Minenaufgaben durch. Die erste Sperre wurde unter dem Decknamen «Hütte» an der Ostküste vor Korsika geworfen. Die zweite, mit dem Minenschiff «Pommern» durchgeführt, erhielt den Codenamen «Stachelschwein». Diese Sperre sollte nordostwärts Capreira gelegt werden und Livorno abschirmen. Zu den vier deutschen R-Booten war noch RA 256 hinzugekommen, das ehemalige italienische Boot VAS 303.

Als das Minenlegen in vollem Gange war, gab es wieder Fliegeralarm.

Die Feindbomber flogen sehr niedrig. Gleich der erste Bombenteppich bedeutete für R 161 das Ende. Ein Volltreffer riß das Boot wie eine Streichholzschachtel auseinander. Auf ebenem Kiel sackte es weg.

Wieder feuerten die übrigen Boote aus allen Rohren. Und mitten in dem Jubel um einen Abschuß hinein krachte die Bombenexplosion, die RA 256 auseinanderplatzen ließ.

Auf den Brücken der anderen Boote herrschte auf einmal entsetztes Schweigen. Diese Angriffe zeigten ihnen wieder, daß sie zu jeder Stunde auf See nur eine Haaresbreite vom Untergang trennte. Wie viele Tage gleich diesen würden noch folgen?

Sie kreuzten noch drei Stunden an der Unglücksstelle. Erst als keine Hoffnung mehr bestand, weitere Kameraden zu retten, liefen die Boote wieder zurück.

Mit dem Minenschiff «Oldenburg» (1050 BRT) liefen vom 3. bis 8. April 1944 R 192 und R 212 aus. Südwestlich La Spezia galt es, die Sperren «Herz Dame», «Herz König» und «Herz Bube» zu legen. Mehrfach wurden die Einheiten während der Nächte aus der Luft angegriffen. Am 5. April kam es dann zu jenem Seegefecht, das für R 192 tödlich ausgehen sollte.

Die Boote hatten eben die Sicherungspositionen für das Minenschiff eingenommen, als niedrige Schatten aus der Nacht auftauchten. Wenige Sekunden darauf waren sie als englische Motorkanonenboote erkannt.

«Alle Geschütze feuerfrei!» kam es über die UKW-Verbindung vom Führerboot durch.

Oberleutnant zur See Oertel, auf der Brücke von R 192, sah die rotglosenden Feuerschnüre aus den beiden feindlichen Boforskanonen direkt auf sich zu flitzen.

«Hart Steuerbord!»

Gefährlich weit legte sich R 192 über, schöpfte mit der Reling Wasser und taumelte wieder empor. Die achtern stehende Dreisieben eröffnete das Feuer, als die Drehung ausgeführt war und an Backbord querab eines der MGB sichtbar wurde, das einen hohen Schnauzbart vor sich herschob.

Die Granaten flitzten zum Gegner hinüber, auf dessen Brücke es eben aufflammte. Aus ihren Doppellauf-MG jagten die Engländer lange Feuerstöße zu R 192 hinüber. Kugeln klatschten auf das Blech der Brückenverkleidung und durchschlugen es. Einer der Männer am vorderen Zwozentimeter brach zusammen. Sein Ladeschütze schleppte ihn weg und bediente dann die Kanone.

Boforsgranaten schlugen um Bootsmannsmaat Körber ein, der im Sitz hinter der Dreisieben angeschnallt war. Der Maat richtete unbeirrt nach. Eben wurde ein neues Magazin eingesetzt, und wieder drückte er die Auslösung.

Die Granaten fraßen sich in die Brücke des MGB hinein. Drüben splitterte Holz und Glas. Aber die Bofors feuerte noch immer. Ihre Salve jagte durch die Decksaufbauten des R-Bootes, dann senkte sich der Feuerstrahl tiefer, steppte Löcher unterhalb der Wasserfläche, und mit einem gewaltigen Knall traf eine Granate den Maschinenraum. Dicker Dampf strömte nach oben.

«Wassereinbruch Maschinenraum!» rief der Maschinist.

Noch schoß der Bootsmaat. Seine Munitionsmanner brachten neue Magazine und setzten sie ein. Er jagte eben einen Feuerstoß hinaus, als die Vierzentimetergranaten des Gegners sein Geschütz erreichten. In einem grausigen Wirbel aus platzendem Stahl ging alles unter.

«Alle Mann von Bord!» befahl Oberleutnant zur See Oertel.

R 192 stellte sich jäh auf den Kopf und versank.

Zwei Minuten später explodierte das getroffene Motor-Gun-Boat in einem roten Feuerball.

Die beiden Achtacht der «Oldenburg» fielen nun auch in das Abwehrfeuer ein. Darauf zog sich der Feindverband nebelnd zurück.

Die Minenaufgabe wurde durchgeführt, während zwei R-Boote sicherten und die beiden anderen die Überlebenden auffischten.

Anfang Mai 1944 verließ Kapitänleutnant Freytag die Flottille und wurde zu anderer Verwendung abberufen. Neuer Flottillenchef wurde Kapitänleutnant Otto Reinhardt.

Am 28. Mai flog der von R 212 und R 198 geleitete vollbeladene Munitionstransporter «Vallelunga» im Golf von Genua mit einem zweihundert Meter hohen Explosionskegel in die Luft. Beide Boote erhielten Beschädigungen und mußten ins Dock.

Auf einer Fahrt im Juli 1944 erlebte R 212 ein paar kritische Minuten. Es waren vier Dampfer in Richtung Livorno zu geleiten, als R 212 ein aufgetaucht laufendes U-Boot sichtete und Alarm gab. Das U-Boot tauchte an Steuerbordseite von R 212. Alle Aufmerksamkeit richtete sich dorthin. Fünf Minuten darauf meldete der Bootsmannsmaat auf der Brücke:

«Backbord querab Torpedolaufbahnen!»

Es war also noch ein zweites U-Boot auf dem Wechsel gewesen.

Der am dichtesten an R 212 herankommende Torpedo lief dreißig Meter hinter dem Heck durch und verschwand in der Nacht. Einen der Dampfer aber traf ein Zweierfächer des an Steuerbord stehenden U-Bootes und ließ ihn binnen weniger Sekunden wegsacken.

Im Golf von Genua stießen die in den ersten Morgenstunden des 21. August 1944 von einer Unternehmung heimkehrenden Boote R 212, R 199, RA 255 und RA 259 auf einen Verband leichter britischer Seestreitkräfte.

Im Artilleriegefecht gelang es R 212, eines der Motor-Kanonenboote so schwer einzudecken, daß es brennend abdrehte. Aber RA 255 und RA 259 wurden mit einer Serie von Treffern durchlöchert und sanken.

Mit der Operation «Dragoon», der Landung alliierter Streitkräfte der 7. US-Armee an der französischen Mittelmeerküste zwischen Cannes und Toulon, entfielen die Fahrten zur Versorgung dieser letzten deutschen U-Boots-Basis. Die Schnellboote PT 202 und PT 218, ferner acht Landungsfahrzeuge liefen dort auf Minen, die von der 11. R-Flottille gelegt worden waren, und sanken.

Am 23. September 1944 wurde die 11. R-Flottille aufgelöst, und die restlichen Boote – es waren noch R 162, R 189, R 198, R 199, R 212 und R 215 – traten zur 22. U-Jagdflottille und zur 13. Sicherungsflottille, in deren Verbänden sie die nächsten Einsätze bis zum Jahresende 1944 mitmachten.

Chef der 22. U-Jagdflottille war ab Oktober 1944 Korvettenkapitän Burkhard Heye.

U-BOOTS-EINSATZ 1944

Bis zum bitteren Ende

Zu Beginn des Jahres 1944 war die Zahl der im Mittelmeer befindlichen U-Boote auf zwölf abgesunken. In dem Maße, wie die Kampfhandlungen und insbesondere die Partisanentätigkeit die Nachschublage und die Arbeitsbedingungen erschwerten, verloren die Stützpunkte La Spezia und Pola an Bedeutung.

So war zu der Zeit Toulon praktisch der einzige U-Boots-Stützpunkt. Von dort liefen die Boote zu ihren Feindfahrten aus. Aber auch Salamis wurde noch zu kurzer Verproviantierung und Überholung angelaufen. Da die Instandsetzungsarbeiten an den Booten immer längere Zeit in Anspruch nahmen, kamen in der ersten Januarhälfte nur wenige Boote zum Einsatz. Der Wirkungsgrad der U-Boote sank; und dennoch blieben diese wenigen Boote fühlbar. Selbst in den letzten Monaten ihres verzweifelten Ringens fiel ihnen noch mancher schöne Erfolg zu.

Im Januar war es U 453, das unter Oberleutnant zur See D. Lührs vier Lastensegler versenkte.

Ende Januar war wieder eine Reihe von Booten ausgelaufen. Sie wurden auf die Schiffsansammlungen im Raum Anzio—Nettuno angesetzt, wo bereits am 22. Januar die alliierte Operation «Shingle» — die Landung des VI. US-Korps unter Generalmajor Lucas — stattgefunden hatte.

Eines der ersten angreifenden Boote war U 223 unter Oberleutnant zur See Gerlach. Am 25. Januar schoß er auf eine Korvette mit dem T-5; der Torpedo ging vorbei. U 230 unter Kapitänleutnant Paul Siegmann schoß einen Zaunkönig-Fächerschuß auf eine Zerstörerrotte. Auch dies waren Fehlschüsse.

Vier Tage später griff U 223 abermals einen Zerstörer mit dem «Zaunkönig» an. Ebenso am 30. Januar ein großes Landungsboot und zwei LST. Alle Torpedos gingen fehl.

Inzwischen hatte beim FdU Mittelmeer in Toulon/Aix de Provence ein Wechsel stattgefunden. Konteradmiral Kreisch, der die Geschicke der U-Boote im Mittelmeer ein Jahr und 363 Tage gelenkt hatte, verließ diesen Kampfraum, dem er dennoch bis Kriegsschluß verbunden bleiben sollte.

Für Konteradmiral Kreisch kam am 28. Januar 1944 Kapitän zur See Werner Hartmann als FdU Mittelmeer nach Aix de Provence.

Hartmann war einer der Oldtimer der U-Boots-Fahrt. Er war 1935 zur eben im Aufbau begriffenen U-Boots-Waffe gestoßen, hatte als Kommandant von U 37 das Ritterkreuz erhalten und als Kommandant des großen Bootes U 198 mit zweihundert Seetagen die drittlängste Feindfahrt des Krieges gefahren. Großadmiral Karl Dönitz schrieb nieder, was für ihn zur Wahl gerade dieses Mannes auf den verantwortungsvollen Posten bestimmend war:

«Hartmann war ein Mann der alten U-Boots-Garde. Er hatte als U-Boots-Wachoffizier und Kommandant die Friedensausbildung durchlaufen und sich im Kriege als U-Boots-Kommandant und in der U-Boots-Ausbildung in der Ostsee als Kommandeur einer Lehrdivision sehr bewährt.»

Chef der 29. U-Flottille in Toulon war seit August 1943 Korvettenkapitän Gunter Jahn, der vorher als U-Boots-Kommandant im Mittelmeer erfolgreich war.

Der Einsatz in der Bucht von Anzio—Nettuno ging weiter. Aber auch U 371 unter dem bewährten Kapitänleutnant Mehl gelang es trotz mehrerer Anläufe nicht, die Kriegsschiffe, auf welche es zum Schuß kam, zu versenken.

Erst am 15. Februar hatte ein anderes Boot mehr Glück. Es war U 410. Oberleutnant zur See Fenski, sein Kommandant, war bereits am 26. November 1943 mit dem Ritterkreuz ausgezeichnet worden. Am 15. Februar versenkte er aus der Landungsflotte ein großes Liberty-Schiff. Damit war der Bann gebrochen. Einen Tag später gelang es U 230, den LST 418 zu versenken. Es verfehlte einen U-Jäger nur knapp. Abermals griff Fenski an. Er verschoß am 17. Februar zwei Torpedos, die einem Zerstörer und einem Bewacher gegolten hatten. Vierundzwanzig Stunden später war er glücklicher. Es gelang ihm, auf den Kreuzer «Penelope» zum Schuß zu kommen.

Diesmal traf der «Zaunkönig», und der Kreuzer blieb bewegungslos liegen.

Als er wieder Fahrt aufnahm, ging U 410 noch einmal heran. Trotz der Wabos werfenden Zerstörer manövrierte Fenski sein Boot in eine ausgezeichnete Schußposition. Mit ungeheurer Nervenkraft bezwang er die Versuchung, schnell zu schießen. Als der Fangschuß das Rohr verließ, wußte Fenski, daß er gut treffen würde.

Der Kreuzer wurde am Wellenkanal getroffen und sank sehr schnell. Ein schöner Erfolg unter den inzwischen sehr erschwerten Bedingungen.

Am 19. Februar verfehlte Fenski nur knapp einen weiteren Zerstörer. Immer wieder griff dieser junge Offizier an. Er wurde zu einem der Großen im Mittelmeer.

U 230 setzte die Versenkungsserie bei Anzio am 20. Februar fort, indem es den LST* 305 durch Volltreffer vernichtete. U 410 versenkte am gleichen Tage LST 348.

Noch einmal kamen U 410 und U 952 (Kapitänleutnant Curio) am 24. Februar zum Schuß, aber auch diese Torpedos gingen fehl.

Die Boote mußten zum Einsatzhafen zurückkehren. In Toulon wurde U 410 dann am 13. März 1944 bei einem Luftangriff gebombt und zerstört.

Horst-Arno Fenski wurde zum Kapitänleutnant befördert und übernahm im April U 371 von Kapitänleutnant Mehl.

Ein weiteres Boot, U 380, das zur gleichen Zeit in Toulon lag, fiel ebenfalls den Bomben der US-Flieger zum Opfer.

Mit diesem Boot war Korvettenkapitän Brandi eben von der ersten Feindfahrt zurückgekehrt. Er hatte es im Januar 1944 von Korvettenkapitän Röther übernommen.

Bereits am 11. Februar hatte Kapitän zur See Hartmann anläßlich des Vortrags beim Oberbefehlshaber Süd, Feldmarschall Kesselring, mitgeteilt, daß die U-Boots-Waffe im Mittelmeer über sechzehn Boote verfüge und daß sechs weitere erwartet würden.

Er machte ferner die optimistische Angabe, daß hier im Laufe des Jahres 1944 allein fünfundsiebzig Boote des neuen Typs XXIII – des Elektrobootes, das unter Wasser schneller als zwanzig Knoten laufen konnte – zum Einsatz kommen sollten.

Daß sich Kapitän zur See Hartmann auch über die denkbar schlechten Werftverhältnisse beklagte, verstand sich von selbst. Es gab auf keiner Werft einen U-Boots-Bunker, nur wenige deutsche Arbeiter und viele unzuverlässige Ausländer.

In bezug auf den Einsatz der U-Boote äußerte er sich ebenfalls optimistisch, denn es gab viele lohnende Ziele und gute Erfolgsaussichten

---

* Tank-landing-ship

trotz starker Abwehr. Als bestes und erfolgversprechendstes Einsatzgebiet bezeichnete er die Hauptverkehrswege entlang der Nordküste Afrikas.

In dieser Besprechung wollte Feldmarschall Kesselring den FdU Mittelmeer dazu veranlassen, den Schwerpunkt des Einsatzes der U-Boote auf die Landestelle Anzio–Nettuno zu legen.

Doch die Erfahrungen hatten gezeigt, daß die dort stehenden Boote nach anfänglichen Erfolgen sehr bald durch stärkste Abwehr von Überwasserstreitkräften und aus der Luft an weiterer Betätigung gehindert wurden.

Hinzu kam noch, daß die Landestellen infolge der Küstennähe zu geringe Wassertiefen aufwiesen. Dies aber erschwerte den Einsatz der U-Boote und gab ihnen beim Erkanntwerden kaum eine Chance, auf tiefes Wasser zu entkommen.

Im Februar wurden aus La Spezia und Monfalcone je drei große italienische Transportboote erwartet. Ferner zwei kleine Kampfboote – UI 7 und UI 8. In Pola befanden sich vier sogenannte Cb-Boote von 30 tons mit jeweils vier Mann Besatzung. Von ihnen war jedoch nur ein Boot klargemeldet.

Am 10. März war südlich Sardinien U 343 unter Oberleutnant zur See Rahn durch den amerikanischen Zerstörer «Hull» versenkt worden, wobei die Besatzung mit dem Boot unterging.

U 450 unter Oberleutnant zu See Kurt Böhme wurde am gleichen Tag südlich Ostia durch den britischen Zerstörer «Exmoor» vernichtet. Zweiundvierzig Mann der Besatzung, darunter der Kommandant, wurden gerettet.

Am 30. März ging noch U 223 verloren, das im Januar von Kapitänleutnant Karl-Jürg Wächter an Oberleutnant zur See Gerlach übergeben worden war. Das Boot wurde nördlich Palermo durch vier britische Zerstörer gejagt und vernichtet. Ein Teil der Besatzung wurde von den Zerstörern aufgefischt. Auch Gottwald Gerlach wurde gerettet.

Damit hatte die ohnehin zahlenmäßig schwache U-Boots-Waffe im ersten Vierteljahr 1944 fünf Boote verloren. Dies bei Zuführung von vier Booten. Aber nun mußten bald weitere Boote eintreffen.

Noch im Februar kam eines der neu ins Mittelmeer entsandten Boote – U 969 unter Oberleutnant zur See Dobbert – zu einem großen Erfolg. Es versenkte zwei Schiffe mit zusammen 14 342 BRT.

U 407 unter Oberleutnant zur See Korndörfer torpedierte ein Schiff und einen Lastensegler.

Auf seiner letzten Feindfahrt unter Kapitänleutnant Mehl versenkte U 371 im März aus dem Konvoi SNF 17 zwei Großtransporter mit zusammen 23 189 BRT. Das war wieder ein überaus beachtlicher Erfolg, und Waldemar Mehl erhielt am 28. März 1944 das Ritterkreuz.

Oberleutnant zur See Curio versenkte mit U 952 ein Schiff von 7176 BRT, und U 223 schrieb sich mit einem Kriegsschiff in die Liste ein, als es den Zerstörer «Laforey» vernichtete.

Aus dem Konvoi UGS 37, der mit sechzig Handelsschiffen, geleitet durch die Task Force 65, von Norfolk nach Bizerta lief, versenkten deutsche Torpedoflieger den Geleitzerstörer «Holder». U 407 versenkte ebenfalls aus diesem Konvoi zwei Schiffe mit 14 386 BRT.

Am Abend des 20. April wurde aus dem Konvoi UGS 38 der Zerstörer «Lansdale» durch He 111 bombardiert. U 969 unter Oberleutnant zur See Dobbert gab dem Zerstörer den Fangschuß.

Auch im April erlitt die U-Boots-Waffe Verluste. So geriet am 6. April U 455 beim Einlaufen in den Hafen von La Spezia auf eine Mine und sank sofort.

Im Stützpunkt Toulon wurde U 421 (Oberleutnant zur See Kolbus) bei einem amerikanischen Luftangriff vernichtet.

Im Mai stand wieder eine größere Zahl von U-Booten am Feind. Den beachtlichen Erfolgen dieser Boote stellt sich die Verlustzahl von vier Booten gegenüber. Eines der Boote, das Anfang Mai große Erfolge errang und dabei am Feind blieb, war U 371. Diesmal war Kapitänleutnant Fenski als Kommandant an Bord.

Wir wollen die für das Boot entscheidenden Tage aus der Sicht des Gegners hier aufzeigen. Nur so läßt sich die ganze Schwere der U-Boots-Fahrt erfassen. Folgen wir der Darstellung von Theodore Roscoe*:

«Nachdem der ostgehende Konvoi UGS 38 Bizerta erreicht hatte, lief von dort der westgehende GUS 38 aus, und die Task Force 66 übernahm auch den Schutz dieses Konvois.

Der GUS 38 bestand aus 107 Handelsschiffen. Einer der Geleitzerstörer war das Flaggschiff der Zerstörereskorte, ‹Menges›, (LtCdr. McCabe). Dieser Zerstörer hing gegen Mitternacht zum 3. Mai 3000 Yards achtern am Geleit. Kurz nach Mitternacht meldete sein Radar einen Kontakt weitere sechs Meilen hinter dem Konvoi. LtCdr. McCabe befahl: ‹Auf Gefechtsstationen!›

---

* siehe Roscoe, Theodore: a. a. O.

‹Menges› lief nun Zickzackkurse, um das feindliche U-Boot zu überlisten und die Geräuschtorpedos auszumanövrieren.

Um 1.04 Uhr wurde das U-Boot im Radar erkannt. ‹Menges› ging wenige Minuten später mit der Fahrt auf 15 Knoten herunter und hörte dann auch ein Echo im Asdic.

Um 1.18 Uhr traf ein ‹Zaunkönig› den Zerstörer ins Heck.

‹Menges› verlor Schraube und Ruder. Die achteren Räume wurden durch die gewaltige Explosion völlig zerstört. 31 Besatzungsmitglieder wurden getötet und 25 verwundet.

Um 1.40 Uhr beorderte Commander Duvall (Kdr. Task Force 66) die Zerstörer ‹Pride› und ‹J. E. Campbell› zur Hilfeleistung zur ‹Menges› und um das U-Boot zu jagen.

Um 2.45 Uhr erhielt ‹Pride› nahe der ‹Menges› Kontakt zum U-Boot und warf zwei Wabofächer. Das U-Boot entkam, und erst um 6.00 Uhr führte ‹Campbell› die ‹Pride› zum Wabofächer an das inzwischen wieder geortete U-Boot heran. Um 6.27 Uhr warf ‹Pride› die gesamte Chargierung als Fächer und glaubte, das U-Boot getroffen zu haben.

Der nächste Wasserbombenfächer detonierte gegen 8.07 Uhr, und um 8.33 Uhr wurde ein Fächer Magnet-Wabos geworfen. Dann ging der Kontakt abermals verloren.

U 371 war vorerst entkommen.

Doch der Divisions-Commander ließ weitersuchen, weil er glaubte, das Boot habe sich in großer Tiefe auf Grund gelegt und warte jetzt in seiner Fuchshöhle.

In dieser Phase stieß der Zerstörer ‹Blankney› zur Jagdgruppe, und um 12.25 Uhr traf der Minenleger ‹Sustain› dort ein. Vom U-Boot wurde nichts gehört. War es gesunken?

Am Nachmittag stießen die beiden französischen Zerstörer ‹L'Alcyon› und ‹Senegalais› zur Suchgruppe und beteiligten sich an der Jagd. Sechs Jäger jagten U 371, aber Mitternacht zum 4. Mai ging vorüber, und als es 2.00 Uhr wurde, wußten alle, daß das Boot nun auftauchen mußte, denn viel länger als vierundzwanzig Stunden konnte es nicht getaucht bleiben.

Um 3.15 Uhr erhielt ‹Senegalais› einen Radarkontakt mit dem aufgetauchten Boot. Sie schoß sofort Leuchtsterne, erkannte den U-Boots-Umriß und schoß mit den feuerbereiten Geschützen.

Mit AK liefen ‹Campbell› und ‹Pride› nach Norden, um die Flucht des Bootes dorthin zu verhindern, während ‹Blankney› und ‹Sustain› dem U-Boot den Weg nach Westen blockierten. Das Wild war gestellt, doch so leicht ließ sich U 371 nicht vernichten. Es lief mit zwölf Knoten nach Südwesten und tauchte um 3.59 Uhr plötzlich weg.

Fünf Minuten später stieg am Heck der ‹Senegalais› die Feuersäule einer Torpedodetonation empor. Wabo-Explosionen zerschmetterten den Zerstörer in wenigen Sekunden. Aber die oben schwimmenden Überreste waren dennoch dauerhafter als ihr furchtbarer Feind.

Um 4.30 Uhr wurden von den Ausgucks der ‹Sustain› ein im Wasser dicht beisammen schwimmender Pulk deutscher Seeleute gesichtet, die sich schreiend zu erkennen gaben. Der Minenleger lief auf den Pulk zu und fischte 41 Soldaten und 7 Offiziere aus dem Wasser. Unter ihnen auch den Kommandanten, Ritterkreuzträger Horst-Arno Fenski. Fünf Besatzungsmitglieder gingen mit dem Boot in die Tiefe, das bereits um 4.09 Uhr, vom Feind unbemerkt, gesunken war. Wir erfuhren, daß es U 371 gewesen war, eines der zähesten und besten deutschen U-Boote. Die Besatzung hatte es verlassen müssen, weil die Batterien gasten und die E-Maschinen während der kurzen Zeit an der Wasseroberfläche noch nicht wieder hatten aufgeladen werden können.

Diese Jagd auf U 371 war aber noch nicht das Ende der Angriffe und Verluste des GUS 38.

Am Morgen des 5. Mai befand sich der Konvoi nahe der spanischen Insel Alboran.

Um 3.15 Uhr erhielt hier der Zerstörer ‹Laning› einen Kontakt mit einem ‹fremden Schiff›, das bald als feindliches U-Boot erkannt wurde. Es stand dreizehn Meilen vom Konvoi entfernt. Dann tauchte das Boot.

Um 3.45 Uhr stand der Geleitzerstörer ‹Fechteler› zwischen dem Konvoi und dem U-Boot und drehte gerade auf eine neue Marschroute ein, als ein Torpedo das Boot traf. Eine donnernde Explosion erklang und riß die Männer an Deck, auf der Brücke und an den Geschützen von den Beinen. Ein gewaltiger Wassereinbruch erfolgte an der Stelle, wo der Zerstörer torpediert worden war. Wenige Minuten später brach ‹Fechteler› auseinander und sank. 186 Schiffbrüchige wurden aufgefischt. Der Rest ging mit dem Zerstörer unter.»

Theodore Roscoe nahm an, der Zerstörer sei durch ein italienisches Renegaten-U-Boot versenkt worden. Dem ist aber nicht so. Es war U 967, das dritte Boot von Korvettenkapitän Brandi, das auf seiner ersten Feindfahrt den Zerstörer «Fechteler» versenkte und einen Dampfer torpedierte.

Am 13. Mai erhielt Albrecht Brandi die Schwerter zum Eichenlaub.

Aus dem folgenden Konvoi GUS 39 versenkte U 616 unter Kapitänleutnant Siegfried Koitschka am 14. Mai 1944 zwei große Schiffe mit zusammen 17 754 BRT und U 453 unter Oberleutnant zur See Lührs eines von 7147 BRT.

U 616 aber wurde vom 14. Mai an von acht Zerstörern gesucht. Sie liefen «mit Blut in den Augen wegen der Versenkung ihrer Kameradenboote» hinter dem Unterseefeind her.

Den ersten Kontakt erhielt der Zerstörer «Ellyson». Er warf einen Wabofächer und mußte das Boot getroffen haben, denn ein starker Strahl Dieselöl kam aus der Tiefe empor.

Am Morgen des 15. Mai sichtete ein Seeaufklärer des 36. britischen Squadron das Boot zehn Meilen westlich des Angriffspunktes. Von diesem Zeitpunkt an bis gegen Mitternacht zum 16. Mai suchten zwei Zerstörergruppen das Boot zwischen der spanischen Küste und Cap Santa Pola.

U 616 hatte nach Norden gedreht und lief um sein Leben, zwei Meuten Verfolger im Nacken. Trotz tausend Tricks konnte es die Verfolger nicht abschütteln.

Die Zerstörer kreisten das Boot ein. «Macomb» sah es zuerst im Licht einer Leuchtrakete in 2400 Yards Entfernung.

Das U-Boot eröffnete das Feuer aus seinen 2-cm-Kanonen. Die 5-Zoll-Geschütze (12,7 cm) der «Macomb» erwiderten dieses Feuer. Das U-Boot tauchte, und «Macomb» lief auf die Tauchstelle zu und warf einen Waboteppich, der in 600 Fuß (183 m) Tiefe explodierte.

Nun griff auch der Zerstörer «Gleaves» in die Verfolgung ein. Um 4.45 Uhr erschien die «Nields». Die «Emmons» folgte. Sieben Zerstörer waren schließlich an der Jagd beteiligt.

Ununterbrochen krachten Wasserbomben. Bereits vier Tage lang hatte U 616 die Zerstörer an der Nase herumgeführt. Aber um 2.30 Uhr ging der Kontakt abermals verloren.

Gegen 6.45 Uhr bei Tagesanbruch wurde der Kontakt wiedergefunden. «Hambleton» fand das Boot im Asdic, zehn Meilen südlich der Stelle, wo der Kontakt in der Nacht verlorengegangen war.

Dieser Zerstörer warf zwei Wabofächer, die auf große Tiefe eingestellt waren. «Ellyson» und «Rodman» kamen «Hambleton» zur Hilfe, während die übrigen vier Zerstörer das Boot in einem Kreis von vier Seemeilen umzingelten.

Es war genau 7.10 Uhr, als in der Mitte dieses Kreises in einem dichten Wasserschwall U 616 an die Oberfläche schoß. Gleichzeitig eröffneten die drei Zerstörer das Feuer aus zirka 2500 Yards (2285 m) Entfernung. Die 12,7-cm-Granaten trafen den Turm des Bootes. Die Besatzung ging über Bord, und dann sackte das Boot auf einmal weg. 53 Männer der Besatzung wurden von den Zerstörern «Ellyson» und «Rodman» geborgen. Einer von ihnen war verwundet.

Damit war das Unternehmen «Monstrous 1» beendet.

Das Unternehmen «Monstrous 2» galt U 960.

Das Boot unter Oberleutnant zur See Günter Heinrich stand vor der Höhle des Löwen (Oran), als die Killer Group von Captain A. F. Converse (acht Zerstörer) von ihrer erfolgreichen Jagd auf U 616 zurückkehrte. U 960 griff das Flaggschiff «Ellyson» mit einem Dreierfächer an. Alle drei Torpedos wurden ausmanövriert, weil die Wachen sie rechtzeitig bemerkten.

Die bereitliegenden Zerstörer «Woolsey», «Madison», «Benson» und «Ludlow» liefen aus, um die anderen Zerstörer bei der Jagd zu unterstützen. Mit AK lief aus dem nahen Mers el Kebir der Zerstörer «Niblack» zur Hilfeleistung herbei. Die 36. und 500. Squadron der RAF flogen Sicherung. Das U-Boot stand jetzt zwischen Ténès und Cartagena.

Am Abend des 18. Mai wurden die Zerstörer vom CinC* Mittelmeer in zwei Gruppen geteilt. Aber erst am 19. Mai um 2.40 Uhr fand ein Flugzeug Radarkontakt mit dem Boot. Es warf eine Markierungsbombe, die um 2.51 Uhr von den Zerstörern «Niblack» und «Ludlow» gesichtet wurde. Nach 30 Minuten faßte das Asdic von «Ludlow» das Boot auf. Beide Zerstörer warfen elf Wasserbombenfächer an der Stelle, wo das Boot stehen mußte. Und mit dem ersten Sonnenstrahl, der über den Horizont kam, erschien auch das U-Boot mit dem Heck zuerst an der Wasseroberfläche. Beide Zerstörer eröffneten das Feuer. Flugzeuge erschienen wenige Minuten später und warfen Bomben. Dann trafen beide Zerstörer den U-Boots-Turm und zerschmetterten ihn.

In einer Rosette aus Granatenexplosionen sank U 960.

«Niblack» lief mit AK zur Untergangsstelle und warf zehn Wasserbomben. Auf einmal kam das Boot im Strudel der Explosionen wieder nach oben, um dann – mit dem Heck voran – jäh in die Tiefe hinunterzustoßen.

Jetzt sprangen die Besatzungsmitglieder außenbords. Um 7.20 Uhr – das Boot war gesunken – fischten «Niblack» und «Ludlow» zwanzig Schiffbrüchige, auch den Kommandanten, der bis zuletzt gekämpft hatte.

---

* Commander in Chief

Aus dieser Darstellung atmet, ohne Dramatisierung, die Unerbittlichkeit der U-Jagd und die tödliche Gefahr, der sich jedes ausgelaufene U-Boot gegenübersah.

Mit dem Untergang von U 960 waren die Mai-Verluste jedoch noch nicht zu Ende. Am 21. Mai wurde U 453 im Jonischen Meer durch britische Zerstörer versenkt. Von der Besatzung gerieten 33 Mann in Gefangenschaft. Unter ihnen auch der Kommandant Dirk Lührs.

Mit dem bereits am 29. April beim amerikanischen Luftangriff auf Toulon versenkten U 421 hatte die U-Boots-Waffe in fünf Monaten elf U-Boote verloren.

Im Juni erzielten die deutschen U-Boote zum erstenmal keinen Erfolg. Ihre Zeit im Mittelmeer ging zu Ende. U 967 wurde von Korvettenkapitän Brandi an Oberleutnant zur See Eberbach übergeben. Brandi wurde Einsatzleiter der U-Boote in Helsinki.

Am 5. Juli griffen 233 B 24 – Liberator – den Stützpunkt Toulon an. Bei diesem Angriff wurde U 586 (Oberleutnant zur See Götze) zerstört, U 642 (Kapitänleutnant Brüning) schwer und U 952 leicht beschädigt.

Immer wieder versuchte Kapitän zur See Hartmann für seine wenigen noch einsatzbereiten Boote bombensichere Liegeplätze zu erhalten. Noch am 20. Juli wandte er sich direkt an den Ob. d. M. Der FdU-Mittelmeer war – im Einvernehmen mit Geologen der OT – der Meinung, daß bei Ville-Franche (nahe Nizza) durch Felssprengungen sehr rasch solche Bunker geschaffen werden könnten. Die OT wollte innerhalb von zwei Monaten für mindesten drei Boote hier einen bombensicheren Bunker bauen.

Als dann aber anstatt der Arbeiter erst einmal vom Werftstab in Paris Spezialisten kamen, um die Sache zu überprüfen, war die Empörung groß, denn jeden Tag konnten weitere U-Boote in den Stützpunkten vernichtet werden.

Was man befürchtet hatte, trat auch ein. Die letzten Boote wurden nacheinander durch Luftangriffe zerstört.

Am 6. August griffen amerikanische Bomberverbände des Typs B 24 Toulon abermals an. Diesmal war das Ergebnis noch schlimmer: U 642, das noch schwamm, wurde endgültig versenkt. U 952, U 471 und U 969 wurden ebenfalls vernichtet oder schwer beschädigt.

Am 11. August mußte dann U 969 bei der alliierten Invasion in Südfrankreich in Toulon selbst gesprengt werden. U 466 wurde am 9. August unter der Leitung seines Kommandanten, Kapitänleutnant Gerhard Thäter, ebenfalls gesprengt.

U 230 unter Oberleutnant zur See Heinz-Eugen Eberbach versuchte am 21. August aus Toulon auszulaufen, geriet auf der Reede bei den Hyeres-Inseln auf Grund und mußte gesprengt werden. Eberbach stieg mit seiner Besatzung auf einen Trawler über, um damit aus der Festung zu entkommen.

In der Nacht zum 27. August wurde dieser Fischdampfer von den patrouillierenden Zerstörern «Ericsson» und «Ellyson» im Sektor St. Tropéz angehalten. An Bord befanden sich vier Offiziere und 46 Mann der Besatzung von U 230. Sie gerieten in Gefangenschaft.

U 407, das drittletzte Boot des FdU-Mittelmeer, das noch zum Einsatz ausgelaufen war, wurde am 19. September 1944 südlich von Milos durch einen britischen Zerstörer vernichtet. Kommandant und 48 Mann gerieten in Gefangenschaft.

Am gleichen Tage wurde in Salamis U 565 von US-Bombern getroffen. Der Kommandant ließ das Boot, das nicht mehr einsatzfähig war, am 24. September sprengen. Auch U 596 wurde an diesem Tag in Salamis gesprengt. Die Besatzung ging mit dem Stab des Admiral Ägäis nach Saloniki.

Der Kampf der U-Boote im Mittelmeer war zu Ende.

Geben wir an dieser Stelle Vizeadmiral Kreisch das Schlußwort:

«Fast drei Jahre hatten deutsche U-Boote im Mittelmeer im Kampf gestanden. In einem der Natur der U-Boote wenig zusagenden Seegebiet, der vollen Wirkungsmöglichkeit aller Abwehrwaffen ausgesetzt, auf sich allein gestellt, wurde zäh und unermüdlich bis zum bitteren Ende gerungen.

Ritterlich und mannhaft war dieser Kampf, kein Schatten fällt auf ihn. Insgesamt waren 64 U-Boote im Mittelmeer eingesetzt. Alle 64 Boote sind dort geblieben, davon 59 durch Feindeinwirkung. –

Der Einsatz der insgesamt 64 Boote hat das Geschick nicht wenden können, das konnte auch niemals erwartet werden. Dazu hätte es anderer Mittel bedurft.

Aber hat er sich gelohnt?

Es sei mir gestattet, hier der ‹anderen Seite› das Wort zu geben; dem Captain Roskill, der in seiner ‹Seekriegsgeschichte 1939–1945› urteilte:

‹Der Preis, den die U-Boots-Waffe (im Mittelmeer) entrichtete, war durchaus gerechtfertigt. Denn diese Mittelmeer-U-Boote halfen zweifellos im Jahre 1941, das unter unseren Schlägen taumelnde Italien wieder auf die Füße zu stellen, und sie bereiteten uns während der darauffolgenden drei Jahre erhebliche Sorgen.›

Ich glaube, hier mit der Erwähnung des Gefühls schließen zu sollen, das – rückblickend – heute alles überschattet. Es ist das Gefühl der Dankbarkeit und Anhänglichkeit den prächtigen Männern gegenüber, die standhaft, vertrauensvoll, selbstlos und opferbereit unter härtesten Bedingungen vorbildlich und selbstverständlich ihre Pflicht erfüllten.

Das war kein ‹blinder Kadavergehorsam›; der hätte den Belastungen niemals standgehalten.

Das Band der Kameradschaft, der Treue und der sittlichen Verpflichtung zerriß zu keiner Stunde, wenn auch die Waffe unter der Wucht der Schläge zerbarst.»

DER EINSATZ DER 1. SCHNELLBOOTSDIVISION 1944

Das Jahr 1944 sah die Flottillen der 1. Schnellbootsdivision in der Adria im Einsatz. Die Division gliederte sich wie folgt:

1. Schnellbootsdivision

Divisionschef:	FregKapt. H. Max Schultz (VII. 43–III. 45)
Divisionschef i. V.:	Kptlt. Albert Müller (IX. 43–VIII. 44)
Divisionschef i. V.:	Kptlt. Siegfried Wuppermann (III. 45–Ende)
1. Admiralstabsoffizier:	Kapitänleutnant Horst Weber (I. 44–I. 45)
1. Admiralstabsoffizier:	Kapitänleutnant Wrampe (I. 45–Ende)
Verbands-Ing.:	Kptlt. (Ing.) Sander (V. 44–IV. 45)
DivVerwOffz.:	Kptlt. (V) Heinz Hartwig (X. 43–Ende)

3. Schnellbootsflottille

Flottillenchef:	FregKpt. He. Max Schultz (VII. 43–VI. 44)
Stellvertreter:	Kptlt. Albert Müller (VII. 43–VI. 44)
Flottillenchef:	Kptlt. Albert Müller (VI. 44–X. 44)
Flottillenchef:	Kptlt. Günther Schulz (X. 44–Ende)

Boote:	Kommandanten:
S 30 –	Oberleutnant zur See Backhaus
S 33 –	Oberleutnant zur See Brauns
S 54 –	Stabsobersteuermann Eilers
S 36 –	Obersteuermann Ahlers
S 57 –	Oberleutnant zur See Buschmann
S 58 –	Oberleutnant zur See Milbradt
S 60 –	Oberleutnant zur See Haag
S 61 –	Kapitänleutnant von Gernet

7. Schnellbootsflottille

Flottillenchef: KorvKpt. Trummer (VI. 42–VII. 44)
Flottillenchef: Kptlt. Günther Schulz (VII. 44–X. 44)

Boote: Kommandanten:
S 151 – Leutnant zur See Pankow
S 152 – Obersteuermann Mensch
S 154 – Leutnant zur See Kelm
S 155 – Oberleutnant zur See Heckel
S 156 – Obersteuermann Lössenberg
S 157 – Oberleutnant zur See Liebhold
S 158 – Obersteuermann Hertwig

24. Schnellbootsflottille

Flottillenchef: Kptlt. Hans-Jürgen Meyer

Boote: Kommandanten:
S 601 – Obersteuermann Swoboda
S 602 – Stabsobersteuermann Annuß
S 603 – Oberleutnant zur See der Reserve Bollenhagen
S 604 – Stabsobersteuermann Wernicke
S 621 – Oberfähnrich der Reserve Rohloff
S 623 – Obersteuermann Elksneit
S 626 – Obersteuermann Kaufhold
S 627 – Obersteuermann Jahraus
S 628 – Leutnant zur See Overwaul
S 629 – Leutnant zur See Müller

21. Schnellbootsflottille

Flottillenchef: Kapitänleutnant Graser

Boote: Kommandanten:
LS 7 – Obersteuermann Schippke
LS 8 – Obersteuermann Klaiber
LS 9 – Obersteuermann Huckebrink
LS 10 – Obersteuermann Breitschuh
LS 11 – Obersteuermann Henseleit

Der erste Einsatz der Schnellboote im Jahre 1944 in der nördlichen Adria wurde von zwei Booten der 3. S-Flottille unter Führung von Oberleutnant zur See Horst Weber durchgeführt. Sie versenkten zwei Motornachschubsegler. Anschließend beschossen sie die Hafenanlagen von Lissa.

Dieselben Boote liefen auch in der Nacht zum 10. Januar aus. Diesmal wurde der Hafen Komitza beschossen. Auf dem Rückweg wurde ein griechischer Nachschubsegler aufgebracht und mehrere Partisanen gefangengenommen.

Geleitfahrten, Hafenbeschießungen und Störung des Partisanennachschubs, das waren die Aufgaben der Boote.

Fregattenkapitän Schultz führte die Boote, die in der Nacht zum 18. März abermals in das dalmatinische Inselgebiet liefen. Ein Partisanen-Motorfischkutter, der zu entkommen versuchte, wurde mit der 2-cm-Bugkanone versenkt.

Im Gefecht mit feindlichen Torpedobootszerstörern gelang es in der Nacht zum 3. Mai, eines dieser Fahrzeuge zu torpedieren.

Unter Kapitänleutnant von Gernet, Kommandant S 61, liefen in der Nacht zum 11. Mai abermals zwei Boote zum Erkundungsmarsch aus. Auch diesmal wurde ein 250 BRT großes Küstenmotor-Passagierfahrzeug versenkt.

Beim Durchbruch der Räumboote der 12. R-Flottille durch die Otrantostraße in die Ägäis waren abermals zwei Boote unter Führung des Divisionschefs vom 18. bis 20. Mai beteiligt. Dabei wurden am 20. Mai ein feindliches Partisanenboot vernichtet und vier Gefangene gemacht.

In einer Großoperation konnten schließlich fünf Boote der 7. S-Flottille vom 31. Mai bis 1. Juni unter Führung von Korvettenkapitän Trummer fünf Partisanenmotorkutter, ein Kümo* und einen kleinen Tanker nach hartem Gefecht versenken. 159 Gefangene wurden aufgefischt.

Es war ein dauernder Kleinkrieg gegen einen Feind, der sich im Inselgewirr der dalmatinischen Küste wie kein zweiter auskannte. Dieser Einsatz forderte die größte Aufmerksamkeit aller.

Mitte Juni 1944 befand sich der Führungsstab der 1. Schnellbootdivsion in Cattaro, während die Organisations-Astos in Palmanova saßen. Palmanova war auch der Kommandositz der 3. S-Flottille. Die Boote der Flottille waren in mehreren Häfen verstreut. Während S 30 und S 33 einsatzbereit in Pola lagen und von dort ausliefen, lagen S 36 und S 61 aKB (nicht kampfbereit) ebenfalls in Pola. S 54 lag aKB in Salamis, S 57 und S 60 lagen aKB in Venedig.

7. S-Flottille: Die Boote S 155, S 156 und S 157 lagen KB in Split und die Boote S 151, S 152, S 154 und S 158 KB in Venedig.

---

* Küsten-Motorschiff

Alle Boote der 24. S-Flottille mit Kommandositz Grado lagen noch aKB in verschiedenen Werften.

Die Boote der 21. S-Flottille, deren Kommandositz Athen war, lagen sämtlich KB in Rhodos. Es waren dies Leichte Schnellboote.

Am 25. Juni 1944 liefen die Boote S 157, S 154 und T 7 in Richtung dalmatinische Inseln aus. An Backbord voraus führte das italienische Schnellboot T 7. Bei Passieren der Insel Cocoglari wurden zwei Torpedos auf T 7 geschossen, die fehlgingen und an der Steilküste explodierten. Es war genau 22.20 Uhr.

Zehn Minuten später entdeckte Oberleutnant zur See Liebhold Steuerbord achteraus drei große Schnellboote. Lassen wir ihn an dieser Stelle berichten*:

«Vor uns drehte T 7 auf die Küste ab, obwohl die Feindboote zwischen dem Boot und der Küste standen. Der Feind kam schnell auf und eröffnete das Feuer auf T 7 und kurz auch auf unsere beiden Boote. Auf T 7 zeigte sich sehr rasch starke Trefferwirkung, vor allem beobachtet: 4-cm-Granaten, die, mit starker Feuerkonzentration, vermutlich aus mehrrohrigen Waffen, abgeschossen wurden.

‹Fertigmachen zum Torpedoangriff!› befahl ich.

Aber dieser Angriff wurde durch die überlappende Stellung von T 7 zu den Feindbooten vereitelt.

Um 22.40 Uhr stand T 7 als hell leuchtende Fackel auf der See, und der Feind stellte das Feuer ein. Er lief mit eingeschalteten Scheinwerfern auf T 7 zu. Zwei Feindboote hielten an unseren Booten Fühlung. Um 22.50 Uhr hatten wir sie abgeschüttelt.

Wir konnten wenig später 21 Mann der Besatzung von T 7 retten, ehe wir den Rückmarsch nach Zara antraten.»

Der Seekommandant Norddalmatien meldete dem Kommandierenden Admiral Adria:

«T 7 liegt 43 Grad 47,8 Min. Nord – 15 Grad 36 Min. Ost. Schiff brennt. Nicht mehr zu retten. 21 Mann gerettet, davon elf verwundet. Werden heute nach Zara abtransportiert. Über Kommandanten nichts bekannt. Drei Tote, elf Mann vermißt. Gefangene möglich.»

Am 1. Juli waren die ersten ehemaligen italienischen MAS-Boote in Grado fahrbereit. Es waren: S 621, S 627, S 628 und S 629. Sie mußten jedoch noch ein FuBM-Gerät erhalten, ehe sie KB waren. Die in Mon-

* siehe Liebhold: «Kurzbericht S 157 vom 25. Juni 1944»

falcone liegenden S 623 und S 626 waren noch aKB. Ebenso die in Saloniki liegenden S 601, S 602 und S 604.

Die 22. S-Flottille befand sich zu dieser Zeit auf der Überführung von der Ostsee in die Adria. Als Kommandositz war Lignano, südlich Latisana vorgesehen.

Die 7. S-Flottille führte im Juli mehrere Einsätze durch. Bei dem Gun-Boat-Gefecht am 23./24. Juli wurde anläßlich einer Geleitsicherungsaufgabe von Booten der Flottille ein MGB versenkt. Zwei Tage später wurde abermals bei Geleitsicherung ein MGB in Brand geschossen.

Am 27. Juli trafen in Monfalcone die ersten Boote der 22. S-Flottille ein. Sofort ging der Werftstab daran, die Fahrbereitschaft der Boote herzustellen.

In dieser Zeit und auch im Laufe des August wurde von der 1. Schnellbootsdivision hauptsächlich Geleitsicherung gefahren. Kapitänleutnant Müller schrieb in das KTB:

«Der Einsatz der S-Boote in der Geleitsicherung hat nach den bisherigen Gefechtsberührungen mit MGB bewiesen: die S-Boote können nicht verhindern, daß den eigenen Geleiten schwere Verluste zugefügt werden. Aufgrund ihrer Artillerieüberlegenheit sowie ihres geschickten taktischen Einsatzes ist es bisher den MGB immer wieder gelungen, unsere Geleite auseinanderzusprengen, um dann die verschiedenen Fahrzeuge einzeln zu vernichten.

Die Gun-Boote operierten nach den bisher gemachten Erfahrungen auf hervorragende Art. Gun-Bootgruppen, in der Regel drei Boote, stellen sich mit abgestellten Motoren ganz dicht unter die Küste. Sie lassen zunächst das Geleit an sich vorbeiziehen, um dessen Stärke sowie die Anzahl der Sicherungsfahrzeuge feststellen zu können. Dann greifen sie – meistens von achtern – an. Schlagartiger Feuerüberfall.

Gun-Boote verwenden neuerdings 4-cm-Leuchtgranaten. Fächer jeweils vier Stück mit etwa zwei Sekunden Leuchtdauer. Abschüsse sind äußerst lichtschwach, wirken wie Blinken mit abgeblendeter Klappbuchse. Bisher beobachtet, daß Gun-Boote oftmals in Dwarslinie auf Geleite zulaufen. Sie feuern dann mit 4-cm-Buggeschützen, drehen zum Passier- oder laufenden Gefecht auf; dabei Konzentration auf jeweils nur ein Ziel.

Die MGB besitzen einen Panzer, der von unseren 2-cm-Geschossen nicht durchschlagen werden kann. Erst wenn die Boote der 3. S-Flottille auf 4-cm-Kanonen umgerüstet sind, wird zu erwarten sein, daß sie den MGB artilleristisch gefährlich werden.

Daß es den MGB bisher verhältnismäßig leicht gelungen ist, unsere Geleite zu zersprengen, um anschließend die einzelnen Fahrzeuge zu vernichten, liegt m. E. zum großen Teil mit daran, daß die Geleit- und auch die Sicherungsstreitkräfte erst kurzfristig vor Beginn der Fahrt zusammengestellt werden, ohne vorher die geringste Möglichkeit gehabt zu haben, Rotten- geschweige denn Gruppenfahr- und Gefechtsausbildung geübt zu haben.

Es wird immer leicht sein, einen Verband, der nicht aufeinander eingespielt ist, auseinanderzujagen. Ich halte es daher für unbedingt erforderlich, daß den einzelnen Sicherungsfahrzeugen soviel wie nur eben möglich Gelegenheit gegeben wird, Übungen in der Einzel-, Rotten- und Gruppenfahr- und Gefechtsausbildung zu geben. Denn nur so werden die an und für sich gut bewaffneten Sicherungsstreitkräfte in der Lage sein, die taktisch gutgeführten MGB abzuwehren.

Aufgefallen ist mir, daß die im süddalmatinischen Raum eingesetzten Sicherungsfahrzeuge keine Möglichkeit der Nachrichtenübermittlung während des Gefechtes außer der Klappbuchse haben. Ich halte eine Ausrüstung aller Sicherungsfahrzeuge mit UK-Geräten für unbedingt erforderlich.

gez. Müller, Kapitänleutnant»

In der Nacht zum 19. August liefen fünf Boote der 3. S-Flottille zu einer Geleitaufgabe aus. Es galt, eine Reihe von Transportern für die griechischen Häfen durchzubringen. Es waren S 30, S 33, S 36, S 57 und S 58. Die Sicherungsstreitkräfte bestanden in einigen MAL (Marine-Artillerie-Leichter).

Die Nacht stand hoch über den drei S-Booten, die an der gefährlichen Backbordseite des Konvois liefen. Am 18. August 1944 passierten sie um 23.15 Uhr die beiden Inseln Bisevo und Vis.

«Hundertprozentiger Ausguck!» befahl Oberleutnant zur See Brauns, der als Kommandant von S 33 diesmal auch vertretungsweise die Flottille führte.

Der Ausguck Brücke suchte die See an Backbord voraus ab. Als sich Oberleutnant zur See Brauns umwandte, sah er Backbord achteraus den gischtumschäumten Bug von S 57. Dahinter, kaum noch sichtbar, lief S 30.

S 36 und S 58 standen an der Steuerbordseite des südgehenden Geleites.

«In wenigen Minuten haben wir die Insel Korcula erreicht, Herr Oberleutnant!» bemerkte die Nummer Eins.

Oberleutnant zur See Brauns nickte. Er sah die Schatten der Transporter an seiner Steuerbordseite. Sie hatten diesmal zwei größere Schiffe dabei.

Schließlich wandte er sich nach Backbord, hob sein Fernglas vor die Augen und suchte die Kimm im Osten ab. Dann schwenkte er nach Backbord achteraus und zuckte plötzlich zusammen.

«BÜ: Flo-Chef an alle: Schatten Backbord achteraus!»

Der Befehlsübermittler, der im Hintergrund lehnte, sprach die Meldung durch und erhielt die Bestätigung.

Inzwischen kamen die Schatten größer heraus, und auf einmal sahen alle, die auf der Brücke standen, wie achtern an mehreren Stellen gleichzeitig hellblitzende Lichter erschienen und dann wieder erloschen.

«Klappbuchse?» fragte der Ausguck. Aber da wurde er durch das Heranheulen einer Salve eines Besseren belehrt, die als Leuchtgranaten dem Boot entgegenzischten.

«Flo-Chef an alle: Drei Motorkanonenboote greifen an!»

«Feuer eröffnen!»

Aus zwanzig 2-cm-Rohren jagten alle fünf Boote dem Feind die buntschillernden Schnüre der Leuchtspur entgegen.

Auf den sehr schnell näherkommenden MGB blitzten nun die Abschüsse in pausenloser Folge.

«Sie schießen sich auf S 57 ein, Herr Oberleutnant!»

«Flo-Chef an S 30 und S 36: Angriff auf MGB!»

S 33 drehte mit Hartruder nach Backbord und lief nun spitz auf eines der MGB zu, das aus allen Rohren auf S 57 schoß. Näher und näher raste S 33 auf den Gegner zu. Seine Fla-Waffen jagten Schnellfeuer hinaus. Bis auf 300 Meter kamen sie an den Gegner heran und sahen, wie die 2-cm-Granaten an der Panzerung explodierten, ohne sie zu durchdringen.

«S 57 meldet drei Treffer, Herr Oberleutnant!»

«Flo-Chef an S 57: Abdrehen und Nordwestkurs laufen!»

S 57 bestätigte und drehte.

Aber in eben diesem Moment jagten alle drei Motorkanonenboote ihre Granaten in das Boot hinein.

Und auf einmal sprangen zwei Torpedodetonationen an zwei Dampfern hoch. Flammen stoben gen Himmel.

«Da rakt noch ein MTB, Herr Oberleutnant!» rief die Nummer Eins.

S 57 begann sich einzunebeln, aber die Flammen und der dicke schwarze Rauch durchstießen die grauen Schwaden. Dann stellte das Boot die Nebeldüsen wieder ab.

Während die 2-cm-Kanonen der vier übrigen Schnellboote sich auf die Bedienungen der Feindgeschütze konzentrierten und auch die eine und andere außer Gefecht setzten, hieben weitere Granaten um S 57 in die See. Andere schlugen ins Boot. Dicker schwarzer Qualm stieg aus dem Innern des Schnellbootes auf.

«S 57 an Flo-Chef: Müssen Boot aufgeben!»

«Flo-Chef an K. S 57: Gehen Sie von Bord! Wir fischen Sie auf!»

Und während die MGB nach vorn jagten und einen der brennenden Dampfer mit Granaten durchlöcherten, lief S 33 zu der Stelle hinüber, wo die Besatzung von S 57 im Wasser schwamm, und nahm sie auf.

Sie waren kaum eine halbe Meile von dem sinkenden Boot entfernt, als eine gewaltige Explosion aus der Maschinenanlage zu ihnen herüberdröhnte und das Boot von der Wasseroberfläche verschwand.

«Habe Torpedofächer geschossen!» meldete S 36.

S 58 meldete Einzelschuß. Aber die Feindboote wichen den Torpedos aus. Sie zackten, schossen, wurden von den Geschützen der MAL zurückgetrieben. Eines erhielt einen Treffer und drehte brennend ab.

Einer der beiden Dampfer wurde von einem MGB tödlich getroffen, während der Brand auf dem zweiten gelöscht werden konnte. Dann war der Kampf plötzlich vorüber.

Dieses nächtliche Gefecht bewies noch einmal, daß die 2-cm-Kanonen gegen gepanzerte MGB nichts ausrichten konnten.

Das Geleit erreichte den Bestimmungshafen. Es hatte einen Dampfer verloren. Wieder einmal mehr hatten die MGB in alter Manier einen Erfolg errungen.

Unter Führung des Kommandanten von S 155, Oberleutnant zur See Heckel, liefen am 2. September die vier einsatzbereiten Boote der 7. S-Flottille in Richtung Brac aus. Von dieser Insel aus operierten die Partisanen, und die vier Boote wollten den Nachschubverkehr dorthin lahmlegen.

Als sie dicht bei der Insel standen, wurde ein kleiner Konvoi der Partisanen gesichtet. Alle Boote eröffneten das Feuer. Zwei Einheiten der Partisanen gerieten in Brand, und mit gellenden Explosionen barst ein Motorkutter, der Munition geladen hatte, auseinander.

Von Land eröffneten die Partisanen das Feuer. Sie setzten sogar Granatwerfer ein. An der Küste entlanglaufend, erwiderten die vier S-Boote dieses Feuer und brachten es zum Schweigen.

In dasselbe Gebiet liefen wenige Tage später drei Boote unter Führung von Oberleutnant zur See Kelm (Kdt. S 154) aus. Ein Partisanenfahrzeug wurde versenkt und acht Gefangene wurden gemacht. Die Häfen Supetar und Sumartin sowie Feindstellungen auf Cornat wurden im September beschossen.

Auf Befehl des Kommandierenden Admirals Adria liefen am 20. September Teile der 3. und 7. S-Flottille, zur Unterstützung des T-Boots-Durchbruches in die Ägäis, ins Dreieck Lissa–Brac–Solta aus. Von der 7. S-Flottille waren es die beiden Boote S 154 und S 158. Es herrschte Windstärke 5 und Seegang 4. Wegen Totalausfalls des UK-Geräts mußte S 158 kehrtmachen. Beide Boote liefen daraufhin um 0.30 Uhr in Split ein. Nur die Boote der 3. S-Flottille konnten ihre Sicherungsaufgabe durchführen.

Im Oktober griffen auch Boote der 24. S-Flottille in den Kampf ein. Sie kämpften Feindstellung auf Melada nieder, während zur gleichen Zeit Boote der 3. S-Flottille die Kaianlagen Meladas torpedierten.

Am 10. Oktober liefen ein T-Boot und zwei U-Jäger mit vier Booten der 24. S-Flottille zum Sonderunternehmen «Dakapo» von Pola aus. Die Führung dieses Unternehmens lag in den Händen des Chefs der 1. Geleitflottille.

Man vermutete auf der südwestlichen Landzunge der Insel Molat eine Funk- und Signalstation. Diese sollte zerschlagen werden. Außerdem wurden in Häfen und Buchten Bandenschlupfwinkel und Anlegestellen für Partisanenfahrzeuge vermutet.

Nach dem Operationsbefehl lief eine Gruppe, bestehend aus den beiden U-Jägern und zwei S-Booten, an der Westseite der Insel entlang, die zweite Kampfgruppe mit dem T-Boot und zwei S-Booten an der Südwest- und Südseite. Während die erste Gruppe das Feuer auf die Funkstation und die Buchten eröffnete, aus denen der Feind das Feuer erwiderte, griffen die Boote der 3. S-Flottille die Hafenanlagen an und torpedierten die Kais. Zwei kleine Fahrzeuge, die im Hafen lagen, flogen in die Luft.

Am 13. Oktober gingen die Reste der 7. S-Flottille als 2. Gruppe in der 3. S-Flottille auf. Aus der 24. S-Flottille wurde die 3. Gruppe der 3. S-Flottille gebildet.

Zwei Tage später, am 15. Oktober, lief zum erstenmal die 2. Gruppe der Flottille unter Oberleutnant zur See Buschmann (geretteter Kommandant von S 57) zu den Hafenanlagen von Zirje, die sie durch Torpedos unbenutzbar machten.

Vier Boote der 1. Gruppe unter Führung von Oberleutnant zur See Backhaus (Kdt. S 30) versenkten in einem nächtlichen Erkundungsvorstoß am 20. November vor Benedetto zwei Motornachschubsegler von 450 und 350 BRT.

Das Jahr 1944 ging mit einem nächtlichen Gefecht gegen feindliche MGB zu Ende. Zwei Boote erhielten Treffer. Eines der MGB wurde in Brand geschossen.

Neben S 57 waren noch S 33 (im Oktober 1944 gestrandet), S 54 (in Saloniki Ende Oktober 1944 gesprengt) und S 158 (25. Oktober 1944 in Sibenik durch Fliegerbombe versenkt) verloren gegangen. Von den ehemaligen MAS-Schnellbooten sanken im gleichen Zeitraum:

S 601 im Oktober 1944 in der Ägäis, S 604 im November durch MGB-Treffer.

Auch in diesem Kampfraum sank der Stern der Kleinkampfeinheiten. Das Ende war bereits abzusehen.

Daß alle Besatzungen nach wie vor ausliefen, zeigt die hohe Moral dieser «verlorenen Haufen» der Kriegsmarine.

Die letzte Lagemeldung des Jahres 1944 lautete:

3. Schnellbootsflottille:

1. Gruppe: (Gruppenführer Oberleutnant zur See Backhaus)
mit 5 klaren Booten in Pola.
2. Gruppe: (Gruppenführer Oberleutnant zur See Buschmann)
mit 3 klaren Booten in Pola.
3. Gruppe: (Gruppenführer Oberleutnant zur See Bollenhagen)
mit 1 klaren Boot in Triest.

Kommandositz war nach wie vor Palmanova.

Die nicht einsatzbereiten Boote der 3. Gruppe lagen auf der Werft in Monfalcone.

DAS JAHR 1945 – BIS ZUM BITTEREN ENDE

Bis Ende Dezember 1944 hatten die drei S-Bootsflottillen (ab Oktober in die drei Gruppen der 3. S-Flottille aufgegangen) 85 Geleitsicherungsunternehmungen durchgeführt. Achtmal wurden Hafenanlagen beschossen und torpediert. Achtmal standen die Einheiten in Zerstörergefechten, neunmal im Kampf gegen feindliche Motor-Kanonenboote. Hinzu kamen zahlreiche weitere Gefechtsberührungen mit Schnellbooten und anderen Fahrzeugen.

Nur zwei S-Boote waren in diesen Einsätzen am Feind verloren gegangen. Die Schnellboote hatten insgesamt 27 Fahrzeuge versenkt, darunter ein MGB. Torpediert wurde ein feindliches Torpedoboot, ein MGB und ein Artillerieträger.

Nach diesen Erfolgen gingen die Boote mit Zuversicht in das neue Jahr. Aber bereits im Januar 1945 – S 36, S 58, S 60 und S 61 liefen zu einer Geleitunternehmung aus – erlitten sie einen großen Verlust:

Als, wiederum von achtern aufdampfend, feindliche Kanonenboote angriffen und ihr Geschützfeuer sich auf den größten Dampfer konzentrierten, fuhren drei der vier S-Boote einen Torpedoangriff. Alle Aale verfehlten den wild zackenden und mit wechselnden Fahrtstufen laufenden Gegner. Durch das Feuer seiner vorderen Zwozentimeter gelang es S 36, einen der Gegner in Brand zu schießen.

Plötzlich aber tauchten weitere Feindfahrzeuge auf, und die S-Boote mußten sich einnebeln und ablaufen.

Nahe der Insel Unie, auf der Höhe von Lussinpiccolo, lief dann das an der Spitze marschierende S 36 auf Grund, und kurz darauf saßen auch die übrigen drei Boote fest.

Durch einen Kompaßfehler, wie sich später herausstellte, erlitt die Schnellbootswaffe den größten Verlust ihrer Geschichte im Mittelmeer. Vier Boote wurden ohne Feindeinwirkung vernichtet.

Zur gleichen Zeit wurde S 154 in Pola durch Fliegerbomben versenkt.

Die übrigen Boote liefen weiter zu ihren gewohnten Unternehmungen aus. Am 1. Mai 1945 wurde S 157 westlich Triest durch Granatwerferfeuer von Land schwer getroffen und sank.

Es ist völlig unmöglich, im Rahmen dieses Buches alle Einheiten, ja auch nur alle Flottillen der Kriegsmarine zu nennen, die in selbstlosem Einsatz im Mittelmeer fuhren.

Dennoch soll des Einsatzes der 2. Geleitflottille an dieser Stelle noch einmal gedacht werden. Der erste Chef dieser Flottille, Fregattenkapitän der Reserve F. W. Thorwest, hatte am 30. Oktober 1944 bei einem Geleitunternehmen in der Adria den Tod gefunden. Am 5. November war ihm das Ritterkreuz verliehen worden, aber dieser tapfere Offizier erlebte die hohe Auszeichnung nicht mehr.

In seinem Geiste setzte Korvettenkapitän von Hansmann den Einsatz bis zum 3. Mai 1945 fort.

Die Torpedoboote seiner Flottille, von denen TA 49 bereits am 4. November 1944 in La Spezia durch Fliegerbomben vernichtet worden war, fuhren im Januar und Februar 1945 Geleitsicherung. Am 20. Februar erhielten sie dann den Todesstoß.

An diesem Tage wurden in Fiume TA 46 und TA 47 durch Fliegerbomben versenkt. Durch einen amerikanischen Luftangriff am selben Tage auf Triest erlitt TA 48 dasselbe Schicksal.

Die Boote der 21. U-Jagd-Flottille, die von Saloniki aus in die Adria entkommen waren, setzten ihren Kampf aus den Häfen Pola, Fiume und Triest fort.

Die noch schwimmenden Boote versuchten den beiden am 1. November 1944 gesunkenen Flottillenbooten UJ 202 und UJ 208 nachzueifern, deren Kommandanten – die Oberleutnante zur See Heinz Trautwein und Klaus Wenke – nach dem Zerstörer- und Fregattengefecht vom 31. Oktober zum 1. November 1944 mit dem Ritterkreuz ausgezeichnet worden waren.

Das letzte Boot dieser Flottille wurde nach Fliegerbombenschäden am 2. Mai 1945 in Venedig versenkt; es war UJ 206.

Die TA-Boote der 9. T-Flottille liefen auch im Jahre 1945 von Triest und Pola zu neuen Unternehmungen aus.

Als erstes der sechs Flottillenboote wurde TA 44 am 12. Februar 1945 in Triest durch eine Bombe britischer Flieger versenkt. Am 17. Februar folgte ihm TA 41 in die Tiefe. Es wurde bei San Rocco von einer Fliegerbombe getroffen.

Fregattenkapitän Birnbaum gab nicht auf. Immer wieder liefen seine übriggebliebenen Einheiten zu Küstenbeschießungen, Geleitfahrten und Erkundungsvorstößen aus.

Feindliche Motorsegler, Küstenfahrzeuge, Partisanenboote wurden versenkt. Im Gefecht mit feindlichen Zerstörern und MGB kämpften diese wenigen Torpedoboote mit letztem Einsatz. Es gelang ihnen, ein MGB durch Torpedotreffer und ein weiteres mit der Artillerie zu vernichten.

TA 40 erhielt am 20. Februar im Hafen von Triest einen Bombentreffer und fiel für einige Wochen aus.

Gut einen Monat darauf gab es abermals einen schweren Luftangriff auf die Hafenanlagen von Venedig. Dabei wurde TA 42 am 21. März vernichtend getroffen.

Am 13. April lief noch einmal TA 40, das nach dem Treffer vom 20. Februar wieder fahrklar gemacht worden war, mit TA 45 zu einem Aufklärungsvorstoß aus. Hierbei stießen die beiden Boote auf einen Feindverband, der aus drei Zerstörern und mehreren Schnellbooten bestand. Es kam zum letzten Seegefecht der 9. T-Flottille.

Beide Boote schossen aus allen Waffen, als der Feind in Sicht kam. Sie erzielten mit ihren 10-cm-Geschützen Treffer auf den Zerstörern und versenkten ein Schnellboot. Ein weiteres drehte schwarzqualmend ab.

Dann aber stiegen zwei Torpedodetonationen mittschiffs bei TA 45 empor. Das Boot wurde von diesen beiden Treffern so stark leckgeschlagen, daß es binnen kurzer Zeit sank.

TA 40 konnte dem Granathagel und den Torpedofächern entkommen und erreichte Triest mit mehreren Treffern. Es war aber noch fahrbereit.

Am 1. Mai wurde es abermals gebombt und sank.

Das letzte Boot der Flottille, TA 43, ließ Fregattenkapitän Birnbaum am 3. Mai 1945 sprengen. Es war ein Ereignis eingetreten, das ihn zu dieser Maßnahme zwang:

In der Operation «Grapeshot» war den amerikanischen Truppen unter General Clark ein zweifacher Durchbruch durch die deutschen Stellungen zwischen Comacchio und der Straße Faenza–Bologna und auf den Straßen Florenz–Bologna und Pistoia–Bologna gelungen.

Bei Bondeno, zwanzig Kilometer nordwestlich Ferrara, vereinigten sich die britische 8. und die amerikanische 5. Armee. Damit hatten sie die hier stehende 10. deutsche Armee im Rücken gepackt. Mit einem Vorstoß auf Verona sollten nun die Verbindungsstraßen über den Brenner abgeschnitten werden.

Mitte April forderte Generaloberst von Vietinghoff-Scheel vom OKW die Rückzugsgenehmigung hinter den Po. Diese wurde verweigert.

Am 22. April erreichte die erste US-Division den Po bei San Benedetto. Zwei Tage später standen bereits fünf alliierte Divisionen auf dem Nordufer.

Damit fiel die Mehrzahl der schweren Waffen und des schweren Gerätes in Feindeshand. Außerdem gerieten 25 000 deutsche Soldaten der 10. Armee in Gefangenschaft.

Von nun an hing der Zeitpunkt des alliierten Vorstoßes auf Triest, Monfalcone und Gorizia nur noch von der Beschaffenheit der Straße ab.

So mußten denn auch in Triest und Pola die letzten deutschen Kleinkampfeinheiten gesprengt werden.

Auf der Westseite Italiens, im Bereich der 14. deutschen Armee, begann der entscheidende Kampf am 3. April im Raume Massa–Carrara. Hier stieß die 92. US-Division über Sarzana auf La Spezia vor. Auch hier wurden sämtliche Einheiten der Kriegsmarine gesprengt. Der Hafen war danach von Wracks völlig verstopft. Der weitere alliierte Vorstoß zielte nunmehr auf Genua.

Von Genua aus liefen die Boote der 11. R-Flottille auch im Jahre 1945 zu Geleitunternehmungen nach La Spezia und Nizza aus. Gemeinsam mit den Booten der 22. U-Jagd-Flottille und der 13. Sicherungsflottille sicherten sie den wichtigen Nachschub.

In UJ 2221, der ehemaligen italienischen «Vespa», und UJ 2222, der «Tuffeto», hatten sie ihre größten Stützen.

Dicht unter der Küste marschierend, ständig von Flugzeugen angegriffen, behaupteten sich diese kleinen Boote. Es waren dieselben Einheiten, die bereits im Vorjahr immer wieder nur um Haaresbreite der Vernichtung entgangen waren.

Aber auch sie mußten am 25. April, zwei Tage vor dem Eindringen des Feindes in Genua, gesprengt werden.

Und so gingen sie auf Tiefe. Vom Feind oft angeschlagen, aber nie besiegt: R 189, R 198, R 199 und R 212.

Auch UJ 2210 und UJ 2222 wurden hier neben weiteren Kleinkampfeinheiten versenkt.

Einer der bekanntesten U-Jäger-Kommandanten, der hier in den letzten Wochen im Einsatz stand, war der Kommandant von UJ 2210, Oberleutnant zur See Otto Pollmann. Bereits als Leutnant hatte er mit seinem Boot mehrere U-Boote vernichtet und das Ritterkreuz erhalten. Am 25. Mai 1944 wurde ihm als Oberleutnant das Eichenlaub zum Ritterkreuz verliehen.

Eine hohe Auszeichnung für den Kommandanten eines kleinen Kolchers. Aber Pollmann und seine Besatzung hatten sie in Hunderten von Einsätzen verdient.

Neben den Räumbooten waren es die letzten Torpedoboote der 10. T-Flottille, die auch im Jahre 1945 wieder zu weiteren gefahrvollen Einsätzen ausliefen. Immer mehr neigte sich der Schwerpunkt ihres Einsatzes den Geleitaufgaben zu. So unterstützten sie wirksam den Einsatz der R-Boote und der U-Jäger.

Im Februar gelang es zwei TA-Booten, ein feindliches Schnellboot im Gefecht zu versenken. Dann kam der Monat März, und mit ihm das denkwürdige Zerstörergefecht.

Mit allen drei Booten unternahm Kapitänleutnant Burkhardt am 18. März 1945 eine offensive Minenunternehmung im Ligurischen Meer. Es sollte eine der dramatischsten Feindfahrten werden.

Die drei Torpedoboote liefen mit Marschfahrt in Kiellinie, als TA 24, das Führerboot, einen Schatten in Kompaßpeilung 180 Grad meldete. Wenig später kamen drei feindliche Zerstörer in Sicht.

«Flo-Chef an alle: Feindliche Zerstörer, Entfernung achtzighundert. — Feuererlaubnis!»

«An Torpedowaffe: Klar zum Fächerschuß!»

Die beiden Befehle folgten einander in wenigen Sekunden. An den Rohrsätzen der TA-Boote wurden die Werte eingestellt, die von der Rechenstelle auf der Brücke durchgegeben worden war. Alle drei Boote drehten auf Angriffskurs zum Torpedoschuß.

Die feindlichen Zerstörer eröffneten das Artilleriefeuer. Granaten schlugen vorn und achtern, an Steuerbord und Backbord der drei Boote in die See. Sie hielten ihren Kurs durch, bis sie nahe genug heran waren. Drei Dreierfächer wurden geschossen und liefen zu den Zerstörern hinüber.

Jetzt eröffneten auch die Geschütze der TA-Boote das Feuer. Nach Ablauf der Torpedolaufzeit sprangen an einem der Zerstörer zwei Torpedotreffer empor.

Dicker schwarzer Qualm verdeckte bald darauf den getroffenen Gegner, und aus diesem Qualm zischten die Leuchtspurgranaten heraus.

Der am weitesten achteraus stehende Zerstörer lief plötzlich mit AK nach Süden. Wahrscheinlich hatte er die auf ihn zulaufenden Torpedos gesichtet und versuchte, auszuweichen, was ihm auch gelang, denn es wurde keine Torpedodetonation mehr gehört.

Wieder brüllten Abschüsse, schmetterten Granaten in die TA-Boote hinein.

«Nebeln!» befahl der Flottillenchef.

Sekunden später stießen die Nebeldüsen am Heck dicke Rauchwolken aus. Auf einmal sah Kapitänleutnant Kopka, wie mehrere Granaten gleichzeitig bei TA 29 und TA 24 einhieben. Flammen sprangen aus der Back von TA 29 empor. Alle drei Zerstörer, auch der von den Torpedos getroffene, schossen im Salventakt.

Und auf einmal stiegen die Einschlagpinien zweier Torpedotreffer mittschiffs bei TA 24 in die Höhe. Sein BÜ rief:

«Haben Torpedotreffer! – Boot sinkt schnell!»

TA 29 versuchte, das Feuer der Zerstörer von dem tödlich getroffenen Kameradenboot abzulenken. Ebenso feuerte TA 32 auf den Zerstörer, dessen Granaten auf TA 24 niederpaukten.

Auf einmal ging ein wahrer Stahlregen auf TA 29 nieder. Die Zerstörer ließen von TA 24 ab und konzentrierten sich nun auf TA 29. Treffer schmetterten in die Aufbauten, rissen Zwozentimeter-Geschütze aus den Verankerungen und schleuderten sie über Bord. Munition ging in grellen bunten Schlägen hoch. Flammenfinger von Boforskanonen griffen zur Brücke.

Beide schwer getroffenen Boote wurden von den Besatzungen verlassen. Als erstes stieß TA 24 in die Tiefe hinunter. Nur wenige Minuten später folgte ihm TA 29.

Lediglich TA 32 konnte dem Feuersturm der Zerstörer entkommen. Es war ebenfalls angeschlagen, hatte aber noch die Kraft, Genua zu erreichen.

Hier wurde das letzte Boot der Flottille zusammen mit dem nicht mehr fahrbereiten TA 31 gesprengt.

Damit war auch die Geschichte der 10.T-Flottille zu Ende. Auch sie hatte unter schwierigsten Bedingungen höchste Leistungen erbracht und war tapfer kämpfend der großen alliierten Seeüberlegenheit zum Opfer gefallen.

Im großen Kriegsgeschehen untergehend, hatte auch hier eine der Tragödien ihr Ende gefunden, an denen die Geschichte der kleinen Kriegsmarineeinheiten im Mittelmeer reich ist.

Der Krieg im Mittelmeer, von deutscher Seite mit bescheidenen Kräften geführt, war zu Ende. Am 27. April erreichten die Amerikaner Genua. Bei San Remo nahmen sie ein paar Tage später Verbindung mit der 1. freifranzösischen Division auf.

Am 29. April unterzeichneten die Bevollmächtigten von Generaloberst von Vietinghoff-Scheel – der General der Panzertruppe von Senger und Etterlin und der Waffen-SS-Obergruppenführer Wolf – beim Generalstabschef der amerikanischen Truppen, General Morgans, im alliierten Hauptquartier in Caserta ein Kapitulationsabkommen, das am 2. Mai 1945 in Kraft trat.

Im gesamten Bereich der Heeresgruppe Südwest schwiegen vom 3. Mai 1945 an die Waffen.

RITTERKREUZTRÄGER IM MITTELMER

Kapitän zur See Heinrich Bramesfeld (Chef der 7. Sicherungsdivision)		21. 1. 1943
Korvettenkapitän Albrecht Brandi (†) (Kommandant U 617, U 380, U 967)	 Eichenlaub Schwerter Brillanten	21. 1. 1943 11. 4. 1943 13. 5. 1944 24. 11. 1944
Korvettenkapitän Günther Brandt (Chef der 21. U-Jagd-Flottille)		23. 12. 1943
Fregattenkapitän Hans Dominik (Chef der 9. Torpedoboots-Flottille)		28. 12. 1944
Kapitänleutnant Wilhelm Dommes (Kommandant U 431)		2. 12. 1942
Oberleutnant zur See Horst-Arno Fenski (†) (Kommandant U 410, U 371)		26. 11. 1943
Kapitänleutnant Wilhelm Franken (gef. 13. 1. 1945) (Kommandant U 565)		30. 4. 1943
Korvettenkapitän Wirich von Gartzen (Chef der 10. Torpedobootsflottille)		24. 6. 1944
Kapitänleutnant Friedrich Guggenberger (Kommandant U 81)	 Eichenlaub	10. 12. 1941 8. 1. 1943
Oberleutnant zur See Heinz Guhrke (gef. 31. 10. 1944) (Kommandant TA 20)		5. 11. 1944
Oberleutnant zur See Heinz Haag (Kommandant S 60)		25. 11. 1944
Kapitänleutnant Hans Heidtmann (Kommandant U 559)		12. 4. 1943
Kapitänleutnant Gunter Jahn (Kommandant U 596, Chef 29. U-Flottille)		30. 4. 1943
Bootsmannsmaat der Reserve Karl Jörss (Flakleiter auf einem Transporter)		17. 2. 1943
Kapitän zur See Rolf Johannesson (Kommandant Z 15 und «Hermes»)		7. 12. 1942
Kapitänleutnant Gerd Kelbling (Kommandant U 593)		19. 8. 1943

Kapitänleutnant Eitel-Friedrich Kentrat		31. 12. 1941
(Kommandant U 74)		
Kapitänleutnant Friedrich Kemnade		23. 7. 1942
(Chef 3. S-Flottille)	Eichenlaub	27. 5. 1943
Kapitänleutnant Hans-Werner Kraus		19. 6. 1942
(Kommandant U 83)		
Oberleutnant zur See Siegfried Koitschka		27. 1. 1944
(Kommandant U 616)		
Vizeadmiral Werner Lange		28. 10. 1944
(Kommandierender Admiral Ägäis)		
Fregattenkapitän Gustav von Liebenstein		3. 9. 1943
(Seetransportführer Mittelmeer)		
Vizeadmiral Wilhelm Meendsen-Bohlken		15. 5. 1944
(Befehlshaber des deutschen Marinekommandos Italien)		
Kapitänleutnant Waldemar Mehl		28. 3. 1944
(Kommandant U 371)		
Kapitänleutnant Albert Müller		13. 12. 1943
(Div.-Chef i. V. 1. S-Division)		
Korvettenkapitän Albert Oesterlin (gef. 22. 1. 1944)		9. 6. 1944
(Chef der Küstenflottille Attika)		
Leutnant zur See Otto Pollmann		9. 5. 1943
(Kommandant UJ 2210)	Eichenlaub	25. 4. 1944
Fregattenkapitän Kurt Rechel		8. 5. 1943
(Kommandant Zerstörer «Hermes»)		
Kapitänleutnant Hellmut Rosenbaum (gef. 10. 5. 1944)		12. 8. 1942
(Kommandant U 73; Chef 30. U-Flottille)		
Kapitänleutnant Egon Freiherr von Schlippenbach		19. 11. 1943
(Kommandant U 453)		
Oberleutnant zur See Dietrich Schöneboom (gef. 23. 10. 1943)		20. 10. 1943
(Kommandant U 431)		
Kapitänleutnant Heinrich Schonder (gef. 28. 6. 1943)		19. 8. 1942
(Kommandant U 77)		
Fregattenkapitän F. W. Thorwest (gef. 30. 10. 1944)		5. 11. 1944
(Chef 2. Geleitflottille Adria)		
Kapitänleutnant Hans-Diedrich Freiherr von Tiesenhausen		27. 1. 1944
(Kommandant U 331)		
Oberleutnant zur See Heinz Trautwein		5. 11. 1944
(Kommandant UJ 202)		
Oberleutnant zur See Horst Weber		5. 7. 1943
(Kommandant S 55; 1. AdmStOffz. 1. S-Division)		
Oberleutnant zur See Klaus Wenke		5. 11. 1944
(Kommandant UJ 208)		

Oberleutnant zur See Helmuth Werther		8. 11. 1944
(Führer Minensuch-Gruppe der Küstenschutzflottille Attika)		
Korvettenkapitän d. Res. Joachim Wünning (gef. 22. 9. 1944)		22. 10. 1944
(Kommandant Minenschiff «Drache»)		
Korvettenkapitän z. V. Friedrich Wunderlich		3. 12. 1942
(Chef 22. U-Jagd-Flottille)		
Oberleutnant zur See Siegfried Wuppermann		3. 8. 1941
(Kommandant S 56)	Eichenlaub	14. 4. 1943

(Nur Träger berücksichtigt, die diese Auszeichnung im Mittelmeer erhielten)

DIE 10. U-FLOTTILLE IN MALTA

Flottillenchef:	Captain G. W. G. Simpson
Flottillenstab:	Commander G. Tanner
	LtCdr. S. A. McGregor
	LtCdr. R. Hiddings
	Lieutenant J. D. Martin
Boote:	Kommandanten:
«Upright»	Lieutenant E. D. Norman
	Lieutenant J. S. Wraith
«Utmost»	LtCdr. R. D. Cayley
«Unique»	Lieutenant A. F. Collett
«Upholder»	LtCdr. M. D. Wanklyn
«Usk»	Lieutenant P. R. Ward
	Lieutenant G. P. Darling
«Ursula»	Lieutenant A. J. MacKenzie
	Lieutenant A. R. Hezelet
«Undaunted»	Lieutenant J. L. Livesay
«Unbeaten»	Lieutenant E. A. Woodward
«Union»	Lieutenant R. F. Golloway
«Urge»	LtCdr. E. P. Tompkinson
«P 33»	Lieutenant R. D. Whiteway-Wilkinson
«P 32»	Lieutenant D. A. B. Abdy
«Sokol»	Commander Karnicki
«P 34»	Lieutenant P. R. H. Harrison
«P 31»	Lieutenant J. B. Kershaw
«Una»	Lieutenant D. S. R. Martin
	Lieutenant C. P. Norman
«P 38»	Lieutenant R. J. Hemmingway
«P 35»	Lieutenant S. L. C. Maydon
«P 36»	Lieutenant H. N. Edmonds
«P 39»	Lieutenant N. Marriott

TECHNISCHE DATEN DES U-BOOTES VII-C

Baujahr:	Von 1939 bis 1944
Bauwerften:	Verschiedene (z. B. U 69 Germaniawerft/Kiel)
Größe (Wasserverdrängung):	769 cbm über, 871 cbm unter Wasser
Länge über alles:	67,1 m
Breite:	6,2 m
Tiefgang:	4,8 m
Antrieb:	2 Dieselmotoren (MAN oder GW) für Überwasserfahrt 2 Elektromotoren für Unterwasserfahrt 2 Schrauben
Maschinenleistung:	2800 PS über, 750 PS unter Wasser
Fahrtstrecke:	6500 sm bei 10 kn Fahrt über Wasser, 80 sm bei 4 kn Fahrt unter Wasser
Treibstoffvorrat:	114 Tonnen Öl
Bewaffnung:	5 TR 53,3 cm ⌀ (4 Bugrohre, 1 Heckrohr) 10 Torpedos oder 30 Minen 1 3,7-cm-Flak 1 2-cm-Flak Die ersten Boote dieses Typs noch 1 Buggeschütz 8,8 cm Später 4 2-cm-Flak in Doppellafetten Flak-Bewaffnung war nicht einheitlich
Besatzung:	50 Mann

Die Zahl der in Dienst gestellten Boote dieses Typs betrug 661

DEUTSCHES MARINEKOMMANDO ITALIEN

Befehlshaber:	Vizeadmiral Weichold	(11.41 – 3.43)
	Konteradmiral Meendsen-Bohlken	(3.43 – 5.43)
	Vizeadmiral Ruge	(5.43 – 8.43)
	Vizeadmiral Meendsen-Bohlken	(8.43 – 7.44)
Chef des Stabes:	Kapitän zur See Loyke	(11.41 – 5.43)
	Kapitän zur See Brahmesfeld	(5.43 – 2.44)
Stabsoffiziere:	*1. Admiralstabsoffizier:*	
	Kapitän zur See v. Pufendorf	(7.40 – 6.41)
	Kapitän zur See Friedrichs	(6.41 – 10.42)
	Kapitän zur See Berninghaus	(10.42 – 1.43)
	Fregattenkapitän Fuchs i. V.	(11.42 – 1.43)
	Fregattenkapitän Fuchs	(1.43 – 3.43)
	Kapitän zur See Zimmer	(3.43 – 5.43)
	Kapitän zur See Wachsmuth	(5.43 – 12.44)
	2. Admiralstabsoffizier:	
	Fregattenkapitän Engelhardt	(2.41 – 4.41)
	Fregattenkapitän Friedrichs	(4.41 – 6.41)
	Korvettenkapitän Stock	(7.41 – 9.43)
	3. Admiralstabsoffizier:	
	Kapitän zur See Pahl	(1.41 – 4.43)
	Korvettenkapitän Schmiedel	(4.43 – 6.44)
	4. Admiralstabsoffizier:	
	Korvettenkapitän Schäfer	(9.41 – 5.43)
	Kapitänleutnant Carlé	(2.43 – 4.44)
A I G:	Korvettenkapitän Dipl.-Ing. Schmidt	(5.43 – 12.44)
	Marinenachrichtenführer Italien:	
	Korvettenkapitän Teubner	(11.41 – 3.42)
	Korvettenkapitän Lampe	(5.42 – 3.43)
	Kapitän zur See Krauss	(4.43 – 8.43)
	Korvettenkapitän Stöve	(8.43 – 12.44)
Ing.-Offz.:	Kapitän zur See (Ing.) Graef	(3.42 – 3.43)
	Kapitän zur See (Ing.) Taubert	(4.43 – 12.44)
Ing.-K.:	Korvettenkapitän (Ing.) Hartwig	(4.43 – 12.44)
Leit. San.-Offz.	Marine-Oberstabsarzt Dr. Reichel	(2.43 – 9.44)
	Geschwaderarzt Dr. Lotichius	(3.43 – 9.44)

U-Boot-Abwehr-Ref.:	Fregattenkapitän Ahrens	(11.41 – 2.44)
Sperrwaffen-Offz.:	Fregattenkapitän (W) Groth	(4.43 – 9.44)
Verwaltungs-Offz.:	Fregattenkapitän (V) Fetzer	(10.41 – 10.42)
	Kapitän zur See (V) Kohlhase	(10.42 – 12.44)
Intendant:	Marine-Oberfeldintendant Wulff	(10.42 – 3.43)
	Geschwaderintendant Schmula	(3.43 – 12.44)
Personalreferent:	Kapitänleutnant Dr. Starklof	(11.42 – 2.43)
	Korvettenkapitän Overdyck	(3.43 – 8.43)
	Fregattenkapitän Wernicke	(8.43 – 5.44)
Quartiermeister:	Kapitän zur See Sporleder	(1.43 – 5.43)
	Dienstgeschäfte des Chefs des Stabes wahrgenommen:	(5.43 – 12.43)
Oberwerftstab:	Kapitän zur See (Ing.) Graef	(4.43 – 9.44)
Dienstaufsichtsrichter:	Marine-Kriegsgerichtsrat Franke	(12.41 – 7.42)
	Geschwaderrichter Dr. Michaelis	(7.42 – 6.44)
MVO zum OB Süd:	Kapitän zur See Aschmann	(12.41 – 2.43)
	Kapitän zur See Neubauer	(2.43 – 4.44)
MVO zur Luftflotte 2:	Kapitän zur See Rüdiger	(2.43 – 8.43)
	Korvettenkapitän Zaubzer	(7.43 – 8.43)
	Fregattenkapitän Rümann	(8.43 – 11.43)

DEUTSCHES MARINEKOMMANDO ITALIEN
September 1943 – Dezember 1944

Befehlshaber:	Vizeadmiral Meendsen-Bohlken	(8.43 – 7.44)
	Vizeadmiral Löwisch	(7.44 – 12.44)
Chef des Stabes:	Kapitän zur See Bramesfeld	(5.43 – 2.44)
	Kapitän zur See Jasper	(2.44 – 12.44)
Führungsstab: A I	Kapitän zur See Wachsmuth	(5.43 – 12.44)
(Geleite) A I G	Korvettenkapitän Dipl.-Ing. Schmidt	(5.43 – 12.44)
(Mineneinsatz) A I M	Korvettenkapitän Schmiedel	(4.43 – 6.44)
	KorvKpt. Dipl.-Ing. Dr. Becker	(6.44 – 7.44)
	Korvettenkapitän Dipl.-Ing. Boekholt	(7.44 – 12.44)
A III/A IV:	Kapitänleutnant Carlé	(2.43 – 4.44)
Quartiermeisterstab:	Quartiermeister:	
	Korvettenkapitän Becker	(12.43 – 5.44)
	Korvettenkapitän Roediger	(5.44 – 12.44)
	Qu 1–3:	
	Korvettenkapitän Roediger	(2.43 – 12.44)
	Korvettenkapitän Sprenger	(4.43 – 2.44)
	Korvettenkapitän MA Dr. Titzck	(12.43 – 10.44)
	Korvettenkapitän Dr. Mueller	(11.42 – 8.44)
Ing.-Offz.:	Korvettenkapitän (Ing.) Taubert	(4.43 – 12.44)
Ing.-K.:	Korvettenkapitän (Ing.) Hartwig	(4.43 – 12.44)
Leit. San.-Offz.:	Geschwaderarzt Dr. Lotichius	(2.43 – 9.44)
	Marine-Oberstabsarzt Dr. Hartmann	(9.44 – 12.44)
Flak-Referent:	Korvettenkapitän MA Dr. Palmgreen	(43 – 9.44)
Art.-Waffen-Ref.:	Korvettenkapitän (W) Hilgers	(11.43 – 12.44)
Sperrwaffen-Ref.:	Fregattenkapitän (W) Groth	(4.43 – 9.44)
U-Boot-Abwehr-Ref.:	Fregattenkapitän Ahrens	(11.41 – 2.44)
Verw.-Offz.:	Kapitän zur See (V) Kohlhase	(10.42 – 12.44)
Intendant:	Geschwaderintendant Schmula	(3.43 – 12.44)
Personalabteilung:	Fregattenkapitän Wernicke (P 1)	(8.43 – 5.44)
	Korvettenkapitän Rüder (P 1)	(5.44 – 12.44)

DEUTSCHES MARINEKOMMANDO TUNESIEN

Chef:	
Kapitän zur See Loyke mWdGb	11.42 — 12.42
Konteradmiral Meendsen-Bohlken	12.42 — 3.43
Kapitän zur See Dr. Meixner	3.43 — 5.43
Stab:	
1. Admiralstabsoffizier (zugl. Chef des Stabes):	
Kapitänleutnant Reischauer (mWdGb)	11.42 — 12.42
2. Admiralstabsoffizier:	
Fregattenkapitän Wachsmuth	12.42 — 5.43
Kapitänleutnant Günther (gleichzeitig Art.-Kdr. Tunesien und Kdr. M. AA 640)	12.42 — 5.43
3. Admiralstabsoffizier:	
Korvettenkapitän Küster (gleichzeitig Quartiermeister)	12.42 — 5.43
4. Admiralstabsoffizier:	
Kapitänleutnant Dressler	2.43 — 5.43
Kraftfahrzeugoffizier:	
Kapitänleutnant (Ing.) Schwarz	12.42 — 5.43
Sanitätsoffizier beim Stab:	
Marine-Oberassistenzarzt Dr. Bülthoff	12.42 — 3.43
Marine-Stabsarzt Dr. Roloff	3.43 — 5.43
Verwaltungsoffizier:	
Korvettenkapitän (V) Brosinsky	1.43 — 3.43
Korvettenkapitän (V) Liermann	3.43 — 5.43
Intendant:	
Marine-Intendantrat Dr. Braasch	12.42 — 5.43
Marine-Verbindungsoffizier zum Panzer-AOK 5 bzw. Heeresgruppe Tunesien:	
Kapitänleutnant Meentzen	12.42 — 4.43
Korvettenkapitän Walter	3.43 — 5.43

VERSENKUNGSERFOLGE DER MALTA-U-BOOTE
Von Februar 1941 bis Mai 1942

«Upholder»:	2 Zerstörer, 3 U-Boote, 16 Handelsschiffe Insgesamt: 21 Schiffe mit 128 353 BRT
«Urge»:	2 Kreuzer, 1 Zerstörer, 8 Handelsschiffe Insgesamt: 11 Schiffe mit 74 669 BRT
«Utmost»:	1 Transporter, 6 Handelsschiffe Insgesamt: 7 Schiffe mit 43 993 BRT
«Unbeaten»:	2 U-Boote, 4 Handelsschiffe, 2 Schoner Insgesamt: 8 Schiffe mit 30 616 BRT
«Upright»:	1 Kreuzer, 1 Zerstörer, 4 Handelsschiffe, 1 Schwimmdock Insgesamt: 7 Schiffe mit 23 408 BRT
«Unique»:	1 Handelskreuzer, 3 Handelsschiffe Insgesamt: 4 Schiffe mit 20 382 BRT
«Una»:	1 Tanker, 2 Handelsschiffe Insgesamt: 3 Schiffe mit 15 355 BRT
«Ursula»:	2 Handelsschiffe. Insgesamt: 14 640 BRT
«P 31»:	1 Kreuzer, 1 Handelsschiff Insgesamt: 2 Schiffe mit 12 100 BRT
«Sokol»:	1 Zerstörer, 2 Handelsschiffe, 1 Schoner Insgesamt: 4 Schiffe mit 7642 BRT
«P 33»:	1 Versorgungsschiff mit 6600 BRT
«P 35»:	1 Versorgungsschiff, 1 Schlepper mit 4471 BRT
«P 38»:	1 Versorgungsschiff mit 4170 BRT
«Union»:	1 Versorgungsschiff mit 2800 BRT
«P 34»:	1 U-Boot mit 1461 BRT (ital. U-Boot)

VERSENKUNGSERFOLGE DEUTSCHER U-BOOTE IM MITTELMEERRAUM

(Nur vom Gegner bestätigte Versenkungen erfaßt)

U 73 (Kapitänleutnant Rosenbaum, Kapitänleutnant Deckert)
1 Flugzeugträger, 3 Handelsschiffe mit 15 261 BRT versenkt
1 Zerstörer, 2 Handelsschiffe mit 15 475 BRT torpediert

U 75 (Kapitänleutnant Ringelmann)
4 Handelsschiffe mit 4673 BRT versenkt

U 77 (Kapitänleutnant Schonder, Kapitänleutnant Hartmann)
1 Zerstörer, 8 Handelsschiffe mit 19 654 BRT versenkt
1 Korvette, 1 Handelsschiff mit 5229 BRT, 5 Segler torpediert, resp. mit Artillerie versenkt

U 79 (Kapitänleutnant Kaufmann)
1 Motorkanonenboot, 1 Handelsschiff mit 300 BRT versenkt

U 81 (Kapitänleutnant Guggenberger)
1 Flugzeugträger, 16 Handelsschiffe mit 23 258 BRT versenkt
3 Handelsschiffe mit 20 060 BRT torpediert, 7 Segler beschossen

U 83 (Kapitänleutnant Kraus, Kapitänleutnant Wörishoffer)
3 Handelsschiffe mit 6281 BRT versenkt. (Dieses Boot versenkte eine Reihe von Schiffen mehr, die jedoch unbestätigt blieben.)

U 97 (Kapitänleutnant Bürgel, Kapitänleutnant Trox)
6 Handelsschiffe mit 14 459 BRT versenkt

U 133 (Kapitänleutnant Mohr)
1 Zerstörer versenkt

U 205 (Kapitänleutnant Reschke, Kapitänleutnant Bürgel)
1 Kreuzer versenkt, 1 Handelsschiff torpediert

U 223 (Kapitänleutnant Wächter, Oberleutnant zur See Gerlach)
1 Zerstörer, 1 Handelsschiff mit 4970 BRT versenkt
1 Fregatte torpediert

U 230 (Kapitänleutnant Siegmann, Oberleutnant zur See Eberbach)
2 LST versenkt

U 331 (Kapitänleutnant Frhr. von Tiesenhausen)
1 Schlachtschiff, 3 Handelsschiffe mit 9740 BRT versenkt
3 Segler

U 371 (Kapitänleutnant Mehl, Kapitänleutnant Fenski)
1 Zerstörer, 1 Minensucher, 1 U-Jäger, 7 Schiffe mit 40 165 BRT versenkt
2 Zerstörer, 4 Schiffe mit 28 071 BRT torpediert

U 372 (Korvettenkapitän Neumann)
1 Küstensegler versenkt

U 374 (Oberleutnant zur See von Fischel)
2 Schiffe mit 1002 BRT versenkt

U 375 (Kapitänleutnant Koenenkamp)
3 Schiffe mit 15 772 BRT versenkt, 1 Kreuzer torpediert

U 380 (Kapitänleutnant Röther, Korvettenkapitän Brandi)
2 Schiffe mit 18 247 BRT versenkt, 1 Schiff mit 7191 BRT torpediert

U 407 (Kapitänleutnant Brüller, Oberleutnant zur See Korndörfer)
3 Schiffe mit 26 803 BRT versenkt
2 Kreuzer, 2 Schiffe mit 13 417 BRT torpediert

U 410 (Korvettenkapitän Sturm, Oberleutnant zur See Fenski)
1 Kreuzer, 1 LST, 6 Schiffe mit 39 621 BRT versenkt

U 414 (Oberleutnant zur See Huth)
2 Schiffe mit 13 113 BRT versenkt

U 431 (Kapitänleutnant Dommes, Kapitänleutnant Schoeneboom)
2 Zerstörer, 6 Schiffe mit 10 896 BRT versenkt
1 Schiff mit 3500 BRT torpediert

U 433 (Kapitänleutnant Ey)
1 Schiff mit 6600 BRT versenkt

U 443 (Oberleutnant zur See von Puttkamer)
1 Zerstörer, 1 Schiff mit 1592 BRT versenkt

U 453 (Kapitänleutnant Frhr. von Schlippenbach, Oberleutnant zur See Lührs)
1 Zerstörer, 1 Korvette, 6 Schiffe mit 23 031 BRT versenkt
1 Schiff mit 6894 BRT torpediert, 7 Segler

U 458 (Kapitänleutnant Diggins)
2 Segler mit 71 BRT versenkt

U 557 (Kapitänleutnant Paulsen)
1 Kreuzer, 1 Schiff mit 4033 BRT versenkt

U 559 (Kapitänleutnant Heidtmann)
1 Panzerlandungsschiff, 1 Schiff mit 3059 BRT versenkt

U 561 (Kapitänleutnant Bartels, Kapitänleutnant Henning)
3 Schiffe mit 11 791 BRT versenkt, 1 Schiff mit 4043 BRT torpediert

U 562 (Kapitänleutnant Hamm)
4 Schiffe mit 28 224 BRT versenkt, 1 Schiff mit 3359 BRT torpediert

U 565 (Kptlt. Jebsen, Kptlt. Franken, Kptlt. Henning)
1 Kreuzer, 1 Zerstörer, 1 Kanonenboot, 3 Schiffe mit 17 162 BRT versenkt
2 Schiffe mit 26 686 BRT torpediert, 1 Segler

U 568 (Kapitänleutnant Preuss)
1 Korvette versenkt
U 593 (Kapitänleutnant Kelbling)
2 Zerstörer, 1 Minensucher, 2 LST, 6 Schiffe mit 24 811 BRT versenkt
U 595 (Kapitänleutnant Quaet-Faslem)
1 Schiff mit 5332 BRT versenkt
U 596 (Kapitänleutnant Jahn, Oberleutnant zur See Kolbus)
6 Schiffe mit 24 994 BRT versenkt, 2 Schiffe mit 14 180 BRT torpediert,
1 Schiff und 1 Segler ungeklärt
U 602 (Kapitänleutnant Schüler)
1 Zerstörer versenkt
U 616 (Kapitänleutnant Koitschka)
1 Zerstörer versenkt, 2 Dampfer mit 17 754 BRT torpediert,
1 Dampfer ungeklärt
U 617 (Kapitänleutnant Brandi)
1 Kreuzer, 1 Zerstörer, 5 Schiffe mit 11 610 BRT versenkt
(Mehrere Korvetten und einige Schiffe ungeklärt)
U 642 (Kapitänleutnant Brünning)
1 Schiff torpediert
U 652 (Kapitänleutnant Fraatz)
2 Zerstörer, 3 Schiffe mit 10 775 BRT versenkt
U 755 (Kapitänleutnant Göing)
2 Schiffe mit 2928 BRT versenkt, 1 Schiff torpediert
U 952 (Kapitänleutnant Curio)
1 Schiff torpediert
U 967 (Korvettenkapitän Brandi, Oberleutnant zur See Eberbach)
1 Zerstörer versenkt, 2 Dampfer torpediert
U 969 (Oberleutnant zur See Dobbert)
2 Schiffe mit 14 352 BRT versenkt, 1 Zerstörer torpediert

U-Boote versenkten im Mittelmeer (nur vom Gegner bestätigte Erfolge):

1 Schlachtschiff
2 Flugzeugträger
5 Kreuzer
19 Zerstörer
13 kleinere Kriegsschiffe
116 Schiffe mit insgesamt 472 815 BRT
24 Schiffe mit 175 114 BRT wurden torpediert
24 Segler versenkt

Die effektiven Versenkungszahlen liegen aller Wahrscheinlichkeit nach höher.

VERBLEIB DER MITTELMEER-U-BOOTE

U 73 (Kapitänleutnant Decker) † 16. 12. 1943 vor Oran
U 74 (Oberleutnant zur See Friedrich) † 2. 5. 1942 37-32 N/10-00 Ost
U 75 † (Kapitänleutnant Ringelmann) † 28. 12. 1941 vor Tobruk
U 77 (Kapitänleutnant Hartmann) 28. 3. 1943 auf 37-42 Nord/00-10 Ost
U 79 † (Kapitänleutnant Kaufmann) † 23. 12. 1941 vor Tobruk
U 81 (Oberleutnant zur See Krieg) † 9. 1. 1943 vor Pola
U 83 (Kapitänleutnant Kraus, Kapitänleutnant Wörishoffer) † 9. 3. 1943 auf 37-10 Nord/02-50 Ost
U 95 (Korvettenkapitän Schreiber) † 28. 11. 1941 vor Gibraltar
U 97 † (Kapitänleutnant Trox) † 17 6. 1943 auf 33-00 Nord/04-00 Ost
U 133 † (Kapitänleutnant Mohr) † 14. 3. 1942 vor Salamis (eigene Mine)
U 205 (Kapitänleutnant Bürgel) † 17. 2. 1943 auf 32-56 Nord/22-10 Ost
U 223 † (Oberleutnant zur See Gerlach) † 30. 3. 1944 auf 38-48 N/14-10 Ost
U 224 † (Oberleutnant zur See Kosbadt) † 13. 1. 1943 auf 36-28 N/00-49 Ost
U 230 (Oberleutnant zur See Eberbach) † 21. 8. 1944 vor Toulon
U 259 † (Kapitänleutnant Köpke) † 15. 11. 1942 nördlich Algier
U 301 † (Kapitänleutnant Körner) † 21. 1. 1943 auf 41-27 N/07-40 Ost
U 303 † (Kapitänleutnant Heine) † 21. 5. 1943 auf 42-50 N/06-00 Ost
U 331 (Kapitänleutnant Frhr. v. Tiesenhausen) † 17. 11. 1942 vor Algier
U 343 † (Oberleutnant zur See Rahn) † 10. 3. 1944 auf 38-07 N/09-41 Ost
U 371 (Kapitänleutnant Fenski) † 4. 5. 1944 auf 37-49 N/05-39 Ost
U 372 (Korvettenkapitän Neumann) † 4. 8. 1942 vor Palästina
U 374 † (Oberleutnant zur See v. Fischel) † 12. 1. 1942 ostwärts Sizilien
U 375 † (Kapitänleutnant Koenenkamp) † 30. 7. 1943 westlich Malta
U 380 (Korvettenkapitän Brandi) † 6. 2. 1944 Toulon (FliBo.)
U 407 (Oberleutnant zur See Korndörfer) † 19. 9. 1944 bei Kreta
U 409 (Kapitänleutnant Massmann) † 16. 7. 1943 südlich der Balearen
U 410 (Oberleutnant zur See Fenski) † 6. 2. 1944 Toulon (FliBo.)
U 411 (Kapitänleutnant Spindlegger) † 28. 11. 1942 vor Algier
U 414 (Oberleutnant zur See Huth) † 25. 5. 1943 auf 36-31 N/00-40 Ost
U 421 (Oberleutnant zur See Kolbus) † 29. 4. 1944 Toulon (FliBo.)
U 431 † (Kapitänleutnant Schoeneboom) † 30. 10. 1943 vor Toulon
U 433 (Kapitänleutnant Ey) † 17. 11. 1941 südlich Malaga
U 443 † (Oberleutnant zur See v. Puttkamer) † 23. 2. 1943 vor Algier
U 450 (Oberleutnant zur See Böhme) † 10. 3. 1944 vor Ostia

U 451 † (Korvettenkapitän Hoffmann) † 22. 12. 1941 vor Tanger
U 453 (Oberleutnant zur See Lührs) † 21. 5. 1944 auf 38-13 N/16-30 Ost
U 455 † (Kapitänleutnant Scheibe) † 6. 4. 1944 vor La Spezia
U 458 † (Kapitänleutnant Diggins) † 22. 8. 1943 auf 36-25 N/12-39 Ost
U 466 (Kapitänleutnant Thäter) † 19. 8. 1944 Toulon (selbstversenkt)
U 471 (Kapitänleutnant Klöwekorn) † 6. 8. 1944 Toulon (FliBo.)
U 557 † (Kapitänleutnant Paulsen) † 18. 12. 1941 vor Salamis (von ital. T-Boot gerammt)
U 559 (Kapitänleutnant Heidtmann) † 30. 10. 1942 vor Port Said
U 561 (Kapitänleutnant Henning) † 12. 7. 1943 Messinastraße
U 562 † (Kapitänleutnant Hamm) † 19. 2. 1943 vor Bengasi
U 565 (Kapitänleutnant Henning) † 24. 11. 1944 Salamis (selbstversenkt)
U 568 (Kapitänleutnant Preuss) † 28. 5. 1942 vor Tobruk
U 573 (Kapitänleutnant Heinson) † 1. 5. 1942 auf 37-00 N/01-00 Ost
U 577 † (Kapitänleutnant Schauenberg) † 9. 1. 1942 auf 32-22 N/26-57 Ost
U 586 (Oberleutnant zur See Götze) † 5. 7. 1944 Toulon (FliBo.)
U 593 † (Kapitänleutnant Kelbling) † 13. 12. 1943 auf 37-38 N/05-58 Ost
U 595 (Kapitänleutnant Quaet-Faslem) † 14. 11. 1942 vor Oran
U 596 (Oberleutnant zur See Kolbus) † 24. 9. 1944 Salamis (selbstversenkt)
U 602 † (Kapitänleutnant Schüler) † 23. 4. 1943 (verschollen)
U 605 † (Kapitänleutnant Schütze) † 7. 11. 1942 vor Algier
U 616 (Kapitänleutnant Koitschka) † 14. 5. 1944 auf 36-46 N/00-52 Ost
U 617 (Korvettenkapitän Brandi) † 12. 9. 1943 auf 35-38 N/03-27 West (nach FliBo. selbstversenkt)
U 642 (Kapitänleutnant Brünning) † 5. 7. 1944 Toulon (FliBo.)
U 652 (Kapitänleutnant Fraatz) † 2. 6. 1942 auf 31-55 N/25-13 Ost (nach FliBo. durch U 81 selbstversenkt)
U 660 (Kapitänleutnant Baur) † 12. 11. 1942 vor Oran
U 755 † (Kapitänleutnant Göing) † 28. 5. 1943 auf 39-58 N/01-41 Ost
U 952 (Kapitänleutnant Curio) † 6. 8. 1944 Toulon (FliBo.)
U 960 (Oberleutnant zur See Heinrich) † 19. 5. 1944 auf 37-20 N/01-35 Ost
U 967 (Oberleutnant zur See Eberbach) † 11. 8. 1944 Toulon (selbstversenkt)
U 969 (Oberleutnant zur See Dobbert) † 6. 8. 1944 Toulon (FliBo.)

(Auf 24 Booten fielen Kommandant und die gesamte Besatzung)

---

† = Kommandant und Besatzung gefallen

QUELLENANGABEN

Alman, Karl:	Ritter der sieben Meere (Rastatt 1963)
ders.:	Angriff, ran, versenken! (Rastatt 1965)
ders.:	Fregattenkapitän Albrecht Brandi (Rastatt 1966)
ders.:	Graue Wölfe vor Marokko (Rastatt 1966)
Assmann, Kurt:	Die deutsche Seekriegführung
Barker, Ralph:	The Ship-busters (London 1957)
Bekker, Cajus:	Kampf und Untergang der Kriegsmarine (Hannover 1953)
Belot, R. de:	La guerra aeronavale en mediterranée (Paris 1949)
Bernotti, Romeo:	Storia della guerra nel mediterraneo 1940—43 (Rom 1960)
ders.:	La guerra sui mari nel conflitto mondiale (Bd. 1—3) (Livorno 1950/54/56)
Bragadin, Marc' Antonio:	Che ha fatto la marina? (Milano 1956)
Brandi, Albrecht:	Mein Mittelmeer-Einsatz (i. Ms.)
Brennecke, Jochen:	Jäger — Gejagte (Bieberach/Riss 1956)
Busch, Dr. Harald:	So war der U-Boot-Krieg (Bielefeld 1957 und Rastatt 1960)
Cameron, Jan:	Red duster, white ensign (London 1959)
Cocchia, Aldo:	Convogli (Napoli 1956)
ders.:	Sommergibili all' attacco (Milano 1955)
Creswell, John:	Sea warfare 1939—1945 (London 1950)
Cunningham, Admiral:	A saylors Odyssee (London 1951)
Dönitz, Karl:	Zehn Jahre und zwanzig Tage (Bonn 1958)
Dominik, Hans:	Kriegstagebuch der 9. T-Flottille (i. Ms.)
Engelhardt, Conrad:	Personal- und Stellenbesetzungslisten (i. Ms.)
Fonfè, Rudi:	Die 11. R-Flottille im Mittelmeer (i. Ms.)
Frank, Dr. Wolfgang:	Die Wölfe und der Admiral (Oldenburg 1953)
Gröner, Erich:	Die deutschen Schiffe der Kriegsmarine und Luftwaffe 1939—45 (München 1954)
Hartmann, Werner:	Aufzeichnungen als FdU-Mittelmeer (i. Ms.)
Hoch, Fritz:	Die 20. Marine-Bordflak-Abteilung (i. Ms.)
Jachino, Angelo:	Le due sirti (Verona 1953)
Jacobsen, Hans-Adolf und Rohwer, Dr. Jürgen:	Entscheidungsschlachten des Zweiten Weltkrieges (Frankfurt 1960)

Kemnade, Friedrich:	KTB der 3. S-Flottille (i. Ms.)
Kesselring, Albert:	Der Krieg im Mittelmeerraum
Kraus, Hans-Werner:	U-Boot-Krieg im Mittelmeer (i. Ms.)
Kreisch, Leo:	Vom Einsatz deutscher U-Boote im Mittelmeer
ders.:	Führungsorganisation, Einsatzgebiete. Erfolge im Mittelmeer (beides i. Ms.)
Lange, Werner:	Kriegstagebuch des Torpedobootes TA 39 (i. Ms.)
Langmaid, Rowland:	«The Med» (London 1948)
Liebenstein, Gustav von:	Deutscher Übersetzverkehr in der Messinastraße
ders.:	Schlußbetrachtung des KTB des Seetransportführers Messinastraße
ders.:	Die Räumung von Korsika (alle i. Ms.)
Liebhold, Oblt. zur See:	Kurzbericht S 157 (i. Ms.)
Linnekogel, Dietrich:	Das Schicksal von TA 18 (i. Ms.)
Lloyd, Hugh:	Briefed to attack. Malta's Part in african victory (London 1949)
Mars, Alastair:	Unbroken, the true story of a submarine (Edinburgh 1962)
MacIntyre, Donald:	The Battle for the Mediterranean (London 1964)
Ministry of Information:	East of Malta – West of Suez (London 1943)
ders.:	The Mediterranean fleet (London 1944)
Morison, Samuel E.:	United States Naval Operations in World War II. Vol. I. bis X. (Boston 1950–57)
Müller, Albert:	KTB der 1. Schnellbootdivision (i. Ms.)
Paustian, Hans:	Bericht über die Versenkung von U 77 (i. Ms., bzw. in «Schaltung Küste»)
Pegolotti, Beppe:	Uomini contro navi (Firenze 1960)
Reischauer, Peter:	Einsatzbericht der 6. R-Flottille (i. Ms.)
Rieper, Helmut:	Die 20. Marine-Bordflak (i. Ms.)
Roscoe, Theodore:	United States, Destroyer Operations in World War II (Annapolis, Maryland III. Aufl. 1960)
Roskill, S. W.:	The War at Sea/Vol I bis V (London 1954/56)
ders.:	Royal Navy (Oldenburg 1961)
Ruge, Friedrich:	Der Seekrieg 1939–1945 (Stuttgart 1954)
Schröder, Edgar:	U X stand im Mittelmeer (Berlin o. Jahr)
Shankland, Peter und Hunter, Anthony:	Durchbruch nach Malta (München 1963)
Stitt, George:	La campagne de Méditerranée (Paris 1946)
Strabolgi, J. M. K.:	From Gibraltar to Suez (London 1941)
Tippelskirch, Kurt von:	Die Geschichte des Zweiten Weltkrieges (Bonn 1956)
Trizzino, Antonio:	Die verratene Flotte (Bonn 1957)
Turner, John Frayn:	Periscope Patrol (London 1957)

Vorsteher, Carlheinz:	In Aegirs Diensten (i. Ms.)
ders.:	Der Untergang von TA 15 (i. Ms.)
Wachsmuth, Günther:	Tagebuch (i. Ms.)
Willis, Sir Algernon U.:	Operationen der Marine in der Ägäis vom 7. September 1943 bis 28. November 1943 (i. Ms.)
Weichhold, Eberhard:	Tobruk, Ehrenmal auch für die im Mittelmeer gefallenen deutschen Seeleute (i. Ms.)
Westmeier, Rudolf:	An Bord Minenschiff «Kiebitz» (i. Ms.)
Wuppermann, Siegfried:	Einsatzberichte S 56 (i. Ms.)

ZEITSCHRIFTEN

Berliner Illustrierte	Jahrgänge 1941–44
Die Wehrmacht	Jahrgänge 1941–44
Leinen los!	Jahrgänge 1952–66
Marine-Rundschau	Jahrgänge 1957–64
The London Gazette	8. Oktober 1948 (Beilage)

Für die selbstlose Unterstützung, die der Autor aus allen Kreisen der ehemaligen deutschen Kriegsmarine erhalten hat, für die Beschaffung ausländischer Quellen, welche die Zentralbibliothek der Bundeswehr besorgte, für das Studium der 61 Faszikel über den Mittelmeereinsatz deutscher Kleinkampfverbände, das vom Militärgeschichtlichen Forschungsamt in Freiburg/Brg. ermöglicht wurde, sei an dieser Stelle noch einmel sehr herzlich gedankt.

Ohne diese Unterstützung wäre jeder Versuch einer Darstellung des Einsatzes der ehemaligen deutschen Kriegsmarine im Mittelmeer unmöglich gewesen.

Jens Kathmann
20.08.'85